新安文化丛书 一

XIN'AN WENHUA CONGSHU

新安文学

吴兆民 著

中共淳安县委宣传部
中共淳安县委党史研究室
淳安县人民政府地方志办公室
淳安县政协文史和教文卫体委员会 编

文物出版社

图书在版编目(CIP)数据

新安文学 / 吴兆民著. -- 北京 : 文物出版社，2024.7

(新安文化丛书. 一)

ISBN 978-7-5010-8399-2

Ⅰ. ①新… Ⅱ. ①吴… Ⅲ. ①地方文学史－文学史研究－淳安县 Ⅳ. ①I209.955.4

中国国家版本馆CIP数据核字(2024)第067607号

新安文学

新安文化丛书一

编　　者：中共淳安县委宣传部
中共淳安县委党史研究室
淳安县人民政府地方志办公室
淳安县政协文史和教文卫体委员会

著　　者：吴兆民

责任编辑：孙　霞

封面设计：方　卓

责任印制：张道奇

出版发行：文物出版社

地　　址：北京市东城区东直门内北小街2号楼

邮　　编：100007

网　　址：http://www.wenwu.com

邮　　箱：wenwu1957@126.com

经　　销：新华书店

印　　刷：杭州富春印务有限公司

开　　本：787mm×1092mm　1/16

印　　张：417.25

版　　次：2024年7月第一版

印　　次：2024年7月第一次印刷

书　　号：ISBN 978-7-5010-8399-2

定　　价：2880.00元(全18册)

《新安文化》丛书编撰委员会

顾　问：黄海峰　杨建根　董毓民　张鸿斌　王　翀　余永青　董文吉

主　任：刘小松　郑志光　赖明诚　许海波

副主任：徐恒辉　汤燕君　卜利斌　章临凯　徐月焕　章传强　何建法　徐夏冰

成　员：朱华民　徐红星　钱尼万　徐宗强　邵红卫　余国富　方海珍　陆建育　毛善智　方必盛　邵吉明　管峰华

《新安文化》丛书编撰委员会办公室

主　任：朱华民　徐红星

副主任：钱尼万　徐宗强　邵红卫　章伶俐

执行副主任：程中青

《新安文化》丛书编撰部

主　任：翟屯建

成　员（以姓氏笔画为序）：

王振忠　卞　利　方光禄　朱　平　刘伯山　吴兆民　汪大白
张小坡　周晓光　赵懿梅　宫希成　姚昱波　倪国华　倪清华
徐　彬　徐光耿　章望南　董　建　程　硕　程极悦

编　务：刘东山　方红娟

设　计：方　卓　方家明

总　序

新安文化是指新安江流域文化。

新安江是钱塘江的正源，源头分为两大支流。南支称率水，为新安江主源，发源于安徽省休宁县五龙山脉的六股尖；北支叫横江，源于黟县五溪山主峰白顶山。两支源流在屯溪汇合，流至歙县浦口一段称渐江，歙县浦口以下至浙江省建德县与兰溪相汇处称新安江。新安江与兰溪汇合后称富春江，到萧山闻家堰称钱塘江，流至杭州湾入海。

新安江流域地处闽浙山地的北缘，黄山、天目山、白际山、五龙山、千里岗、龙门山六大山脉盘桓其间，山地及丘陵占十分之八九。新安江水呈树叶网络状，由西向东辐射，地势也是由高及低逐步下降。流域平均海拔 800 ~ 1000 米，处在山岭川谷之中。俯视江南，附近的江西、浙江、江苏、安徽，均在其下。地处新安江源头的徽州，有“吴头楚尾”之说。杜牧诗云：“溪山侵越角，风壤尽吴根。”非常准确地描写出新安江流域的地理位置。

新安江流域以黄山山脉为界，南坡有流向东南钱塘江的新安江水系，直达杭州，是前往江南的捷径；流向西南鄱阳湖的阊江水系、乐安江水系，直达饶州、九江；北坡有直接流入长江的青弋江、秋浦河水系，直达池州、安庆、芜湖长江沿线。新安江下游严州府与兰江相接，向南直达金华、衢州，是前往江西、福建的捷径。陆路虽地势高耸，山路崎岖，但由于地处皖、浙、赣三省交界，成为全国的交通网络中重要的一环。

魏晋时期，由杭州经新安江前往江西、福建的通道，是全国交通枢纽上的重点线路。宋永初三年（422）秋，谢灵运离开建康（今南京）赴任永嘉郡太守。他沿钱塘江、富春江溯流而上，经桐庐、建德、兰溪，转由婺江到永嘉，途经桐庐写下《初往新安至桐庐口》诗。唐代以前，北方通往南方的三大干线，其中两条干线经过新安江流域。一条由洛阳东行至汴州，循运河东南而下，经杭州，沿钱塘江溯流而上，经睦州、婺州、衢州、信州至江西、福建和岭南道。另一条由洛阳走陆路，经汝州、许州至陈州，过寿州、庐州，渡江至采石，经宣州、歙州到睦州，经婺州、衢州，再选择西行或南行通往福建、江西和岭南各地。宋以后，新安江流域交通线路更是呈放射状，四面通达。虽然山道崎岖，水路湍急，路途稍显艰难，但无论水路、陆路，前往江西、湖北、福建、南京、杭州都是必经的捷径。

人类逐水而居，河流是人类文明的摇篮。先秦时期，新安江流域先属吴，吴亡属越，越灭属楚。秦末，在新安江中游和上游设黟、歙二县，下游则归富春县管辖。东汉建安十三年（208），分歙地置始新、新定、黎阳、休阳四个县，加上原来的黟、歙二县，就有了六个县，以这六个县新设新都郡，郡治设在始新县治新定里（今淳安县威坪镇）。黄武四年（225），析吴郡富春县地置建德、新昌、桐庐、新城四县，建德县、新昌县（后改寿昌）地处新安江下游。其后新安江流域郡、州、府级机构，先后更名或改设为新宁郡、新安郡、东阳郡、遂安郡、婺州、睦州、歙州，最后定名为徽州和严州；县级机构先后更名或改设为新安江上游的歙县、黟县、休宁县、祁门县、绩溪县、婺源县，新安江中游的淳安县、遂安县，下游的建德县、寿昌县。

新安文化的地域范围，以新安江上游古徽州一府六县，即歙县、黟县、休宁县、祁门县、绩溪县、婺源县，以及新安江中下游古严州的淳安县、遂安县、寿昌县、建德县为核心区域。新安文化的时空概念起自史前文明，迄于 1949 年，根据研究需要适当后延。其内容涉及哲学、经济、社会、教育、学术、文学、艺术、工艺、建筑、医学等诸多学科，凡与新安江流域社会历史发展有关的内容，均是新安文化的范畴。

新安江流域是我国原始文化的一个独立发展单元，一步步走来，没有停留，没有断代。历经早期文明、晋唐兴起、五代至元崛起、明清鼎盛和近代转型五个发展阶段，形成新安文化的完整体系。

1974 年 11 月，在建德县上新桥村乌龟洞发现一枚人的犬齿化石，被命名为“建德人”，属于晚期智人类型，距今约五万年。同时，新安江流域分布着大量的旧、新石器时代遗址，承继“建德人”的文化发展。1959 ~ 1975 年，新安江上游的屯溪西郊奕棋村先后发现 8 座西周至战国早期的墓葬。出土的青铜器、原始青瓷和几何印纹硬陶，在形制、纹饰和构图风格上，具有浓厚的越文化特色。史称当地人为越族，人民性格强悍，尚武好斗，文化礼仪相对薄弱。通过地方行政治理过程中的教化，当地越人在了解和接受中原人的生产、生活方式后，道德观、价值观、文化崇尚等方面均发生变化。

晋唐时期，新安文化兴起。晋代的“永嘉之乱”和唐代的黄巢起义是中国历史上的两件大事。它不仅造成西晋和唐朝的灭亡，导致中国社会的分裂，而且对我国南方的发展产生深远的影响。“永嘉之乱”和黄巢起义期间，中原士族比较集中地迁入新安江流域，现存的徽、严二州不少姓氏族谱中，对始迁祖的追溯都上溯到这一阶段。中原士族大量迁入以后，以其自身的文化素养和生活习惯渗透民间，改变了新安江流域越族的风俗习惯，越族尚武习俗与中原儒雅之风融合，儒家思想的仁义忠孝和修身齐家理念，开始在新安江流域流行。休宁吴少微的“吴富体”在文坛崭露头角，新安江下游的“睦州诗派”更是享誉诗坛。

五代至元，新安文化崛起。这一阶段新安江流域的教育与科举得到长足发展，仅南宋时期徽州、严州二府进士就有 806 名。南宋理学大儒朱熹祖籍徽州，曾两次回徽州省墓、探亲、授课，并在严州丽泽书院、遂安瀛山书院讲学论道。新安人读朱子之书，秉朱子之教，以邹鲁之风自恃，形成新安理学学派，使得朱熹理学在新安江流域广为流传，对整个流域的文化形成和演变起到关键作用。文风郁起，留下很多脍炙人口的作品，如胡仔的《苕溪渔隐丛话》和方岳、方逢辰的诗歌，在全国诗坛都占有一席之地。徽州刻书和严州刻书，在中国刻书史上贡献卓著。制瓷技术、医学、植物学、光学、生物学等科学技术都取得一定成就，其中歙县张杲淳熙十六年（1189）写成的《医说》一书，是中国医学史上第一部医史传记。

明清时期，新安文化进入鼎盛。私学、官学和书院教育同步发展，推动新安江流域科举繁荣兴盛。淳安人商辂“三元及第”，于明宣德十年（1435）乡试、正统十年(1445)会试及殿试均为第一名。理学、心学与朴学相互融合发展，理学家们提倡“和会朱陆”，阳明心学受到欢迎。清康熙、乾隆时期，新安学者提倡实事求是的治学精神，开创朴实的学风，成为清代学术的主流，朴学领袖戴震更是中国哲学史上的唯物主义启蒙思想家。文学艺术百花齐放，新安画派是明清文人画的正统继承者，徽派版画代表了中国传统版画的最高成就，徽派篆刻成为中国文人篆刻的主流，徽剧乃京剧之母。科学技术成就斐然，新安医学所主张的“固本培元”理论，是中国传统医学中的精华；程大位是中国历史上珠算集大成者；郑复光《镜镜詅痴》集当时中西光学知识大成。

近代，新安文化开始转型。光绪二十六年（1900），歙县基督教堂在城内创办崇一学堂，迈开新安江流域兴办新式学堂的第一步。在西方近代科技和工业革命的影响下，实业救国成为潮流，培养近代农林、商业、工业人才，是教育转型过程中的重要一环。光绪三十四年（1908），戴英在休宁县隆阜珠里创办新安江流域近代第一所职业学校——休宁初等农业学堂。随后，徽州乙种商业学校、淳安县初级实业小学、建德县浙江省立甲种森林学校等相继开办。新安学术也开始向近代学术思潮转型，胡适成为近代文化转型中承上启下的关键人物。文学艺术在转型中得到提振，其中由汪渊集句成词、其夫人程淑笺注的《麝尘莲寸集》，以词集词，前无古人。黄宾虹成为近代中国绘画领域中的一座高峰；黄士陵的篆刻形成自己的艺术风格，被称为“黟山派”。“徽路徽戏”和睦剧得到全面发展。

新安江流域自古为越族领地，随着中原士族的迁入，中华儒家文化的价值观“修身齐家治国平天下”，在这里不断积淀，形成尚武自强、重教崇文、俗尚文雅、治生重商的区域特征。

新安江流域早期越人以尚武著称。明清时期，新安江流域百姓依然习武自强为常。至今民间仍留存不少延请拳师的“拳关”文书。明万历休宁程冲斗所著《耕余剩技》，是中国武术史上的名著。绩溪县张横秋更是以武术名世，在武术史上形成“豫徽武术”流派，其拳术至今仍在新安江流域流传。很多文人在习文的同时练武，明末休宁县抗清义士金声不仅文章出彩，而且武艺高强。休宁画家汪肇，喜好持矛舞剑。新安朴学后期的重要学者汪宗沂，通拳术、剑术、马术，喜谈兵。他的学生许承尧、黄宾虹，一个是著名诗人，一个是著名画家，跟着汪宗沂学习时，练剑、骑马也是必备的功课。

中原士族迁居新安江流域以后，注重文化传承。这种传承使得新安江流域重视教育，崇尚文雅。朱熹提倡读书，研究学问，从事著述，强调“穷理之要，必在于读书”。新安理学的兴起，增强了新安江流域的读书氛围。儒家思想被塾师细化在自己教学实践中，塾师编写的大量蒙学教材中，将儒家的道德观念灌输给学童。在新安理学的影响下，新安江流域读书著述之风盛行，形成“十家之村，无废诵读”的景象。宋元以来，被称为“东南邹鲁”。

随着儒家思想向民间基层渗透，礼教在老百姓中扎根。民间礼仪以朱熹《家礼》作为依据，渗透于各个家庭。休宁《茗洲吴氏家典》根据《家礼》，结合本宗族的情况，规定冠婚丧祭的礼仪，作为子孙后代遵行的法典。民国遂安《高峰朱氏宗谱》卷三《家训》对子弟的礼仪教育写得非常具体，结合家族特点，将礼教具体化，教育族人如何做人、做事，各项规范要求明确，可操作、能监督，俗向文雅，成为“礼下庶人”的典范。

新安江流域有一个异于全国其他地区的现象，就是人们以经商致富为荣，从商成为风气。新安学者提倡职业不分卑贱，引导民众经商，鼓励商人创业，提倡“廉贾”价值观。地方士绅还通过各种方式为商人代言，创造良好的经商环境。学者的倡导、士绅的鼓励，对不轻视商业、不以经商为耻社会风气的形成，起到极大的促进作用，使新安人在观念上获得解放，理直气壮去经商，造就了雄飞于中国商界三百年的新安商人集团。

新安文化不断兼收并蓄，坚持实事求是，遵循儒雅中庸的发展过程，构成以“包容、探索、和谐”为核心的人文精神。

在沉淀中原汉文化和践行儒家思想的过程中，新安江流域不断地塑造自身的人文精神，推进新安文化的发展。新安文化的形成，是中原汉文化与当地土著越文化进行融合的过程。在两种文化的融合过程中，汉文化虽然是强势文化，但具有很强的包容性，促进了越文化的自然融合，从而产生出新质的新安文化。这种包容性，在新安文化发展过程中，贯穿始终，成为新安文化特色。兼收并蓄的包容精神，体现了新安文化的博大气象，是新安文化得以发展的源泉。

在新安文化发展过程中，新安人一直遵循实事求是的原则，博学求知，努力探索规律，追求真理，勇得时代风气之先。朱熹提出“濯去旧见，以来新意”；戴震主张“不以人蔽己，不以己自蔽”；胡适要求“重新估定一切价值”，都是不懈求索、勇得时代风气的典范。实事求是的探索精神，体现了新安人的思辨能力，是新安文化得以不断创新发展的动力。

新安文化是宋以后中国儒家文化在民间社会最完整的体现和典型范例，其儒雅中庸的内质得到很好的体现。“薄利多销”成为新安商人的经营手段，自己少赚些，让消费者不吃亏，成为“中庸”思想在商业领域的一种表现，即双赢。新安宗族在“中庸”思想的指导下，和睦相处，很少发生械斗。就是宗族间有了矛盾，也是协调处理，互相谦让。在艺术上，也非常讲究中庸平和。新安篆刻中的雅逸隽秀、平和光洁；新安版画内蕴的恬静和安乐，也是儒雅中庸的一种表现。儒雅中庸的和谐精神，使得新安江流域社会平稳安定，是新安文化不断发展的基础。

新安江流域靠近越文化核心区，其文化既具有新安文化特点，又带有钱塘江流域良渚文化特色，体现出新安文化与良渚文化融合的趋势。对河系流域上下游文化碰撞、交融的研究，具有重要价值。

新安江流域至今保存下来的地面文物遗存 10000 多处、8000 余种文献、100 余万件文书，跨越千年历史，涵盖政治、经济、文化各个领域。尤其地面文物遗存、非物质文化遗产和文书档案，均为第一手资料，是人们了解中国封建社会后期农村社会实态不可多得的资料，为按历史本来面貌做综合实态研究创造了前所未有的有利条件。中国社会科学院历史研究所周绍泉先生指出："以徽州文书为代表的历史文书档案为主要资料，综合研究历史社会实态，将是我们这个时代的学术潮流。"

新安文化是中国封建社会后期传统文化的典范，独树一帜，在各自领域都处于领先位置。从新安文化中提炼出来，形成新安宗族、新安学术、新安商人、新安教育、新安建筑、新安书画、新安工艺、新安科技、新安文学、新安戏曲、新安饮食、新安民俗等文化现象，是新安文化中的精华，学术界在研究专业史时无法绕开这些课题。对新安文化展开研究，实际也就是对中国封建后期传统文化展开研究，窥一斑而见全豹，具有普遍的学术意义。

新安江流域四面环山，作为一个独立的自然地理单元，风景秀丽，人们的审美观受到山水环境的影响。新安四雕艺术、文房四宝艺术、盆景艺术、新安书画、新安文学等，都是新安江流域自然环境同新安人审美观相结合的产物。而新安饮食、方言的形成，同新安江流域独特的自然地理环境及资源有关；新安宗族社会构成和村落结构，同新安地理环境也是密切相关，具有地理文化单元的人类文化学研究价值。

新安文化是移民文化，中原士族的内迁，决定了其社会与文化的诸多现象和特点，受到中原文化的影响。同时，新安文化的昌盛与发展，还存在着一个由新安江流域再向外移民的过程，并对侨寓地的文化产生影响。如新安学术、徽剧、新安艺术、新安刻书、新安篆刻等对扬州学派、京剧、江南园林、江南版画、浙派篆刻都有渗透和影响。研究新安文化，可以获得中华大文化融合各民族文化、各地方文化的一般与个别规律，为繁荣中华大文化作出贡献。

新安江流域是宗族社会。明清时期，农村基层依靠宗族自治管理，有不少好的做法。现存不少宗族公约中有值得学习和借鉴的条文，如禁止乱砍滥伐和禁止赌博等。从内容上看，它们符合当今所提倡的环境保护和社会文明的主旨。从实施机制上看，它不是依赖于行政系统，而是靠"公约"的形式自我约束，这给建设社会主义新农村带来启示，村民自治要以农民为主体，增强农民的自觉意识，而不是靠行政手段。新安文书中的商业合同，反映了新安人市场观念的成熟；分家契约反映了新安人既遵从中国传统的伦理观，又理性地处理家庭财产等经济问题；诉讼文书，反映了古代新安江流域民间已经有较强的法治观念。新安江流域古村落人与自然和谐，以人为本的思想贯穿村落建设，村落中的防火措施、水系设计都十分讲究，科学性很强，给当代环境规划设计带来启示。

新安文化博大精深，对新安江流域上游的徽州文化研究，已经成为一门专门的学问——徽学。但对整个流域的整体研究还是一个空白，编撰《新安文化》丛书，可以填补全面涵盖新安江全流域文化的研究空白，力求科学、全面、准确、系统地展示新安文化的各个方面，对于新安文化学术研究及开发利用，是一件十分有意义的事情。

《新安文化》丛书编撰委员会

2023 年 4 月

目　录

绪　论……………………………………………………………………………… 1

第一章　新安文学的特质与属性

第一节　新安郡的建立与新安文学的产生……………………………………… 6

一、新安郡的建立………………………………………………………………… 6

二、新安文学的产生……………………………………………………………… 9

第二节　“新安大好山水”誉称与文人的审美自觉…………………………… 10

一、“新安大好山水”誉称与影响……………………………………………… 10

二、新安文人审美自觉的产生………………………………………………… 14

第三节　新安文学的自然与文化属性………………………………………… 16

一、新安文学的自然属性……………………………………………………… 17

二、新安文学的文化属性……………………………………………………… 20

三、新安文学的外来影响……………………………………………………… 25

第二章　新安文学的历史演变与横向考论(上)

第一节　徽州文学的历史演变………………………………………………… 30

一、南北朝文学………………………………………………………………… 30

二、唐代文学…………………………………………………………………… 31

三、宋代文学…………………………………………………………………… 33

四、元代文学…………………………………………………………………… 36

五、明代文学…………………………………………………………………… 38

六、清代文学…………………………………………………………………… 40

第二节　徽州文学的横向考论………………………………………………… 43

一、吴少微的文学创作与地位………………………………………………… 44

二、方回的《瀛奎律髓》与创作…… 50
三、程敏政的《篁墩文集》与创作风格…… 55

第三章 新安文学的历史演变与横向考论(中)
第一节 淳安文学的历史演变…… 63
一、汉代文学…… 63
二、唐代文学…… 64
三、宋代文学…… 66
四、元代文学…… 70
五、明代文学…… 71
六、清代文学…… 75
第二节 淳安文学的横向考论…… 80
一、皇甫湜的文学思想与创作…… 80
二、钱时的文学创作与影响…… 88
三、商辂的《商辂文集》与影响…… 96

第四章 新安文学的历史演变与横向考论(下)
第一节 建德文学的历史演变…… 107
一、南北朝文学…… 107
二、唐代文学…… 108
三、宋代文学…… 112
四、元代文学…… 117
五、明代文学…… 117
六、清代文学…… 119
第二节 建德文学的横向考论…… 121
一、杜牧在睦州的文学创作…… 122
二、范仲淹在建德的文学创作…… 130
三、江公望有关建德的文学创作…… 145

第五章 新安山水的文学景象与创造(上)

第一节 “新安江”的文学景象与创造………………………………… 165

一、新安江的起源与名称由来………………………………… 165

二、新安江正源率水的文学景象与创造……………………… 166

三、新安江支源横江的文学景象与创造……………………… 169

四、新安江浙江段的文学景象与创造………………………… 172

五、新安江支源练江的文学景象与创造……………………… 174

六、新安江上游的文学景象与创造…………………………… 177

第二节 “黄山”的文学景象与创造…………………………………… 180

一、徐霞客游黄山和写《游黄山日记》的背景………………… 182

二、徐霞客《游黄山日记》对黄山的认识与评价……………… 189

三、徐霞客的《游黄山日记》的价值与徐霞客的“黄山影响” ……… 194

第三节 “齐云山”的文学景象与创造………………………………… 197

一、郁达夫《游白岳齐云之记》的写作背景…………………… 198

二、以景观写道教，凸显齐云文化之灿烂……………………… 206

三、以妙笔写奇景，展现齐云佳境之奇美……………………… 208

四、以梦幻写真境，彰显齐云仙境之曼妙……………………… 210

五、以感慨写心情，体现齐云行旅之陶醉……………………… 211

第六章 新安山水的文学景象与创造(中)

第一节 “新安”的文学景象与创造…………………………………… 215

一、唐代“新安”的文学景象与创造………………………… 216

二、宋代“新安”的文学景象与创造………………………… 219

三、明代“新安”的文学景象与创造………………………… 220

四、清代“新安”的文学景象与创造………………………… 224

第二节 “青溪”的文学景象与创造…………………………………… 225

一、唐代“青溪”的文学景象与创造………………………… 225

二、宋代“青溪”的文学景象与创造………………………… 233

三、元代“青溪”的文学景象与创造………………………… 238

四、明代“青溪”的文学景象与创造…………………………………………… 239
五、清代“青溪”的文学景象与创造…………………………………………… 243
第三节 “淳安”的文学景象与创造…………………………………………… 249
一、宋代“淳安”的文学景象与创造…………………………………………… 249
二、元代“淳安”的文学景象与创造…………………………………………… 254
三、明代“淳安”的文学景象与创造…………………………………………… 257
四、清代“淳安”的文学景象与创造…………………………………………… 264

第七章 新安山水的文学景象与创造(下)
第一节 “新安江”（建德段）的文学景象与创造……………………………… 267
第二节 “建德”的文学景象与创造…………………………………………… 272
一、唐代“建德”的文学景象与创造…………………………………………… 272
二、宋代“建德”的文学景象与创造…………………………………………… 273
三、元代“建德”的文学景象与创造…………………………………………… 275
四、明代“建德”的文学景象与创造…………………………………………… 277
五、清代“建德”的文学景象与创造…………………………………………… 282
第三节 “七里滩”的文学景象与创造………………………………………… 285
一、南北朝“七里滩”的文学景象与创造……………………………………… 285
二、唐代“七里滩”的文学景象与创造………………………………………… 286
三、宋代“七里滩”的文学景象与创造………………………………………… 290
四、明代“七里滩”的文学景象与创造………………………………………… 291
五、清代“七里滩”的文学景象与创造………………………………………… 296

第八章 新安文学的重点视域阐释(上)
第一节 南北朝徽州散文的初创与格局………………………………………… 301
一、程茂、程督及其散文………………………………………………………… 301
二、吕文达与《吕竭记》………………………………………………………… 304
第二节 李白寻访许宣平传说及其文化意义…………………………………… 308
一、李白寻访许宣平传说的出处与背景………………………………………… 308

二、作为多个身份结合体的许宣平…… 311
三、李白寻访许宣平传说及其文化意义…… 317
第三节 徽州民谣呈现的地域文化观念…… 319
一、追求艰苦创业而又自足自乐的人生观念…… 319
二、追求自由幸福而又从一而终的婚姻观念…… 323
三、追求孝敬父母而又家庭和睦的生活观念…… 327
四、追求重视读书而又博取功名的教育观念…… 330
五、追求崇尚正义而又反对邪恶的是非观念…… 336

第九章 新安文学的重点视域阐释(中)
第一节 朱熹以《咏方塘》诗为代表的有关淳安的创作…… 341
一、朱熹与瀛山书院讲学…… 341
二、朱熹《咏方塘》诗及其影响…… 342
三、朱熹的《康塘三瑞堂记》《康塘百琴楼歌》…… 346
第二节 徐楚编纂《青溪诗集》的体例、内容与价值…… 351
一、徐楚及其文学创作…… 352
二、《青溪诗集》的编选目的与原则…… 352
三、《青溪诗集》的体例与内容…… 353
四、《青溪诗集》的特点与价值…… 358
第三节 书写“海青天”——海瑞的诗文特点与价值…… 363
一、书写“海青天”——有关海瑞诗文的传播过程…… 364
二、书写“海青天”——海瑞诗文的特点与价值…… 380

第十章 新安文学的重点视域阐释(下)
第一节 南北朝新安山水诗与文学的开篇…… 386
一、游历新安的谢灵运、沈约与新安山水诗…… 387
二、沈约与《新安江至清浅深见底贻京邑游好》…… 389
三、任职新安的任昉、徐擒与新安山水文学 …… 392
第二节 “睦州诗派”的形成与影响…… 395

一、“睦州诗派”的提出与创作群体构成…… 395
二、“睦州诗派”的题材与风格特点…… 400
三、“睦州诗派”的影响…… 404
第三节 “严陵钓台”现象与董弅《严陵集》的反映…… 406
一、严光的初始记载与祭祀…… 408
二、《严陵集》的编纂与特点…… 410
三、《严陵集》的题材与特点…… 413
四、以《严陵集》为代表的地域文学总集的价值与影响…… 415

余论：新安文学的地位和价值…… 418

参考文献

一、史志谱牒…… 425
二、论 著…… 426

后 记…… 430

绪 论

新安江以它母亲般的情怀哺育了丰富而灿烂的新安江文明，也哺育了丰富而灿烂的新安文学。

正如杨伟祖在《史诗河流，文明生命》一文中指出："每一条河流都有自己独特的历史、文化、音乐和诗歌。不能想象没有河流滋润的人类情感和文学作品，就像不能想象没有文学和音乐伴随的河流一样。浩荡的巨川，湍急的洪水，柔美的溪流，神奇的峡谷，作为历史文化的空间载体，艺术创作的永恒母题，想象力的起点和极致，作为人与宿命搏斗的见证，在人文史上具有经久不衰的原初价值。"[①] 新安江流域也是这样，它以有声有色、奔腾不息的江水焕发了新安大地自然与文化景观的活力，激发了人们无穷无尽的想象力，掀开了新安江瑰丽、壮美和绵长的诗意篇章。

新安文学是基于新安江流域的文学，没有新安江流域也就没有新安文学。新安文学又是基于新安文学的杰出创造者的文学，没有他们的杰出创造也就没有新安文学。从总体上说，新安文学的创造者主要由新安籍的文学家（可分新安本土和客居在外两类）、任职新安的文学家和游历新安的文学家构成。即如本籍文学家，唐代散文家吴少微、诗人皇甫湜，宋代朱熹、钱时、江公望，元代方回、徐晅，明代程敏政、商辂，清代赵吉士、毛际可等；任职新安的文学家，南朝新安太守任昉，唐代睦州司马刘长卿，宋代睦州知州范仲淹、绩溪县令苏辙、徽州司户参军范成大等；游历新安文学家，唐代李白，宋代陆游，元代张可久，明代徐弘祖，清代黄景仁等。正是他们以生花妙笔创造了丰富灿烂的新安文学。莫言在《河流与文学》一文中论及文学与地理环境的关系时指出："文学与地理环境之间的关系是一种互动的、辩证的关系。一方面，地理环境会对文学家的文化心理结构造成影响，进而对文学家的创作造成影响，这些影响的表现形态或者载体，便是文学的地域性或者地域的文学；另一方面，这种文学的地域性或者地域的文学，久而久之会融进当地的地域文化，

---

① 杨伟祖：《史诗河流 文明生命》，《人与自然》2013年第7期，第12页。

成为当地的人文地理环境的一个有机组成部分，这样的人文地理环境又反过来对文学家的文化心理结构的形成产生影响。一个地方的文学家愈多，文学作品的质量愈高，对一个地方的文化贡献就愈大，这个地方的文化土壤就愈厚实，它对新一代文学家的成长就愈有利。”[①] 新安文学与新安江流域的关系又何尝不是这样呢？新安文学的杰出创造者与富有特色的新安地理环境之间构成的有效互动，使得新安大地形成了适于新安文学发展的良好气候，从而出现历代作家纷至沓来、经典作品层出不穷的局面。

“新安大好山水”誉称至今已响彻了1500年的历史，它从最初对人们的新安山水的审美唤醒到后来的审美自觉，对新安山水文学产生的影响是重大的。正是这一誉称，使得文人雅士似过江之鲫一般时常涉足新安江以及新安山水，去发现它的特质，领略它的魅力，展现它的美好，留下了数以万计的文学作品，尤其是诗歌作品，形成了以新安江为主线、以黄山和白岳为中心的新安山水文学长廊，成为新安文学中最为光彩夺目的篇章。

由此，我们看到了新安文学发展的路径非同寻常，就是自下而上的发生路径，即从下游向中上游的逆流而上式的发展。新安江流域因其开放性和活跃性，首先在下游的建德流域得到验证，新安江的魅力首先在这里向世人得到展示，由此形成向中上游的辐射与拓展性影响，最后形成一体化的联动效应。新安文学的拓荒期，新安江下游的建德成了新安文学的“上游”，南北朝时期，诗人谢灵运的《初往新安至桐庐口》《严陵濑》和沈约的《新安江水至清浅深见底贻京邑游好》等诗篇，对新安山水发出最早咏赞，使得这一时期的文学从一开始就一脚跨入文学的自觉时代，这与中国文学当时的发展状况高度吻合。当一个地方接受了外来文化影响的同时，与文化相伴随的文学也随之而来，并从一个新的起点上开始不断拓展。在此基础上才有后来的自上而下式，即从上游向中下游的顺流而下式的文化和文学发展。随着明清时期徽商经济的日益强盛带来教育的发达和文化的繁荣，使得徽州文学步入方兴未艾的阶段，如同波涛汹涌的新安江一样自上而下、一泻千里，形成新的文学发展浪潮。

由此，新安文学在题材上就形成了以新安江流域为主线，以黄山、白岳为重点

---

① 莫言2019年8月6日在智利迭戈·波塔莱斯大学的演讲，刊于《上海文学》2020年5月号。

的独有特点。一部新安文学史，就是基于以新安江流域为主线，以黄山、白岳为重点的形象反映的历史。

写到这里，笔者还要就新安文化与徽州文化、新安文学与徽州文学的关系问题再说几句。说到底新安文化相对于徽州文化、新安文学相对于徽州文学来说，是一种“源头”与“活水”的关系，新安文化研究相对于徽州文化研究、新安文学研究相对于徽州文学研究来说，也自是一种“源头”与“活水”的研究。

首先是“源头”的研究。徽州大地虽然早在秦始皇时即设立黟、歙两县，但从真正的具有独立建制意义方面来说的是始于西晋太康元年(280)新安郡的建立。正是新安郡的建立，才真正赋予这一地域具有独立的文化地理单元意义，使“新安”具有了文化生命。它早于徽州841年。

宋宣和三年(1121)徽州的设立，这自是徽州文化的元年。但从地域文化的层面来说，它无疑是新安文化基础上的继承和发展，徽州文化的源头实质上还在新安文化那里。正是如此，出生在徽州时代的朱熹惯称自己是“新安朱熹”；现今徽州文化领域中还保留着诸如“新安理学”“新安医学”“新安画派”等概念。进一步说，徽州文化各领域的“徽州”概念完全可以置换为“新安”,但“新安理学”“新安医学”“新安画派”中的“新安”却难以置换为“徽州”，这正说明新安文化对于徽州文化的根本意义。离开新安文化的徽州文化研究，是一种偏离“根”和“本”、丢失“灵”和“魂”的研究，是对地域文化的一种割裂式研究。

其次是“活水”的研究。新安文化与新安江流域一脉相承。新安文化是新安江流域文化，新安江是新安文明的哺育者和创造者。新安文化研究只有把它与新安江流域联系起来、结合起来，乃至以它为中心、为核心，这种研究才会“活”起来，才会“动”起来，才会接新安文化的“地气”，才会真正具有地域文化生命。以往的徽州文化研究，取得了极大成就，也获得了重大影响，但有“先天不足”，那就是没有自觉与新安江流域文明结合起来,没有回到新安文化这一“根”和“本”上来，也就“活”得不够、“动”得有限，它以“徽州”画地为牢，断了“源头”与“活水”。现在启动的新安文化研究工程，可以说在一定层面上是对以往徽州文化研究的纠偏和拓展，使之回到“源头”和“活水”上来，回到“灵”和“魂”上来。这正是新安文化研究这项工程的意义所在。

作为新安文化一部分的新安文学,在研究上也自应是一种呼应“源头”与“活水”

的研究。一是要把它摆到新安历史与新安江流域相结合的历史背景下来考察新安文学的形成与发展，以此认清新安文学的性质、特点与规律；二是要把直接反映和表现新安历史与新安江流域的文学作品作为研究的中心和重点，以此探看文学视野中的新安历史与新安江流域的状貌与特质，揭示与丰富对地域文化价值的判定与认识，为弘扬地域文化提供新颖视角与生动教材；三是要发掘新安地域文学特色、揭示新安地域文学价值、确立新安地域文学地位、总结新安地域文学经验，为中国文学的发展与研究提供地域文学范本，为新时代新安江流域生态文明建设与发展提供文学上的“源头”与“活水”，使其充满文化的生命力。

根据以上的理解和认识，特对本书的体系建构与内容做如下安排。

一、新安文学的特质与属性，包括新安郡的建立与新安文学的产生、“新安大好山水”誉称与文人的审美自觉、新安文学的边界与分布、新安文学的属性，重在认清新安文学的特质与属性。

二、新安文学的历时衍变与横向考论，包括徽州文学的历史演变和徽州文学的横向考论、淳安文学的历史演变和淳安文学的横向考论、建德文学的历史演变和建德文学的横向考论，重在勾画新安文学的总体概貌。

三、新安山水的文学景象与创造，包括徽州——以“新安江”“黄山”“齐云山”为中心的文学景象与创造，淳安——以“新安”“青溪”“淳安”为中心的文学景象与创造，建德——以“新安江”“建德”“七里濑”为中心的文学景象与创造，重在呈现新安文学的主体内容与特色。

四、新安文学的重点视域阐释，包括南北朝徽州散文的初创与格局、李白寻访许宣平传说的文化意义、徽州民谣呈现的地域文化观念；朱熹以《咏方塘》诗为代表的有关淳安的创作，徐楚编纂的《青溪诗集》的体例、内容与价值，书写“海青天”——有关海瑞诗文的特点与价值；南北朝山水诗与新安文学的开篇，“睦州诗派”的形成与影响。“严陵钓台”现象与董弅《严陵集》的反映；重在反映和提升新安文学的厚度与深度。

五、余论，包括关于新安文学的体系建构问题、关于新安文学的地域特色问题、关于新安江流域文学的一体化问题，重在对新安文学研究中的重要问题加以归结与引申。为今后的新安文学研究提供思考方向，同时兼带回答新安文学的地位和价值问题。

通过以上体系建构的框架完成新安文学研究的基本性质、特点和规律的探讨，形成对新安文学的地位和价值的最终评价，为新安文化的总体研究提供一个独有窗口。

新安文化与文学的代表人物朱熹，当年在亲临新安江中游的淳安瀛山书院讲学时创作的千古名篇《咏方塘》[①]诗，像一股清泉流泻到笔底：

半亩方塘一鉴开，天光云影共徘徊。
问渠那得清如许，为有源头活水来。

新安文化与新安文学研究，因其拥有源源不断的新安历史与新安江流域文明的“源头活水”，一定能创造出新的“天光云影”的大好景象，一定能赢得新的“半亩方塘一鉴开”！

① [清]吴世荣、邹伯森：《光绪严州府志·艺文》，清光绪九年刻本。此诗题目还有“观书有感”“题方塘”“题方塘诗”等。

第一章　新安文学的特质与属性

新安文学源远流长，品格独具。本章主要包括新安郡的建立与新安文学的产生，“新安大好山水”誉称与文人的审美自觉，新安文学的边界与分布，新安文学的属性等方面，旨在认清新安文学的特质与属性。

第一节　新安郡的建立与新安文学的产生

一、新安郡的建立

新安文学的产生与新安郡的建立有着千丝万缕的联系，最基本的一点是新安郡的建立赋予了这一文学的地域属性。

这一地区于西晋太康元年(280)改原新都郡为新安郡，所属新定县和海阳县分别改为遂安县、海宁县。这时的新安郡辖始新、黟、歙、遂安、黎阳、海宁县，郡治在始新县（今浙江淳安）。这是新安郡在历史上的第一次亮相，也第一次把新安江流域的上中游地区通过政区形式联系在一起，至今已有1700余年的历史。

在新安郡得名一百多年后的某个时段，诗人、旅行家谢灵运（385～433）涉足新安江下游地区，对这里进行了第一次文学开垦，写就了《富春渚》《七里濑》《夜发石关亭》《初往新安至桐庐口》等一组诗篇，成为新安江流域文学的先声。这从源头上告诉我们，新安文学至今已有近1600年的历史。

到了南朝宋大明八年（464)，这里将黎阳县并入海宁县；梁普通三年（522）划吴郡寿昌县入新安郡。新安郡版图进一步扩大，第一次明确把新安江下游地区纳入新安郡版图，使新安江全流域地区成为完整统一的政区版图。这时的郡治依然在新安江中游的始新县。

也就在这期间，文学家沈约（441～513）对这一版图的新安江山水投下钟情的一瞥，写就了《新安江水至清浅深见底贻京邑游好》诗作，第一次以新安江为题把新安江山水神韵抒写进中国山水文学的天国，留下了耀眼光彩。这一最早以新安江为题的诗篇至今已有1500年的历史。

几乎与此同时，天监六年（507）的任昉在从富春江逆流而上赴任新安太守途中，写下了《严陵濑》《赠郭桐庐出溪口见候余既未至郭仍进村维舟久之郭生方至》等诗作，成为最早的新安文学作品之一。

距离任昉任新安太守二十余年后，梁武帝萧衍有鉴于诗友徐摛“年老又爱泉石，意在一郡以自怡养”的意愿，诏之曰：“新安大好山水，任昉等并经为之，卿为我卧治此郡。”徐摛便于中大通三年（531）出任新安太守。梁武帝对新安山水做出的这一赞美性评价，使“新安大好山水”从此名满天下，也为后来的新安山水文学的进一步开创与发展产生了重要影响。

大同元年（535）析歙县华阳镇置良安县，梁承圣二年（553）又析海宁、黟、歙各一部分重设黎阳县。当时这里分属两郡，一是新设的新宁郡，辖海宁、黟、歙、黎阳县，治所海宁（今休宁县万安镇古城岩）；另一为新安郡，辖始新、遂安、寿昌、良安县，治所始新。陈永定二年（558）撤良安县，并入歙县。陈天嘉三年（562）新宁郡并入新安郡，黎阳县并入海宁县。至此，新安郡辖歙、黟、海宁、始新、遂安、寿昌6县，郡治始新。这是自新安郡建立以来历经282年后对新安郡版图的又一次

新安江（潘成 摄）

强化，实现了新安江流域更为广泛的完整统一，进一步加深了新安江流域地区的整体联系。

新安江上游地区也出现了本籍文学家程茂、程砮父子和先任职后定居于此的吕文达，他们是这一时期文学创作的代表。

这一时期，由于朝廷任命了一批文人前来治理新安，使得这一地域显出特别的人文性质。随着与外界联系的增多，也吸引了不少文人骚客前来游历，吟咏新安大好山水。

隋文帝开皇九年（589），改始新县为新安县，并以遂安、寿昌入新安县；改新安郡为歙州，领海宁、黟、歙县，州治黟县。这是新安郡建立 309 年后第一次改为歙州，管辖范围不再包含新安江中下游地区，使历史上的新安版图得到肢解，使新安江流域一体化的历史文脉戛然而止。虽然此后还出现过两次复名新安郡的情况，但它已不是原有地域的新安郡，并渐行渐远，新安江上游地区与中下游地区从此各按不同政区路径发生演化。

新安江上游地区于隋开皇九年（589）开始进入为期 532 年的歙州时代，于宋宣和三年（1121）进入为期 791 年的徽州时代，直至民国元年（1912）废府留县。

新安江中下游地区从隋开皇九年（589）开始按以下路径进行政区转化：

一是淳安（时称新安）由原新安郡郡治于隋仁寿三年（603）转为睦州州治，辖新安、遂安、桐庐县三县，治新安县。其中：大业三年（607），改睦州为遂安郡，改新安县为雉山县，辖雉山、遂安、桐庐三县，郡治雉山县；唐武德四年（621），复遂安郡为睦州（辖雉山、遂安两县），同时在桐庐置严州（辖桐庐、建德、分水三县）。淳安作为州治历时 108 年。

二是建德从神功元年（697）作为睦州州治，并于北宋宣和三年（1121）作为严州州治。睦州时辖建德、新安（雉山县改名）、桐庐、武盛（分水县改名）、遂安五县，历时 424 年。其中：天宝元年（742）改睦州为新定郡，乾元元年（758）复改为睦州，辖建德、寿昌、桐庐、分水、还淳（新安县改名，后改青溪、淳化）、遂安 6 县。严州时辖建德、寿昌、桐庐、分水、青溪、遂安六县，直至民国元年（1912）废府留县，历时 791 年。

这就是新安郡建立以后的政区演变过程和历史轨迹。

二、新安文学的产生

自新安郡建立，乃至后来产生分化的新安江上游的歙州、徽州，中下游的睦州和严州，由于山水特点、地域文化、外来文学等因素影响，整个新安江流域地区形成了源远流长、一脉相承的文学气候，产生了涵盖徽州文学、睦州文学和严州文学的新安文学。

新安文学在时间上与新安郡的建立紧密联系，因为是新安郡的建立才把新安江流域的不同地区作为一个整体联系起来。因而新安郡建立的时间就是新安文学的起始时间。但由于历史上的政区总是处于变动不居之中，新安江流域地区的政区也是如此。新安江上游地区经历了从新安郡到歙州再到徽州的变迁，中下游地区的淳安和建德也经历了从新安郡到睦州再到严州的变迁。政区可以不断变迁，甚至带来隔断，但藕断丝连，它们毕竟有割不断的历史文化因缘，有割不断的流域自然地理的贯通。作为文学现象，它有自己特殊的发展规律，顺应着历史文化和流域自然文化属性而发展。在这里，我们不把这种文脉加以割断而是加以承续性研究，以期得到一个完整的流域文学的认知，从而加深对流域文明发生发展的关联性和共同性的认识。

从时间边界来说，新安文学大体上始于西晋太康元年(280)改新都郡为新安郡，历经南北朝、唐、宋、元、明、清，直到中华民国（1912）建立废府留县，共1632年的历史。

从空间边界来说，可从以下三个层面来认识：

一是新安郡所属的区域空间，从西晋太康元年(280)改新都郡为新安郡，后到隋文帝开皇九年（589）改新安郡为歙州前所辖始新、黟、歙、遂安、黎阳、海宁、寿昌县的区域空间。郡治始新县（今浙江淳安)。这一空间持续的时间为309年。

二是歙州区域空间＋睦州区域空间：从隋文帝开皇九年（589）改新安郡为歙州后到北宋宣和三年（1121）改歙州为徽州前的所辖歙、休宁、黟、绩溪、婺源、祁门县的区域空间，共532年；从隋仁寿三年（603）以新安县置睦州后到北宋宣和三年（1121）改睦州为严州前所辖建德、寿昌、桐庐、分水、青溪、遂安县的区域空间，共528年。这两个空间的持续时间为532年。

三是徽州区域空间＋严州区域空间：从北宋宣和三年（1121）改歙州为徽州后，到中华民国（1912）废府留县前，所辖的歙、休宁、黟、绩溪、婺源、祁门县的区域空间；从北宋宣和三年（1121）改睦州为严州后，到中华民国（1912）废府留县前，所辖建德、寿昌、桐庐、分水、青溪、遂安县的区域空间。以上两个空间共持续了 791 年。

至此可以明确：新安文学的时间范围包括从西晋太康元年 (280) 改新都郡为新安郡，历经南北朝、唐、宋、元、明、清，到中华民国（1912）废府留县，共 1632 年；新安文学的空间范围包括新安江上游的歙、休宁、黟、绩溪、婺源、祁门县和中下游的青溪（淳安）、遂安、建德、桐庐、分水、寿昌县。也就是说，我们所研究的新安文学指的是从西晋太康元年 (280) 到中华民国（1912）期间发生在新安江上游的歙、休宁、黟、绩溪、婺源、祁门县和中下游的淳安、建德、桐庐、分水、遂安、寿昌县的文学活动。

由此我们可以进一步明确新安文学的名称与分布，这就是：新安江上游文学——徽州文学；新安江中游文学——淳安文学；新安江下游文学——建德文学。正是徽州文学、淳安文学和建德文学的结合与统一构成了新安文学。

所谓新安文学，是指从历史上的新安郡建立以来新安江流域地区所发生的文学活动的总称，具体包括新安江上游的徽州、中游的淳安和下游的建德的文学活动，它们充分体现着流域文学的共同属性，具有不同于其他区域文学的独有价值。

第二节 “新安大好山水”誉称与文人的审美自觉

新安这一钟灵毓秀之地，历史上曾获得“山水幽奇”“新安有佳山水”“新安大好山水”等众多美誉，其中以“新安大好山水”最为著名。它的提出，无异于给热爱新安山水的人们提供了一副催醒剂和兴奋剂，激活了人们的审美思维和创作思维，从而催生了以新安江为主线、以黄山和白岳为中心的新安山水文学格局的形成。

一、“新安大好山水”誉称与影响

“新安大好山水”的誉称最早出自梁武帝萧衍。据《梁书·徐摛传》记载：“遂承间白高祖曰：摛年老，又爱泉石，意在一郡，以自怡养。”高祖谓摛欲之，乃诏摛曰：“新安大好山水，任昉等并经为之，卿为我卧治此郡。”[①] 中大通三年（529）徐摛遂

① [唐]姚察、姚思廉：《梁书》卷二十九《列传第二十四·徐摛传》，四库全书本。

出为新安太守。

梁武帝此前并未亲临新安，是如何知道“新安大好山水”的呢？

这首先来自梁武帝对已有新安山水诗歌作品的精彩摹写的了解。

“新安大好山水”的美好景象早在谢灵运《富春渚》《七里濑》《夜发石关亭》《初往新安至桐庐口》等诗作中就有刻画和表现，作为文学家的梁武帝对文学史上开山水诗一派的谢灵运的创作应是熟知的。

谢灵运于宋永初三年（422）自京都建康赴任永嘉太守期间，曾涉猎新安地区，并多有诗作，其诗大都描写会稽、永嘉、新安等地山水名胜，善于刻画自然景物。谢灵运所写有关新安江流域诗作是该地区山水文学的开篇之作，具有重要影响。他所作的《七里濑》诗中的“石浅水潺湲，日落山照曜。荒林纷沃若，哀禽相叫啸”诗句和《初往新安至桐庐口》“江山共开旷，云日相照媚。景夕群物清，对玩咸可喜”的诗句，抒写了这里的山水风貌特点。

其次是来自既往新安地方官员向朝廷的复命与禀报的了解。从《梁书·徐摛传》写到的梁武帝在与徐摛对话中“新安大好山水，任昉等并经为之”的话语看，包含了既往新安地方官员向朝廷对“新安大好山水”有所复命和禀报的因素。

黄山市屯溪九龙山摩崖石刻

其实，在任昉出任新安太守前，还有萧几也曾出任新安太守。萧几，字德玄，南朝梁文学家。《梁书》卷四十一载有“为新安太守，郡多山水，特其所好，适性游履，遂为之记”。[①] 萧几所写的新安山水记，是新安任职官员中所写有关新安山水游记作品的最早篇章之一，不排除在当时的流传和影响。

至于任昉出任新安太守，这在《梁书》卷十四有明确记载。他曾于天监六年（507）春出为宁朔将军、新安太守。任昉出任新安太守自是梁武帝任命的结果。任昉出任新安太守后的情况在《梁书》卷十四有记载：“在郡不修边幅，率然曳杖，徒行邑郭，民通词讼者，就路决焉。为政清省，吏民便之。视事期岁，卒于官舍，时年四十九。阖境痛惜，百姓共立祠堂于城南。高祖闻问即日举哀，哭之甚恸。”[②] 可见，任昉任职新安时深得民心，梁武帝与之交谊深厚。

任昉当初从富春江逆流而上赴任新安途中，曾写有新安山水诗作。他在《严陵濑》[③] 诗作中写道：

群峰此峻极，参差百重嶂。
清浅既涟漪，激石复奔壮。
神物徒有造，终然莫能状。

又在《赠郭桐庐出溪口见候余既未至郭仍进村维舟久之郭生方至》[④] 诗作中写道：

朝发富春渚，蓄意忍相思。
涿令行春返，冠盖溢川坻。
望久方来萃，悲欢不自持。
沧江路穷此，湍险方自兹。
叠嶂易成响，重以夜猿悲。
客心幸自弭，中道遇心期。

---

①[唐]姚思廉：《梁书》卷四十一《列传第三十五》。
②[唐]姚思廉：《梁书》卷十四《列传第八》。
③[宋]董弅：《严陵集》卷一，四库全书本。
④[宋]董弅：《严陵集》卷一，四库全书本。

亲好自斯绝，孤游从此辞。

可见，出任昉对新安山水的观感和体悟。这也会给梁武帝形成“新安大好山水”的印象产生影响。

至于梁文学家沈约创作的《新安江水至清浅深见底贻京邑游好》诗篇，对于作为与沈约同为“竟陵八友”的梁武帝更是不可能不熟知。沈约《新安江水至清浅深见底贻京邑游好》[①]诗作写道：

眷言访舟客，兹川信可珍。
洞澈随深浅，皎镜无冬春。
千仞写乔树，百丈见游鳞。
沧浪有时浊，清济涸无津。
岂若乘斯去，俯映石磷磷。
纷吾隔嚣滓，宁假濯衣巾？
愿以潺湲水，沾君缨上尘。

其中的“洞澈随深浅，皎镜无冬春。千仞写乔树，百丈见游鳞”四句，几乎是对新安江水之美的定评，对后世写新安江的文学作品影响很大。像李白的《清溪行》中的“借问新安江，见底何如此”诗句就可隐约见出其影响。可见沈约对新安江水美的发现之特，体味之深，表现之切，影响之大，几成最早有关新安山水的代表诗篇。从此以后，新安江之美被长久地表现，使有关新安江的文学作品成为新安文学中的一个特点和亮点。

梁武帝就是通过已有山水诗歌作品对新安山水的精彩摹写和既往新安地方官员向朝廷的复命与禀报的了解，得出“新安大好山水”这一结论的。自从梁武帝对徐摛说出“新安大好山水”以后，新安就从此享有了“大好山水”的美好誉称，而谢灵运和沈约的有关诗作就是对梁元帝“新安大好山水”的最形象生动的注解，从此开启了描绘新安山水之美的序幕。

---

① [清]陈梦雷：《古今图书集成》，《方舆汇编·山川典》第二百七十二卷《江部·艺文二》。

徐摛赴任新安以后，“至郡为治清静，教民礼仪，劝课农桑，期月之中，风俗便改。秩满还为中庶子，加戎昭将军”。[①]可见，徐摛在新安期间治绩显著，只是没有在这里终老，后来返回朝廷继续任职。至于他在郡期间创作的文学作品，现已不可考，这是令人遗憾的。

二、新安文人审美自觉的产生

在梁武帝提出“新安大好山水”的时代，距文学和山水审美观念进入自觉时代的时间并不长，加上那时的黄山还“藏在深山人未识”，白岳更是为世人无从知晓。所以这里能在1500年前由梁武帝提出“新安大好山水”这一誉称，实在是非常幸运的。后来宋代理学之集大成者朱熹手书“新安大好山水”大字镌于歙县长陔燕石岩，自是表现了新安人对它的强烈认同。

山水能够造就山水审美者，山水的美能够培养出山水审美情趣。同样，新安山水能够造就山水审美者和培养出山水审美情趣。为什么呢？这同人与山川的相感有关。“人与山川的相感，在中国传统的哲学思想里可以找到理论上的依据。在中国的传统哲学里，万物都是一气所生，是可以相通相感的。……这是从哲学的层次上说的。从实践的层次上说，不同的自然风貌无疑给人以不同的感受。江南的淅淅春雨与北方广漠的风沙，当然带来不同的心境。长期生活于明山净水之间，无数次领略过杏花春雨江南的景色，无数次领略过莺飞草长的南国韵味的人，与长年生活于白山黑水间的人，性格气质当然不同，情趣也不同。不同的景色，事实上是一次次地在记忆里印上画面，长期的积淀，自然画面的美的类型便在记忆里形成了一种讯息定向。这种讯息定向在审美过程中以经验的形式出现，成为审美判断的基础。换句话说，左右着审美趣味”。[②]“可以说，山水的审美情趣的形成在前，而山水诗的发展在后。山水审美情趣的形成，乃是山水诗发展的基础。”[③]

自从“新安大好山水”此语一出，它就成了新安山水影响最为深远的誉称，引发了世人对新安山水的审美自觉，并吸引了历代众多文人雅士寻访，一个以新安江为主线、以黄山和白岳为中心的新安山水文学的特定领域突现出来，并从此绵绵不绝，形成了一条新安山水文学之河。

---

① [唐]姚思廉：《梁书》卷二十九《列传第二十四》。
② 罗宗强：《魏晋南北朝文学思想史》，中华书局，2006年，第102页。
③ 罗宗强：《魏晋南北朝文学思想史》，中华书局，2006年，第103页。

以新安江为主线的新安山水文学作品主要体现在：

一是新安江下游建德流域，主要有南北朝谢灵运《富春渚》《七里濑》《夜发石关亭》《初往新安至桐庐口》、沈约《新安江水至清浅深见底贻京邑游好》、任昉《严陵濑》《赠郭桐庐出溪口见候余既未至郭仍进村维舟久之郭生方至》,唐代孟浩然《宿建德江》、权德舆《新安江路》等。

二是新安江中游淳安流域，主要有唐代李白《青溪吟》、吴融《新安道中玩流水》、张旭《青溪泛舟》、许浑《泛青溪》，宋代有吴涟《青溪晚霁》、梅尧臣《青溪行》、陈轩《泛青溪》、成廷楫《青溪道中杂咏》、朱熹《青溪》，元代有方回《舟行青溪道中入歙》(12首)、曹文晦《九月一日清溪道中》，明代有胡应麟《自严滩至新安途中纪兴十首呈司马汪公》、余敷中《新安山水歌》、杨彝《过睦州青溪渡》、徐楚《青溪古渡》、杨启声《青溪怀古》,清代有方叔元《新安道中》、赵吉士《青溪舟中》、查慎行《青溪口号》(8首)、徐士讷《泛舟青溪》、成廷楫《青溪道中杂咏》等。

三是新安江上游徽州流域，主要有宋代杨万里《新安江水自绩溪发源》《过阊门溪》等。

以黄山和白岳为中心的山水文学作品，主要有唐代释岛《登天都峰》、许坚《入黟吟》等诗作；宋代范成大《天都峰》《温泉》等诗作，吴龙翰《黄山记游》等散文；元代郑玉《游黄山》、张可久《霜角·新安八景》《水仙子·黄山道中》等诗作和曲作，汪泽民《游黄山记》等散文；明代汪道昆《望天都》、许国《黄山杂咏》、唐寅《齐云岩纵目》等诗作，程敏政《游齐云山记》、徐弘祖《游白岳日记》《游黄山日记(前)》《游黄山日记(后)》，江瓘《游黄山记》、潘之恒《莲花峰记》、袁中道《游黄山记》、许楚《黄山游记》《新安江赋》等散文；清代袁枚《宿黄山狮子林晨起登清凉台看云铺海》、黄景仁《春雨望新安江》《重游齐云山》《重游新安杂感》等诗作，钱谦益《游黄山记》、袁枚《游黄山记》、刘大櫆《黄山记》、龚自珍《黄山铭》、施润章《黄山游记》、靳治荆《游黄山记》等散文。

“新安大好山水”究竟“大好”在哪里？笔者曾撰写《“新安大好山水”》[①]一文，对此做过探析。对于“新安大好山水”，自古以来有关新安山水诸如“山水幽奇”“山水灵秀”“新安有佳山水”等誉称，可为佐证；山水志书如清代歙人汪洪度所著《新

① 吴兆民：《“新安大好山水”》,《人民日报》“大地”副刊,2014年3月22日。

安大好山水志》，可见概貌。特别是历代诗文作品中留下的生动记录可以寻味，即如唐代李白《清溪行》："借问新安江，见底何如此？人行明镜中，鸟度屏风里。"宋代杨万里《新安江水自绩溪发源》："金陵江水只醎腥，敢望新安江水清。皱底玻璃还解动，莹然酃渌却消酲。泉从山骨无泥气，玉漱花汀作佩声。水记茶经都未识，谪仙句里万年名。"元代傅若金《因道便过家钱唐》："新安江水清见底，水边作纸明于水。兔白霜残晓月空，鲛宫练出秋风起。五云高阁染宸章，最忆吴笺照墨光。明朝驿使江南去，诏许千番贡玉堂。"明代李流芳《新安江中有怀》："对酒半轮月，随舟两岸山。碧潭寒见底，怪石巧当湾。自觉胜情惬，谁言客路艰。别归临岁晏，秖怆故人颜。"清末民初黟县孙茂宽《新安大好山水歌》："新安之水宇内胜，水水汇流棹可随。就中山明更水静，妙绝何图竟若斯。"近代陶行知在《徽州人的新使命》中不无自豪地说："我们徽州，山水灵秀，气候温和，人民向来安居乐业，真可谓世外桃源。"

清代赵吉士在《寄园寄所寄》"倚杖寄"中不无感慨地说："新安名贤辈出，无论忠臣义士，即闺阁节烈，一邑当大省之半，岂非山峭厉水清激使之然哉？灵奇秀拔在在而有，黄海白岳其最焉者耳。三复梁祖之言，固不独为徐士秀作慰藉语。"①

其实，"新安大好山水"还有更其本质的"大好"，那就是以它的钟灵毓秀使这方水土文成风，学成派，商成帮，成为世人尊崇的"东南邹鲁"；养育了朱熹、戴震、胡适、陶行知、黄宾虹等旷世才俊，影响着时代和社会的走向；孕育了博大精深、光辉灿烂的徽州文化，成为中华后期文化的杰出典型。

历史上的"新安大好山水"久负盛名，为历代文人雅士所陶醉，也为世居于此的人们带来福泽，成为新安人丰厚的自然与文化遗产，成为新安人的宝贵精神财富。

第三节　新安文学的自然与文化属性

对新安文学属性的探讨，是新安文学研究所必须面对的问题，也只有在对这一基本问题有了清晰的界定之后新安文学的深入研究才有可能。在这里我们主要从自

① [清]赵吉士：《寄园寄所寄》，黄山书社，2008年。

然属性、文化属性和外来影响三方面来看新安文学的属性问题。

一、新安文学的自然属性

我们所说的新安文学是反映新安江流域的文学，既如此，那就必定打上新安江流域的印记，也即具有新安江流域的属性。

新安江属山溪性常年江河，含沙量少，清澈见底。河床比降大，沿江多峡谷险滩。徽州大部分地方依新安江而居，新安江流域面积占徽州土地总面积的二分之一，流域人口占总人口的一半以上。徽州腹地山路崎岖，从万山环绕奔流而出的新安江成为通往江浙的黄金水道。据康熙《歙县志》①记载："自歙浦达桐江，凡七百里，皆名新安江。新安江西接浙江、北会练江，左岸纳琅源、太平源、棉溪、昌溪、大洲源诸水，右岸则纳瀹源、薛源、小洲源、山茶源、街源诸流。"

新安江自浦口，流经南源口、坑口、漳潭、绵潭、深渡、小川、三港、新溪口、街口，入浙江省淳安县境。两岸深山幽谷，山势峻嶒。境内长54.6公里，流域面积（含现徽州区境）2585平方公里，江面宽90～180米，河床淤积砂卵石。新安江干流历史上是歙县乃至徽州对外交通的主要通道，从渔梁到杭州航程为354公里，可通木帆船。沿江的航埠头、渔梁、朱家村、薛坑口、深渡、正口、小川、街口等都是重要码头。

新安江中游淳安的地理环境特点，在《续纂淳安县志》中有如下记载："吾淳始曰雉山，则既以山名，及唐永贞间，而更曰青溪，或作清溪，则又以川名矣。唯山嵂巍以嵯峨，唯水泙渫而扬波，以故钟为人文，磊砢英多，往往应之，而风俗淳厚，民物阜安，亦于是乎在，非独景物流连，可以俯仰宴乐为也。"②淳安县溪河纵横，流向复杂，水系呈羽状。全县有新安江及其支流遂安港、东源港三条主要河流。河谷狭窄，天然落差大，水流湍急，河水沙及污染物质含量少，色碧质清。

新安江为淳安县最大河流，由歙县街口流入县境，又东流至建德县梅城镇纳兰江与桐江相接。新安江大多穿行于高山峻岭之间，河谷深切地层，河道天然落差大，水源丰富。淳安境内全长68公里，流域面积4341平方公里。据《淳安县志》记载："新安江在县南，西溯于徽州一百六十里，自歙县深渡入县界，东沿至建德一百六十里，

①[清]靳治荊修，吴苑、程濬：康熙《歙县志》，清康熙二十九年刻本。

②[清]李诗、陈中元：《续纂淳安县志》卷一《山川》，清光绪十年刻本。

至白马砂入建德县界。”又据《严州图经》记载：“新安江，源发浙岭，至黄光潭为淳西界，凡百五十里，东入建德。众泒双环，左右襟带，故为淳之经流焉。”淳安县境内新安江，主要有支流桐溪、六都源、鸠坑源、梓桐源、云源港、清平源和商家源等汇入，形成境域特点。

明代淳安徐尊生的《波绿新安江》[①]诗形象写出了淳安山川的特点：

波绿新安江，草青贺齐城。
出城偕逸侣，涉江早春行。
舟维古岸回，径转深谷晴。
琳宫昔玄讨，怅别流年惊。
黄冠旧有期，仙游荐无成。
今晨兴良遂，从容振尘缨。
花砌霭微馥，松房飒幽声。
惨淡画图展，悠扬烟蒙荥。
偶什答箸翁，手擎溪螺盈。
饷因观主厚，味许验人并。
以兹雅趣惬，弥使吾情清。
杯觞竟绸缪，诗笔亦纵横。
浮生此暂聚，忽散如烟轻。
远送何依依，顾惜方外情。

新安江下游建德地处浙西中山丘陵区，东部为龙门山脉，北部为昱岭山脉，西北部为千里岗山脉，总属南岭山系。建德主要河流有新安江、兰江和七里泷。

新安江经淳安至芹坑进入建德县境，向东流经白沙、洋溪、下涯、马目、杨村桥、南峰、千鹤和梅城，在东关与兰江汇合。县境内河段长48公里，流域总面积11640平方公里。新安江与兰江在梅城东关汇合后，折向东北流7公里至乌石滩进入峡谷，下与桐庐县的严陵濑相接即七里泷。此段河道历来名称不一，有称桐江的，

① [清]李诗、陈中元：《续纂淳安县志》卷四《寺观》。

指本县至桐庐县窄溪一段；有称富春江的，因在富春山下；民国《建德县志》称胥口江，以伍子胥经此得名；又有称建德江的，因在建德县境内，唐孟浩然有《宿建德江》诗；也有称严江的，以东汉严子陵在此垂钓故；还有称睦江的，因建德为睦州地。旧即以新安江作钱塘江干流，故重修《浙江通志稿》载："新安江合兰溪港（兰江）形成丁字，一名丁字水，以下仍新安江。"唐骆宾王在其《应诰》篇中说："余以三伏辰行至七里濑，此地即新安江口也。"

新安江从海拔1600多千米的休宁六股尖发源，沿途汇聚680多条大小支流，奔腾373公里至建德与兰江交汇后汇合富春江，融入钱塘水，注入大海，流域面积1.1万平方公里（徽州境内干流长242.3公里，流域面积6500平方公里；浙江境内干流长128公里，流域面积5718平方公里）。

作为反映新安江流域的文学，自然与新安江相亲相爱，给予新安江以浓墨重彩的讴歌与赞颂，成为新安文学的中心题材与精美作品的聚宝盆。相关内容在本书后续重点章节将集中展开论述，这里以清代江苏太仓王吉武的具有全景式展现新安江风貌的《自睦州至新安四百里路，并溪滩急湍奔流，上水为限，舟行积日，即事杂述》[①]一诗作结：

昔闻新安江，众泉汇交络。
三百六十滩，何年出疏凿。
睦州从西来，苍翠连巇崿。
清流贯其间，弯环绕崖脚。
沙土漱不存，山骨磊荦确。
溪潭澄见底，深浅明可度。
游鳞动若空，文石锦相错。
奔注无时停，漂疾赴冥寞。
扁舟逆上难，争激更凌薄。
长年手足惯，牵引恃絙索。
入水比凫鹥，缘岩似猱玃。

① 浙江省淳安县文联：《淳安古诗词选》，汉语大词典出版社，1995年，第472～474页。

施篙巉岩间，尽日闻砻确。
三里一危湍，五里一急壑。
或如汤沸鬻，或如珠散箔。
声驱殷雷怒，势卷银河落。
百丈挽不前，双桨力逾弱。
显避巨矿触，伏畏堆埼阁。
一失那及收，欲进反成却。
揽奇喜复惊，脱险快还愕。
层峦何杳深，绝境转寥廓。
鸟兽相叫啸，殊音感淹泊。
辄羡山中人，林壑安土著。
长萝老屋缠，密篠疏篱缚。
引乳灌嘉蔬，锄云劚灵药。
翛然尘襟洗，若解新篁箨。
萦纡倦延缘，幽胜惬领略。
虽非平江平，迥异恶溪恶。
纪游不成章，应惭谢康乐。

二、新安文学的文化属性

对于新安文学的文化属性，我们主要从新安江——新安人的母亲河，新安江——徽商的黄金水道，新安江——新安文学的摇篮三方面来认识。

(一)新安江——新安人的母亲河

人们把河流称为大地的动脉，河流世世代代滋润着大地、哺育着人民，成为人类文明发展的摇篮，很多河流也就被称为“母亲河”。作为新安江流域的徽州人、淳安人、建德人，无不发自内心而自豪地称新安江为母亲河。

作为母亲河，她是新安江沿岸居民生活、生产用水的主要水源地。历史上无论是新安郡治的始新（淳安）、歙州州治的歙县、睦州和严州州治的建德，还是重要村落大都沿江而建。这里自然环境优越，气候温和湿润，四季分明，土地肥沃，到处青山绿水，动植物繁多，利于农作物生长和人类的休养生息，为新安祖先的生存与发展提供了有利条件。作为生命的源泉，千百年来新安江水哺育着两岸一代代新安儿女。

作为母亲河，她曾作为徽商黄金水道，不但为徽州人提供生计，而且使徽商走出山门、走向辉煌。明清时期，无数的徽州男子拜别父母和新婚妻子，通过这条水道绕过重重大山进入杭州和长江中下游地区，他们把家乡的特产通过新安江运往全国各地，用骆驼般的精神在中国商界驰骋数百年，创造了徽商发展的人间奇迹。

作为母亲河，她孕育了新安文明。新安江是新安文化的发祥地，是新安文明的渊薮，那些体现新安智慧的经典著作、标志历史发展的科技成就、展现文学艺术的独特风貌等都与流域文化密切相关，诸如影响深远的“新安理学”、中国医学翘楚的“新安医学”、影响广泛的“新安画派”等。作为新安江上游的徽州文化、中下游的睦州文化和严州文化，它们在实质上都是新安文化，是新安文化在新安江流域不同地区的反映。

新安江，新安人的母亲河。新安江是新安文学的主旋律，她无时无刻不在拨动新安人情感深处最动人的心弦。祖籍歙县的清代经学家、文学家洪亮吉的《发新安江》[①]诗作，道出了新安人内心的情愫：

帆走百里风，收帆日初午。
樯随山翠转，清绝数声橹。
江蘋虽可拾，清鲫已厌数。
自行新安江，罢思潇湘浦。
瞻峰百回仰，看水终日频。
舵楼起清箫，深村出渔鼓。
林红匪枫柏，草香过兰杜。
即景情已欣，思家念稍阻。
崖穷树犹复，川尽烟复补。
寄语新安人，江行未为苦。

① 政协建德市委员会：《严州诗词》下册，天津古籍出版社，2011年，第384页。

洪亮吉在诗中抒写了新安江行一路的所见所思所感，从“自行新安江，罢思潇湘浦”到“即景情已欣，思家念稍阻”，再到“寄语新安人，江行未为苦”，可谓一唱三叹，情不能已，置身新安江舟中仿佛投入了母亲的怀抱，充满了陶醉、欢欣和温情。这就是新安江作为母亲河的力量，这就是新安人对新安江母亲河的热切情怀。

(二)新安江——徽商的黄金水道

新安江是钱塘江的正源。新安江发源于休宁县六股尖，经淳安县流至建德；再往东流经桐庐流入富阳市境，曰富春江；再往东到萧山区的闻家堰，称钱塘江。走新安江可取道运河北上，是一条交通大枢纽。钱塘江为长三角东南地区主要河流之一，流域河道长688公里，流域面积5.6万平方公里。

“徽州介万山之中，地狭人稠，耕获三不瞻一。即丰年亦仰食江楚，十居六七，勿论岁饥也。天下之民，寄命于农，徽民寄命于商。而商之通于徽者取道有二：一从饶州鄱、浮，一从浙省杭、严，皆壤地相邻，溪流一线，小舟如叶，鱼贯尾衔，昼夜不息。一日船不至，民有饥色，三日不至有饿殍，五日不至有昼夺。”① 这也正如《知新录》云：“徽郡好离家，动经数十年不归。读晋《司马晞传》有云：晞未败时，燕会，娼妓作新安人歌舞离别之辞，其声甚悲。后晞果徙新安，则知此风自晋已然。盖新安居万山之中，土少人稠，非经营四方，绝无治生之策矣。”②

新安江之于徽商黄金水道，明代文学家袁宏道在《新安江十首》③ 之一的诗作中曾作了反映，诗曰：

草丰不辨树，山隐却如烟。
客舫因滩浅，纤夫傍兕眠。
谁家朝奉去，几得少年还。
历尽江儿水，赢来合子钱。

诗中“谁家朝奉去，几得少年还。历尽江儿水，赢来合子钱”，即道出了徽商通过新安江这一黄金水道走向为商之路的史实。

---

① [清]廖腾煃、汪晋徵：《休宁县志》卷七《汪伟奏疏》。康熙三十二年刻本。
② [民国]许承尧：《歙事闲谭》下册第二十六《新知录·记徽俗二则》，黄山书社，2001年，第930页。
③ 政协建德市委员会：《严州诗词》下册，天津古籍出版社，2011年，第306页。

新安江是历史上徽商的黄金水道。山多地少的徽州，为解决生计，徽州人将徽州特产木材、茶叶，还有“文房四宝”澄心堂纸、汪伯立笔、李廷珪墨、龙尾歙砚等，通过新安江等水流运出大山，以换取粮食。渔梁位于歙县古城之南，是古徽州著名的滚石坝，处练江下游。渔梁因其近城近水的优越地理位置，以商埠码头为主形成了沿江的渔梁街。旧时渔梁“梁上水过，有如平崖瀑布”，船只航行不能通过，上下游互运的商品货物，必须在渔梁运转才能到达目的地。坝下的龙船坞，徽商鼎盛时期曾停靠300余艘船只，樯桅如林，商贾如云。可谓“歙浦钱塘一水通”。明胡南逢《百丈桥记》一文记载 :“淳安旧名青溪，以濒溪而名也。源自黟歙，东注浙江，旁连衢、信、瓯、闽诸郡，以趋吴会，往来栉比，朝夕不绝。”① 历史上的新安江谱写了许许多多的商业传奇故事。

歙县渔梁坝

明隆庆以后出现的《一统路程图记》和《士商类要》，是徽州商人所编纂的路程图记，主要记载商人外出所经行的路线，同时也涉及出门必备的各种基本常识。其中这样描绘 :

① [清]李诗、陈中元 :《续纂淳安县志》卷三《方舆志三》，清光绪十年刻本。

一自渔梁坝，百里至街口；
八十淳安县，茶园六十有；
九十严州府，钓台桐庐守；
潼梓关富阳，三浙垅江口；
徽郡至杭州，水程六百走。①

这首《路程歌》，描绘的就是商人从渔梁出发，沿新安江顺流而下至杭州的路线图。历史上徽商一次次从这里别离家乡，一次次在这里弃舟登岸。

徽商正是仰赖新安好山好水滋养丰饶的资源物产，利用“顺流而下，为力甚易”和运费低廉之便，木商、茶商由此积累了原始资本，继而贩运盐粮、经营典当，足迹遍及全国及海外，形成“无徽不成镇”的大格局。

新安江还促成了徽州文化与吴越文化，以及其他地域文化之间的交流。短短数百年间，深山僻壤涌现出左右朝纲的理学，独树一帜的医学，精美绝伦的建筑，超凡脱俗的画作，细致入微的三雕艺术。经济繁荣则教育振兴，从而“俗益向文雅”，形成浓郁的崇学风气。新安江之于新安文化，功莫大焉！

(三)新安江——新安文学的摇篮

新安江凝聚天地之灵气，成为新安文学的摇篮，不但涵养和吸引无数文学家，而且为之提供源源不断的创作源泉和不竭动力，还以独具的品格使其呈现出奇绝无比的风貌。

新安江养育、滋润和吸引了大量文学家，使其成为新安文学的创造主体，主要体现在以下三方面：

一是养育了本籍文学家。诸如唐代散文家吴少微、诗人皇甫湜、方干等；宋代文学家朱熹、诗歌理论家胡仔，文学家钱时、江公望等；元代诗人方回、戏曲家徐昛等；明代文学家程敏政、商辂，戏曲家汪道昆、汪廷讷等；清代文学家赵吉士、张潮、毛际可等。

二是滋润了任职新安的文学家。如南朝梁时出任新安太守的任昉、徐摛；唐代

① 佚名：《徽歙南浦口至杭路程竹枝词》，抄本。转引自王振忠：《新安江的路程歌及其相关歌谣》，《史林》2005年第4期，第55页。

任睦州司马刘长卿、睦州刺史杜牧；宋代任睦州知州范仲淹，绩溪县令苏辙，徽州司户参军范成大等；清代徽州知府靳治荆、黟县教谕刘大櫆、歙县知县谭献等。

三是吸引了游历新安的文学家。唐代有诗人李白、权德舆、贯休等，宋代有陆游、杨万里、赵抃等，元代有张可久等，明代有徐弘祖、唐寅、王世贞、汤显祖等，清代有施闰章、沈德潜、黄景仁、袁枚、龚自珍等。

新安江如源头活水，为新安文学的创作提供了取之不尽用之不竭的源泉。这里的山川名胜、民俗风情、村落建筑等，都是新安文学表现的重要对象和内容。

新安江诗文作品星光璀璨，熠熠生辉。反映新安江风情的文学典籍精彩纷呈。明代程敏政编纂的《新安文献志》，蔚为大观，尽显新安江上游文学的累累实绩；明代徐楚编纂的《青溪集》，林林总总，集中反映了新安江中游文学的亮丽风采；宋代董弅编纂的《严陵集》，洋洋大观，展现了新安江下游建德文学的无限风情。

抒写新安江的诗文作品，比比皆是。诸如南北朝有谢灵运《初往新安至桐庐口》、沈约《新安江至清浅深见底贻京邑同好》等，唐代有权德舆《新安江路》、章八元《新安江行》等，明代有袁宏道《新安江十首》、李流芳《自新安江至钱塘舟行绝句四首》等，清代有洪亮吉《发新安江》等。

新安江，新安文学的摇篮！唐代浙江兰溪诗人贯休在《新安江边作》[①]一诗中写道：

江边山顶深秋时，身闲潇洒心无为。
石头青草取次坐，松风竹风撩乱吹。
数声好鸟来依我，一点征帆去是谁。
惆怅古贤何处在，潺潺文明满江湄。

其中“惆怅古贤何处在，潺潺文明满江湄”的诗句，正可作为新安文学属性的一种形象揭示。

三、新安文学的外来影响

历史上新安文学的发展得力于任职新安的文学家和游历新安的文学家，他们是新安文学创作与发展的推动力量。而这种力量无疑是一种外来的力量，这种影响是

---

①[宋]董弅：《严陵集》卷二，四库全书本。

一种外来影响。

(一)任职新安的文学家的影响

任职新安的文学家代不乏人，并且给新安文学带来强劲的清新文风，推动新安文学不断向前发展。任职新安的文学家，可分为任职徽州的、任职淳安的和任职建德的三类。

任职徽州的文学家，唐代主要有歙州司马伍乔，歙州刺史李敬方、任宇、于德晦，歙州司马张途等，其中伍乔有《寄张学士洎》诗："黄山向晚盈轩翠，黟水含春绕槛流。"流溢出对新安山水的由衷喜爱之情。李敬方《题黄山汤院》诗是抒写黄山温泉之美的最早篇章之一，张途《祁门县新修阊门溪记》是叙事性散文的佳作，任宇和于德晦分别写有《登楼咏黄山》和《北瞰黄山》等诗，从不同角度赞颂黄山之美，引人入胜；宋代有绩溪知县苏辙和崔鷃，其中苏辙有《绩溪谒城隍文》《将移绩溪令》《绩溪二咏》等诗文30余篇，崔鷃有《新安十咏》组诗，洋溢着对新安的一片爱恋之心；清代徽州知府靳治荆有《游黄山记》等诗文，黟县教谕刘大櫆有《黄山记》等文。

任职淳安的文学家，有南朝梁时新安太守任昉、徐摛；宋代知县陈晔，曾写下11首《我爱淳安好》诗；明代知县张羽、海瑞、余敷中，其中张羽有《东田遗稿》，海瑞有《淳安政事》，余敷中有《新安山水歌》；清代教谕成廷楫有《青溪道中》《青溪道中杂咏》诗作，知县刘世宁有《青溪》等诗文，知县屠寄有《淳安县斋即事》等诗文。

任职建德的文学家，唐代刘长卿有《却归睦州至七里滩下作》《新安江送陆沣归江阴》《新安江奉送穆谕德归朝赋得行字》等诗作，杜牧有《睦州四韵》《除官归京睦州雨霁》等诗作；宋代范仲淹有《出守桐庐道中十绝》《潇洒桐庐郡十绝》等诗作，赵抃有《新定即事》《过子陵故祠》等诗作，吕希纯有《千峰榭》《承天思范轩》等诗作。

这些任职新安的文学家的创作具有如下特点：一是他们在到新安任职之前是享誉全国的文学家，到新安任职后在客观上会对发展新安文学产生积极影响。即如任昉，南朝散文家，以擅长表、奏、书、启等实用文体知名于时，与诗坛圣手沈约齐名，号称"任笔沈诗"。他来新安任职，自会对新安文学产生积极影响。二是他们都来自外籍，对新安有着一种距离感，因而看新安的一切都是清新别致的，况且新安山水品格独具，更使他们陶醉其中；他们又是当政者，与这方水土有一种特别的亲和力。这就使他们常处在诗情激荡和文思勃发之中，因而常有所作。三是由于历史原因，有的今天已经难以见到他们所写的有关新安的文学作品了；有的可从史料上知道他们曾有记写新安山水的篇章，如罗愿在《新安志》中载有曾任新安太守的任宇因“郡多山水，特其所好，适性游履，遂为之记”[①]的文字；有的今天看到他们的一些有关新安的作品，但极有可能是他们所写的一部分，或很少一部分；有的留存较多，足以让人领略他们在任职期间的情感世界和审美世界，看到他们为发展新安文学所作出的贡献。

(二)游历新安的文学家的影响

历朝历代游历新安的文学家数量众多，为新安文学的发展起到了不可替代的作用。

游历徽州的文学家，唐代有诗人李白、刘长卿、权德舆等，他们都留下不少精美诗篇。特别是李白，曾于唐天宝十三年（754）前后漫游歙县、黄山、黟县，留下不少诗篇，使整个徽州自唐以来都弥漫着诗仙的气息和精神，有关他的逸闻和他所写的《题许宣平庵壁》《赠黄山胡公晖求白鹇》《送温处士归黄山白鹅峰旧居》等诗篇，被广泛传诵。宋代杨万里在任江东转运使时曾游历徽州，留下了《新安江水自绩溪发源》《过阊门溪》等优美诗篇。元代著名散曲家张可久，曾以路吏转首领官的身份亲历徽州，写下《霜角 · 新安八景》《折桂令 · 徽州路谯楼落成》等散曲作品。明代徐弘祖、唐寅、王世贞、汤显祖等亲览徽州山水，其中徐弘祖于明万历四十四年（1616）冬天和明万历四十六年（1618）秋天两次游览黄山、齐云山，留下了《游黄山记》（前、后）《游白岳日记》。清代有施闰章、沈德潜、黄景仁、袁枚、龚自珍等游历徽州，其中黄景仁一生五入徽州，写有《春雨望新安江》《重游齐云山》《重游新安杂感》等作品，并对徽州做出“地气磅礴、人风古淳”的总评价。龚自珍奉父亲、徽州知府龚丽正之命，参与府志纂修工作，写下《黄山铭》《病梅馆记》等诗文。

游历淳安的文学家，唐代主要有崔颢、李白、罗隐、吴融、贯休等，崔颢有《发青溪锦沙村》等诗作，李白有《新安江》《清溪行》等诗作，罗隐有《早登新安县楼》《人日新安道中见梅花》等诗作，吴融有《清溪》《新安道中玩流水》等诗作，贯休有《新定江边作》等诗作。宋代主要有赵湘、梅尧臣、张伯玉、朱熹等，其中赵湘有《暮

---

① [清]陈梦雷：《古今图书集成》，《理学汇编 · 文学典》第三十六卷《文学名家列传二十四》。

冬新定郡楼闲望》《秋晚舟泊桐江》等诗作，梅尧臣有《青溪行》等诗作，张伯玉有《新安江舟中奉酬孙观书记》《至睦州泊新安江口》等诗作，朱熹有《题方塘》《青溪》《康塘百琴楼歌》等诗文。明代汪广洋写有《过三百六十滩》《淳安棹歌》等诗作，清代赵吉士写有《青溪舟中》等诗作，王吉武写有《自睦州至新安四百里路，并溪滩急湍奔流，上水为艰，舟行积日，即事杂述》长诗。

游历建德的文学家，南北朝时期有谢灵运、沈约、吴均等，其中谢灵运写有《富春渚》《七里濑》《初往新安至桐庐口》等诗作，沈约写有《新安江水至清浅深见底贻京邑游好》诗作，吴均写有《与朱元思书》。唐代主要有孟浩然、李白、孟云卿、张继、权德舆、白居易、杜荀鹤、贯休、齐己等，其中孟浩然有《宿建德江》《经七里濑》等诗作，李白有《古风》《酬崔侍御》等诗作，孟云卿有《新安江上寄处士》等诗作，张继有《题严陵钓台》等诗作，权德舆有《严陵钓台下作》《新安江路》等诗作，白居易有《凭李睦州访徐凝山人》《寄皇甫七》等诗作，杜荀鹤有《经严陵钓台》等诗作，贯休有《桐江闲居作五首》《游严陵钓台》等诗作，齐已有《寄镜湖方干处士》《严陵钓台》等诗作。宋代主要有梅尧臣、张伯玉、杨时、陆游、范成大、杨万里、刘克庄、方岳、吴龙翰等，其中梅尧臣有《读范桐庐述严先生祠堂碑》《咏严子陵》等诗作，张伯玉有《七里滩》《舟次子陵钓台》《宿桐庐县江口》等诗作，杨时有《晚上乌石滩》《观乌龙山瀑布》等诗作，陆游有《桐庐县泛舟东归》《桐江行》等数十首有关严州诗作，范成大有《严州》《钓台二首》等诗作，杨万里有《题钓台二绝句》《桐庐道中》等三十余首诗作，刘克庄有《桐庐舟中即事》《严光》等诗作，方岳有《舟次严陵二首》《雪作泊七里滩》等诗作，吴龙翰有《子陵钓台》《登严子陵钓台》等诗作。

这些游历新安的文学家与文学创作的特点在于，他们或慕新安山水之美而来，或慕徽商声名而来，或因寻亲访友而来。虽然游历原因不同，但都被新安大好山水所吸引和陶醉，他们以独到眼光发现着新安山水之美，以他们的睿智心灵体味着新安山水之美，也以他们的生花妙笔表现着新安山水之美，更以他们美的篇章传扬新安山水之美。他们是新安之美的发现者、表现者和宣传者，他们留下的有关新安的精美篇章，无疑是新安文学宝库中的珍贵遗产。

新安文学因外来文学的激发、促进与影响，发展得更加坚实饱满，也更加丰富多彩。

通过对新安郡的建立与新安文学的产生、“新安大好山水”誉称与文人的审美自觉、新安文学的自然与文化属性等方面的研究，让我们弄清了新安文学的特质与属性，为后续的徽州文学、淳安文学和建德文学研究的展开提供了依归和遵循，也为进一步揭示新安文学的发展规律提供了依据。

第二章　新安文学的历史演变与横向考论(上)

徽州文学是由徽州本土文学家和客居他乡的徽州籍文学家以及任职与游历徽州的外籍文学家所创作的有关徽州的文学的总称。徽州文学是徽州文化中一个重要领域，对徽州文化的创造和发展起着良好的润化、孵化和催化作用。

徽州文学总的创作面貌可从两个方面来看，一方面是从纵的角度来看其历史发展，另一方面是从横的角度来看其重点状况。以下分徽州文学的历史演变和徽州文学的横向考察两部分来加以论述。

第一节　徽州文学的历史演变

徽州文学始于南北朝齐梁时期，历经唐、宋、元、明、清，以及后来时代的发展，形成了历史悠久、特色显著、广泛多样、磅礴壮观的文学发展态势，展现了地域文学的独有魅力，丰富了中华文学的灿烂宝库。

一、南北朝文学

南北朝文学是徽州文学的发轫期，是徽州文学在新安的第一道曙光。

程茂（生卒年不详），休宁篁墩人。南北朝时期南陈名将程灵洗曾祖。齐永元中为郢州长史。写有《责萧衍犯顺书》一文，是目前所见徽州文学中的第一篇议论性散文。

程督（生卒年不详），程茂子。程灵洗祖父。幼能文，以诸生选为司徒左长史，累迁散骑侍郎，大同中为秘书少监，与柳恽齐名。尝作《东天竺赋》以自况，为文士所传，是目前所见徽州文学中的第一篇抒情性散文。

吕文达（生卒年不详)。河南南阳人。出生于世袭贵族家庭，于齐永明年间(483 ~ 494)任新安内史，后定居歙县。写有《吕堨记》一文，是目前所见徽州文学中的第一篇记叙性散文。

徽州文学在南北朝齐、梁时显出端倪，在议论、记叙、抒情散文方面成为新安文学的开篇。

二、唐代文学

唐代文学是徽州文学新安期第二阶段的文学，文学家队伍进一步壮大，文学作品质量进一步提高，文学影响日益增强。特别是徽州籍文学家凭借自己的实力，第一次赢得了全国性的地位。

徽州籍文学家，主要有吴少微、吴巩、张正甫和定居新安的张志和等。

吴少微（659 ~ 743)，散文家。又名远，字仲芳，号邃谷。歙县人。曾举进士，任晋阳县尉，与晋阳尉富嘉谟、太原主簿谷倚一起被称“北京三杰”。为扭转文坛浮靡之风,以内容充实、气格高迈的创作实践倡导新风,所撰《崇福寺钟铭》和富嘉谟《双龙泉颂》等作品，被时人称为“吴富体”。神龙年间，为左台监察御史。时卧病洛阳，闻富嘉谟卒，乃作《哭富嘉谟》诗，亦恸绝而卒。著有《吴少微集》5卷，已佚。《全唐诗》存其诗6首，《全唐文》存其文6篇。是有史记载以来的第一个享誉全国的徽州籍文学家。

吴巩（742年前后在世)。吴少微子，歙县人。迁居休宁石舌山。唐开元中，为中书舍人。有《白云溪》诗收入《全唐诗》，其诗曰：“山径入修篁，深林蔽日光。夏云生嶂远，瀑水引溪长。秀迹逢皆胜，清芬坐转凉。回看玉樽夕，归路赏前忘。”全诗意趣盎然，令人喜爱。

张志和(714 ~ 775)，词人。字子同，初名龟龄，号玄真子、烟波钓徒。祖籍浙江金华，晚年定居祁门张村。所作《渔歌子》5首，咏渔钓隐逸之乐，清丽远韵，为早期文人词之名作。颜真卿、陆羽、柳宗元等均有和作。日本嵯峨天皇于弘仁十四年(823)亦有《和张志和〈渔父词〉》5阕。清刘熙载《艺概》(卷四）评曰：“张志和《渔歌子》‘西塞山前白鹭飞’一阕,风流千古。东坡尝以其成句用入《鹧鸪天》，又用于《浣溪沙》。然其所足成之句，犹未若原词之妙通造化也。”

查文徽（960年前后在世)，字光慎。休宁人。李煜时，以取闽功，拜抚州观察使、建州留侯，后以工部尚书致仕。《全唐诗》存《寄麻姑仙坛道士》诗，情景相生，人物形象鲜活可见。

张正甫（生卒年不详)，字友正。唐末歙县人。《唐文粹》有《衡州般若寺观音大师碑铭》文，《全唐诗》存《春草凝露》《锦带佩吴钩》诗二首。其《春草凝露》

一诗，单看诗题就极富诗情画意，而全诗也写得清逸秀美，情趣横生。

唐代在新安任职的文学家，主要有伍乔、李敬方、任宇、于德晦和张途等。

伍乔（生卒年不详），庐江人。中宗时状元及第，曾任歙州司马。《全唐诗》存其诗一卷。其《寄张学士洎》诗曰："不知何处好消忧，公退携壶即上楼。职事久参侯伯幕，梦魂长绕帝王州。黄山向晚盈轩翠，黟水含春绕槛流。遥想玉堂多暇日，花时谁伴出城游。"全诗流溢出对新安山水的由衷喜爱之情。

李敬方（？～约855），字中虔。并州文水人。长庆三年（823）进士，官至户部员外郎等职。大中年间，任歙州刺史。《全唐诗》存其诗8首，《全唐文》存文1篇。其《汴河直进船》《题黄山汤院》诗传诵一时。其中后者细叙温泉之美和浴泉之适，是抒写黄山温泉之美的最早篇章之一。

张途（生卒年不详），曾任歙州司马。于咸通三年（862）八月有感于祁门县令陈甘节募民改造阊门堰，即"险阻为安流，回急湍为澄碧"的造福于民的功德，而撰写的《祁门县新修阊门溪记》一文，叙事翔实有味，行文跌宕多姿，是唐代徽州文学中叙事性散文的佳作。

唐代游历新安的文学家，主要有权德舆、杜荀鹤、释岛云、许坚和李白等。

权德舆(759～818),字载之。天水略阳人。官至礼部尚书,刑部尚书。工善诗文,时人尊为宗匠，有《权载之文集》传世。《送歙州陆使君员外赴任序》文中有言："新安有佳山水。"曾游历新安，写有《新安江路》，言浅近而境深长，为吟咏新安江的著名诗篇之一。

杜荀鹤（846～907），字彦之。池州石埭人。大顺二年（891）以第八名登第，曾任翰林学士。曾因"闻黄山有汤泉之胜，独携瓶探寻"，所写《汤泉》诗抒发了对黄山温泉的赞美之意，表达了企求离尘脱世的思想，反映了唐末黄山荒僻冷寂的情状。

释岛云（生卒年不详），慕东国僧掷钵神异来游黄山，是有记载以来最早登上天都峰的人，又是唐代诗人中写黄山诗最多的人。《唐诗纪事》称："岛云初为僧，诗尚奇险。"其《登天都峰》诗是刻画天都险峻高远奇景的绝妙之作。

许坚（生卒年不详），字介石。庐江人。有异术，居游于庐山、九华山。《全唐诗》《全唐诗补编》共存其诗10首。《入黟吟》诗描绘了具有桃源性质的古黟民风淳厚、山川灵异、政事简淡的情状，流露出对桃源社会的向往之心。

李白（701 ~ 762），字太白，号青莲居士。四川江油县人。晚年寓居当涂县令族叔李阳冰处，经常以游历皖南山川抚慰心灵。天宝十三年（754）漫游宣城、南陵、秋浦时，曾专门寻访歙县人许宣平，并留下《题庵壁诗》。还在黄山留下《赠黄山胡公晖求白鹇》《夜泊黄山闻殷十四吴吟》《送温处士归黄山白鹅峰旧居》等诗篇。

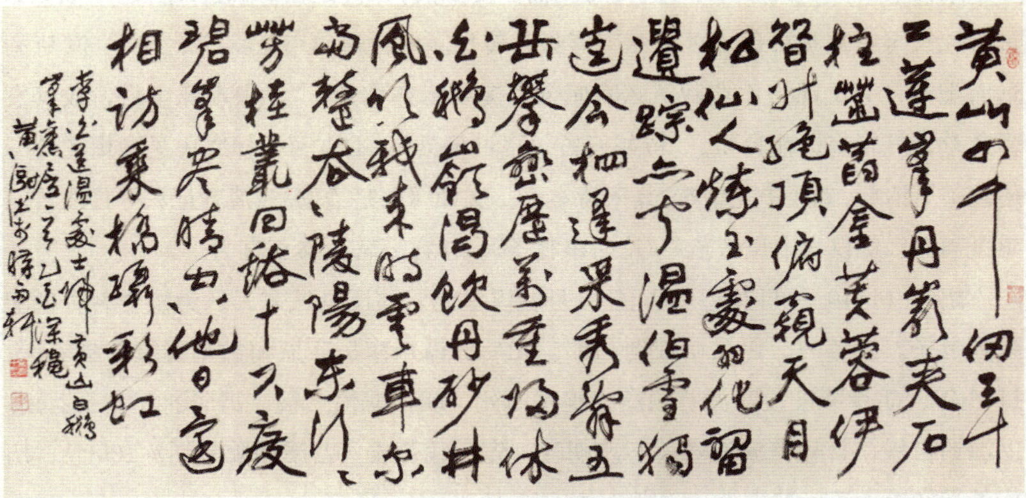

李白《送温处士归黄山白鹅岭旧居》（黄澍 书）

新安流域唐代文学家队伍，以任职和游历新安的文学家为主，但开始有了像吴少微这样在全国有影响的新安籍文学家，并产生了如吴巩《白云溪》、权德舆《新安江路》、许坚《入黟吟》和李白《青溪吟》等脍炙人口的诗篇，显示了唐代徽州文学的实绩。唐代徽州文学的繁荣发展，使之成为徽州文学发展史上一个承前启后的重要时代。

三、宋代文学

徽州文学进入宋代以后，才真正变得名副其实起来。歙州于宋宣和三年（1121）改设徽州，从此进入了光辉灿烂的徽州时代。不但徽州文化从此勃兴，而且徽州文学也从此走向繁盛局面。单从《宋诗纪事》《宋诗纪事补遗》《宋诗纪事续补》《全宋诗》等统计，整个宋代徽州籍诗人多达 120 余人，其中歙县 35 人，休

徽州"一府六县"示意图

宁35人，婺源30人，黟县8人，绩溪7人，祁门3人，形成了一支蔚为壮观的文学创作队伍。

徽州籍文学家，主要以朱松、胡仔、吴儆、朱熹、罗愿、汪莘、程珌、方岳等为代表。

朱松（1097～1143），字乔年，号韦斋。婺源人，朱熹之父。徽宗政和七年（1117）进士，官至吏部员外郎。著有《韦斋集》传世。傅自得《韦斋集序》称："其诗高远而幽洁，其文温婉而典裁。"《四库全书提要》亦称其："学识本殊于俗，故其发为文章，气格高远而自得。"诗如五古《晓过吴县》、七古《答林康民见和梅花诗》，瘦硬中见清新，幽淡中见情味，具宋诗本色。文如《上赵漕书》《清轩记》等抒发苦闷，感慨甚深。奏议《上皇帝疏》《论时事札子》，洋洋万言，典正有力。

胡仔（1110～1170），字元任，号苕溪渔隐。绩溪县城东人。为抗金名将领胡舜陟之子。青年时，以父荫授迪功郎，先后任潭州南岳庙监和常州晋陵知县等职。1143年，胡舜陟被投降派首领秦桧迫害而死，胡仔悲愤至极，寓居浙江湖州苕溪。以渔钓自娱，自号苕溪渔隐，不涉朝政。先后编著成《苕溪渔隐丛话》100卷，历代备受推崇，清代被收入《四库全书》。

吴儆（1125～1183），初名偁，字益恭，又字恭父。休宁人。高宗绍兴二十七年（1157）进士，后以朝散郎致仕。朱熹、张拭、吕祖谦等皆与之友善。其诗文以元结为法，近于陈师道。程秘《竹洲集序》称其诗文："峭直而纡徐，严洁而平澹，质而不俚，华而非雕，穆乎郁乎有正笏垂绅雍容廊庙之风，平生湖海之气。"代表作有《论恢复大计》《宰相论》《就轩记》等文，《和吕守环秀堂三首》等诗。著作今存《竹洲集》20卷。

朱熹像

朱熹（1130～1200），字元晦，号晦庵。祖籍婺源。绍兴十八年（1148）进士。北宋以来理学思想之集大成者。在文学上，以"思无邪"说《诗经》，以"忠君爱国"论屈原，文论上主张"文道合一"及"雍容和缓""自然浑成""平淡自摄"的艺术标准，反对"巧为安排""故作艰深""无一字无来处"。论历代作家颇有见地，自为诗文亦很有特色。文以平易畅达、说理缜密见长。现存诗作1200余首，词19首，狭义散文200篇以上。其中诗如《春日》《观书有感二首》，文如《记孙觌事》等，都是宋代文学中的代表性作品。

罗愿(1136 ~ 1184)，字端良，号存斋。徽州呈坎人。自幼聪颖过人，7岁时曾作《青草赋》替父祝寿，得到宾客嘉奖。孝宗乾道二年(1166)进士。曾任赣州通判，知南剑州、鄂州。其博学好古，词章效法秦汉，高雅精练，朱熹特称重之。以学问文章卓然有以自立，其诗技巧纯熟，其文词严理畅。著有《鄂州小集》6卷等。

汪莘(1155 ~ 1227)，字叔耕，号柳塘。休宁人。卓荦负俊才，不屑习举于业，隐居黄山。筑室柳溪之上，圃以方渠，自号方壶居士。其为文"雄壮奇伟"(《方壶存稿》卷首附序),"排宕有奇气"(《四库全书总目》)。诗学太白,"造境生而造语险，不拘绳墨法度,自为方壶一家言"(《两宋名贤小集·方壶存稿序》)。有《方壶存稿》传世。

程珌(1164 ~ 1242)，字怀古，以先世居洛水，因自号洛水遗民。休宁汉口人。程珌10岁时曾写有《咏冰》一诗，中有奇句"莫言此物浑无用，曾向滹沱渡汉兵"。一时广为传播。绍熙四年(1193)进士。历任刑部尚书、礼部尚书、吏部尚书等职，封新安郡侯。知识渊博，文章以儒学理论为宗旨，风格雅健，蕴意精深。所作诗词大多平正调畅，娴雅肃散。有《洛水集》60卷，今存3卷。

方岳(1199 ~ 1262),字巨山,号秋崖。祁门县城人。7岁即能作诗,号称"神童"。绍定五年(1232)年进士，为官不顺。才锋凌厉，洪焱祖谓其"诗文四六，不用古律，以意为之，语或天出"(《秋崖先生传》，四库全书"提要"卷一六四)。诗歌创作成就颇高，风格接近杨万里和范成大，以清丽天然著称，与刘克庄相为伯仲。词风类似苏轼和辛弃疾,气韵清健,语言平易有味,《全宋词》收其词74首。有《秋崖小稿》83卷传世。

在徽州任职的文学家主要有苏辙和崔鹏。

苏辙(1039 ~ 1112),字子由，号颖滨遗老。四川眉山县人。宋元丰八年(1085)任绩溪知县。南宋绍兴年间，绩溪人将城东南隅的"秋风堂"改建为"景苏堂"，汇集苏辙在邑时所写诗文，由范成大手书后镌刻石上，并在县学内专设苏辙祠堂，建造"来苏桥"以纪念来绩溪探亲的苏轼。撰有《绩溪谒城隍文》《祭灵惠汪公文》《将移绩溪令》《初到绩溪视事三日出城南谒二祠游石照偶成呈诸同官》《绩溪二咏》等诗文30余篇。

崔鹏(生卒年不详)，字德符，雍丘人，进士及第，官至殿中侍御史。政和年间任绩溪知县，著有《婆娑集》。所写《新安十咏》组诗，描绘了新安郡从山水到人文诸多方面令人心动神摇的名物，字里行间洋溢着对新安的一片爱恋之心。

游历徽州的文学家主要有范成大和杨万里等。

范成大(1126 ~ 1193)，字致能，号石湖居士。苏州人。绍兴年进士，任徽州司户参军时写下数十首感慨民生和记述游踪的诗篇。有《浮丘亭》《天都峰》《温泉》诸诗记咏徽州山水风光。

杨万里(1127 ~ 1206)，字廷秀，号诚斋。江西吉水县人。绍兴进士，任江东转运副使时驻节南京，曾游历徽州。面对清澈见底的新安江水，写有(《新安江水自绩溪发源》)诗，在经绩溪、歙县、休宁至祁门往江西浮梁时，经历了无数危壁险滩，叹为奇绝，有《明发祁门悟法寺溪行险绝六首》《过阊门溪》《阊门外登溪船五首》等诗，表达了诗人游历徽州后的“平生快意”。

徽州籍文学家在宋代以前所未有的速度增长，形成了一支可观的文学创作队伍；随之而来出现了一个前所未有的收获期，饱含创造才情的诗集、文集如雨后春笋般大量涌现，也因此而涌出了更多的在全国有重要影响的文学家。宋代文学无疑是徽州文学发展历史上出现的第一座高峰。

四、元代文学

进入元代以后，汉族文人已完全失去像宋朝那样的地位，整个中国的诗文发展与当时新兴的戏曲相比显得暗淡无光。徽州文学本应顺着宋代文学的快速发展而发展，但它也不得不折射出弱化的趋向。尽管如此，也还有值得注目的地方。

徽州籍文学家，主要以方回、吴龙翰、胡炳文、汪泽民、郑玉、汪克宽、赵汸、吴讷等为代表。

方回(1227 ~ 1307)，字万里，号虚谷。歙县人，宋景定三年 (1262) 进士。元时，官建德路总管，未几被罢黜。遂往来于杭州、歙县之间，以遗民自比。著有《桐江集》《桐江续集》《瀛奎律髓》等。其诗专主江西，为“江西诗派”之殿军。所著《瀛奎律髓》，选唐宋以来律诗加以评论，“于情景虚实之间，三致意焉。而尤以山谷、后山、简斋为标准”(《元诗选 · 方回小传》)。学律诗者多以其书有路可寻，故传刻甚多。

吴龙翰(1233 ~ 1293)，字式贤，号古梅。歙县人。景定五年 (1264) 贡于乡，以荐授编校国史院实录文字。好道家炼丹术，集中有《内丹诗》《外丹诗》等篇什，有《拜李谪仙墓》云：“经营紫河车，破费十载功。金鼎驯乌兔，炎炎丹光红。”家有老梅，因以为号，尝为之赋，并以名集。今传《古梅吟稿》6卷，卷末附方秋崖和诗百韵，《四库全书总目》称其："犹及见前辈典型，故其诗清新有致，足耐咀吟，在宋末诸家，尚为近雅。程元凤序许其句老意新，亦不诬也。"

胡炳文（1250～1333），字仲虎，号云峰。婺源人。自幼潜心于朱熹之学，上溯伊、洛，以达孔、孟，靡不推究。曾任江宁教谕、信州路学录等。受聘掌婺源明经书院教事，成才者颇多。谥文通先生。著有《云峰集》20卷等，现有10卷传世。

汪泽民（1273～1355），字叔志，号堪老真逸。婺源人。延祐五年（1318）登进士第，授平江州同知，兖州知州。召入为国子司业，与修辽、宋、金三史，除集贤直学士，寻以嘉议大夫、礼部尚书致仕归。谥文节。与张师愚合编成《宛陵群英集》12卷。其诗稿散亡，《元诗选》三集辑有《宛陵遗稿》1卷。

郑玉（1298～1358），字子美。歙县人。从小攻读《六经》，精通儒学经典，对《春秋》解悟尤其透彻。一生绝意于仕途，以讲学为生，门人鲍元康为他特建师山书院，被尊为"师山先生"。元至正十四年（1354），朝廷以翰林待制头衔征召入都，托病不就，来往于黄山一带，每日吟诗著述为乐，时人目为高士。郑玉一生对徽州教育事业作出贡献。有《师山文集》8卷、《师山遗文》5卷等传世。

汪克宽（1304～1372），字德辅，号环谷。祁门县城人。6岁能作骈偶，11岁能自断《四书》句读。元泰定四年（1327）进士考试，论点同主考官不合而落榜，遂弃科举，居家讲学。以所居山谷环绕，名曰环谷，四方学者皆称为"环谷先生"。明洪武二年（1369）召至京师，与修《元史》。治学以严谨恭行著称，《四库全书总目》谓"其文皆持论谨严，敷词明达，无支离迂怪之习"。又谓其诗有"濂洛风雅之派"，七言古诗则"造语新警，乃颇近温庭筠、李贺之格"。著有《环谷集》8卷等。

赵汸（1319～1369），字子常，号东山。休宁人。通诸经，尤邃于《春秋》。归隐著述，学者尊之。尝辅元帅汪同起兵保乡井，授为江南行枢密院都事。至正十六年（1356）后，结茅星溪古阆山。明初，召至京师，与修《元史》。汪仲鲁序其集云："因感发而形之咏歌，虽不专乎是，然长篇短哦，亦不一字苟为也。"著有《东山存稿》7卷等。

吴讷（约1331～1357），字克敏。休宁人。少学兵法，习骑射。至正间，荐授江浙行省建德路判官，兼义兵万户。至正十七年（1357），明兵临郡，随元帅阿鲁辉退屯浙西札溪，巡逻至界首白际岭，战败不屈，遂自刎死。题诗石壁有言："怪石有痕龙已去，落花无主鸟空啼”（《元诗纪事》卷二六）。著有《吴万户诗集》5卷。顾嗣立谓其“克敏诗豪迈，为铁崖所称”（《元诗选》三集）。

在元代，游历徽州的文学家不多，主要以散曲家张可久为代表。

张可久（约1270～1348后），字可久，号小山。浙江宁波人。以路吏转首领官。专力写散曲。曾亲历徽州，写下《霜角·新安八景》《水仙子·黄山道中》《折桂令·徽州路谯楼落成》等一系列散曲作品。其中《霜角·黄山雪霁》咏黄山雪景之作，用语通俗，形象生动，富有散曲风味。

元代主要靠徽州籍文学家自身的力量来从事文学创作，在创作队伍上虽然显得有些单一，但可看出徽州籍文学家抵抗着时代的重压，表现出努力把徽州文学推向前行的刚毅精神，应该说还是取得了一定成绩的，像方回就是在全国有影响的文学家。

五、明代文学

明代徽州文学进入了一个全新的发展阶段。特别在戏曲方面得到了长足发展，涌现出了卓有成就的文学家、戏曲家和戏曲理论家。而且游历徽州的文学家空前活跃，所写作品显得丰富多彩。

明代徽州籍文学家，主要以程敏政、郑之珍、汪道昆、汪廷讷、潘之恒、程嘉燧为代表。

程敏政像

程敏政（1445～1499），字克勤，号篁墩。休宁人。10岁即以神童荐，诏读翰林院。成化二年（1466）进士，官至礼部右侍郎。以学问赅博，著述繁赡著称，颇有声望。但一再受到倾轧，故持论时见偏颇。创作诗歌数千首，各种文体散文1200余篇。李东阳在《篁墩文集》序中说，“赜探隐索，注释经传，旁引曲证，而才与力又足以达之，虽皆出于经史之余，而宏博伟力，成一家之言，质之今日殆绝无而仅有者也”（《四库全书》集部六别集类五《篁墩文集》原序）。而其所写的100余篇“记”体散文，主要记写楼堂轩亭、山水游踪和人物事迹等，饱含情感，逸兴飞动，语言醇美，结构谨严,显示出杰出的艺术创造才能。何歆在《书〈篁墩文集〉后》认为“其以才驱气,以气驾文,豪放奔逸,俱有余地。……要亦韩、柳、欧、苏之俦……世不可无者也。”著有《篁墩文集》93卷等。

郑之珍(1518 ~ 1595),字汝席,号高石,别署高石山人。祁门人。诸生,屡试不中。后放弃读书入仕念头,专心从事戏曲创作。他所创作的戏曲作品以《目连救母劝善戏文》,成就最高,影响最大。徽剧、川剧、湘剧、昆曲等剧种都争先移植上演,在清代曾风靡许多地区,使“目连戏”成为戏曲大家族中一个独特的品类。

汪道昆(1525 ~ 1593),字伯玉,又字玉卿,号南明、南溟、太函,晚号涵翁。歙县人。嘉靖二十六年(1547)进士,官至兵部左侍郎。以诗文名世,与王世贞并称“两司马”。著有《太函集》120卷,其中文106卷,诗14卷。王世贞谓,汪道昆文简而有法。其中《<水浒传>序》一文,内容宏富而组织谨严,文字简约而气雄意舒。对于诗,胡应麟在《诗薮》中曰:“汪司马伯玉以文章名天下,中岁尤刻意于诗歌,五七言体,尽刷铅华,独在天骨,雄深浑朴,壁立嘉靖诸子间,自为一家。”著有杂剧《高唐记》《洛神记》《五湖记》《京兆记》《唐明皇七夕长生殿》,前4种今存,合称为《大雅堂乐府》。明吕天成《曲品》谓其戏曲有“清新俊逸之音,调笑诙谐之致”。

汪廷讷(1573 ~ 1619),字昌朝,一作昌期,号无如、无无居士、清痴叟,又号坐隐、坐隐先生。休宁汪村人。历嘉靖、万历、天启三朝。任盐运使,长汀县丞、鄞江左司马。著有诗文集《坐隐先生集》,编有《文坛列俎》《环翠堂华衮集》。著杂剧《中山救狼》《青梅佳句》《捐奁嫁婢婷》等9种,又著有传奇《二阁记》《义烈记》《种玉记》等18种。其中《狮吼记》为代表作,为杰出的喜剧作品。

潘之恒(1556 ~ 1622),字景升,号鸾生。歙县人。早年为太学生,嘉靖间,官至中书舍人。曾游于汪道昆、王世贞之门,与当时剧作家汤显祖、沈璟等交好,并为众多演员写下文辞艳丽的小传,成为不可多得的戏曲曲艺史料,有“姬之董狐”之称。曾编校《盛明杂剧》,收杂剧60种。撰写《叙曲》《吴剧》《曲派》《剧品》等剧评文章,均收入《亘史》《鸾啸小品》两集中。今人辑有《潘之恒曲话》。潘之恒平生创作了大量诗文,风格清新简洁,有《鸾啸集》和诗集《涉江集》,多为纪游之作。

程嘉燧(1565 ~ 1644),字孟阳,号松圆、偈庵。休宁人,侨居嘉定,归老于歙县。精音律、工书画,尤长于诗,时人称为“松圆诗老”,又与娄坚、唐时升、李流芳,并称“嘉定四先生”。论诗主张先立人格,然后有诗格,反对“前后七子”复古摹拟的立论。钱谦益尤推重之。其诗“清丽温婉，诵之令人意消”（《明诗纪事》）。著有《松园偈庵集》2 卷，《松园浪淘集》18 卷、《松寥集》3 卷等。

明代游历徽州的文学家，主要有唐寅、王世贞、汤显祖、徐弘祖等。

唐寅（1470 ~ 1523），字伯虎，号六如居士。吴县人。明弘治十三年（1500）秋，唐寅漫游庐山、武夷山、雁荡山后，沿新安江上行，入恩师程敏政故乡休宁县，登览了道教圣地齐云山。游山适值玉虚宫大殿落成不久，特撰骈体长铭《紫霄宫玄帝碑铭》。所作《齐云岩纵目》诗，表达了通达的心怀和对名山的欣悦之情。

王世贞（1526 ~ 1590），字元美，号凤洲。江苏太仓县人。嘉靖年间，应兵部同事、歙县人汪道昆的邀请来游黄山。张潮在《〈歙问〉小引》中记述了这次颇具戏剧性的壮观之行：“王弇州先生来游黄山时，三吴两浙诸宾客从游者百余人，大都各擅一技，世鲜有能敌之者，欲以傲于吾歙邑中。汪南溟（道昆）先生闻其至，以黄山主人自任，僦名园数处，俾吴来者各各散处其中，每一客必有一二主人为馆伴。主悉邑人，不外求而足，大约各称其技，以书家敌书家，以画家敌画家……无一不备。与之谈则酬酢纷纭，如黄河之水，注而不竭；与之角技，宾时或屈于主。弇州先生大称赏而去。”王世贞徽州之行凸显了徽州文风昌盛景象。

汤显祖（1550 ~ 1616），字义仍，号若士。江西临川县人。万历十一年（1583）进士，曾任南京太常寺博士、礼部主事。因厌恶别人劝他附庸富商而写出“欲识金银气，多从黄白游。一生痴绝处，无梦到徽州”的著名诗句。

徐弘祖（1586 ~ 1641），字振之，别号霞客。江苏江阴人。曾两次游历黄山和齐云山，撰有《游黄山日记（前）》《游白岳日记》和《游黄山日记（后）》等。清人闵麟嗣《黄山志定本》记载，有人问徐氏天下山何处最奇，他答道：“薄海内外无如徽之黄山，登黄山天下无山，观止矣。”民间据此有流传的登山名谚曰：“五岳归来不看山，黄山归来不看岳。”对后代游山人影响很大。

明代徽州文学创作队伍较为宏大，且在全国具有影响的文学家较多，文学作品也格外灿烂丰富，就是游历徽州的文学家也极其众多，并创作出了一系列重要作品，使徽州文学蔚为壮观，成为继宋代以后的又一文学发展高峰。

六、清代文学

清代徽州文学在明代文学基础上得到进一步发展，可以说是极一时之盛。据对《清人别集》的初步统计，整个清代，徽州籍人士出版有诗集、文集者 380 人。其中，歙县246人，休宁61人，婺源46人，黟县14人，绩溪11人，祁门10人。这是徽州文学发展到清代所出现的前所未有的繁盛气象。

清代徽州籍文学家的主要代表人物，有李流芳、赵吉士、张潮、马曰琯、汪士慎、汪由敦、方成培、曹文埴和汪中等。

李流芳（1575～1629），字长蘅，号慎娱居士。徽州西溪南乡人，长期寓居嘉定，万历三十四年（1606）中举人。气质豪健，重气节。博学多艺，精书画、工诗文、善篆刻，名重一时，为晚明影响深远的画坛宗师。诗文多为题画和应景酬赠之作，但风格清新自然，读来别有意趣。有与程嘉燧等人的合集《嘉定四先生集》，另有《檀园集》。

赵吉士（1628～1706），字天羽，号恒夫。休宁旧市村人，顺治八年（1651）举人。康熙七年（1668）官交城知县，以平山寇有功，擢户部主事。二十五年（1686），迁户科给事中等职。居京师宣武门外寄园，于汉翔曾贻诗四首，吉士依韵酬答。后凡遇他题，皆叠此韵，得诗凡1500余首，编为《林卧遥集》，为诗坛之创格。所著笔记《寄园寄所寄》12卷，为世传诵。另著有《万青阁集》8卷、《林卧遥集》3卷等。

张潮（1650～1709），字山来，号心斋居士。歙县柔岭下村人。出身于缙绅之家，年15补诸生。侨居扬州，广交同好，以辑录和刊刻丛书知名于当时。对各种一般士大夫认为不登大雅之堂的文字如小说、戏曲、民歌、小品文及其他杂著，兴趣浓厚。曾化名为张竹坡《皋鹤堂批评第一奇书金瓶梅》作序。一生著述甚富，编有文言小说集《虞初新志》20卷、杂著丛书《昭代丛书》150卷、《檀几丛书》50卷等，著有《聊复集》《幽梦影》《青泪痕》《奚囊寸锦》《心斋杂俎》《咏物诗》等。其《幽梦影》，文笔清新可爱，思想自由活泼，对后代有积极影响。

汪士慎（1686～1759），字近人，号巢林，又号溪东外史。休宁人，寓居江苏扬州。精篆刻，善隶书，擅画花卉，墨梅尤气韵高洁，为"扬州八怪"之一。其诗歌清雅脱俗，有《巢林集》7卷，收诗近500首。

马曰琯（1688～1755），字秋玉，号嶰谷。祁门人，徙居江苏江都。著名徽商，官候选知州。一生喜爱写诗、藏书和结交文人雅士。雍正年间，在扬州建造小玲珑山馆，广交天下名流，全祖望、厉鹗、符曾、金农皆馆其家，结邗江吟社。著有《沙河逸老小稿》《嶰谷词》《焦山纪游录》，编有《林屋唱酬录》《韩江雅集》等。

汪由敦（1692～1758），字师茗，号谨堂，又号松泉居士。休宁人。少年时代，以读书过目不忘享誉东南。雍正二年（1724）进士，官至太子太傅、军机大臣、吏部尚书。治学上以渊博著称，曾参与纂修《大清一统志》和《盛京通志》。在文学方面，承韩欧文风、乐府诗风，有《松泉文集》26卷传世。

方成培（1713～?），字仰松，号岫云。歙县横山村人。早年体弱多病，因此杜绝了科举入仕之念，自修医理、乐理、儒道经典及百家文章，乐律方面造诣很深。成年后，汇集诸家词曲，编成《词榘》26卷，著《香研居词尘》5卷。经多年潜心揣摩，在前人旧本的基础上完成《雷峰塔传奇》古典名剧的改编，洗去旧本妖气，使白娘子成为古代文学长河里的经典形象，思想性大大地增强，被列为中国古典十大悲剧之一。另有《听奕轩小稿》3卷、《金华金石文字记》1卷、《香研居谈咫》1卷等。

曹文埴（1736～1798），字近薇，号竹虚。歙县雄村人。出生于盐商之家。25岁时，以优异成绩入仕，官至户部尚书等职。乾隆三十八年（1773）命为《四库全书》总裁之一，并在家乡主持重建紫阳书院。著有《石鼓砚斋文钞》20卷、《石鼓砚斋诗钞》32卷、《石鼓砚斋试帖》2卷、《直庐集》8卷。

汪中（1745～1794），字容甫。歙县古塘村人，寓居扬州。绝意仕进。在骈文方面，造诣很高。所撰《哀盐船文》一文，一时名士叹赏不已，文名盛传于海内。所撰《琴台铭》和《黄鹤楼记》，影响也很大。汪中治学最有成就的是，对先秦诸子学的创意解说。晚年，应邀前往杭州文澜阁参与校订《四库全书》。著有《容甫先生遗诗》5卷、《汪容甫文笺》3卷等。

徽州籍文学家，另有汪辑、方士庶、程晋芳、闵麟嗣、汪绂、凌廷堪、曹振镛和齐彦槐等。

在清代任职徽州的文学家，有靳治荆、刘大櫆和谭献等。

靳治荆（生卒年不详），清代诗人。字燕堂、熊封，辽东镶平汉军镶黄旗人。曾任吉安、徽州知府。有《思旧录》，曾主持纂修《歙县志》。写有《游黄山记》等。

刘大櫆（1698～1779），字才甫，号海峰。桐城人。副贡，官黟县教谕。桐城派重要作家之一。著有《海峰文集诗集》等。在黟县任上，写有语言隽永、意境清丽的《黄山记》等文。

谭献（1830～1901），字仲修，号复堂，浙江仁和人。同治朝举人，官歙县等地知县。词人，能诗及骈文。有《复堂类稿》。

清代游历徽州的文学家，主要有钱谦益、袁枚、沈德潜、黄景仁、龚自珍等。

钱谦益（1582 ~ 1664），字受之，号牧斋，晚号蒙叟，学者称虞山先生。清初诗坛的盟主之一。苏州府常熟县人。明万历三十八年（1610）探花，后为东林党的领袖之一，官至礼部侍郎。明亡后，马士英、阮大铖在南京拥立福王，建立南明弘光政权，钱谦益依附之，为礼部尚书。后降清，为礼部侍郎。著有《牧斋诗抄》《有学集》《初学集》《投笔集》等。

袁枚（1716 ~ 1798），字子才，号简斋，又号随园老人。浙江杭州人。乾隆进士，曾任江宁等地知县。于乾隆四十八年（1783）四至五月游历徽州，写有《宿黄山狮子林晨起登清凉台看云铺海》等诗和《游黄山记》。

黄景仁（1749 ~ 1783），字仲则，号鹿菲子。江苏武进县人。一生五入徽州，写有《春雨望新安江》《重游齐云山》《重游新安杂感》《黄山松歌》等诗，并对徽州做出了“地气磅礴，人风古淳”的总评价。

龚自珍（1792 ~ 1841），字瑟人，号定庵。浙江杭州人。嘉庆十七年（1812）随父赴任徽州知府。到任不久，奉父命为纂修府志甄选人物、搜辑掌故。在徽凡三年，写下《黄山铭》等一批记游诗文，赞美徽州河山。

清代徽州文学家可谓群星灿烂，既有本土文学家，又有客居他乡的文学家，还有任职和游历徽州的文学家，不仅类型多样，而且数量众多，是前所未有的。在文学作品的创作上，也是百花盛开，多姿多彩。可以说，这是继明代以后的一种极盛发展而终于到达光辉的顶点，使后来时代的徽州文学再也难以望其项背。

纵观徽州文学的历史发展，自南北朝时期出现徽州文学的第一道曙光，到清代呈现徽州文学的蓬勃发展局面，彰显了徽州文学形成和发展的强大生命力，谱写了一部丰富灿烂的徽州文学史，成为博大精深的徽州文化的有机组成部分，永远光照地域文化史册。

第二节 徽州文学的横向考论

本节主要选取吴少微、方回、程敏政为代表的文学创作，作为徽州文学的横向考论的重点，从一个侧面来考察徽州文学在特定时代中特定作家的创作状况，以便全面认识徽州文学的性质、特点和规律。

一、吴少微的文学创作与地位

吴少微是唐代徽州第一个文学家，也是代表了唐代徽州籍文学家中最高成就的文学家。由于他的引领，不仅唐代徽州文学有了发展，并从此以后徽州文学走向了自由自觉的发展时代。

(一)吴少微与他的文学创作

吴少微（659 ~ 743），又名远，字仲芳，号遂谷。歙县人。与晋阳尉富嘉谟、太原主簿谷倚同以文辞名世，人称“北京三杰”。为扭转文坛浮靡之风，以内容充实、气格高迈的创作实践倡导新风，所撰《崇福寺钟铭》和富嘉谟《双龙泉颂》等作品被时人称为“吴富体”。《全唐诗》存其诗6首，《全唐文》存其文6篇。

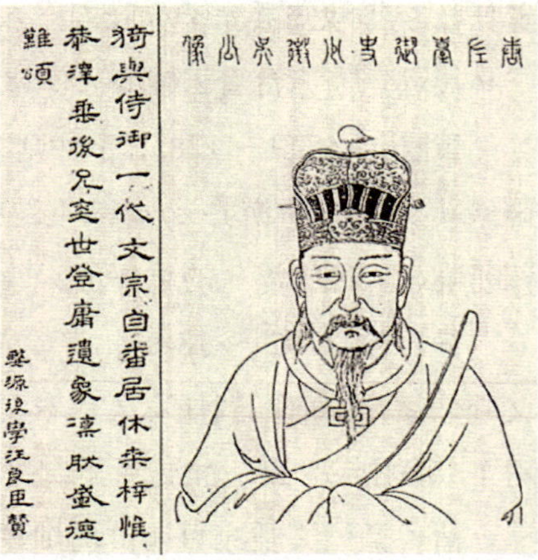

吴少微像

吴少微现存诗歌作品有《古意》《过汉故城》《长门怨》《怨歌行》《和崔侍御日用游开化寺阁》《哭富嘉谟（并序）》，散文作品有《冬日洛下登楼宴序》《为并州长史张仁亶进九鼎铭表》《代张仁亶贺中宗登极表》《为桓彦范谢男授官表》《为任虚白陈情表》《唐北京崇福寺铜钟铭并序》。其中《唐北京崇福寺铜钟铭并序》，是“吴富体”的代表作。

(二)“吴富体”内涵与特点

“吴富体”最早的记载见于《旧唐书》和《新唐书》。“先是，文士撰碑颂皆以徐庾为宗，气调渐劣。嘉谟与少微属词皆以经典为本，时人钦慕之文体一变，称为‘富吴体’。”① “又有富嘉谟、吴少微，皆知名。……天下文章尚徐庾，浮俚不竞，独嘉谟、少微本经术，雅厚雄迈，人争慕之，号‘吴富体’。”②

以上《旧唐书》中称“富吴体”，而《新唐书》中为“吴富体”。我们在这里遵从“吴富体”的称谓。什么是“吴富体”？《中国文学大词典》的解释是：“‘富吴体’，又

① [唐]吴兢：《旧唐书》卷一百九十《文苑传（中）》。
② [宋]宋祁、欧阳修：《新唐书·列传》第一百二十《文艺（中）》。

称‘吴富体’。指初唐作家富嘉谟与吴少微为代表的文赋风格。《旧唐书·富嘉谟传》：‘嘉谟与少微属词皆以经典为本，时人钦慕之，文体一变，称为富吴体。’二人文风古朴高雅，雄迈厚重，对转变初唐浮艳轻靡文风不无贡献。”[①]

所谓“吴富体”，就是初唐时期文学家吴少微、富嘉谟在山西太原任职年间，题材上以写作晋阳风物为主、方法上以经典为本的具有雅厚雄迈特点的碑颂体散文。其主要代表作有吴少微的《崇福寺钟铭》和富嘉谟的《双龙泉》《千蠋谷颂》。“吴富体”的出现，对扭转当时文坛浮靡文风起了重要作用。

“吴富体”的特点可从以下几方面来认识。

第一，从“吴富体”的代表作来看

据《旧唐书·文苑传》记载，“吴富体”的代表作是富嘉谟的《双龙泉颂》《千蠋谷颂》和吴少微的《崇福寺钟铭》。三篇文章，“词最高雅，作者推重”。遗憾的是，现只有吴少微的《崇福寺钟铭》能见到。宋李昉等所编的《文苑英华》在收录该文时，认为“此铭序多不可解，疑有脱误”。因而，今天我们对该文的文意在理解上已有不可逾越的困难。

富嘉谟《双龙泉颂》《千蠋谷颂》中所写的双龙泉、千蠋谷，均为山西晋阳附近名胜。双龙泉，即今太原市阳曲县西北的南、北龙泉，两泉相距500米。周围山峦起伏，林木荫翳。泉旁有大安寺，建于唐初。寺内有佛塔一座，俗称“唐僧宝塔”，为贞观年间高僧玄奘法师传经之所。千蠋谷是太原西北的一条峡谷，为古代晋阳通往西北诸州的孔道，其东口为著名的天门关。隋炀帝曾在此开辟交通，修设栈道，故名杨广道。此地山崖如削，谷径幽深，“天门积雪”为古代晋阳八景之一。

根据以上描写对象所具有的特点，以及颂体散文的一般特点，可以看出富嘉谟的两篇文章都属山水游记类散文。开元文坛领袖张说赞其文：“如孤峰绝岸，壁立千仞，浓云郁兴，震雷俱发，诚可畏也。若施于廊庙，骇矣。”[②]这样的风格，正和“纤靡淫丽，嫣然如妇人小儿嬉笑之声”的骈文，形成鲜明对照。

吴少微《崇福寺钟铭》（《全唐文》作《唐北京崇福寺铜钟铭并序》），其中所写的崇福寺在晋阳南五里，为唐代晋阳名刹。

① 钱仲联等：《中国文学大词典》，上海辞书出版社，1995年，第341页。

② [清]彭定求等：《全唐诗》卷九十四，四库全书本。

从“吴富体”的代表作来看，“富”的文体主要是颂体散文，“吴”的文体是铭文。对于颂体散文的特点，陆机在《文赋》中说“颂优游以彬蔚”（闲适而又华美）。富的颂体散文作品从所写题材特点和他人的评论来说，是符合这种界定的。对于铭体散文的特点，陆机在《文赋》中认为“铭博约而温润”（语言简洁而又淳厚），曹丕在《典论 · 论文》中认为“铭诔尚实”。吴少微的作品也是基本符合这种界定的。

但在“吴富体”的碑颂体与铭体散文中，已与此前同体散文各有所不同。正如康玉庆在《唐代“富吴体”与北都晋阳》一文中所说：“《崇福寺钟铭》是吴少微为崇福寺铜钟撰写的铭文。文章继承了先秦、西汉散文的写作特色，文字上简淡清新、朴质幽雅，毫无雕琢和浮华；句式上一反当时的四六文固定格式，用灵活多变的两字句、三字句、五字句，读起来节奏明快，起伏跌宕，语气上浑厚雄迈，气势不凡，显示了吴少微出众的才华和‘富吴体’独特的风格。”[①] 他的观点基本上反映了吴少微为崇福寺铜钟撰写的铭文的情况，以及“富吴体”的一些特点。

第二，从历史著作的评价来看

在新、旧唐书中，对“吴富体”的特点有所揭示，概括出来主要有以下三点：

首先，以经典为本。马茂军在《富吴体考论》一文中认为：“可以从两方面理解：1. 是‘本经术’。南方文学的传统是徐庾体……而太原有北京之称，偏居北方一隅，仍保留了北方文化传统。……吴少微是作为南方文人而受到了北方文化影响的例子。……北方文士历来有复古重质的倾向。……‘富吴体’的以经典为本是北方文学复古派的共同特点。2.‘属词皆以经典为本’，既有以儒家为本的含义，又有本于《尚书》等经典文本的古奥文风，直承汉魏《秦始皇泰山刻文》《琅琊台刻文》《东观刻文》《碣石刻文》《会稽刻文》《封燕然山铭》等古典碑颂名作雄迈古雅文风，嘉谟作《双龙泉颂》《干蠋谷颂》，少微撰《崇福寺钟铭》，或志名胜，或志寺钟，题材与汉魏铭文相同，‘词最高雅’，风格也接近，等于是碑颂体的复古，故为当时‘作者推重’。从今天仅存的吴少微撰《崇福寺钟铭》来看，他们的碑颂并没有追求散体的明显迹象，主体是骈文。……确切地说，‘富吴体’是骈文体内的复古派。他们还没有明确的散体意识。”[②] 他们在以经典为本的同时，使得所写作品“雅厚雄迈”，也就是典雅厚重，

① 康玉庆：《唐代“富吴体”与北都晋阳》，山西地域文化第一站：太原道http://www.tydao.com.

② 马茂军：《宋代散文史论 · 附录：富吴体考论》，中华书局，2008年，第527～528页。

克服了“徐庾体”的某些不足，把颂体散文和铭体散文推向了前进，这是一个基本事实。

其次，“并负文辞”。所谓“并负文辞”，也就是“吴富体”的创造者是富于文采的，文体是优美的。“从社会影响看，他们主要是以文辞擅胜的才子。……才子的提法主要指作者擅长修辞，在骈俪的文体中爱用古拙、古雅之辞，有夸张、张狂的气势”①。

再次，“雅厚雄迈”。这是内容及风格上的特点，更是其本质的特点。只有牢牢抓住这个特点，“吴富体”才能真正站立起来，才会被当时的“作者推重”，特别是在文坛充满浮靡气息的情况下。难道“徐庾体”就没有以“经典为本”和“并负文辞”的情况吗？只不过它们在以“经典为本”的时候，过分拘泥于典故，影响了文章的流畅；在注重“文辞”时太过，才显得浮靡了。只注意以“经典为本”和“并负文辞”来看“吴富体”，充其量只是看到了它的现象，而没有看到它的本质。以“经典为本”和“并负文辞”，是创造“雅厚雄迈”的形式与方法，而不是“吴富体”之所以是“吴富体”的本质。“雅厚雄迈”如何创造出来？只能从识见中来，只能从创新中来，只能从题材与体裁的完美结合中来。“雅厚雄迈”的特点从作品的题材上、行文上、结构上和思想感情的抒发上体现出来，也自然从现所仅存的吴少微的《崇福寺钟铭》中体现出来。

第三，从学术研究的评价来看

此方面以开元文坛领袖张说和近代学者岑仲勉为代表。

开元文坛领袖张说赞富嘉谟的文章，是“如孤峰绝岸，壁立千仞，浓云郁兴，震雷俱发，诚可畏也。若施于廊庙，则骇矣”。②有的认为：“这也是一种批评，主要批评他的张狂、狂怪的倾向。”③其实张说对富嘉谟文章的意见，总体上是肯定与赞美的，“诚可畏”，说的是确实令人敬畏。至于认为“若施于廊庙，则骇矣”的话是对富文批评，笔者倒不这样看。因为张说在这里说的是假设之词，而富嘉谟所写的并不是廊庙之文，而是对自然山水的颂赞之文，所以也就不存在如假设所存在的问题那样，而依然是对题材处理得恰到好处的肯定与赞美。因而，建立在假设之词基础上的种种推论，就不一定靠得住了，即如马茂军所说：“富吴体更有爱用古

① 马茂军：《宋代散文史论·附录：富吴体考论》，中华书局，2008年，第528页。

② [清]彭定求等：《全唐诗》卷九十四，四库全书本。

③ 马茂军：《宋代散文史论·附录：富吴体考论》，中华书局，2008年，第529页。

拙、古雅之辞，兼有夸张、张狂的气势，如震雷俱发，令人惊骇。张说表扬的阳刚风骨与力量，但又认为它不合于庙堂之文，不合于风雅、雅正的要求，批评它的狂怪和不合时用。……一般而言，早期复古家们为了引起注意，故逞张狂，矫枉过正，是可以理解的。经过纠正，终会走向平易。”①其中的“但又认为它不合于庙堂之文，不合于风雅、雅正的要求，批评它的狂怪和不合时用”的观点是值得商榷的。因为它是基于把张说的假设之词当作实评之词来看，而所做的推论。

近人岑仲勉认为吴、富二人之文，“诚继陈拾遗而起之一派，韩、柳不得专美于后也。”②提出“吴富体”是唐代古文运动中的重要一环，后人多承袭之。这一观点值得思考，起码一点就是它没有把唐代古文运动的认识简单化，而把它看作是一个历史的过程。这无疑是正确的。

(三)“吴富体”的历史地位

对于“吴富体”的历史地位问题，可从以下两方面来看：

其一，“吴富体”作为古文运动创作实践上最早出现的新文体，开古文运动之端绪

唐代的古文运动是我国文学史上一次以提倡散文、反对骈文为主要内容的文学革新运动。初唐，富嘉谟、吴少微创立的“吴富体”，是这场运动中最早出现的新式散文文体。它一反六朝以来内容空洞、华而不实的浮靡之风，以崭新的面貌，首开“以经典为本”的先河，受到了当时文坛的重视和推崇，对推动古文运动的发展作出了突出的贡献。③

初唐时期，“天下文章尚徐庾，俘俚不竞”，“气调渐劣”。武则天时，陈子昂挺身而出，旗帜鲜明地提出了文学复古的主张。但陈子昂的文学复古主张有其局限性：一是体裁上仅限于诗歌；二是复古口号仅停留在理论方面，在创作实践上并未摆脱六朝文风的羁绊。而与陈子昂几乎同时的富嘉谟、吴少微，一反六朝骈文“纤靡淫丽”的陈腐习气，独树一帜，创立了“雅厚雄迈”的新式散文文体，其文章“人争慕之”，天下传颂，给人以耳目一新之感。如果说陈子昂是唐代文学复古的最早提倡者，那么富嘉谟、吴少微则是唐代文学复古的最早实践者。富、吴用新式散文取代骈文的

① 马茂军：《宋代散文史论·附录：富吴体考论》，中华书局，2008年，第529页。
② 岑仲勉：《金石论丛·续贞石证史》.上海古籍出版社，1981年。
③ 杨铁汉：《唐代“富吴体”及其对古文运动的贡献》，《晋阳学刊》2002年03期。

大胆尝试，走出了唐代古文运动最为重要的一步，是对古文运动的突出贡献。①

唐高宗后期和武后时期“龙朔变体”从产生到蔓延，其文风始终笼罩整个文坛。而“吴富体”却以其独特的个性，迥异于“时文”之风格，奏出时代的变调之音。“吴富体”在当时崇尚浮靡文风的环境中独树一帜，提倡散体形式，推崇儒教，重视经典，这些无论对当时文风还是以后的古文运动都具有重要的意义和价值。②

“富吴体”产生于浮靡文风弥漫、骈体文盛行的武后时代，它以其独特的个性在当时及后来都产生了较大的影响。尤其从古文运动的源流中去研究更能看出其在散文发展史上的重要意义。③

其二，“富吴体”以经典为本的创作特色，对其后的古文运动影响至深

盛唐的散文作家萧颖士、李华、元德秀、元结，中唐的独孤及梁肃、韩云卿、韩会等，无不受富嘉谟、吴少微影响，以致最后在中唐时出现了韩愈、柳宗元，最终把古文运动推上了高潮。因此，我们可以把唐代古文运动分为三个阶段，即初唐开始阶段、盛唐发展阶段、中唐高潮阶段。正如宋代欧阳修编的《新唐书》所云：“唐有天下三百年，文章无虑三变。高祖、太宗大难始夷，沿江左晋阳余风，絺句绘章，揣合低昂”“玄宗好经术，群臣稍厌雕琢，索理致，崇雅黜浮，气益雄浑”“大历、贞元间，美才辈出，擩哜道真，涵泳圣涯，于是韩愈、柳宗元、李翔、皇甫湜等和之，排逐百家，法度深平，抵轹晋、魏，上轧汉、周，唐之文宛然为一王法，此其极也。”④“富吴体”的出现标志着唐代古文运动正式兴起，并对其后运动的进一步发展产生了积极深远的影响。⑤我们强调“吴富体”，并非吴、富的文学创作成就只是在碑颂体散文，他们还创作了其他文体的散文，只不过以颂体散文为代表罢了。吴少微留下的散文只有7篇，每一篇应该说都是弥足珍贵的。所以，在关注他们的代表作的同时，还要关注他们其他散文文体的创作，以尽可能全面地认识作家的创作。除此以外，还应该关注他们所创作的诗歌作品。或许这些诗作正可以作为散文创作的重要补充，以便构成一个完整的文学研究。

---

① 康玉庆：《唐代“富吴体”与北都晋阳》，山西地域文化第一站：太原道http://www.tydao.com.

② 苏海燕、郭海燕：《“龙朔变体”之变体——“富吴体”风格浅探》，《沧桑》2007年01期。

③ 苏海燕、卓瑞娟：《富吴体形成探源》，《辽宁行政学院学报》2006年第11期。

④ [宋]宋祁、欧阳修：《新唐书·列传》第一百二十六《文艺（上）》。

⑤ 康玉庆：《唐代“富吴体”与北都晋阳》，山西地域文化第一站：太原道http://www.tydao.com.

二、方回的《瀛奎律髓》与创作

作为徽州元代重要的文学家，方回（1227 ~ 1307）的成就是多方面的。纪昀等在《四库全书·提要》认为：《桐江续集》36卷，“皆其元时罢官后作，集中有自序，称20卷”“观其集中诸文，学问议论一尊朱子，崇正辟邪，不遗余力。置其行而论其言，则可采者多，未可竟以人废其诗端。主江西，平生宗旨悉见所编《瀛奎律髓》中。虽不免以粗率生硬为老境，而当其合作实出宋末诸人上。就文论文，亦编唐人集者，不废沈宋之意也。”[①] 纪昀等评价其诗专主江西，为“江西诗派”之殿军。所著《瀛奎律髓》，选唐宋以来律诗加以评论，“于情景虚实之间，三致意焉。而尤以山谷、后山、简斋为标准”（《元诗选·方回小传》）。

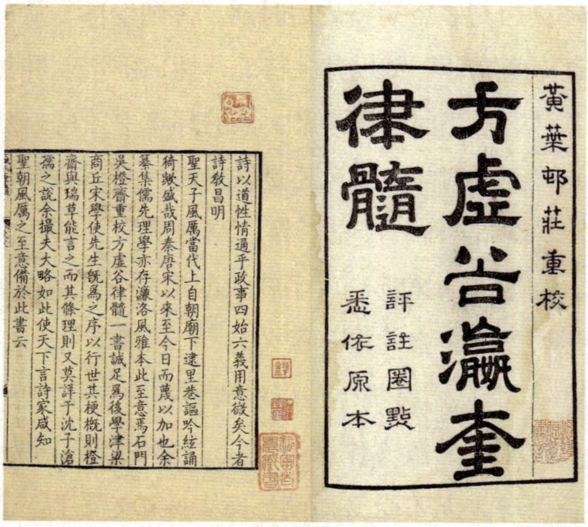
方回著《瀛奎律髓》

（一）《瀛奎律髓》的成就与价值

方回编选的《瀛奎律髓》为唐宋五七言律诗总集。之所以称“律髓”，因其专选唐宋两代五、七言律诗之故；之所以称“瀛奎”，自谓取十八学士登瀛洲、五星照奎之义，故称。其选唐代180余家，宋代190余家，共选诗3014首，以大家为主，兼顾各种流派，较全面反映了唐宋700年间诗歌创作和律诗流变的轮廓，又对所选之诗及唐宋诗歌各种流派做了精要细致的分析评点。可以说，《瀛奎律髓》是一部选评论合一的著作。

方回主张儒家传统的“知人论世”观念，尊崇儒学；“以生硬为健笔，以粗豪为老境，以炼字为句眼”，[②] 讲求情与景的融合统一；强调诗品与人品并重，以“立言”求不朽，在诗文理论上提倡“格高”“圆熟”。贯穿全书有两条诗学脉络：一条是五律第一的盛唐和梅尧臣，以“韵味”取胜；另一条是七律第一的“一祖三宗”，以“格

① [清]纪昀等：《四库全书》集部五别集类四《〈桐江续集〉·提要》。
② [清]纪昀等：《四库全书》集部五别集类四《〈桐江续集〉·提要》。

高”见长。阐述了“格高”“韵味”的内涵，认为“格高”和“韵味”相对相济，共同成为方回诗学理论的重要两极。方回选诗，不凭一己偏爱，注意不同流派，如入选宋诗有江西派、四灵体、江湖派等。全书分 49 类，每类说明这类诗的性质和特点。每诗之后，多附以评语，同时保存了一些宋代文人的逸闻轶事。

综观《瀛奎律髓》的成就与价值，主要表现在：一是《瀛奎律髓》是一部大型的唐、宋律诗选集。其内容宏富、体例新颖，其注多为溯源流、辨体制之语，在历代诗歌选本中颇具特色。二是方回作为江西诗派的鼓吹者，在《瀛奎律髓》中倡导确立了江西诗派的“一祖三宗”之说，一祖指杜甫，三宗指黄庭坚、陈师道与陈与义。江西诗派，由南宋吕本中《江西诗社宗派图》而得名。此派诗人并非都是江西人，但在题材取向和风格倾向上比较接近。江西诗派是两宋之交最为流行、影响最大的一个诗歌流派，其影响甚至远及晚清宋诗派。《瀛奎律髓》总结了江西诗派的创作理论，提倡重兴江西诗派。三是《瀛奎律髓》在评选唐宋诗时，往往以史家的眼光，将诗人诗作放在历史的场合中加以评议，客观上体现出方回对唐宋诗歌尤其是律诗发展的独特看法。透过方回对唐宋各个时期代表作家的精心评骘，从一个侧面反映了文学界对唐宋诗的接受情况，对唐、宋诗学及诗学批评史的研究，具有重要的诗学文献价值。四是《瀛奎律髓》中对诗歌的评点体现了作者的修辞思想，涉及词语、句子、篇章修辞等方面内容，既有对前人的继承，更有自己的创新，在我国诗歌修辞史上占有一定的地位。

(二)诗歌创作特点与价值

方回一生创作诗歌作品 2847 首，其中近体诗 2180 首，古体诗 667 首。他以杜甫为祖，黄庭坚、陈师道、陈与义为宗，提倡“一祖三宗”。他在《虚谷桐江续集序》中说：“予自桐江休官闲居，万事废忘，独于读书作诗未之或辍也。”① 可看出他对诗歌创作的钟情。

方回的诗有不少反映现实社会生活之作。② 他的《路傍草》描写战争中土地荒芜，屋宇倾倒，“间或遇茅舍，呻吟遗稚老。常恐马蹄响，无罪被擒讨。逃奔深谷中，又惧虎狼咬。一朝稍苏息，追胥复纷扰”。痛感“人生值艰难，不如路傍草”。《赠高

① [清]顾嗣立：《元诗选》初集卷七，四库全书本。
② [元]方回：《桐江续集》卷四，四库全书本。

相士饶二首》写“世上封侯人不少，封侯人是杀人人”。语意尖锐。另《彭湖道中杂书》五首中的“每逢田野老，定胜市廛人。虽复语言拙，纵然怀抱真。如何官府吏，专欲困农民”。对农民倾注了同情。《送李杍黟县》：“黟县小桃川，年来异昔年。民间何所苦，兵后最堪怜。石墨湮深井，秋秔斫废田。喜闻新令尹，清白有家传。邑贫风俗俭，君去共弦歌。持已心宜肃，临民色要和。寒儒尤可念，巨室已无多。好与诸耆旧，商量细抚摩”，此诗作先叙写眼见“黟县小桃川”之景象——“石墨湮深井，秋秔斫废田。”从而发出“民间何所苦，兵后最堪怜”的慨叹，所幸的是新令尹非常“清白”，且“持已心肃”“临民色和”和“好与诸耆旧，商量细抚摩”，令乡人拥戴——“君去共弦歌”。作者由此传达对乡人疾苦的同情和对清白为官的赞赏，体现出诗人的美好情怀。

方回对徽州故乡有深厚感情，创作了一系列有关反映徽州乡情的作品，诸如《祁门界》《鱼亭观山》《行休宁县南山中》《婺源道中》《婺源邑中》等。其中《祁门界》：

辛苦营花圃，他乡过一春。
马兼人并老，仆笑主何贫。
尚忆桃符改，俄惊麦饭新。
吾州才入望，山色碧无尘。

此诗作写出了诗人在临近徽州故乡时的情绪，尽管没有抒写“近乡情更怯”之类的情感，但通过“吾州才入望，山色碧无尘”的概写，透露出故乡的特有美好气象，含蓄隽永，令人向往和陶醉，余味无穷。他的《鱼亭观山》：[1]

人间第一歙州山，绝妙鱼亭古道间。
描取此奇入诗句，西游端的不虚还。

在这里极写家乡山景之美好，虽然是概写，但也可以看出奇景之一斑，作者的

①[元]方回：《桐江续集》卷四，四库全书本。

自豪之情溢于言表。他的《行休宁县南山中》：[①]

我非尘中人，素心在尘外。
深谷行人稀，幽赏与心会。
原畴苎苗肥，岭坞杉木大。
女绩男斧斤，生理于此赖。
稻畦无凶年，山泉百道溉。
水满时自舂，奇哉涧边碓。
惜我乏寸土，把茅不容盖。
老矣徒空谈，惘惘发深慨。

此诗书写对休宁县南山中景象的喜爱，一方面山中景象异常美好，一方面百姓生活怡然自得，使得诗人都想在此安家定居，只是“惜我乏寸土，把茅不容盖”。虽然想超出“尘外”，但现实总归是现实，留下的只有感慨。

还有《婺源道中》和《婺源邑中》，前一首叙写前往婺源路上所见，从“行客门前方下马，主人店里已烹茶”，就可以领会得到此地“风俗真淳”；又从“百泉怒喷常疑雨，万木阴森不见花”，可以感受得到景色的奇崛。面对如此非同寻常景象怎能不作遐想？难怪晦翁朱熹之家就在这白云深处。后一首写作者进入邑中后的所见、所思，一方面对“县城似绕流觞水，郡路多由对镜峰”的自然景象加以描绘，以体现县境的特点；另一方面对“祠庙骏奔千竺会，乡邦鸿硕兖邹封”的人文景象加以描绘，以体现“版图三万东南有，二事无能可比踪”的独有性和特殊性，激起人们的敬慕之情。

(三)散文特点与价值

对于方回的散文创作，《四库全书总目》中说：“观其集中诸文，学问议论，一尊朱子，崇正辟邪，不遗余力，居然醇儒之言。”有些短小精悍的作品，如《送徐君奇入燕序》，通畅奔放，抒发牢骚，又欲说还休，耐人寻味，语言简明扼要。至于他以菊自比说“百种花残独傲霜”，看到一批一批的南方文士到北方做官，聊作

① [元]方回：《桐江续集》卷十五，四库全书本。

自我安慰而已。在方回的散文中,写有一些有关徽州风情的作品,如《徽州路修学记》《琴书堂记琴》《丰山亭记》[①]等。现以《丰山亭记》来看方回散文创作的特点。

古歙，大州也；婺源，大县也；汪氏，大姓也。迴岭之下有丰山焉。丰之为言大也，州大、县大、姓大、山大，宜必有大丈夫藏修其间。而友人汪君茂春，令以文记其丰山之亭。

君之说曰："媲欧暨苏，非建绍大词臣乎？吾家浮溪，老大文章也；嗣濂绍洛，非干淳大儒宗乎？吾乡晦庵翁，大学问也。吾非不早负大志，吾亦欲远希大贤，青衫初筮，里社相邻，黄纸再除，海壖于役，弓刀警逻，桴鼓儆巡，既重之以簿领之勾稽，又责之弦以歌之抚字。慨一身之余几丛四职以并，兼三千食客之封君，八百家僮之巨室，贯耳雕题之会，蛮琛岛赆之冲。此是而彼非，左恩而右怨，多争而少让，面誉而背疵，劳心而劳力，畏首而畏尾，得情勿喜。实繁望廷尉之徒知几其神，莫甚见督邮之耻。大丈夫于此不远复可也，而可以迷复乎哉？东阡西陌吾其田，上栋下宇吾其宅；栽桃种李岂必河阳，抚松采菊是亦柴桑；蕙兰无澧浦之悲，橘柚非泛洲之货。菰蒲芰荷之沼，鲤泳龟浮；梨柿橡栗之林，鹿呦猿啸。粤蕉岷芋，渭竹庾梅，后土洛阳之花，神农雷公之药，唯力是视，具体而微。不丰于爵位，而丰其甘旨以奉亲；不丰于泉布，而丰其馔羞以娱客。酾绿醑兮，劳农耕野；剔青灯兮，听子读书。此吾所以因山筑亭，有取于丰大之义。盖谓丰于天理，则吾之大丈夫者，非世俗丰于人欲以为大者也。吾观于易，离下震上，明动相资，所以致丰；明而不晦，动而不静，不可以保丰。如日在天，惧过乎中，吾之仕将进而穷乎，宁退而通乎？"

同郡方回高其识，壮其言，神游其亭，为之谣曰：识象外之意者，可与言易；丰之彖传，可以象测物。盛而大皆不可极，天地日月与时消息。酒饮微醉，花看半开焉。得深于理者与之歌，观物之吟于斯亭而和之，以归去来乎？

该文所写虽是受友人之托写一亭而已，但作者把它放到全徽州的背景下来写，这就使得所写之亭有了特别的意义，显出小中见大的特点。文中张显徽州人文之盛："媲

① [元]方回：《桐江续集》卷三十六，四库全书本。

欧暨苏，非建绍大词臣乎？吾家浮溪，老大文章也；嗣濂绍洛，非干淳大儒宗乎？吾乡晦庵翁，大学问也。”回应了前文“州大、县大、姓大、山大，宜必有大丈夫藏修其间”，显得自然贴切。该文不但体现了主人为什么建亭和为什么以“丰”名亭，而且更主要的是，通过写亭体现出友人汪君“高其识，壮其言”的浩大襟怀，其人物形象特点跃然纸上。虽写的是汪君一人，但可以看出徽州全郡学人的襟怀，可以看出作为“东南邹鲁”的徽州的人文气象！全文所写，语言回环往复，整饬优美，具有宏大气势和耐人寻味的特点，体现了作者的文学功力。

三、程敏政的《篁墩文集》与创作风格

作为明代徽州重要文学家的程敏政（1445 ~ 1499），是一个有很深故土情结的人。他回乡祭祖，遍游家乡名山胜水，每到一处，都要写诗撰文，以寄情怀。这从他的《篁墩文集》的大量篇章中可以看出。他虽处高官，有很大社会影响，却能接受休宁县令欧阳旦之邀而撰《休宁县志》，使之成为休宁建县以来第一部志书。他虽曾遭遇弹劾，却能用长达八年的时间和精力编成《新安文献志》这一皇皇巨著，成为徽州文献之集大成者，为保存和弘扬徽州文化作出了历史性贡献。

成化二年（1466），时年 22 岁的程敏政以殿试一甲第二人（俗称榜眼），授翰林院编修，历左谕德，直讲东宫。讲授内容主要为《大学》《中庸》《论语》和《尚书》等，在翰林中赢得了“学问赅博”的美称。他于成化戊戌（1478）四月十一日，赴储皇御春坊讲《大学》首章，又于十二日上御经筵讲《中庸》第二十章。有感于此，他写有《成化戊戌四月十一日储皇御左春坊敏政进讲大学首章退宴文华门，十二日上御经筵敏政进讲中庸第二十章退宴左顺门，感愧之余，赋此呈同事诸君子》[①]诗：

小臣踪迹本疏慵，衮职情知不易供。
才向储闱传大学，又从宣室讲中庸。
朝行辅德须耆俊，家法崇文自祖宗。
尚食屡饕无寸补，百年兴运愧亲逢。

① [明]程敏政：《篁墩文集》卷六十六，四库全书本。

孝宗嗣位后，程敏政以宫僚恩擢少詹事兼侍讲学士，直经筵。讲授内容主要是《中庸》和《尚书》。程敏政认为讲解经史是件大事，讲读的人不仅要学识渊博，了解情况，知道天下利弊，还要敢于直言不讳，方才是一种尽职尽责的表现。由于他在讲解经史大义时能够联系实际，并多有己见，对治国很有现实意义，受到统治集团上层的重视，就连孝宗皇帝也称他为先生，以示尊重。

弘治元年（1488）冬，御史王嵩等以雨灾弹劾程敏政，因勒致仕。当时有人劝他自辩，他答道：欧阳在执政，故可辨；朱文公在庶寮，故不可辨。于是回归家乡，读书南山。后来由于中郎中陆容等为他极力剖白，才被召还朝。有人劝他不复出仕，他答之：以君实远臣，不得不辞；晦叔世臣，不得不起。

程敏政著《篁墩文集》

弘治五年（1492），复出不久，程敏政任太常寺卿兼侍读学士，掌院事。后于弘治八年（1495）母亲去世，服除转詹事，迁礼部右侍郎，专典内阁诰敕。

对于程敏政来说，弘治十二年（1499）这一年，是他一生中最为不幸的一年。这一年，“江南才子”唐寅闯进了他的生活，也搅乱和结束了他的生活。

唐寅（1470 ~ 1523），字伯虎，一字子畏，号六如居士。江苏吴县人。他年轻时与乡里狂生张灵整天纵酒为乐，不事学业。后受好友、书法家和文学家、“吴中四才子”之一的祝允明规劝，才闭户读书，后于弘治十一年（1498）举乡试第一。主持乡试的梁储称赏其文，回朝廷后还出示给程敏政看，程敏政也很称赏。这样，唐寅的名字也就进入程敏政的法眼。

弘治十二年，作为礼部右侍郎的程敏政，与礼部尚书、大学士李东阳主持会试。由于举人唐寅、徐经预先所写的作文与试题相合，有人认为徐经曾经贽见程敏政，唐寅曾经从程敏政乞文；又有人说，江阴富人徐经贿程敏政家僮，得试题。给事中华昶以此弹劾程敏政鬻题。由此，孝宗皇帝就剥夺了程敏政阅卷的权力，令李东阳会同考官覆校，使得唐、徐二人卷皆不在所取中。可弹劾者仍执意为之，致使程敏政与唐寅、徐经一同下狱。后来，华昶以所言事不实，调南太仆主簿。程敏政被勒致仕，放归田园。唐寅则黜为吏。有人说程敏政之狱，是傅瀚想争夺他的职位，故使华昶弹劾。傅瀚乃天顺八年（1464）进士，与程敏政同事，后官至礼部右侍郎等职。

冤案毕竟是冤案，程敏政终于盼来了为之昭雪的那一天。激动的心情溢于言表，此于《十二月廿一日得旨昭雪复官感激赋此》[①]诗中可以见出：

紫凤衔书下九霄，君王还念旧官僚。
春回大地阳初动，日转阴崖雪尽消。
犬马有情终恋主，山林无分又趋朝。
旁人欲问酬恩事，洛党尘编未寂寥。

但程敏政毕竟经历了下狱的打击，且积郁成疾，于当年发痈而逝，终年55岁。后赠礼部尚书。

程敏政早年拥有“神童”之誉，青年时代获得“学问赅博”的桂冠，中年以后又有文坛上的崇高地位。徽州府知府何歆在《篁墩文集》后序中说：“广东琼台丘公在馆阁……历数自宋景濂诸公而下至于其同时，又极多推让，而篁墩程先生亦所爱重焉。”[②]于此看出，他在上层文士中的地位。南京工部主事李汛在《篁墩文集》后序中所说的“先生居馆阁三十余年，制作之富，流布天下，天下之人莫不爱而诵之”。[③]于此看出，程敏政社会影响的广泛程度。

我们对于作为文学家的程敏政的认识，主要从他的文学创作实绩本身来看，这就是他亲手编定的《篁墩文集》。

《篁墩文集》共93卷，计100余万字，从总体上可分成散文与诗歌两大类。诗歌这一类，从卷61到卷92，计31卷，在文集中占了三分之一篇幅。有人做过粗略估计，他所创作的诗歌作品，总数有数千首之多，而文集中只是收录了其中的一部分。从这部分看，它们具有想象丰富，飘逸清新，善于赋比，既重格律又显洒脱，既注意锤字炼句又格外平易近人的特点，独具一家风貌和格调，显示了丰富而独特的创造才情。

---

① [明]程敏政：《篁墩文集》卷八十八，四库全书本。
② [明]程敏政：《篁墩文集》卷九十三，四库全书本。
③ [明]程敏政：《篁墩文集》卷九十三，四库全书本。

但散文与诗歌相比，其散文所具有的艺术价值更突出，艺术成就也更加骄人。散文类涉及的文体有 30 种之多，按其性质特点又可一分为二：一是议论说理类：包括卷 1 ～ 8 中的青宫直讲和经筵讲章共 8 篇；卷 9 ～ 12 为制策、奏议、表、策问、考、论、说、辨等共 20 篇；卷 36 ～ 39 为题跋，共 178 篇；卷 53 ～ 55 为书简，共 165 篇；卷 57 为疏、启札等 20 篇；卷 58 ～ 59 为杂著，共 21 篇；卷 93 为拾遗，有考 1 篇；以上共计 413 篇。二是叙事抒情类：卷 13 ～ 20 为记，132 篇；卷 21 ～ 35 为序，277 篇；卷 40 ～ 41 为行状，8 篇；卷 42 ～ 48 为碑、志、表、碣，110 篇；卷 49 ～ 50 为传，30 篇；卷 51 ～ 52 为祭告文、祭文，100 篇；卷 56 为箴、铭、赞，109 篇；卷 60 为赋、辞、诔，17 篇；卷 93 拾遗中有序、记、铭、赞、跋共 13 篇；以上共计 796 篇。

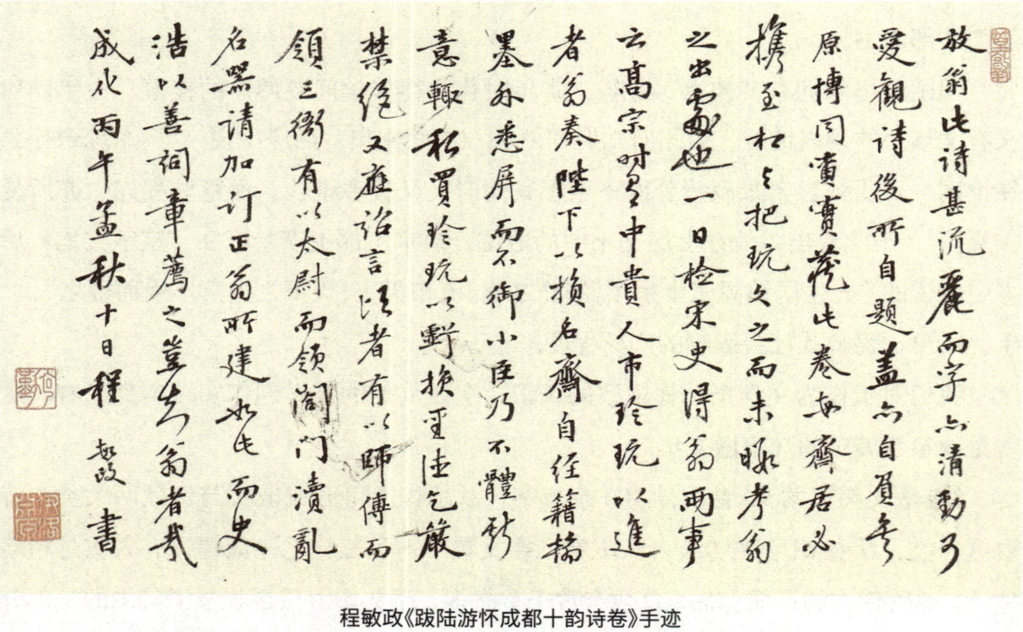

程敏政《跋陆游怀成都十韵诗卷》手迹

对于议论说理散文，论者多有赞美。在《四库全书总目》提要中说：“明之中叶，士大夫侈谈性命，其病日流于空疏。敏政独以博学雄才，高视阔步。其考证精当者，亦多有可取，为一时之冠冕。”又说：“敏政学问淹通，著作具有根底，非游谈无根者可比。”还有他的同事、大学士李东阳在《篁墩文集》原序中所说的：“赜探隐索，注释经传，旁引曲证，而才与力又足以达之，虽皆出于经史之余，而宏博伟丽，成一家之言，质诸今日殆绝无而仅有者也。”[①] 这是很崇高的评价。他的“学问赅博”“称一时冠”的称誉也主要来自这一类散文。

叙事抒情类散文在其艺术价值方面又要比前类更高，可读性也更强，在今天仍有积极而丰富的审美意义。这类散文共有16种文体，而又以其中的“记”的艺术水准最高。

在《文集》中共收“记”体散文133篇，主要是记写楼堂轩亭、山水游踪和人物事迹等，饱含情感，逸兴飞动，语言淳美，显示出杰出的艺术创造才能。有些篇章，单是它的题目就给人以美不胜收之感，诸如《夜渡两关记》《溪山行乐记》《碧云深处记》《壶天秋月记》《竹窝静趣记》《留春轩记》《竹南书舍记》《筠谷幽居记》《挹秀楼记》《竹窗记》《瑞莲记》等等，可谓情趣盎然，多姿多彩，具有深致婉曲的审美意象，令人味之不厌。

程敏政文学创作的总体风貌特点，可说是“宏博伟丽”（李东阳语），或是“豪放奔逸”（何歆语）。这样的特点，在他的一些短小作品，即如《夜渡两关记》中也得到了充分体现。

夜渡两关记[②]

予谒告南归，以成化戊戌冬十月十六日过大枪岭，抵大柳树驿时，日过午矣，不欲行。但问驿吏，吏绐言：“虽晚尚可及滁州也。”上马行三十里，稍稍闻从者言，前有清流关，颇险恶多虎，心识之。

抵关，已昏黑，退无所止，即遣人驱山下邮卒，挟铜钲束燎以行。山口两峰夹峙，高数百寻，仰视不极。石栈岖，悉下马，累肩而上。仍相约：有警，即前后呼噪。适有大星，光煜煜自东西流，寒风暴起，束燎皆灭，四山草木萧飒有声，由是人人自危，相呼噪不已，铜钲哄发，山谷响动。行六七里，及山顶，忽见月出如灿银盘，照耀无际，始举手相庆。然下山犹心悸不能定者久之。予默计此关乃赵检点破南唐擒其二将处。兹游虽险而奇，当为平生绝冠。夜二鼓，抵滁阳。

---

①［明］程敏政：《篁墩文集》，四库全书本。

②［明］程敏政撰，程曾、戴铣辑：《篁敦程先生文粹》，正德元年张九逵刻本。转引自人民教育出版社：《古代散文选》下册，人民教育出版社，1980年，第116～118页。

十七日午，过全椒，趋和州。自幸脱险即夷，无复置虑。行四十里，渡后河，见面山隐隐，问从者，云："当陟此，乃至和州香林院。"已而，日冉冉过峰后，马入山嘴，峦岫回合，桑田秩秩，凡数村，俨若武陵、仇池，方以为喜。既暮，入益深，山益多，草木塞道，杳不知其所穷，始大骇汗。过野庙，遇老叟，问此为何山，曰："古昭关也。去香林院尚三十余里，宜急行。前山有火起者，乃烈原以驱虎也。"

时铜钲、束燎皆不及备。傍山涉涧，怪石如林，马为之避易；众以为伏虎，却顾反走，颠仆枕藉，呼声甚微，虽强之大噪，不能也。良久乃起，复循岭以行，谛视崖堑，深不可测，涧水潺潺，与风疾徐。仰见星斗满天，自分恐不可免。且念伍员昔尝厄于此关，岂恶地固应尔耶？尽二鼓，抵香林。灯下恍然自失，如更生者。

噫！予以离亲之久，诸所弗计，冒险夜行，度二关，犯虎穴，虽濒危而幸免焉。其亦可谓不审也已。谨志之，以为后戒。

《夜渡两关记》论字数不足700字，但那种因"离亲之久"而省亲心切，以至"诸所弗计，冒险夜行"的至情至性的流露，令人感动不已！其艺术表现上的大开大合，波谲云诡，而又弛张有度的文学才能，令人惊叹不已！以不可多见的题材所显出的幽深壮美的意境，令人陶醉不已！正如近人林纾所言："此篇非有意为文字，而文字颇奇恣。由沿道纪实，不欲奇而自奇。至文势之曲折回合，亦因其自然，无斧凿痕迹。"[①] 此乃的评。何歆对程敏政散文所作出的"其以才驱气，以气驾文，豪放奔逸，俱有余地。……要亦韩、柳、欧、苏之俦……世不可无者也"的评价，也符合实情、毫不为过，笔者深有同感焉。

程敏政用长达8年时间编成《新安文献志》一书，成为明代和明代以前徽州文学之集大成者，为保存和弘扬徽州文学作出了历史性贡献。

《新安文献志》共100卷，分上下集，上集60卷，专收徽州自齐梁迄明乡贤所撰之文；下集40卷，则收外郡人记述徽州先贤行实之文。百卷之前，先列有《新安先贤事略》上下卷，上卷收列徽州各朝名人326人，下卷收列外郡曾在徽州为官

① 转引自人民教育出版社：《古代散文选》下册，人民教育出版社，1980年，第118页。

程敏政著《新安文献志》

或寄居的名士 114 人。《新安文献志》的文献价值体现在：一是表彰前哲，弘扬正气，使徽州人文得以名扬天下，垂范后世；二是介绍徽州山水之美及州人热心建设家园的义行壮举，以显示徽州人杰地灵；三是广搜博集，多方补充，材料丰富，荟萃赅备；四是细加考证，辨别真伪，释疑正误，使所记述材料信而有征。

《新安文献志》是历史上第一部徽州文学总集，对于徽州文学的传承与发展具有划时代的意义。

本章通过对徽州文学的历史演变的纵向考察，厘清了徽州文学的发展演变脉络。

在南北朝时期，出现了徽州文学的第一道曙光。程茂的《责萧衍犯顺书》、程詧的《东天竺赋》、吕文达的《吕竭记》，分别成为徽州文学史乃至新安文学史上第一篇议论性散文、第一篇抒情性散文和第一篇记叙性散文，使之成为徽州文学乃至新安文学的开篇。在唐代，有“北京三绝”之一的吴少微，与富嘉谟一起创造了“富吴体”，开创了一代文风；有“烟波钓徒”之称的张志和创作的《渔歌子》5 首，风华独步，影响海内外。在宋代，有集理学之大成的朱熹，创作诗词 1200 余首，狭义散文 200 余篇，诗如《春日》《观书有感二首》，文如《记孙觌事》等，都是宋代文学中广为传诵的作品；著名词人方岳，其词气韵清健，平易有味，有《秋崖小稿》83 卷传世。在元代，有著名诗人方回所编《瀛奎律髓》，标榜“江西诗派”，对后世具有积极影响。在明代，有与著名文学家李东阳齐名的程敏政，创作诗歌数千首，各种文体散文 1200 多篇，其《篁墩文集》有“宏博伟力”“豪放奔逸”之称；作为“两司马”和“后五子”之一的汪道昆，著有《太函集》杂剧数种，有“清新俊逸之音，调笑诙谐之致”之称。在清代，有以辑录和刊刻知名于世的张潮，一生著述宏富，所著《幽梦影》影响深远；“扬州八怪”之一的汪士慎，其诗歌清雅脱俗，有《巢林集》7 卷等传世。丰富灿烂的徽州文学，是对源远流长的徽州文化和中国文学的一个创造性的丰富与补充，显示了特殊地位和价值。

对徽州文学的横向考论，我们重点就唐代吴少微、元代方回、明代程敏政的文学成就加以考察研究。

吴少微是有史记载以来的第一个享誉全国的新安籍文学家，他所撰《崇福寺钟铭》和富嘉谟《双龙泉颂》等作品，被时人称为“吴富体”。一反六朝以来内容空洞、华而不实的浮靡之风，以内容充实、气格高迈的创作实践倡导新风，对推动古文运动的发展作出了突出的贡献。吴少微是代表唐代徽州籍文学家中最高成就的文学家，由于他的引领，使徽州文学走向了自由自觉的发展时代。

作为徽州元代重要的文学家和诗歌评论家，方回编选的《瀛奎律髓》为唐宋五七言律诗总集，较全面反映了唐宋 700 年间诗歌创作和律诗流变的轮廓，又对所选之诗及唐宋诗歌各种流派做了精要细致的分析评点，在中国诗歌研究史上具有重要影响。方回一生创作诗歌作品 2847 首。所写《徽州路修学记》《琴书堂记琴》《丰山亭记》等有关徽州风情作品，感情真挚，语言醇厚，耐人寻味。

作为明代重要文学家的程敏政，他的皇皇巨著《篁墩文集》得到大学士李东阳高度评价，“赜探隐索，注释经传，旁引曲证，而才与力又足以达之 . 虽皆出于经史之余，而宏博伟丽，成一家之言。质诸今日，殆绝无而仅有者也”(《篁墩文集》原序)；南京工部主事李汛评其“制作之富，流布天下，天下之人莫不爱而诵之”(《篁墩文集》后序)。于此可见，程敏政的文学地位与影响。他所编纂的《新安文献志》，成为明代和明代以前徽州文学之集大成者，是徽州历史上第一部徽州文学总集，为保存和弘扬徽州文学作出了历史性贡献。

通过对徽州文学的历史演变的纵向考察与对徽州文学的横向考论，我们得到的初步认识就是：徽州文学历史悠久、丰富多彩、特色显著，具有地域文化的独有品格与魅力。

第三章　新安文学的历史演变与横向考论(中)

淳安锦山秀水，文人辈出。唐代著名诗人、散文家皇甫湜、皇甫松父子，开创一代新安文学；“名传千万里”的唐朝诗人方干，是延续唐、宋、元、明数代的“睦州诗派”的先驱者；北宋方闾、方闳和方闻，学识渊博，被时人誉为“两浙三方，天下无双”；明代“三元宰相”商辂，使淳安成为封建科举时代的标签，也使淳安文学焕发光彩；清代的“浙中三毛，文中三豪”之一的毛际可，也以独具佳绩走进淳安文学发展的视线，如此等等。风光旖旎的新安江，吸引着无数外来文人与淳安山水结下不解之缘，留下不少脍炙人口的诗文佳构。淳安文学就在这样的历代时空背景下展开，显得熠熠生辉。

淳安文学总的创作面貌可从两个方面来看：一个是从纵的角度来看其历史发展，另一个是从横的角度来看其重点的状况。以下分淳安文学的历史演变和淳安文学的横向考察两部分来加以论述。

第一节　淳安文学的历史演变

淳安文学的历史演变，分别从汉代、南北朝、唐、宋、元、明、清等时代来加以叙述，各部分又按本籍、任职和游历三种类型加以区分，并对每一朝代的文学状况加以小结。

一、汉代文学

汉代，方侪、方储、方俨兄弟三人，俱以文学知名。

方侪（生卒年不详）。东汉歙东（今淳安）人。与弟方储、方俨习孟氏《易》，自相讲授，以文学知名于世。后官南阳太守，封关内侯。方俨为忠烈侯，丹阳平正五官。

方储（？～93）。字圣明。曾注释《孟氏易》，知天文五行，精占卜之学。东汉建

方储像

初四年（公元79年）举孝廉，授郎中，出为句章（今余姚东南）令。又历任阜陵（今安徽全椒县）、阳翟令。元和元年（公元84年）举贤良方正，对策第一，拜授议郎，转为洛阳令，升迁太常。追赠为尚书令、黟县侯。淳安人称方储为“方仙翁”。有建武五年（公元29年）方储《夏旱对策》一文：“百姓苦，士卒烦碎，责租税失中，暴师外营，经历三时，内有怨女，外有旷夫。王者熟推其祥，揆合于天，图之事情，旱灾可除。夫旱者过日，天王无意于百姓，恩德不行，万民烦扰，故天应以无泽。又曰民悲怨，则阴类强。河泪海濇，地动土涌。”① 这是淳安文学中最早的散文作品。

这一时期的方侪、方储、方俨兄弟三人，虽以文学知名，但此时的文学还不是审美意义的文学，更多的是文化意义的，也即广义的文学，但对于淳安文学来说，却具有源头意义。

二、唐代文学

唐代淳安文学家，主要有本籍的和游历淳安的文学家两类。本籍文学家，主要有皇甫湜、皇甫松、马异、方干、许彬、文益等。

皇甫湜（777～835），字持正。睦州新安（今淳安）人。散文家，著名诗人。曾参加韩柳“古文运动”。著有《皇甫先生文集》。元和元年(806)进士，历陆浑县尉、工部郎中、东都判官等职。大和八年(834)，因酒后失言，屡次触犯同事，求分司东都至洛阳。因未获升迁，生活窘迫。东都留守裴度卑辞厚礼，召湜为留守府从事。与李翱同为韩愈学生，李翱发展了韩文平易的一面，皇甫湜则发展了韩文奇崛的一面。白居易《哭皇甫七郎中湜》云：“多才非福禄，薄命是聪明。不得人间寿，还留身后名。”

皇甫松（生卒年不详），字子奇，自称檀栾子。皇甫湜子，父文学并称。晚唐时期，花间派重要词人。屡试不第，后期隐居不出，死后追赠为进士。著有诗词、小说等，尤以词著称，在晚唐词史上占有重要地位。《花间集》收其词作12首。

① [元]马端临：《文献通考》卷三百四《物异考十》，引自[清]李诗、陈中元：《续纂淳安县志》卷十二《艺文志》。

马异（799 年前后在世），字不详。睦州人。少与皇甫湜同学。兴元元年（784）进士及第。其诗作风格与卢仝同，有集《唐才子传》传世。主要诗作有《答卢仝结交诗》《暮春醉中寄李干秀才》《贞元旱岁》《送皇甫湜赴举》。

方干（809 ~ 888）。字雄飞，号玄英。睦州青溪（今淳安）人。唐宝历中，科举考试不第。开成年间，与寓居桐江的喻凫为友，并与同里人李频唱和，深得师长徐凝器重。一次因偶得佳句欢喜雀跃，不慎跌破嘴唇，人呼“缺唇先生”。后人赞他“身无一寸禄，名扬千万里”。光化年间，追赠为进士出身。为“睦州诗派”代表人物。门人搜集遗诗 370 余篇，编成 10 卷本《玄英先生诗集》传世。《全唐诗》收方干诗 6 卷 348 首。

方干像

许彬（873 年前后在世），一作郴，亦作琳。睦州人。《全唐诗》录存其诗一卷。

文益（885 ~ 958）。俗姓鲁。余杭（今淳安县）人，五代佛教法眼宗始祖。7 岁出家，20 岁于温州开元寺受戒。善文工诗，著有《金陵清凉院文益禅师语录》《宗门十规论》等。

游历淳安的文学家，主要有崔颢、李白、张旭、罗隐、吴融、贯休等。

崔颢（704 ~ 754），汴州（今河南开封市）人，原籍博陵安平（今河北安平县）。唐代著名诗人。开元十一年（723）进士，曾任监察御史，官至司勋员外郎。所作《黄鹤楼》，李白曾有“眼前有景道不得，崔颢题诗在上头”的赞叹。著有《崔颢集》。游历淳安时，写有诗作《发青溪锦沙村》《响山潭》。

李白在游历淳安时，写有《新安江》《清溪行》《入清溪山》《宿清溪主人》等诗作。

张旭（771 年前后在世），字伯高，一字季明。苏州吴县（今江苏苏州）人。唐代书法家。与贺知章、张若虚、包融并称“吴中四士”，又与贺知章等人并称“饮中八仙”，其草书与李白诗歌、裴旻剑舞并称“三绝”。写有《青溪泛舟》诗作。

罗隐（833 ~ 910），字昭谏。杭州人。晚唐文学家。大中十三年（859），应进士试。此后历七年不第。咸通八年（867），自编其文为《谗书》。历任钱塘令、司勋郎中、给事中等职。著有《歌诗集》14 卷，《甲乙集》3 卷，《外集》一卷。写有《题方干诗》《早登新安县楼》《人日新安道中见梅花》等诗作。

吴融（850 ~ 903），字子华。越州山阴（今浙江绍兴）人，晚唐诗人。官至侍御史、礼部郎中，后入充翰林学士，官至中书舍人。著有《唐英歌诗》3卷。写有《赠方干》《清溪》《新安道中玩流水》等诗作。

贯休（832 ~ 912），俗姓姜，字德隐。婺州兰溪（今浙江兰溪市）人，画僧、诗僧。有《禅月集》存世。写有《上新定宋使君二首》《锦沙墩》《新定江边作》等诗作。

唐代淳安文学具有一定影响，主要有二：一是本籍诗人具有一定地位。皇甫湜追随韩愈，积极参与古文运动，并在散文创作中发展了韩文奇崛的一面；方干在《全唐诗》存诗300余篇，为唐代重要诗人，有“身无一寸禄，名扬千万里”之誉，并为“睦州诗派”的形成与发展作出积极贡献。二是游历淳安的诗人具有积极影响。如李白写有《新安江》《清溪行》《入清溪山》《宿清溪主人》等一组诗作，扩大了淳安山水的知名度。

三、宋代文学

宋代淳安文学家，主要有本籍的、任职淳安的和游历淳安的三类。

本籍文学家，主要有洪湛、邵焕、方仲谋、詹仪之、詹骙、方有开、胡朝颖、钱时、洪璞、方逢辰、洪梦炎、洪扬祖、何梦桂、方一夔、吕人龙、邵桂子、王通叟等。

洪湛（963 ~ 1003），字惟清。淳安人。5岁能诗，未冠即著成《龆年集》10卷。雍熙二年乙酉（985）进士。解褐归德军节度推官，召还授右拾遗、直史馆。以请立太子，出知容、都、舒州。咸平二年（999）召还，复直史馆判，三司都磨勘司。《宋史》有传。

邵焕（生卒年不详），青溪（今淳安）人。7岁能诗，邻里视为神童。咸平三年（1000），以童子召赴朝廷，真宗命赋《春雨》诗，援笔立就。赐进士第，授正字官职，命于秘阁读书。官至金部员外郎。有“玉腕枕香腮，荷花藕上开”诗句，为时人传诵。

方仲谋（生卒年不详），字公辅。淳安东郭高坊人。嘉祐二年（1057）进士。初受歙州推官，寻拜朝奉郎，大理寺丞。知郓州平阴县兼兵马监押及管勾牧地等事。熙宁六年（1073）十月，诏特授守殿中丞。秉性贞介，而文采蔚然。著有《雉山集》20卷。

詹仪之（？~ 1189），字体仁。遂安郭村（今属淳安）人。绍兴二十一年（1151）进士。乾道五年（1169）张栻知严州，吕祖谦分教，仪之赋闲在家，与张、吕日以问学为事。乾道七年（1171）、九年（1173）两邀朱熹瀛山书院讲学。淳熙四年（1177）任两广经略安抚使，后升为吏部侍郎，知静江府。淳熙十六年（1189）二月归退故里，朱熹到瀛山看望。于次年，又来具位致奠，写有《祭詹侍郎文》。

詹骙 (1145 ～ 1223)。字晋卿，遂安十六都郭村塘下人，淳熙二年 (1175) 进士。孝宗赐诗："振鹭飞翔集凤庭，诏开闻喜宴群英。已看射艺资能事，更觉人才在作成。冀野乍空千里隽，桂林争占一枝荣。他年共庆功名遂，莫负夔龙致主声。"[①] 淳熙五年（1178）入馆阁为校书郎，后任秘书郎、著作佐郎、著作郎等，官至中书舍人、龙图阁学士、知宁国府事。以诗闻名朝野。其诗大多散佚。

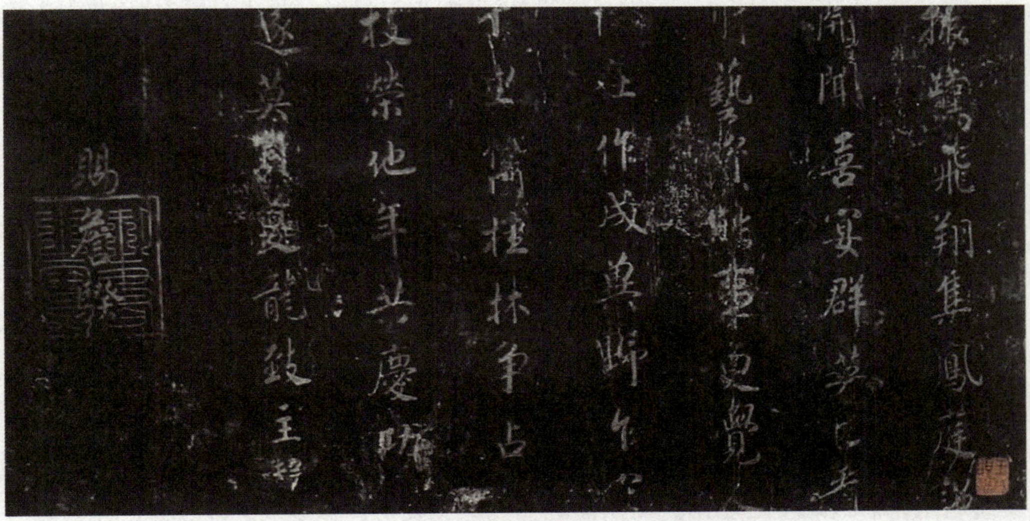

宋孝宗赐詹骙诗

方有开（生卒年不详），字躬明。淳安人，隆兴元年 (1163) 进士。授左迪功郎、建昌军南丰（县）尉，调建宁府政和（县）簿，改特监潭州南岳庙，襄阳府学教授。朱熹尝为书"万溪书堂"4 字，故自号"溪堂"。有奏议 5 卷，诗文 11 卷。

胡朝颖（生卒年不详），字达卿，号静轩。淳安人，乾道五年（1169）进士。授官武昌县令，后迁嘉兴通判、岳州知州，兼湖北提刑。所著《静轩集》2 卷行于世。

钱时 (1175 ～ 1244)。字子是，号融堂。淳安蜀阜人。幼年，即奇伟不群。绝意科举，深究理学。因游慈溪，成为杨简门下高弟。时江东提刑袁甫特设象山书院，请钱时为主讲席。嘉熙元年 (1237) 二月，特赐进士出身，授秘阁校勘，助修国史，出佐浙东仓幕。曾于蜀阜创办融堂书院。著有《周易释传》《学诗管见》《四书管见》《蜀阜集》

① [宋]潜说友：《咸淳临安志》卷之十二。

《冠昏记》《百行冠冕集》等。

洪璞（生卒年不详），字叔玉。淳安西养人。绍熙元年（1190）进士，为镇东节度使判官，迁邵武通判。慈湖杨简荐之朝，科未报而卒。著有《省堂文集》。

方逢辰（1221～1291），初名梦魁，字君锡，号蛟峰。淳安县城郭高坊人，教育家。淳祐十年（1250）进士，累官至户部尚书。所到之处，无不以教务为先，人称“蛟峰先生”。著有《孝经解》《易外传》《尚书释传》《学庸注释》《格物入门》等。

洪梦炎（生卒年不详），字季思。淳安人，宝庆元年（1225）进士。著有《文集》24卷、《奏录》3卷，《高沙抚录》《荆襄语稿》各一卷行世。

洪扬祖（生卒年不详），字季扬，号锦溪。淳安西养人。绍定五年（1232）进士，授宁浦教授，辟广西帅幕，除太学博士，官至秘书省正字。著有《锦溪集》。

何梦桂（1229～1303），字岩叟，别号潜斋。谥号文建，淳安文昌人。咸淳元年（1265）进士，初为台州军判官，历官太常博士，监察御史，大理寺卿。著有《易衍》2卷、《中庸致用》1卷、《大学说》1卷、《潜斋文集》11卷，收入《四库全书总目》。

方一夔（1253～1314），字时佐。淳安富山人。屡举不第，由有司推荐领教严州郡庠，继而举荐为考试官。不久，退隐富山之麓，授徒讲学，门人称为“富山先生”。族叔蛟峰（逢辰）得元恩命，一夔赠以《贺方逢辰得元恩命》诗，名为“致贺”实属劝阻，后蛟峰坚卧不出。与洪震老、吴暾、夏溥、徐夔叟、翁民瞻、余炎叟6人友善，编所倡和诗为《七子韵语集》。所著《富山先生遗稿》10卷，收入《四库全书》。

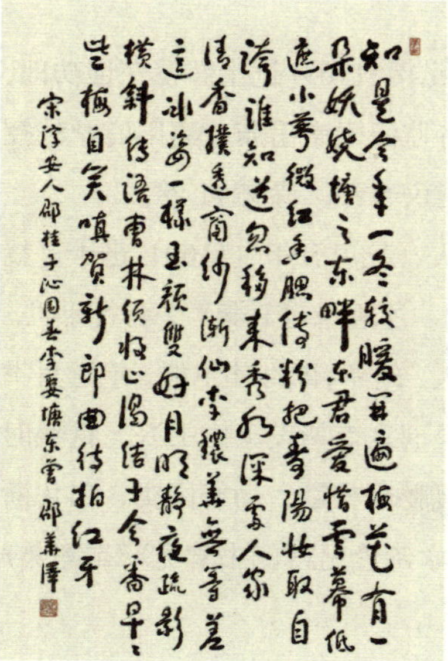

邵桂子《沁园春》(邵华泽书)

吕人龙（生卒年不详），字首之。淳安人，景定三年（1262）进士。尝授业钱融堂之门。有《凤山集》行于世。

邵桂子（生卒年不详），字德芳，号玄同。淳安人。咸淳七年（1271）进士，任处州府学教授。宋亡后，归隐。著有《雪舟脞稿》10卷、《雪舟脞谈》20卷、《雪舟脞录》等。

王通叟（生卒年不详），字蒙泉。淳安人。少游何潜斋（梦桂）、毅斋（景文）二先生门，潜力探究朱、程理学秘旨。咸淳九年（1273）贡士，以明经授桐乡教谕。著有《蒙泉诗集》。

任职淳安的文学家，有知县陈晔。

陈晔（生卒年不详），字日华。福唐人。淳熙五年（1178），任淳安知县。创义仓，赈灾民，举义役，解民困。义役之举，受州府嘉奖。筑锦溪馆，使宾客往来有憩泊之所。又在南山之麓修建社稷山川坛，敬承先哲，福佑邑民。淳安百姓塑像建祠纪念。陈晔善诗文，曾写下《我爱淳安好》诗 11 首。

游历淳安的文学家，主要有赵湘、梅尧臣、张伯玉、朱熹等。

赵湘（959 ~ 993），字叔灵。祖籍南阳。太宗淳化三年（992）进士，授庐江尉。诗风骨苍秀。游历淳安时，写有《新定旅馆中作》《暮冬新定郡楼闲望》《桐江望晚》《秋晚舟泊桐江》等诗作。

梅尧臣（1002 ~ 1060），字圣俞。世称宛陵先生，宣州宣城（今安徽宣城市）人。初以恩荫补桐城主簿，历镇安军节度判官。皇祐三年（1051）赐同进士出身，为太常博士。为国子监直讲，累迁尚书都官员外郎，故世称“梅直讲”“梅都官”。与苏舜钦齐名，时号“苏梅”，又与欧阳修并称“欧梅”。为诗主张写实，反对西昆体，被誉为宋诗的“开山祖师”。有《宛陵集》《毛诗小传》等。写有《青溪行》《送崔主簿赴睦州清溪》等诗作。

张伯玉（1003 ~ 约 1068），字公达。建安（今建瓯县）人。北宋天圣二年（1024）进士，出任吴郡从事兼郡学教授，以秘书丞为太谷令。皇祐元年（1049）官侍御史。至和年间，任严州副知州，嘉祐八年（1063），以度支郎中知越州（今浙江绍兴）。治平二年（1065）移知福州。官终检校司封郎中。著有《蓬莱诗》2 卷。写有《之官新定寓兴三首》《睦州》《舟次兰溪却寄新定太守》《新安江舟中奉酬孙观书记》《罢新定至钱塘喜见孙观书记》《至睦州泊新安江口》等诗作。

朱熹在游历淳安时，写有《题方塘》《青溪》《过许由山》《康塘百琴楼歌》《康塘三瑞堂记》等诗文。

文公祠

宋代淳安文学本籍文学家较

有实力，钱时、方逢辰、方一夔等具有一定影响。任职淳安的文学家陈晔所作《我爱淳安好》，是宣传淳安的重要诗作。游历淳安文学家中，朱熹创作的《题方塘》《康塘百琴楼歌》《康塘三瑞堂记》诗文，影响深远。

四、元代文学

元代淳安文学，主要有本籍的、游历淳安的两类。

本籍文学家，主要有洪震老、夏溥、吴暾、方道睿、鲁渊、徐晅、姜兼、何景福、方澜等。

洪震老（生卒年不详），字复翁。淳安银塘石鼓里（今塘边村）人。延祐二年(1315)举人，后荐举入上都。因上丞相书耿直不讳，不久弃官归家，于故里石壁峰下收徒讲学，人称“石峰先生”。著有《观光集》传于世。

夏溥（生卒年不详），字大之，一字大充，号虎怕道人。淳安人。博通经学，至治三年(1323)领乡荐，授安定书院山长，转龙兴路学教授。为文雄深简古，其诗自成一家。郑玉曾自言得夏溥启发之功。其作时称“夏体”。

吴暾（生卒年不详），字朝阳。淳安蜀阜人。8岁能诗文。泰定二年(1325)进士，授官鄱阳县丞，历官峡州路（今湖北宜昌）经历。不久解印归里，授徒讲学以终，追封为翰林修撰。时与宋梦鼎、鲁渊、张复，并称“春秋四家”。弟子中著名者有郑玉（号师山）、方道叡等。曾为理学家钱时撰写《融堂先生钱公墓记》，所著《吴修撰集》传于世。

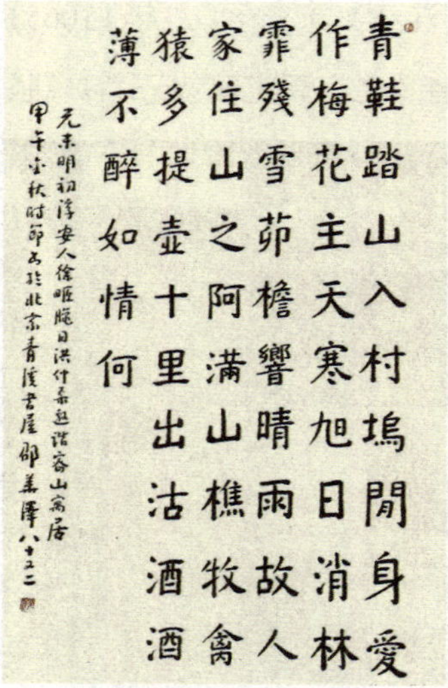

徐晅《密山寓居》(邵华泽书)

方道睿（生卒年不详），字以愚。逢辰曾孙，淳安人。至顺二年(1331)进士，任翰林院编修。后出为嘉兴推官，再调杭州通判。著有《春秋集释》《愚泉集诗稿》《诗说》《文说》等。

鲁渊(? ~ 1377)。字道源。淳安岐山（临岐）人。10岁能为文。元至正十一年(1351)进士，授华亭丞。至正二十三年（1363）任浙江儒学副提举，后升正提举。明洪武元年（1368）秋八月，以赦恩还乡居岐山下，教授童蒙，学者称岐山先生。著有《春秋节传》《策府枢要》《鲁道源诗集》等。

徐晅（生卒年不详），字仲由，号巢松病叟。淳安徐村人。洪武十四年(1381)秀才，以文章著名于时。到藩省，以诗投藩省王公，力辞而归。隐居不仕，以游赏山水，诗酒度日。工于戏曲，所著南戏《杀狗记》(全名《杨德贤妇杀狗劝夫》) 取材于萧德祥《贤达妇杀狗劝夫》，故事曲折生动，人物性格鲜明，与《荆钗记》《白兔记》《拜月亭》，并称为“元明四大传奇”。所作戏曲剧本尚有《鲠直张志诚》《王文举月夜追倩魂》《杵蓝田裴航遇仙》《柳文直元旦贺升平》等，今皆不传。著有《巢松集》。

姜兼（生卒年不详)，字大民。淳安西隅人。7 岁而孤，养母至孝。著有《思台集》。

何景福（生卒年不详)，字介夫，别号铁牛子。淳安文昌人，著有《铁牛翁集》。

方澜（生卒年不详)，字叔渊，一字仲渊。淳安富山人。尝咏梅花诗 10 首，鲁渊诵之，击节叹赏，谓有骚人之风，且戏之曰 ：“仲渊既十首矣，胡不成百首乎？”澜即援笔立成。生平著作甚富，仅存《叔渊遗稿》10 卷，入《四库全书》。

游历淳安文学家，主要有方回。方回在游历淳安时，写有《舟行青溪道中入歙（二首)》《小金山》等诗作。

元代淳安文学多有点睛之笔，徐畛所创作《杀狗记》，与《荆钗记》《白兔记》《拜月亭》，并称为“元明间四大传奇”。还出现了方一夔、洪震老、吴暾、夏溥、翁民瞻、徐夔叟、余炎叟 7 人，号称“淳安七子”。他们自发结社，吟诗唱和，并结集为《七子韵语集》。

五、明代文学

明代淳安文学家，主要有本籍的、任职淳安的和游历淳安的三类。

本籍文学家，主要有徐尊生、吴璩、商辂、胡拱辰、方汉、徐贯、吴祚、程文楷、何绍正、徐廷绶、詹理、徐楚、汪瀚、徐应簧、方尚恂、方逢年、吴希哲、吴希敏、余国祯、方定、方之重、邵亨贞等。

徐尊生（生卒年不详)，字大年，号赘叟。淳安厚屏人。洪武二年(1369)，以山林逸士被召，与宋濂等 18 人共修《元史》。著有《制诰》2 卷、《怀归稿》10 卷、《还乡稿》10 卷行于世。

吴璩（生卒年不详)，字宗理。淳安云程人。洪武十年(1377) 以明经举，授云南布政司都事。著有《薇垣清趣诗》。

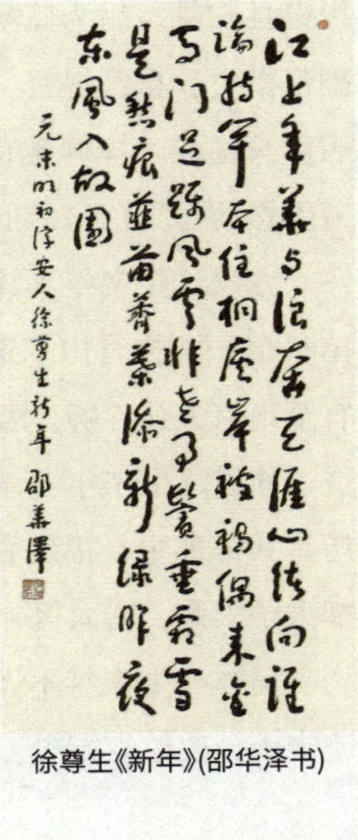

徐尊生《新年》(邵华泽书)

商辂（1414 ~ 1486），字弘载，号素庵。淳安芝山人。宣德十年（1435）乡试、正统十年（1445）会试，以至殿试，皆第一。历仕英宗、代宗、宪宗三朝，历官兵部尚书、户部尚书、太子少保、吏部尚书、谨身殿大学士。时人称“我朝贤佐，商公第一”。赠大傅，谥文毅。著有《商文毅疏稿略》《商文毅公集》《蔗山笔尘》等。

商辂书作

胡拱辰（1416 ~ 1508），字共之。淳安胡溪（今梓桐镇）人。明正统四年（1439）进士，授黟县知县，后为监察御史。历任贵州左参政，广东、广西、四川布政司，南京左副都御史、操江提督，南京兵部侍郎、南京工部尚书。赠太子少傅，谥号庄懿。为表彰其德政，梓桐建有“进士坊”；县治中街建有“同朝尚书坊”，县西隅建有“晚节重恩坊”。著有《鸡肋》《锦官稿》《从征稿》《山居杂咏》《敬所杂著》《亦拙斋诗集》等。

方汉（生卒年不详），字孔殷，号寿山。淳安进贤人。天顺二年（1458）“五经”单科第一，授官山东道监察御史。后升迁南通政司右参议，转调北通政司左参议，官至南京太仆寺卿。著有《寿山文集》。

徐贯（生卒年不详），字原一。淳安蜀阜人。天顺元年（1457）进士，授兵部主事，历官兵部郎中、福建右参议、右副都御史、工部左侍郎、工部尚书，累加太子少保，加太子太傅。赠太保，谥曰康懿。著有《余力稿》12 卷，入《四库全书》。

吴祚（生卒年不详），字天保。淳安云峰人。成化五年（1469）进士，授翰林院庶吉士，改监察御史。辞官居林下数十年，赋诗制曲。著有《凤山集》。

程文楷（生卒年不详），字守夫。淳安人。擢冠两浙，领弘治五年(1492)乡荐。著有《方丈集》《松柏稿》《春崖杂稿》等。

何绍正（生卒年不详），字继宗，号裕斋。淳安人。弘治十五年(1502)进士，为吏科给事中，后为池州府知府、江西参政。著有《遗爱集》5卷。

徐廷绶（1515～1578），字受之，号锦泉。淳安河村人。嘉靖四十一年（1562）进士。初任刑部主事，后升郎中。嘉靖四十五年(1566)春，海瑞上奏触怒嘉靖皇帝被廷杖下狱，病危濒死。廷绶不避牵累，调药端汤，悉心扶救。性严毅而仁恕，在刑部总裁律例，平反冤案。其后出任辰州知府。后以陕西按察使致仕。海瑞调任离淳时，徐廷绶受父老乡亲嘱，撰《海刚峰先生去思碑记》。

詹理（1516～1592），字燮卿。遂安十五都人。嘉靖二十九年(1550)进士，授中书舍人，寻擢御史，按视甘肃兼督学使者。著有《松堂诗文集》。

徐楚（生卒年不详），字世望。淳安蜀阜人。嘉靖十七年(1538)进士，初授官工部主事，后升工部郎中。历官辰州知府、广西副使，后调任山东兵备道副使。调任四川参政，终因革除贿礼等陋习，被免职归里。嘉靖四十五年（1566)，辑录淳安历代名家诗篇为《青溪诗集》,并作序。著有《吾溪集》《青溪集》《蜀阜小志》《杜律解》。

汪瀚（生卒年不详），字子浩。遂安人。万历十二年(1584)，以经学第一选拔贡。任商丘县令，调庐山县，升庆府审理正历。著有《易林阐幽》《郭杨集》《启奥》。

徐应簧(生卒年不详),字轩卿,号凤谷。淳安蜀阜人,徐楚子。万历十七年(1589)进士，初授大理评事，改授工部虞衡司郎中，督理三殿大工。迁武昌太守，升布政司参政、进阶大中大夫。著有《峠崿山堂集》《凤谷诗集》《游览吟编稿》等。

方尚恂（生卒年不详），字威侯，号菉阿。淳安赋溪人。明万历四十一年(1613)进士，授刑部主事、历员外郎中，出知建宁府，升湖广副使。著有《玉磬斋诗集》《牖慈录》《黔楚笔乘》《敝帚》《留耕堂文集》《闽况客路吟》等。

方逢年(?～约1646)，字书田，号狮峦。遂安四隅（狮城）人。天启二年(1622)进士，授庶吉士。天启四年(1624)授翰林院编修，主持湖广乡试。后上奏宦官魏忠贤国家祸害，魏忠贤将其贬官外调，削为平民。崇祯元年(1628)官复原职，任礼部侍郎、国际监祭酒和经筵讲官，升礼部尚书、东阁大学士，入内阁辅政。著有《雪涤斋集》。

吴希哲（生卒年不详），字睿卿。淳安云峰人，崇祯元年（1628）进士，司惠州。后分典乡试，后擢刑科给事、工科给事。著有《云起堂集》16卷、《春秋明微》24卷、《删评二十一史》《连年方略》《明允录》。

吴希敏（生卒年不详），字鲁乡。淳安云峰人，吴希哲弟。崇祯中，以孝廉荐授四川大宁县令，未到任而卒。著有《峻社稿》《粤游近韵》。

余国祯（生卒年不详），字瑞人。遂安七都人。崇祯十三年（1640）进士，授富顺令。著有《劬庵类稿》行世。

方定（生卒年不详），字志安。淳安茶园人。洪武间，以诗经领京闱乡荐，分教东平州，转海州。永乐间，预修《永乐大典》，升长泰县学教谕。著有《止轩集》。

方之重（生卒年不详），号觉寰。淳安人，转吏科都给事中。为建高山书院于城隍庙左，勒石纪功。著有《云起堂集》16卷、《春秋明微》24卷。

邵亨贞（生卒年不详），字复孺。淳安清平源人。为松江府训导，徙居华亭（今上海），卜筑溪上。著有《蛾术文集》4卷、《蛾术词选》4卷。

任职淳安知县的文学家，有张羽、海瑞、戴庭槐、余敷中等。

张羽（生卒年不详），字凤举。扬州人，弘治进士。弘治十年（1497），任淳安知县。清慎自持，爱恤民隐，事简讼息，作兴学校。后补临海，擢御史，升知府，后守保定。著有《东田遗稿》。

海瑞"寿"字手迹

海瑞（1514～1587），字汝贤，号刚峰。海南琼山人。嘉靖二十八年（1549）乡试中举，初任福建南平教谕。历任州判官、户部主事、兵部主事、尚宝丞、两京左右通政、右佥都御史等职。嘉靖三十七年（1558）五月，升为淳安知县。海瑞考察民情，清丈土地，均平徭役；同时制定《兴革条例》，裁革冗费冗役，力矫时弊，肃清吏治。后把施政措施编成《淳安政事》。因其打击豪强，严惩贪官污吏，禁止徇私受贿，推行"一条鞭法"，有"海青天"之誉。离淳后，县民立生祠以祀。获赠太子太保，谥忠介。著有《海瑞集》。

戴庭槐（1575年前后在世），字元植。长泰人。万历三年至八年（1575～1579），任淳安知县。有《锦堂集》。

余敷中（生卒年不详），浙江衢州人。万历四十六年（1618）举人，曾任东流知县。崇祯二年（1629），任淳安教谕。著有《太末先生集》《南园诗草》《北园诗草》《青溪诗集》《春秋麟宝》等,其中《春秋麟宝》收入《四库全书》。其《新安山水歌》在新安区域广泛流传。

游历淳安的文学家有汪广洋。

汪广洋（？～1379），字朝宗。江苏高邮人。元末，进士出身。，明初宰相，先后任山东行省、陕西参政、中书省左丞、广东行省参政、右丞相，受封忠勤伯。洪武十二年（1379），因受胡惟庸毒死刘基案牵连，被赐死。著有《凤池吟稿》《淮南汪广洋朝宗先生凤池吟稿》。游历淳安时，写有《过云屯滩》《过三百六十滩》《淳安棹歌》等诗作。

明代淳安文学的本籍文学家众多，具有重要影响的有商辂、徐楚等，其中徐楚编纂的《青溪诗集》，为淳安历史上第一部诗歌总集，涵盖全面，类型多样，影响深远。任职淳安知县的文学家中，海瑞具有重要的社会影响，余敷中的《新安山水歌》在新安区域广泛流传。

六、清代文学

清代淳安文学，主要有本籍的、任职淳安的和游历的三类。

清代，本籍的文学家有毛际可、胡之琳、吴宏、方象瑛、方韩、徐士讷、毛升芳、周群、方桀如、詹铨吉、王合瑞、姜士仑、王世维、王世纲、王世缨、潘葆和、潘协和、吴麟太、胡源凯、梁炳、吴企爽、王发光、方化从、徐秉礼、方克猷、邵瑞彭、姚睿、毛绍阑、姜奋渭、方引隆、毛搏霄、方士颖、周上治、方柔如、方象琮、汪汉等。

毛际可(1633～1708)，字会侯，号鹤舫，晚号松皋老人。遂安十一都毛家人。顺治十五年(1658)进士，初授彰德府推官，继调城固知县。曾被荐试博学鸿词科，受皇帝嘉奖。晚年构“问字亭”，以启后学，远近从学者盈门。时与毛奇龄、毛先舒齐名，人称“浙中三毛，文中三豪”。曾主纂《严州府志》。康熙二十二年

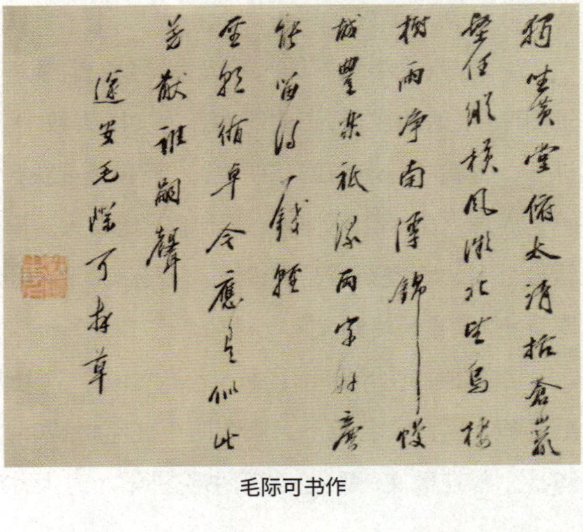

毛际可书作

(1683)，受聘为《浙江通志》总裁。著有《春秋三传考异》《松皋文集》《松皋诗选》，以及《黔游日记》《安序堂文钞》30卷、《浣雪词钞》2卷等。

胡之琳（生卒年不详），字介石。淳安云川人。领顺治三年(1646)乡荐，授江西新淦县令。著有《水吟》《绩吟》《念斋杂味》。

吴宏（生卒年不详），字芬月，号竹城。淳安云峰人。康熙三年(1664)举人，授四川盐亭知县，寻迁河南汝州知州。著有《鹅溪吟诗集》。

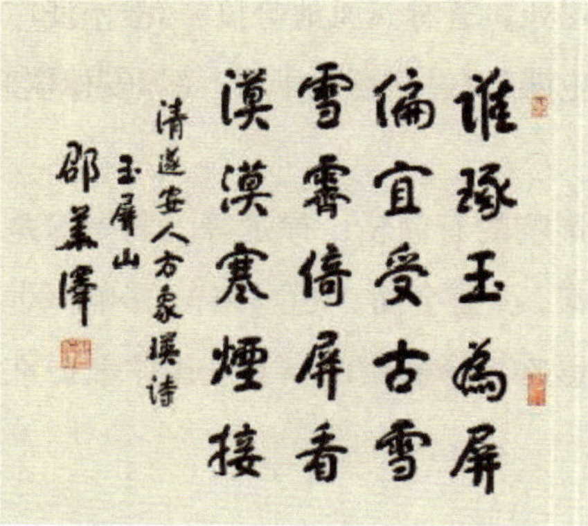

方象瑛《玉屏山》诗(邵华泽 书)

方象瑛（生卒年不详），字渭仁，号霞庄。遂安四隅人。9岁能诗，13岁作《远山净赋》。康熙六年(1667)进士，授内阁中书，曾任顺天乡试同考官。康熙十二年（1673），与其兄象璜纂成《遂安县志》。康熙十八年（1679），考取“博学鸿词科”二等。授翰林编修，参与修《明史》。官至侍讲。著有《健松斋集》24卷、《封长白山记》1卷、《松窗笔乘》30卷。

方韩（生卒年不详），字若韩。遂安人。康熙乙卯年（1675）乡试，以《筹闽策》为主司所赏，从乙卷中甄拔之。第二年成进士，选入史馆。历官左中允。尤善为古文词。

徐士讷（生卒年不详），字恂若。淳安黄金里人。康熙十五年(1676)进士，授河南嵩山县知县。建伊川书院，修邵康节祠。以政绩卓著，擢升山东济宁知府。著有《亦种堂诗集》。

毛升芳(生卒年不详),字允大,号乳雪、质庵。遂安十一都人。5岁时,见王勃《滕王阁序》便朗朗成诵,音韵铿然。为文顷刻数千言,尤喜宏丽之句。康熙十八年(1679)进士，官翰林，参与修《明史》。著有《古获齐骈体》《竹枝词》。

周群（生卒年不详），字雅远。遂安人。康熙三十七年(1698)，贡入太学，及门至数百人。荐授新城县教谕官。著有《周易解》《中庸解》《孝经纂注》《九经集解》《澹庵诗集》《嘘云楼制义》。

方榘如（生卒年不详），字若文，一字文辀，号朴山。淳安赋溪人。曾受业于毛奇龄，以文章名天下。康熙四十五年（1706）进士，选授顺天丰润（今属河北省）知县。曾在敷文、蕺山、紫阳书院讲学。时人称其为“朴山先生”。著有《周易通义》

14卷、《尚书通义》14卷、《毛诗通义》14卷、《集虚斋学古文》12卷、《离骚经解》1卷及《朴山存稿》《续稿》。

詹铨吉（生卒年不详），字卜臣。遂安人。康熙五十八年（1719）进士，选庶吉士，授检讨。著有《燕台集》《双析轩集》《寿樟楼集》。

王合瑞（生卒年不详），字辑五。淳安赋溪庄人。由康熙乙卯（1675）拔贡，领乾隆丙辰（1796）顺天乡荐，任知县。著有《玉山遗文》《玉山诗稿》等。

姜士仑（生卒年不详），字峻山，号平斋，别号萼堂。遂安十七都人。雍正八年（1730）进士，授文安县知县。后升天津府同知，奉特旨授河南归德府知府。著有《姜平斋稿》。

王世维（生卒年不详），字维之。淳安赋溪村人。乾隆三十四年（1769）进士，历任工部司务，虞衡司主事，营缮司员外郎。著有《集吾巢诗稿》4卷、《诗余》1卷、《学古文》《经义脱稿》等。

王世纲（生卒年不详），名玉辉，字冈芝。淳安赋溪村人。乾隆四十三年（1778）进士，授湖南江华知县，调署衡阳邵阳等县。壬子、甲辰两充同考官，调补绥宁县。封中宪大夫。著有《江华十景暨各名胜诗》《滇南纪行诗》《平苗纪事诗》《题莳竹十二景诗》各1卷。

王世缨（生卒年不详），字因之。淳安人。乾隆庚戌（1790）拔贡。嘉庆元年（1796）举孝廉方正考，历署平湖训导，平阳、遂昌教谕。以子元辅官知县，封文林郎。著有《集唐诗三百首》。

潘葆和（生卒年不详），字含素。淳安桥西人。乾隆壬午（1762）举人。乾隆乙酉（1765），修邑志。著有《四书会心》10卷，《澮川诗草》若干卷。

潘协和（生卒年不详），字峰玩。淳安桥西人，乾隆乙卯（1735）岁贡。工诗赋，尤善书法，旁及易象、星学。著有《荥阳家塾文稿》及诗集。

吴麟太（生卒年不详），字在郊。淳安人。由乾隆壬子（1792）岁贡，历署汤溪、黄岩教谕。工诗文。著有《味经斋制艺》。

胡源凯（生卒年不详），字左元。淳安威坪人。由乾隆乙酉（1765）拔贡，历署遂昌、汤溪、仁和、鄞县、乌程、平阳教谕，授开化县教谕。著有《云溪草堂文集》。

梁炳（生卒年不详），字豹文。淳安人。著有《桐阴草堂诗集》10卷。

吴企奭（生卒年不详），字棠荫。淳安人。由岁贡授嵊县训导。著有《环荫塾课》《雕龙文集》等。

王发光（生卒年不详），字熙铭。淳安文屏庄人。嘉庆辛酉（1801），拔贡朝考二等。著有《毅斋文集》4 卷。

方化从（生卒年不详），字鲤涛。淳安渡市镇人，嘉庆辛酉拔贡。著有《覆瓿集》《诗赋》若干卷。

徐秉礼（生卒年不详），字仰周。淳安昌谷庄人。弱冠补弟子员，同治庚午（1870）提考优贡，由光绪庚辰（1880）恩贡就职州判。著有《恒斋塾课诗文遗稿》《堪舆宝鉴》《地理秘旨》等。

姚睿（生卒年不详），字智仲。遂安人。写有《登婺峰绝顶》《登灵岩瀑布》诗。

毛绍阑（生卒年不详），字佩芳，号云樵，一字薄堂。遂安人。著有《云樵诗钞》。

姜奋渭（生卒年不详），字腾上。遂安人，嘉庆时诸生，著有《拙存草》。

毛搏霄（生卒年不详），字南溟。毛际可孙，遂安十一都人。官山阴县学训导、嵊县教谕。著有《漳滨堂诗文稿》。

方士颖（生卒年不详），字伯阳。淳安赋溪人。年 11 就试归，父检其行笈，得诗一章，有句云："野渡舟难觅，沙汀客屡呼。"乃授以杜诗一帙，于是益大为诗，一以雅润为本。有《偶存诗》6 卷、《赋》2 卷、《骈俪杂文》3 卷、《严陵诗选》若干卷。

周上治（生卒年不详），字六云。淳安人。著有《易解》《论语解》《苔园诗文集》。

方柔如（生卒年不详），字药房。淳安赋溪人，县学生。著有《诗经类对赋》1 卷、《古赋》1 卷，《自咏诗》8 卷等。

方象琮（生卒年不详），字玉宗。遂安人。追贡太学，试列第二。著有《园偶吟》。

汪汉（生卒年不详），字文石。淳安县城西隅人，著有诗集《历览吟》《率性草》2 册。

任职淳安的文学家，主要有姚梦鲤、成廷楫、刘世宁、马文炳、屠寄等。

姚梦鲤（1668 ~ 1743），字锦江，号侣石。东莞深巷村人，清雍正二年（1724）进士。雍正八年（1730）任浙江淳安令。返乡后，被东莞令聘为宝安书院山长、两广总督聘主肇庆端溪书院和惠州知府礼聘往惠阳讲学。善古文词，有集 8 卷。归里后，曾邮寄《梦游小金山记》一文至淳安。

成廷楫（1728 年前后在世），字桂舟，号匏亭。钱塘（今杭州）人，康熙五十年（1711）举人。雍正六年（1728）任淳安县教谕。有《大秀山人集》近百卷。有《青溪道中》《青溪道中杂咏》诗作叙写新安江淳安段景象，生动形象。

刘世宁（1745 年前后在世），字翰齐。江西新淦人，乾隆十年（1745）进士。

十八年（1753）任淳安知县。《青溪》《紫阳书院记》《修城隍庙记》《重修文献名邦坊记》等诗文。

马文炳（1755 年前后在世），广东三水人。乾隆二十年（1755），任淳安知县，写有《六先生咏》诗作。

屠寄（1856 ~ 1921），原名庚，字敬山，一字景山，号结一宧主人。江苏武进人。光绪十八年（1892）进士，授翰林院庶吉士，后曾任淳安知县、工部候补主事。曾入两广总督张之洞幕，任广东舆图局总纂。著有蒙古史《蒙兀儿史记》160 卷，《东陲释地诗》《结一宧骈体文》等。写有《淳安县斋即事》等诗文。

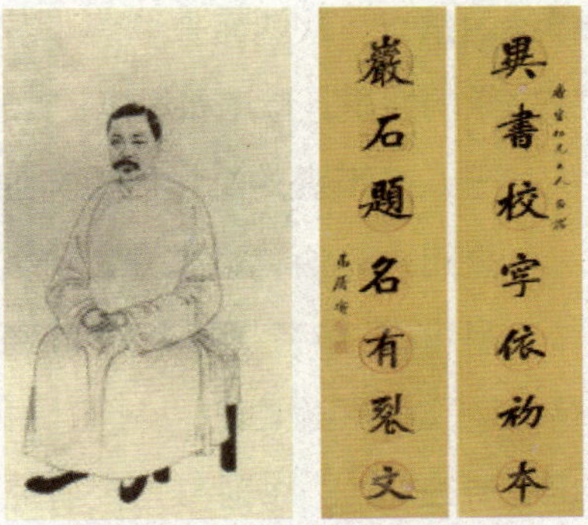

屠寄像及“异书”“岩石”对联手迹

游历淳安的文学家有，赵吉士、王吉武。

赵吉士游历淳安时，写有《青溪舟中》等诗作。

王吉武（1645 ~ 1725），字宪尹，号冰庵。江苏太仓人。康熙十五年（1676）进士，除中书舍人，左迁国学博士，迁工部主事，升员外，寻以户部郎中出守绍兴。著有《冰庵诗钞》8 卷。写有《自睦州至新安四百里路，并溪滩急湍奔流，上水为艰，舟行积日，即事杂述》长诗。

清代淳安本籍的文学家较多，有影响的主要有毛际可、方象瑛、徐士讷、方桬如、詹铨吉、毛搏霄等，其中毛际可与仁和毛先舒、萧山毛奇龄，并称“浙中三毛，文中三豪”。任职淳安的文学家成廷榾所写《青溪道中》《青溪道中杂咏》诗作，叙写新安江景象，生动形象，令人难忘；刘世宁所写《青溪》《紫阳书院记》《修城隍庙记》《重修文献名邦坊记》等诗文，有一定影响。

淳安文学历经汉、唐、宋、元、明、清的历史发展，通过本籍文学家、任职文学家和游历文学家的精心创作，使淳安文学呈现出文学队伍越来越大、各种文学体裁和题材越来越丰富多样和文学影响越来越深广的总体特点。

第二节　淳安文学的横向考论

本节主要选取唐代皇甫湜、宋代钱时、明代商辂的文学创作作为淳安文学的横向考论的重点，从侧面来考察淳安文学在特定时代特定作家的创作状况，以全面认识淳安文学的性质、特点和规律。

一、皇甫湜的文学思想与创作

皇甫湜是唐代散文家、诗人，是淳安文学的代表性作家。

皇甫湜（777 ~ 835），其《谕业》一文总结文学创作经验。有《皇甫先生文集》传世。文体涵盖论序、制策、书记、碑铭等，内容丰富，特色鲜明。刘新征的《皇甫湜研究》[①] 一书对皇甫湜研究较为深入，颇有启发。

(一)皇甫湜的文学思想

皇甫湜的文学思想，主要集中体现在《顾况诗集序》《谕业》《韩文公墓志铭》《答李生》（三书）和《题浯溪石》等诗文中。皇甫湜的散文，既有直接说论、平易畅达的一面，也有超卓奇特、崇怪尚奇的一面，其中后者表现更为突出。刘熙载在《艺概》中云 ："皇甫持正论文，尝言文奇理正。然综观其意，究是一于好奇。" [②] 皇甫湜文学风格主要体现在"求奇尚怪"。他所关注的对象特点都是非常不一般的。他标举"求奇尚怪"，重视艺术上的奇创具有一定合理性。

皇甫湜像

皇甫湜在《答李生三书》中回答为文主张奇怪的问题时指出 ："夫意新则异于常，异于常则怪矣 ；词高则出众，出众则奇矣。虎豹之文不得不炳于犬羊，鸾凤之音不得不铿于乌鹊，金玉之光不得不炫于瓦石，非有意先之也，乃自然也。" [③] 强调精义内充则英华外发。在此基础上，提出"文奇理正""以非常之文通至正之理"的观点。他说 ："谓之奇，即非常矣。

① 刘新征 ：《皇甫湜研究》，华中科技大学出版社，2012年。
② [清]刘熙载 ：《艺概》卷一《文概》。
③ [唐]皇甫湜 ：《答李生第一书》《答李生第二书》，《皇甫持正集》卷四，四库全书本。

非常者，谓不如常者。谓不如常，乃出常也。无伤于正，而出于常，虽尚之亦可也。此统论奇之体耳，未以文言之，失也。夫文者非他，言之华者也，其用在通理而已。固不务奇，然亦无伤于奇也。使文奇而理正，是尤难也。"[①] 认为文章的作用在"通理"；文之所以可以"奇"，是因为"无伤于正"；文奇而理正。

皇甫湜的"求奇尚怪"思想来源有三：一是针对中唐文风的流俗通病而发，他说："近风教偷薄，进士尤甚，乃至有一谦三十年之说，争为虚张，以相高自谩。诗未有刘长卿一句，已呼阮籍为老兵矣。笔语未有骆宾王一字，已骂宋玉为罪人矣。书字未识偏旁，高谈稷契；读书未知句度，下视服郑。此时之大病，所当嫉者。"[②] 二是深受韩愈影响。他在《题浯溪石》诗中对韩愈推崇备至："退之全而神，上与千载对。"[③] 韩愈在《答刘正夫书》中曾规劝他说："夫百物朝夕所见者，人皆不注视也；及睹其异者，则共观而言之，夫文岂异于是乎？……足下家中百物，皆赖而用也。然其所珍爱者，必非常之物，夫君子于文，岂异于是乎？"[④] 于是皇甫湜秉承韩愈思想影响，在创作方面有了自觉追求，形成独具一格的"奇崛"风貌格调。正如清四库馆臣评皇甫湜时所论："其文与李翱同出韩愈，翱得愈之醇，而湜得愈之奇崛。"[⑤] 皇甫湜为文奇特得之于韩愈的"奇崛"思想影响，同时也用同一思想来评说顾况和韩愈。他在《唐故著作左郎顾况集序》中称顾况之作"骏发踔厉，往往若穿天心，出月胁，意外惊人语，非寻常所能及，最为快也"；[⑥] 在《韩文公墓志铭》中称韩愈之作"鲸铿春丽，惊耀天下"。[⑦] 三是皇甫湜的"奇文"主张与"奇崛"实践，与他自身的狂躁傲物的个性特征密不可分。

皇甫湜所追求的"求奇尚怪"的思想内涵表现在以下方面。

首先，皇甫湜认为只有用自身的不断积累达到"内外兼修"才能写出真正的"奇文"。他在《谕业》中说："逍遥游曰：'适百里者宿舂粮，适千里者必聚粮。'此言务远则积弥厚；成安君曰：'千里馈粮，士有饥色，樵苏后爨，师不宿饱。'此言持不实则危。

---

①[唐]皇甫湜：《答李生第一书》《答李生第二书》，《皇甫持正集》卷四，四库全书本。
②[唐]皇甫湜：《与李生第二书》，《皇甫持正集》卷四，四库全书本。
③[清]彭定求等：《全唐诗》第三百六十九卷，四库全书本。
④[宋]魏仲举：《五百家注昌黎文集》卷十八，四库全书本。
⑤[清]刘熙载：《艺概》卷一《提要》。
⑥[清]刘熙载：《艺概》卷二。
⑦[清]刘熙载：《艺概》卷六。

一则寓论，一则武经，相发明其义符也。故疆于内者外必胜，殖不固者发不坚。功不什倍，不可以果，志力不兼两，不可以角敌。”其实皇甫湜喜欢的那些“奇崛”文章古已有之，源远流长。皇甫湜在《答李生第二书》中说：“秦汉以来，至今文学之盛，莫如屈原、宋玉、李斯、司马迁、相如、扬雄之徒，其文则奇，其传皆远。”

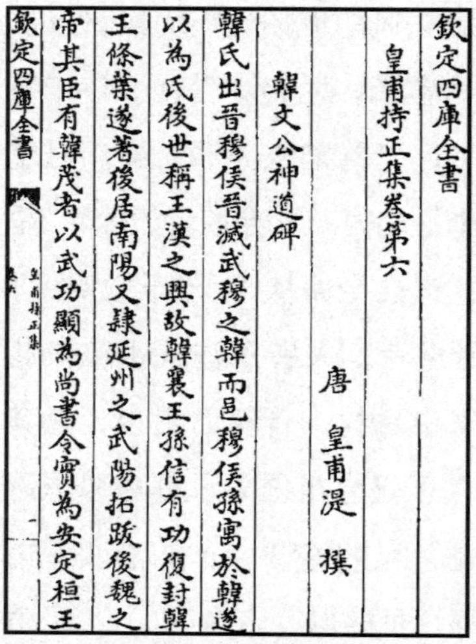
欽定四庫全書
皇甫持正集卷第六
唐 皇甫湜 撰
韓文公神道碑
韓氏出晉穆侯晉滅武穆之韓而邑穆侯孫寓於韓遂
以為氏後世稱王漢之興故韓襄王孫信有功復封韓
王係業遂著後居南陽又隷延州之武陽拓跋後魏之
帝其臣有韓茂者以武功顯為尚書令實為安定桓王
欽定四庫全書 皇甫持正集 卷六 一

皇甫湜著《皇甫持正集》

其次，皇甫湜“尚奇”并不只流于形式，在内容上也强调“意新”。他在《答李生第一书》中说：“幸察，来书所谓今之工文或先于奇怪者，顾其文工与否耳？夫意新则异于常，异于常则怪矣；词高则出于众，出于众则奇矣。虎豹之文不得不炳于犬羊，鸾凤之音不得不锵于乌鹊，金玉之光不得不炫于瓦石，非有意于先之也，乃自然也。”在他看来，奇就是不同于一般、平庸、流俗，是标新立异的。奇崛就是一种创新层面上的具体显现，并且这种创新不是有意而为之，而是出于自然。他认为“奇”是艺术表现的出奇制胜，它并不妨碍内容的“正”，完全可以通过“奇”的艺术表现达其“正”的内容。

皇甫湜在自己的创作中较好地体现了“求奇尚怪”的主张。即如《谕业》[①]一文品评唐代散文家风格特色，既体现了他的文学主张，又体现了他的行文风格。原文如下：

> 夫比文之流，其来尚矣。自六经子史至于近代之作，无不详备。当朝之作，则燕公悉以评之。自燕公已降，试为子论之。燕公之文，如楩木楠枝，缔构大厦，上栋下宇，孕育气象。可以爕阴阳而阅寒暑，坐天子而朝群后。许公之文，如应钟鼙鼓，笙簧磬，崇牙树羽，考以宫县，可以奉明神，享宗庙。李北海之文，如赤羽白甲，延亘平野，如云如风，有貙有虎，阗然鼓之，吁可畏也。贾常侍之文，如高冠华簪，曳裾鸣玉，立于廊庙，非法不言，可以望为羽仪，资以道义。李员外之文，则如金舆玉辇，雕龙彩凤，外虽凡青可掬，内亦体骨不饥。独孤尚书之文，如危峰绝壁，穿倚霄汉，长松怪石，倾倒溪壑，然而略无

① [清]刘熙载：《艺概》卷一。

和畅，雅德者避之。杨崖州之文，如长桥新构，铁骑夜渡，雄震威厉，动心鞢亥耳，然而鼓作多容，君子所慎。权文公之文，如朱门大第，而气势宏敞，廊庑廪厩，户牖悉周，然而不能有新规胜概，令人竦观。韩吏部之文，如长江秋注，千里一道，冲飙激浪，瀚流不滞，然而施诸灌溉，或爽于用。李襄阳之文，如燕市夜鸿，华亭晓鹤，嘹唳亦足惊听，然而才力偕鲜，悠然高远。故友沈谏议之文，则如隼击鹰扬，灭没空碧，崇兰繁荣，曜英扬蕤，虽迅举秀擢，而能沛艾绝景。其他握珠玑、奋组绣者，不可一二而计矣。若数公者，或传符于帝宰，或受命于神工，或凤翥词林，或虎踞文苑，或抗辔荀孟，或攘袂班扬，皆一时之豪彦，笔砚之麟凤。今皆游泳其波澜，偃息其林薮，铨其一揖之旧也。而骤以谕业之言，动子之志，诚未当也。遂绝意随计，解装退修，循力行待取之儒规，达先难后获之通理，将为勇退，真勇进也，斯可尚矣。子既信余之不欺，余亦贵子之不忽，因源流遵业而列谕焉。

皇甫湜在文中评价李邕、贾至、李华、独孤及、杨炎、权德舆、韩愈、李翱等的文章，用比喻、拟人等多种艺术手法加以刻画表现，语言精警，形象生动，文采斐然，具有奇崛之美，令人为之拍案叫绝。

皇甫湜的文学主张与其创作是相辅相成的，他的“尚奇”主张与实践，充实了当时古文运动的思想及理论基础，也推动了中晚唐古文运动的进一步发展。

(二)创作概况与特点

皇甫湜留下诗作主要有《出世篇》《题浯溪石》《石佛谷》三首，其中《石佛谷》被认为是误收他人之作。其中《出世篇》[①] 写道：

生当为大丈夫，断羁罗，出泥涂。
四散号呶，俶扰无隅。
埋之深渊，飘然上浮。
骑龙披青云，泛览游八区。
经太山，绝大海，一长吁。

① [唐]皇甫湜：《皇甫持正集》卷一，四库全书本。

西摩月镜，东弄日珠。
上括天之门，直指帝所居。
群仙来迎塞天衢，凤凰鸾鸟灿金舆。
音声嘈嘈满太虚，旨饮食兮照庖厨。
食之不饫饫不尽，使人不陋复不愚。
旦旦狎玉皇，夜夜御天姝。
当御者几人，百千为番，宛宛舒舒，忽不自知。
支消体化膏露明，湛然无色茵席濡。
俄而散漫，斐然虚无。
翕然复抟，抟久而苏。
精神如太阳，霍然照清都。
四肢为琅玕，五脏为璠玙。
颜如芙蓉，顶为醍醐。
与天地相终始，浩漫为欢娱。
下顾人间，溷粪蝇蛆。

《出世篇》是讽世之作，其中“下顾人间，溷粪蝇蛆”等诗句，写得怪诞艰涩，故作高深，与其奇特个性及“尚奇”主张密不可分。《题浯溪石》为论诗之作，指出元结作品奇崛独创的特质，以及陈子昂、韩愈、李白、杜甫等的诗作特点。其《题浯溪石》[①]写道：

次山有文章，可惋只在碎。
然长于指叙，约洁有余态。
心语适相应，出句多分外。
于诸作者间，拔戟成一队。
中行虽富剧，粹美若可盖。
子昂感遇佳，未若君雅裁。

①[清]彭定求等：《全唐诗》第三百六十九卷，四库全书本。

退之全而神，上与千载对。
李杜才海翻，高下非可概。
文与一气间，为物莫与大。
先王路不荒，岂不仰吾辈。
石屏立衙衙，溪口扬素濑。
我思何人知，徙倚如有待。

诗中赞扬元结（字次山）：“次山有文常，可惋只在悴。然长于指叙，约洁有余态。心语适相应，出句多分外。于诸作者间，拔戟成一队。”元结是韩柳之前重要的古文家，其为人为文与皇甫湜颇为相似。皇甫湜在诗中极力推崇元结，理属当然。

皇甫湜散文作品体式多样，内容丰富，共分六卷。第一卷为杂著，其中赋有《东还赋》《伤独孤赋》《醉赋》《鹤处鸡群赋》《履薄冰赋》《山鸡舞镜赋》6篇，另有《春心》，从文句看应属于赋。其中《鹤处鸡群赋》《山鸡舞镜赋》，为托物言志；《履薄冰赋》《醉赋》，告诫自己及读者要有谨慎的人生处世态度；《伤独孤赋》，为悼念亡友之作；《东还赋》和《春心》，抒写厌倦羁旅漂泊和思念家乡、亲人的感情。另有歌行体《出世》一篇，流露出出世的道家思想；议论文《明分》《公是》，分别批判因人而议论是非和颠倒黑白的社会弊病；《谕业》，为论文章写作之道；《寿颜子辨》，认为儒家圣贤颜子精神不灭，因而是真正的长寿；《悲汝南子桑》，为朋友英年早逝的贤而不寿而悲痛、为善恶颠倒的天命而愤懑。第二卷为论序，有《夷惠清和论》等4篇论和《送邱儒序》等5篇序，序中4篇为赠序，《唐故著作佐郎顾况集序》为文集序，它们包含了皇甫湜的王朝正统观、人性论思想、史论思想、反佛思想和文论思想。第三卷是制策，收录了元和三年（808）皇甫湜直言极谏贤良方正科高第的对策文，体现其政治思想。第四卷为书，有向皇帝进谏的《论进奉书》，有干谒求进的《上江西李大夫书》，有向朋友诉衷肠的《答刘敦质书》；另有指教后学、体现其文学思想的《答李生三书》。第五卷为记，《朝阳楼记》《枝江县南亭记》为名胜记；《吉州刺史厅壁记》等4篇厅壁记，在对比之中对能干、廉洁的官吏进行歌颂。第六卷为碑铭，《韩文公神道碑》《韩文公墓志铭并序》，盛赞韩愈的功业与道德文章；《祭柳子厚文》，对柳宗元“声华籍甚”的文名和大起大落终于贬死蛮荒的不幸遭际深表同情；《庐陵香城寺碣》《护国寺威师碣》，流露了对僧人的赞美；《狠石铭》，写秦始皇行暴政而灭亡给人们的警示；《让风》，写风力既能助人也能阻人，抒发对其到底有知无知的迷惘。

皇甫湜曾得到顾况、韩愈等的提携。初出茅庐的他曾带着诗文拜谒著作佐郎顾况，并在《唐故著作佐郎顾况集序》[①]写道："以童子见君于扬州孝感寺。君披黄衫，白绢鞳头，眸子了然，炯炯清立，望之真如白圭振鹭也。即接欢然，以我为扬雄、孟子，顾恨不及见。"顾况发现他言辞犀利，气势雄奇，恍如扬雄、孟子出世。韩愈与皇甫湜的师生情谊极其深厚，韩愈在《寄皇甫湜》[②]诗中写道："敲门惊昼睡，闻报睦州吏。手把一封书，上有皇甫字。折书放床头，涕与泪垂泗。昏昏还就枕，惘惘梦相忆。悲哉无奇术，安得生两翅。"他时时提携皇甫湜，并在内心坦言："从吾游者，李翱、张籍其尤也，而不及持正（皇甫湜）。"韩愈还特意嘱托皇甫湜替自己写墓志。

皇甫湜重视与顾况、韩愈等的深厚情谊，曾写有《唐故著作佐郎顾况集序》《韩文公墓志铭》《韩文公神道碑》《祭柳子厚文》等文，体现了对顾况、韩愈、柳宗元等的追怀与尊敬。他在《唐故著作佐郎顾况集序》[③]中写道：

> 吴中山泉气状，英淑怪丽，太湖异石，洞庭朱实，华亭清唳，与虎丘天竺诸佛寺，钧锦秀绝。君出其中间，翕轻清以为性，结泠汰以为质，煦鲜荣以为词，偏于逸歌长句，骏发踔厉，往往若穿天心，出月胁，意外惊人语，非寻常所能及，最为快也。

写顾况其人其文非同寻常，开头即以吴中奇山异水引出对顾况的奇异诗风的认识，用语奇特传神，可谓别具匠心，体现出雄奇刚健，令人惊叹。皇甫湜《韩文公墓志铭并序》[④]对韩愈的文学创作进行了独到评价：

> 先生之作，无圆无方，至是归工抶经之心，执圣之权，尚友作者，跋邪抵异，以扶孔氏存皇之极。知与罪非我计，茹古涵今，无有端涯，浑浑灏灏，不可窥校。

①[唐]皇甫湜：《皇甫持正集》卷二，四库全书本。
②[宋]魏仲举：《五百家注昌黎文集》卷五，四库全书本。
③[唐]皇甫湜：《皇甫持正集》卷二，四库全书本。
④[唐]皇甫湜：《皇甫持正集》卷六，四库全书本。

及其酣放豪曲，快字凌纸怪发，鲸铿春丽，惊耀天下。然而栗密窈眇，章妥句适，精能之至，入神出天。呜呼极矣！后人无以加之矣！姬氏以来，一人而已矣。

(三)影响与评价

对于皇甫湜文学地位的评价，通常集中在三方面：首先，是严州唐代文学中最有影响的三大家之一，其次，是淳安历史上最有影响的“六先生”之一，再次，是韩愈“古文运动”的追随者。

首先，是严州唐代文学中最有影响的三大家之一。

乾隆癸酉（1753）举人、华亭知县郑濂认为，皇甫湜是严州唐代文学中最有影响的三大家之一。郑濂在《严州府志载唐文苑十余人，尤著者为皇甫湜、方干、李频，各系以诗》[①]中的《皇甫郎中持正》写道：“《涉江》一作几人同，具体昌黎济溺功。只以碎文怜漫叟，独将遗集许逋翁。里氓尚走郎中社，家训犹闻大隐风。记弄日珠摩月镜，雉山终古秀空濛。”诗中认为《涉江》是皇甫湜的代表作。白居易曾说：“持正奇文甚多，《涉江》一章尤著。”（《哭皇甫七郎中湜》）[②]皇甫湜完备地体现了韩愈的文学主张。郑濂在此诗中，概括介绍了皇甫湜在《题浯溪石》诗中赞扬元结的著作和为顾况集作序。并写到皇甫湜子皇甫松《大隐赋》文字绮丽，为时人称颂，并引皇甫湜《出世篇》中“西摩月镜，东弄日珠”之句，以及淳安名山雉山作比来评价其历史地位与影响。

其次，是淳安历史上最有影响的“六先生”之一。

刘世宁、马文炳认为皇甫湜是淳安历史上最有影响的“六先生”之一。“六先生”指唐皇甫湜，宋钱时、方逢辰，明商辂、海瑞，清史可证。其中前四人为淳安籍文学家，后二人为淳安县令。

乾隆十八年（1753)，淳安知县刘世宁在《六先生咏》之《皇甫侍御》中写道：“有唐三百年，文章成一代。萧李及张苏，渐次开芜秽。三变得昌黎，卓荦迈流辈。侍御生同时，拔戟成一队。永和策贤良，声名冠廷对。裴相福先碑，酬字以缣赉。其论进奉书，委婉含慷慨。因缘为赃私，灼见讦臣肺。吉州刺史厅，庐陵刻石记。余

① [清]宗源瀚：《国朝严州诗录》卷五，清光绪二年刻本。转引自浙江省淳安县文联：《淳安古诗词选》，汉语大词典出版社，1995年，第520～521页。

② [唐]白居易：《白氏长庆集》卷二十八，四库全书本。

素所服膺，宝贵等珠琲。何止序顾集，为足传海内。乃知经世篇，强半犹韬晦。论世知其人，恍若聆声咳。岂以不羁评，谓足定梗概”（原注：皇甫湜有《吉州刺史厅记》，又有《庐陵县令厅壁记》）。乾隆二十年（1755），淳安知县马文炳在《六先生咏》[①]诗中写道：“皇甫文章昔共传，笔花落纸烟云起。慷慨常存经世篇，梗概难评称绝艺。”

再次，是韩愈“古文运动”的追随者。

唐代古文运动倡导者以韩愈和柳宗元为代表，倡导古文是为了推行古道，为了复兴儒学。韩愈说：“学古道而欲兼通其辞；通其辞者，本志乎古道者也。”把明道放在首位，韩愈特别强调儒家的仁义和道统，而柳宗元则主张“以辅时及物为道”。韩愈面对时人的非难和嘲笑毫不动摇。他“奋不顾流俗，犯笑侮，收召后学”，不断壮大古文运动队伍。皇甫湜与李翱、李汉等作为韩愈学生，转相传授，推动古文运动开展，以自己的创作主张和实践积极呼应和推动韩愈古文运动。白居易在《哭皇甫七郎中湜》[②]诗中，以晋代隐居不仕的皇甫谧、东汉性刚傲物的祢衡比况皇甫湜：“志业过玄晏，词华似祢衡。多才非福禄，薄命是聪明。不得人间寿，还留身后名。涉江文一首，便可敌公卿。”

皇甫湜作为淳安早期的文学家，其地位与影响是具有标杆意义的，成为淳安文学发展史上的标志性人物。

二、钱时的文学创作与影响

钱时是宋代理学家、教育家和文学家，是淳安历史上六大文化名人之一。

(一)生平与影响

钱时(1175～1244)，字子是，号融堂。淳安蜀阜人。幼年，即奇伟不群．绝意科举，深究理学。江东提刑袁甫特设象山书院，请钱时为主讲席，一时风闻远近。嘉熙元年(1237)二月赐进士出身，授秘阁校勘，助修国史，后出佐浙东仓幕。曾于蜀阜创办“融堂书院”。著有《周易释传》《学诗管见》《四书管见》《两汉笔记》《蜀阜集》《冠昏记》《百行冠冕集》等。程敏政编纂的《新安文献志》卷五十六录其诗 5 首。《光绪淳安县志》引用邑令虞兟《融堂赞》加以评价：“伟哉丰神，潇洒绝尘；光风霁月，陶泻性真；道山穹窿，蜀阜嶙峋；穷邪通邪，千古令名。”[③]

---

①[清]李诗、陈中元：《续纂淳安县志》卷十五《艺文志》，清光绪十年刻本。
②[唐]白居易：《白氏长庆集》卷二十八，四库全书本。
③[清]李诗、陈中元：《续纂淳安县志》卷十《人物志二》，清光绪十年刻本。

作为理学家、教育家的钱时，曾在石印山麓创办淳安第一座书院“蜀阜书院”（又称“融堂书院”）。刘世宁作为清代地方官吏出于对地方文化名人的敬仰，专门以《六先生咏》为题，予以讴歌赞颂。《钱融堂》即为其一，其中的“慈湖衍陆绪，青溪授融堂。经篁恣翻缬，性理无尽藏。迪德务精进，研理穷毫芒。奥旨一契合，意象两俱忘”①的诗句，即是对钱时的精神追求与品格及影响的高度评价。

作为文学家的钱时，他创作的诗文作品富有思想情趣和艺术特色，有关淳安的创作体现出浓厚的乡土情结，对淳安文学的发展产生了重要影响。

(二)有关淳安的诗歌创作

1. 有关蜀阜的诗歌创作

钱时有关淳安的诗歌创作，主要集中在对家乡的情感抒发和对民生疾苦的咏叹方面。钱时现存诗歌300余首，与蜀阜有关的诗作计有11首。钱时之所以对蜀阜情有独钟，一方面由于蜀阜是他的故乡，他对家乡有深厚的感情；另一方面是蜀阜具有特殊地位，值得反复表现。

蜀阜，始称“锦沙村”，后称“招贤里”，位于淳安威坪西北五里。唐末诗僧贯休有《锦沙墩》诗云：“临水登山兴自奇，锦沙墩上最多时。”南宋淳祐年间改名“招贤里”。因钱时曾在蜀阜创办“融堂书院”，成了俊彦贤士聚集之地，“招贤里”可谓名副其实。这里由于四环翠峰、三都附会、一方形胜，尤天府之蜀国。更兼民物繁夥，商贾辐辏，物阜民丰，故名蜀阜。

据《蜀阜小志》载，明代四大书画家之一沈周专为蜀阜绘了“十景图”。“蜀阜十景”为东山巨镇、乌石奇峰、虹桥三峡、天泽灵池、梅坞寒芳、挑屏爽气、云程秀岭、高斋翠竹、石涧清泉、照潭微澜，最早由钱时的《园亭八咏》开始，经徐贯完善而界定。可见，钱时对“蜀阜十景”的形成具有一定影响。

钱时有关蜀阜的一组诗歌作品，可看出他对蜀阜的一往情深和情有独钟。这些作品主要是七绝《登蜀阜》7首②，七绝《数日不登蜀阜梅盛开二首》，五古《蜀阜精庐无风自凉方欣然出户见生鸡将雏砌外》1首，七绝《精庐枕上》1首。

① [清]李诗、陈中元：《续纂淳安县志》卷十五《艺文志四》，清光绪十年刻本。
② 政协建德市委员会：《严州诗词》上册，天津古籍出版社，2011年，第172页。

登蜀阜

满林春鸟语高低，新绿阴阴分外宜。
山隐此时无一事，诸儿齐诵老夫诗。

竹迳阴阴曲透墙，岩花相倚弄秋光。
颓檐坏砌无人到，不废西风满院香。

丹桂孤芳众木间，枯枝蠹叶苦间关。
古来群枉难为并，培植灵根得等闲。

秋暮如京岁暮还，春来更堕药瓢间。
眼前有底闲风月，忍得经年不上山。

宝货秋毫归润屋，锥力左计属痴儿。
独余风月无人管，合著山亭顿放伊。

弹指经年别彼阿，庭前庭后绿婆娑。
虽然陨箨无人扫，老木修篁古意多。
西风吹步上云衢，万竹深围一草庐。
分付儿童勿轻剪，蜀溪风月正关渠。

以上以《登蜀阜》为题的7首七绝，主要写了春天和秋天的蜀阜风光。春天的蜀阜，“满林春鸟语高低，新绿阴阴分外宜”，充满着生机和活力；秋天的蜀阜，既有“竹迳阴阴曲透墙，岩花相倚弄秋光”的深秀清丽，又有“丹桂孤芳众木间，枯枝蠹叶苦间关”（间关：拟声词，鸟鸣声）的鸟语花香，既有“虽然陨箨无人扫，老木修篁古意多”的幽深古趣，又有“西风吹步上云衢（云衢：云中的道路，借指高空，也喻高位），万竹深围一草庐”的高远深邃。面对春天的蜀阜，诗人在“山隐此时无一事，诸儿齐诵老夫诗”情境中，有的是自豪和惬意，在“独余风月无人管，合著山亭顿放伊”的天赐良宵时，有的是洒脱飘逸；面对秋天的蜀阜，诗人有的是“颓檐坏砌无人到，不废西风满院香”的孤芳自赏，有的是“古来群枉难为并，培植灵根得等闲”的独特领悟；有的是“分付儿童勿轻剪，蜀溪风月正关渠”的细心呵护。诗人在这一组诗歌作品中展现了蜀阜天然环境的优越与美好，表现了自我心情的轻松惬意。

数日不登蜀阜梅盛开二首 ①

剩觉工夫通草对，略无闲暇问花神。
国香早是将春到，也趁梅花候主人。

一自梅边惹著春，山川草木顿精神。
晚来风起香无际，认得香根有几人。

在前一首诗中，诗人将梅花比喻为“花神”“国香”，极言梅花之美。由于诗人数日不登蜀阜，一时无暇顾及梅花，但意想中梅花应该早已盛开，后一首“惹著春”实与前一首“将春到”同意，但更形象生动，带有拟人性质。此句意为自从梅花沾带着春的讯息，山川草木顿时焕发了生机。第二句中的“香根”，原指烧香最后在香炉中残留香和细木棍。这里指的是梅香的原因。这句的字面意义为在晚风中感受到无边无际的芳香，知道这是梅香的却没有几个人；深层的意思是晚风中感受到无边无际的芳香，但没有几个人懂得这是梅花在唤醒春天的早日到来，使得“山川草木顿精神”。可见，此诗寓意之深刻。

蜀阜精庐无风自凉方欣然出户见生鸡将雏砌外 ②

檐葡净如洗，苍筤清且深。
依岩自幽润，况无日影侵。
亭午一升阶，忽若投凌阴。
凉气飒以入，肃肃生衣襟。
大火浮炎埃，虚堂抱云林。

① 见《钱时的诗词全集》，古诗句网，https://www.gushiju.net/shici/z-钱时。
② 政协建德市委员会：《严州诗词》上册，天津古籍出版社，2011年，第174页。

安得冰霜颜，听我山中吟。
盘桓去未忍，砌外行山禽。
一母将四雏，出没丛草阴。
我非有驯德，渠自无机心。
欣然归北窗，载弄南风琴。

精庐枕上 ①

山隐夜来山月好，幽香满地开花草。
竹梢堕露鸣屋瓴，谷鸟一声报清晓。

这两首诗歌作品，前一首以五言古诗写白天里在蜀阜精庐体验夏日里无风自凉的惬意和偶然间见到山鸡“一母将四雏，出没丛草阴”的喜悦之情。后一首以七绝写月夜在蜀阜精庐的生活体验，有山月皎好，花草幽香，竹梢堕露，谷鸟报晓，好一个诗情画意的所在。一白天一夜晚的精妙架构，活化出诗人一白天一夜晚的蜀阜精庐体验，令人神往。

2. 有关民生疾苦的咏叹

钱时不但流连蜀阜山水，也特别关注百姓疾苦，在他的诗作中有《篙师叹》《蚕妇叹》等作品。

篙师叹 ②

山乡山多田种稀，年丰健妇犹啼饥。
今年禾黍秋旱死，不有下涧民枯鱼。
颇闻水乡诸郡熟，一饱可令余郡足。
江船下米无头由，商人嗷嗷坐穷蹙。
长年抱膝指屡弹，时节自好官司难。
古来邻国忍为壑，何乃境内成触蛮。

① 见《钱时的诗词全集》，古诗句网，https://www.gushiju.net/shici/z-钱时。
② 见《钱时的诗词全集》，古诗句网，https://www.gushiju.net/shici/z-钱时。

我闻斯言真的当，无人为彻九天上。
禁江徒尔厄吾民，海舶有时关节放。

此诗以篙师（撑船的熟手）作为干旱缺粮的见证者身份感叹百姓吃饱饭的艰难：一叹“山乡山多田种稀，年丰健妇犹啼饥”，由于山乡山多田少，哪怕是年成好的时候还存在吃不饱饭的情况（更何况遇到旱灾的年份）；二叹“江船下米无头由，商人嗷嗷坐穷蹙”，粮商眼看着江船运送着稻米，但十分窘迫、困厄，没有特别的理由卸下船中粮食，强行为之必吃官司；三叹“古来邻国忍为壑，何乃境内成触蛮”，时常出现以邻为壑争抢粮食的情况令人忧心；四叹“禁江徒尔厄吾民，海舶有时关节放”，通过简单化的江上禁运来避免哄抢粮食的情况发生，只能使百姓生活更加陷入困境，应有万全之法加以保障。这首诗反映了百姓在遭遇旱灾而吃不饱饭的严峻现实，体现了对民生疾苦的关注与同情，有一定的民本思想，具有一定的认识价值。

蚕妇叹①

蚕妇指蚕叶如缕，爱之何啻珠玉比。
呼奴勤向帐前看，夜卧摩宁三四起。
未必便能丝挂体，眷焉于怀有真喜。
人人办得此时心，推而广之岂不美。
以此事君定忠臣，以此事父定孝子。
以此事夫定贤妇，一念真成转枢耳。
嗟哉世人胡不然，三纲茫茫不如蚕一纸。

此诗写蚕妇对蚕的“爱之何啻珠玉比”的特殊感情，由于爱之切，“呼奴勤向帐前看，夜卧摩宁三四起”，虽然养成后制成丝织品不一定能穿到自己身上，但对于它却是充满了“眷焉于怀有真喜”的感情，体现了蚕妇对于劳动成果发自内心的无比珍惜的感情。诗人从此悟得：如果世间人们都能像蚕妇对待蚕那样的感情一样来处理“三纲”（君为臣纲、父为子纲、夫为妻纲）关系，那就“一念真成转枢耳”了。

① 见《钱时的诗词全集》，古诗句网，https://www.gushiju.net/shici/z-钱时。

这是诗人的一种由此及彼、小中见大的领悟，可谓“化腐朽为神奇”！

钱时诗歌中与《蚕妇叹》相关的还有《端忞疲于哺蚕老妇悯而饷之余作古调以赞之》和《闻里中蚕饥不肯食山桑成长句》两首诗作，可作为对《蚕妇叹》理解的配套诗作，有助于对该诗的深度理解。

钱时有关蜀阜和民生疾苦的诗歌作品，体现了他对故乡的深情厚谊和对百姓生活的关注和同情，具有一定的思想价值和艺术价值。

(三)有关淳安的散文创作

钱时的散文创作与淳安有关的，主要有《三潭记》《月夜游南山记》《神景寺记》。其中《三潭记》《月夜游南山记》，尤其优美生动，体现了他的文学创作才情。《三潭记》[①]原文如下：

> 淳安之西百里，有三潭焉，在崇冈僻峤极深处。源出昱岭，至是始析而东，泻瀑垂斗，绝潴而为潭。连三垂瀑而三潭，高下相比，上者可一亩，居中者尤大，而其下则又差小。傍崖石，圆拱口，收而腹衍如釜，势束乎两山之间，倾注澒洞，声振林麓；路临其上，撼撼欲浮然。而寒碧渊澄，波纹不动。闻之故老，尝有轮麻缕垂石下，测之者尽一轮，莫竟其底。
>
> 中潭之涯，则小山孤起，有古祠，出苍烟老木间。下有岩穴，容数十辈，水溢东出，淙淙从乱石中流去。道左片石侧立，过者飕飕作松风声，曰响石。又数十百步，两崖对峙如堵墙，水流其间，宛若门阙过。上多怪石，其擘然作手形者，曰仙人掌。
>
> 三潭之别源，当合富、流浆二水之冲，有石柱尤奇，方广三丈许，从涧底挺然拔起者，几七十寻，上下相直不偏倚。蟠松寿蔓，夭矫石斜，呜呼！异哉！
>
> 三潭之名，予儿时则尝闻之，至若石柱乃得之创见。斯二者，天地之奇观，自开辟以至于今，未之有改，生长此乡，往往寂无知者。因念深山大泽，瑰伟绝特之胜，名不登于载籍，不为高人胜士所题咏，埋没不闻于世，如是者多矣。天拆此秘，使吾一游目焉，殆似不偶然也。后七年，有善水墨者，追其仿佛，作两图，悬之壁间，且为文以记。虽然非玩物也，聊以志所感云。

① [清]李诗、陈中元：《续纂淳安县志》卷一《方舆志》，清光绪十年刻本。

钱时所记的“三潭”在淳安县七都源。该文写出了三潭的三大特点：三潭的形成特点，“泻瀑垂斗，绝潴而为潭。连三垂瀑而三潭”；三潭的大小特点，“高下相比，上者可一亩，居中者尤大，而其下则又差小”；三潭的形态特点，“傍崖石，圆拱口，收而腹衍如釜，势束乎两山之间，倾注澒洞，声振林麓；路临其上，撼撼欲浮然。而寒碧渊澄，波纹不动。闻之故老，尝有轮麻缕垂石下，测之者尽一轮，莫竟其底。”

作者通过对三潭的游览，发出意味深长的感慨：“三潭之名，予儿时则尝闻之，至若石柱乃得之创见。斯二者，天地之奇观，自开辟以至于今，未之有改，生长此乡，往往寂无知者。因念深山大泽，瑰伟绝特之胜，名不登于载籍，不为高人胜士所题咏，埋没不闻于世，如是者多矣。天拆此秘，使吾一游目焉，殆似不偶然也。”

钱时曾于一个月夜游览南山。据《淳安县志》载：“南山，一名青山，在县南，为邑治几案，蟠亘数里，或峰而锐，或冈而平，或阿而曲。旧志所谓五星拱案者也。山顶有亭，曰物外，今圮。”于此可见，淳安南山景象之美好，而月下的南山之美更可想见。《月夜游南山记》[①]原文如下：

渡浮梁而西，岿然峭崒乎江渚曰南山，贺城之奇观也。而月夜尤奇。丙戌辜月望前三日，宿舟其下，嘉禾许正甫檩、樵二子从予往游焉。濒沙嘴，沿陂陀，缭山腰，历嵚崟，磔卓铄刻，为岩为窦，千态万状，层累而起，首闯肩差，螺叠云拥，若抱瓮，若垂瓠，若颓颔断颚，吁然乎路隅，寒影零乱，月在林杪，风湍合还，流波跃金，老木樛枝，岸江离立，龙蛇夭矫，攫攫欲飞。又西溯转，崎岖峭壁，仞径侧立，苔藓斑驳，如雪洒空。有缺中断，容两柱许，肖象其间，稿衣青巾，如世相传所谓吕仙者。益迤逦而上，景益胜，相顾叹赏。跻攀力，两股不暇疲。少折而东，有亭四柱，曰物外。俯瞰城邑低横，江面灯火溟濛，出冥霭中，市声杳眇，与渔歌相杂，鼓吹上下，乍有乍无。从亭隅复折而西，两山相束如盘，有犬吠声，有香肃然。随谷风出，路益险绝，老兵推之乃得进。夜既久，不复叩扃问何如人矣。明日命樵作图，檩诗，正甫序，而老者为之记。

① [清]李诗、陈中元：《续纂淳安县志》卷一《方舆志》，清光绪十年刻本。

该文先介绍南山的地理方位，后开门见山指出南山为“贺城之奇观”，并指出“月夜尤奇”。这就引起了读者的极大期待，想了解这月夜里的“贺城之奇观”之究竟。作者为欣赏这一奇观，特携友“宿舟其下”细心体察，经历一番“濒沙嘴，沿陂陀，缭山腰，历嵚崟”，终于见到南山的“千态万状”，接连用“若抱瓮，若垂瓠，若颓颌断颚”三个比喻来加以初步喻写，月下美景一一展现：“月在林杪，风湍合还，流波跃金，老木樛枝，岸江离立，龙蛇夭矫，攫攫欲飞”，惟妙惟肖，活灵活现，还有“崎岖峭壁，仞径侧立，苔藓斑驳，如雪洒空”，更有远观所见“俯瞰城邑低横，江面灯火溟濛，出冥霭中，市声杳眇，与渔歌相杂，鼓吹上下，乍有乍无”，这真是一幅罕见的奇景图，仿佛把人们带入一个如梦如幻的仙境之中，令人惊奇不已，不愧是写景高手，文章大家！抒情写景之文，最难是写出意境，最高也在创造出意境。此篇《月夜游南山记》美文，无疑创造了神奇的意境，让我们为之陶醉！

从后代诗人诗作对钱时的追怀与评价，可见其影响。这些诗作主要有方一夔的《谒融堂墓》、夏希贤的《谒融堂墓》、夏溥的《过钱融堂墓》、程敏政的《教谕许君置酒藏书阁有怀融堂钱先生》等，这些诗作共同体现了对钱时的景仰和爱戴。其中夏希贤的《谒融堂墓》诗曰：“我观圣贤心，万古无终穷。不必亲听融翁之言，不必亲睹融翁之容。光风霁月，古涧长松。人人具足，物物贯通。于此可以见融翁之真融。融翁相去数十载，在我一片心腔中。深衣瓣香拜翁墓，落叶满地寒山空。昭昭灵灵翁不死，翁固知我我知翁。安知后此千百载，所见更无与翁同？”[①] 其中的“融翁相去数十载，在我一片心腔中”“昭昭灵灵翁不死，翁固知我我知翁”，可见钱时对作者的刻骨铭心的影响。明代文学家程敏政在《教谕许君置酒藏书阁有怀融堂钱先生》诗中，更是直呼“前辈风流谁复在，百年融老是吾师”。可见，钱时在其心中的崇高地位。

三、商辂的《商辂文集》与影响

商辂为明代“三元宰相”，文学家。

商辂（1414 ~ 1486），字弘载，号素庵。淳安芝山（今里商）人。宣德十年（1435）乡试、正统十年（1445）会试，以至殿试皆第一。历仕英宗、代宗、宪宗三朝。时人称“我朝贤佐，商公第一”。著有《商文毅疏稿略》《商文毅公集》《蔗山笔尘》等。后人为

① [明]姚鸣銮：《嘉靖淳安县志 · 文翰》，嘉靖三年刻本。

纪念商辂，在北京、杭州其寄居地建三元坊，淳安县城和严州府城（梅城）各有“三元宰相”石牌楼一座。

商文毅公像

明人金学鲁在《商文毅公文集序》[①]中说：“公扬历三朝，精诚贯日月，而事业表于旗常，环奇卓绝，国史纪为帮家光后先，与沂公相辉映。”又说：“论文毅之不朽在社稷，不在文章，知文毅哉。”显然，这是就商辂对于国家的主要贡献来说的，丝毫没有否定他在文学方面所取得成就的意思。实际上，商辂在文学上的地位与影响是非常显著的，需要加以深入研究。

现所见《商辂文集》以明万历三十年（1602）刘体元编10卷本《商文毅公集》为基础，辑补其他刻本并加以比勘、重新厘定为25卷。书后附有序跋、提要及著作者传记、年谱等，包括讲章、奏疏、表、论、策、赋、诗、词、序、跋、记、启、书简、杂著、笔记、行状、传赞、祭文、墓表、墓志、墓碑铭、神道碑铭等文体，其中文2篇，论2篇，疏12篇，策3篇，碑1篇，引2篇，录1篇，志1篇，铭12篇，记26篇，序33篇，诗16首，赋3首，词15首，共计散文类作品近百篇，诗词类34首。可见，商辂文学创作可谓各体皆备，洋洋大观。其中奏疏影响最大，《边务疏》《修德弭灾疏》《修政弭灾疏》诸篇，针砭时弊，直劾宦孽，谠言诤论，正气凛然，堪为后世之法。

(一)创作特点

商辂现存诗作30余首，虽然数量不多，但在明代台阁体诗文向茶陵派的过渡中具有积极作用。对此，郭皓政在《从明中期状元诗文看台阁体向茶陵派的过渡》[②]一文中，涉及对商辂台阁体诗文的研究。可见其地位与影响。

《明史》称商辂“平粹简重，宽厚有容，至临大事，决大议，毅然莫能夺”。[③]从正统到成化这段时期，政治风云变幻莫测。商辂作为内阁的重要成员，能坚持自

① [明]商辂：《商文毅公文集》，《四库全书存目丛书》集部第35册。
② 郭皓政：《从明中期状元诗文看台阁体向茶陵派的过渡》，《武汉大学学报(人文科学版)》2010年第1期。
③ [清]万斯同等：《明史》，中华书局，1974年，第4690页。

己的政治立场，诚属难能可贵。从他的文学创作中，也可以感受到几分忧思。明人金学鲁在《商文毅公文集序》中称商辂的诗文："冲然于中而不甚为藻，泊然于思而不甚为刿，典雅有则，若清庙之瑟，朱弦疏越，一唱而三叹有余音，足以鸣国家之盛矣。"这一评价主要着眼于商辂诗文所具有的台阁体特征。

《明诗综》引述李德恢对商辂诗的评价："太傅诗写性情，雍容雅淡，有陶、韦风。"① 则准确地概括出了商辂诗对台阁体的发展。"雍容雅淡"，这既符合商辂本人的性格，也与台阁体的风格相符。而"诗写性情""有陶、韦风"，则代表了台阁体新的转向，意味着山水田园诗派的风格开始融入馆阁文学。或许因为商辂是浙江人，越中山水的灵秀，赋予其诗文不同于以往台阁体的内涵。但更主要的原因，还是由于变幻不定的政治风云在商辂内心深处投下了阴影，使他对政治有一种疲倦感，因而更向往到自然山水中去放松心灵。这与之前的台阁体诗人对政治的热情礼赞明显不同。

与真正的山水田园诗人陶渊明、韦应物等不同，商辂的山水诗，有许多是题画诗。山水是商辂诗中最喜欢讴咏的题材，但他身为朝廷重臣，公务繁忙，不可能整天游山玩水，只能靠山水图画来怡情。如五律《题春景山水》："有路通仙境，无尘远市廛。家山在图画，触目思飘然。"② 这首诗文气流转，情文相生。虽然是题画诗，但诗中的景致生动逼真，使人感觉真的置身于山水怀抱中。末句"家山在图画，触目思飘然"，与首句"爱此佳山水"遥相呼应，表达出诗人对山水的深切眷恋。类似的题画山水诗，在商辂的诗中占了相当大的比重。一味讴歌图画中的山水，却没有选择归隐，这并不是叶公好龙，而是体现了商辂身为状元、政治家坚忍刚毅的品格。在商辂诗中，山水只是作为一种品格象征和精神寄托。在险恶的政治环境中，商辂既不愿随波逐流，也没有选择急流勇退、独善其身，而是希望在坚持操守的前提下，能够有所作为。至于山水图画，只是他精神上一个暂时的避难所而已。

商辂还有一些题画兼咏物诗，也非泛泛而作，同样有着深厚的寄托。如《兰蕙图》云："托根深林下，不与桃李俱。妖艳任纷纷，贞姿恒自如。共言王者香，宜为禁苑居。一朝移植后，雨露恣沾濡。芬芳异凡卉，馥郁盈天衢。采撷足纫佩，把玩堪怡娱。"③ 此诗以兰蕙自拟，颇得陶诗精髓。但与陶渊明对田园生活发自内心的喜爱不同，商辂笔

① [清]朱彝尊：《明诗综》卷二十四，《文渊阁四库全书》本。
② [明]商辂：《商文毅公文集》，《四库全书存目丛书》集部第35册，齐鲁书社，1997年，第118页。
③ [清]朱彝尊：《明诗综》卷二十四，《文渊阁四库全书》本。

下的这一株“兰蕙”，是“宜为禁苑居”的。大隐隐于朝，这才是商辂追求的人生境界。

商辂的诗，感情真挚，清新可喜，为台阁体注入了新的生机。只是他没有明确提出自己的文学主张，同时缺乏流派意识，没有利用自己的地位来影响更多的馆阁文人，树立起自己文坛盟主的地位，因此不被后人关注。更主要的原因，恐怕还是与时代有关。复杂的政治环境，没有为馆阁文学创造一个宽松的发展空间，注定商辂的文学创作只是一种私人化写作，不能为明代馆阁文学创造出新局面。

商辂对山水的向往，主要是出于对政治的疲惫。从正统到天顺年间，围绕皇权展开的政治斗争，令士人颇有无所适从之感。商辂置身于政治漩涡的中心，难免时时会有一种危机感。

首先，政治环境的变化。商辂所处的时代，复杂的政治环境，导致馆阁文学一度走向低迷，并在低迷中摆脱政治束缚，开始关注审美；其次，馆阁气与山林气的调和。正统之前，山林之文往往遭到馆阁文人的贬斥。而随着政治环境的改变，山林之文的地位也在逐渐提高。商辂的题画山水诗，已开始沟通馆阁文学与山林文学。第三，诗文发展不同步。台阁体侧重于文，茶陵派侧重于诗。对政治的疏远，山林气的融入，以及对诗的偏爱，均体现出明中期馆阁文学从实用到审美的转向。

郭文对于商辂台阁体诗歌的研究，可谓深入细致，见解独到，不但给我们提供了一个新视角，而且对我们重新认识商辂的诗歌价值具有启迪作用，十分难得。

商辂散文中有关淳安的主要有《重建遂安县学大成殿记》《淳安进士题名记》《尊经阁记》《重建西庙记》《南峰书舍序》《蜀阜徐氏族谱序》《淳安方氏族谱序》《赠淳安徐原一赴任闽藩序》《蛟峰先生文集序》等数篇。以下选取《尊经阁记》《南峰书舍序》二文略作分析，以见其散文创作特点之一二。

淳安尊经阁，明正统八年（1443）由县令洪公渊购地兴建，景泰四年（1453）县令刘公著落成，成化三年（1467）县令王公衡重修。商辂《尊经阁记》[①] 原文如下：

> 淳安县儒学明伦堂北，景泰间肇建尊经阁，以贮圣朝颁降大诰、五经四书、性理大全、五伦诸书。落成且久，说者谓是阁基构偏西，与堂之中弗相直，非制之善。盖阁东旧迫民居，势使之然。欲斥其地迁正之。事在为邑者，率因循弗果。

① [清]李诗、陈中元：《续纂淳安县志》卷二《方舆志》，清光绪十年刻本。

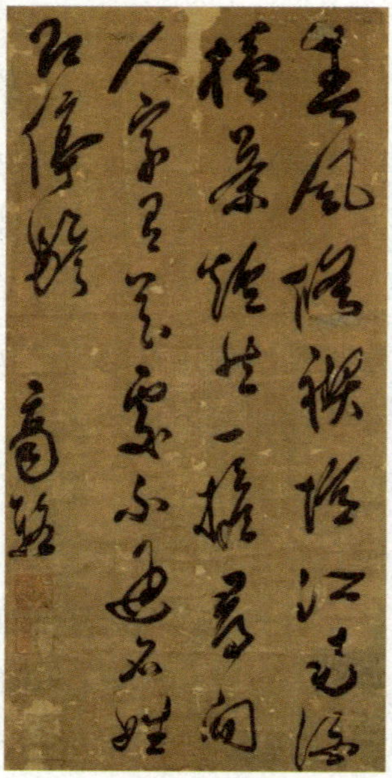
商辂手迹

已而，督学宪副刘公釪按县，因典教彭君英及诸生之言，属意迁改。适新令王君衡下车，欣然任为己责，捐俸倡义，众皆乐助，遂市阁东民地，辟而广之，垒之使高，筑之使坚，石其傍使固。卜日迁正，俾与堂等，修葺藻饰，视旧有加。偏东得隙地，复建楼三间，以资游息。直前建两厢，以便肄业。于是杰栋峥嵘，层檐翚飞，重门轩豁，八窗明朗。阁之中，典坟盈几，牙籤满目。阁之外，峰峦环拱，如屏如障。风晨月夕，衣冠登临，可以涤烦襟，消尘虑，使人神闲气定，心静性恬。诚学官之伟观也。

佥谓不可无述，典教走书征记。予闻孟轲氏云：居天下之广居，立天下之正位，行天下之大道。又曰：周道如砥，其直如矢，君子所履，小人所视。夫士之所学者，正心也，修身也。推而行之，正家也，正君子也。是固跬步不离于正也。况藏焉修焉之所，而可使弗归于正乎？是宜宪副主之，贤令成之，舍其故而新是图，易其偏而中是适。于是观者有所感发，学者有所兴起。虽欲弗归于正，不可得矣。虽然此士之得于外者也。若乃阁之所尊，经也。经之所载者，道也。尊经所以尊道也。是故道以修身，非经则道无由明，何以为修身之本乎？道以治人，非经则道无由显，何以为治人之本乎？古昔圣贤之道，弗行于当时，而幸传于后世者，删述训释之功，经所由以成也。我朝列圣之道，披冒于当时，而垂裕于来世者，阐明表章之功，经所由盛也。士生文明之世，沐教育之恩，固宜朝此经而暮此经，佩服此经，力行此经，使正心正身之功无不尽，而正君正家之要有所资。夫如是，则道不在经而在我矣。

然则尊经之为阁也，岂徒然哉！今兹迁建之功，岂小补哉！用书以为记。王君，稷山人，由甲申进士来为令，勤敏清慎，其所造未可量云。

首先，商辂《尊经阁记》中先对尊经阁所在位置和功能做了介绍，淳安县儒学明伦堂北，景泰间肇建尊经阁，以贮圣朝颁降大诰、五经四书、性理大全、五伦诸书。

其次，对在经过“辟而广之，垒之使高，筑之使坚，石其傍使固”之后的尊经阁特点做了形象刻画，“于是杰栋峥嵘，层檐翚飞，重门轩豁，八窗明朗。阁之中，典坟盈几，牙籤满目。阁之外，峰峦环拱，如屏如障。风晨月夕，衣冠登临，可以涤烦襟，消尘虑，使人神闲气定，心静性恬。诚学宫之伟观也”。这里对尊经阁的“伟观”特点描写与效果体现，层次分明，非常生动。

第三，对尊经阁的作用加以深度揭示，以见出其意义所在：“若乃阁之所尊，经也。经之所载者，道也。尊经所以尊道也。是故，道以修身，非经则道无由明，何以为修身之本乎？道以治人，非经则道无由显，何以为治人之本乎？古昔圣贤之道，弗行于当时，而幸传于后世者，删述训释之功，经所由以成也。我朝列圣之道，披冒于当时，而垂裕于来世者，阐明表章之功，经所由盛也。”

读了商辂《尊经阁记》一文，我们也一定像作者那样升腾起同样的感知和感慨：“士生文明之世，沐教育之恩，固宜朝此经而暮此经，佩服此经，力行此经，使正心正身之功无不尽，而正君正家之要有所资。夫如是，则道不在经而在我矣。”这也正是商辂《尊经阁记》对我们的启悟。

商辂《南峰书舍序》[①]一文是应南峰书舍主人之子之请所作，全文充满了深情与遐思，文笔婉致，思理缜密，读来开人心智，余味无穷。其原文如下：

> 淳安邑治之南，群峰秀峙，一水萦带。峰之麓多良田美地，宜禾麻菽麦，宜桑竹，宜桃榴，宜枣柿栗梨，宜梅。凿方池引泉，宜鱼，宜菱荷。凡养生之物，殆无所不宜。
>
> 邑之士陈君本能，因筑室于此以居，而匾其楣曰“南峰书舍”，其意盖欲耕稼之余，教子孙以诗书礼乐，而使之进于仁义，而求以窥夫圣贤之门墙，而造焉者也。
>
> 舍之旁，远近田地联塍接畛，使子孙勤力其中，足以供衣食，与凡人齐，此本能之初心。所谓人皆遗之以危，吾独遗之以安者也。舍之中，左右图书盈箱积笥，使子孙潜心其中，足以广聪明，与凡人殊，此又本能之素心。所谓遗子黄金满籯，不如教以一经者也。由是为子孙者，居焉有养，以良田美地之足以赡其身也；出焉有教，以诗书礼乐之足以养其心也。

---

① [清]李诗、陈中元：《续纂淳安县志》卷五《序》，清光绪十年刻本。

然则南峰书舍之名，岂徒然哉。且本能之祖鼎新尝仕为邑学职，其诗书之教有自来矣。父均仁由青溪徙居学官之旁，匾其堂曰“亲贤”，则诗书之习，非一日矣。本能筑室之麓，而复以书舍名，岂非不忘先训而善贻厥后者哉。异时，陈氏子孙有翘然于士林中而为乡党出色，得非南峰之秀所钟，即书舍之教之所玉成也。至是而南峰书舍之泽弘矣，远矣。

予因其子志安请用为之序以期之。

《南峰书舍序》主要写了三方面内容：一是写南峰书舍的地理环境是一个“群峰秀峙，一水萦带”“养生之物，无所不宜”之地，令人深爱。二是写书舍主人建造书舍之“初心”与“素心”：“其意盖欲耕稼之余，教子孙以诗书礼乐，而使之进于仁义，而求以窥夫圣贤之门墙，而造焉者也。舍之旁，远近田地联塍接畛，使子孙勤力其中，足以供衣食，与凡人齐，此本能之初心。所谓人皆遗之以危，吾独遗之以安者也。舍之中左右图书盈箱积笥，使子孙潜心其中，足以广聪明，与凡人殊。此又本能之素心。所谓遗子黄金满籯，不如教以一经者也。由是为子孙者，居焉有养，以良田美地之足以赡其身也；出焉有教，以诗书礼乐之足以养其心也。”三是写书舍并非徒有其名，其主人之祖与父均为重视文化之辈，建书舍是为了“不忘先训而善贻厥后者”。

此文在艺术表现上很有特色，一是极写南峰书舍所在地是风水宝地、万物皆宜，令人向往；二是对主人构建南峰书舍用意的揭示，采取层层剥茧的方式逐一展开，写得细密婉致，饶有余味。由此可见，商辂散文技法之娴熟老道。

(二)文学地位与影响

商辂的文学地位与影响，明人金学鲁《商文毅公文集序》称其诗文特点：“冲然于中而不甚为藻，泊然于思而不甚为刿，典雅有则，若清庙之瑟，朱弦疏越，一唱而三叹有余音，足以鸣国家之盛矣。”清人朱彝尊《明诗综》引述李德恢对商辂诗评价：“太傅诗写性情，雍容雅淡，有陶、韦风。”这都是很中肯的评价。除此以外，明代文学家程敏政、李东阳、茅坤等在他们的诗作中对商辂的文学地位与影响做了形象评价。

作为商辂同时代又同属新安的文学家程敏政，在其《送商素庵归淳安》[①] 诗中写道：

昭代衣冠第一人，三元声价重麒麟。
苍生自昔瞻伊傅，圣主方今赖甫申。
环佩恳辞金殿晓，图书缓载玉堂春。
到家应是秋凉后，笑倚桐江看白云。

历任左柱国、内阁首辅大臣，茶陵诗派代表人物李东阳在其《送商素庵归里》[②] 写道：

两朝三事屡登崇，冠佩巍然长者风。
霖雨帝思商傅说，科名人比宋沂公。
光华咫尺瞻依地，禅义从容进退中。
归着锦袍环玉带，白头林下几人同。

明代散文家茅坤在其《过淳安吊故相商文毅公》[③] 诗中写道：

经术当年推贡禹，风棱百世并师丹。
几传抗疏独持正，不厌明时再罢官。
隧道碑铭今寂寞，故园第宅半凋残。
我投吊草江城上，流水空林白日寒。

前两首诗作是送别商辂辞官归乡之作，包含了对商辂为人为官为文的高度评价，后一诗作则对故去后的商辂的凭吊与怀念。

清代淳安地方官员刘世宁，站在淳安历史文化发展的高度，把商辂当作对淳安文

① [清]陈梦雷：《古今图书集成》第二百五十一卷《公辅部艺文四》。
② [清]陈梦雷：《古今图书集成》第二百五十一卷《公辅部艺文四》。
③ 政协建德市委员会：《严州诗词》下册，天津古籍出版社，2011年，第294页。

化具有重大影响的历史文化名人之一，在其《六先生咏》之《商素庵》[①] 中写道：

三元占高选，一代焕嘉猷。
落落信难合，几人能兼收。
宋惟王文正，不愧令闻悠。
子京及当世，还应逊一筹。
伟哉文毅公，芳躅绍前修。
春秋冠两榜，联翩作状头。
出则佐耆定，入则赞垂旒。
竟阻南迁议，终回北狩驺。
力拯言官厄，推毂词臣优。
其道既蹇蹇，其心亦休休。
景泰号仍复，万妃愧不留。
直节岂波靡，文章与事侔。
请革西厂疏，欲为豺虎授。
柱石二朝荷，常变砥中流。
晚岁辞轩冕，归作赤松游。
勋名垂竹帛，经术付箕裘。
返朴守其素，宠利肯居不。
淳固多人望，公更足千秋。

商辂的文学创作是淳安文学史上的一个重要节点，对淳安文学的发展具有重要意义。随着研究的深入，其文学地位与价值将会得到更为全面的认识和评价。

通过对淳安文学的历史演变的纵向考察，我们看到淳安文学从汉代起步一路走来，形成了文学发展欣欣向荣的发展格局。

淳安文学创作群体可以分为本籍文学家、任职文学家和游历文学家。

本籍文学家中，汉代方侪、方储、方俨兄弟三人以文学知名，对于淳安文学的

①[清]李诗、陈中元：《续纂淳安县志》卷十五《艺文志四》，清光绪十年刻本。

发展具有源头意义，其中方储《夏旱对策》一文为淳安文学史上最早的散文作品。唐代本籍文学家中，皇甫湜、皇甫松为父子文学家，其中皇甫湜曾参加韩柳“古文运动”，在散文创作中发展了韩文奇崛的一面；皇甫松为晚唐时期花间派重要词人；方干诗作被《全唐诗》收录348首，后人赞其“身无一寸禄，名扬千万里”。宋代的钱时创作有富有特色的《三潭记》《月夜游南山记》《神景寺记》等散文作品，为书写淳安风情留下了精彩篇章；由方一夔、洪震老、吴暾、夏溥、翁民瞻、徐夔叟、余炎叟七人形成的“淳安七子”自发结社，吟诗唱和，并将唱和之作编为《七子韵语集》，成为淳安文学史上的第一部具有流派性质的创作合集；徐畛所著南戏《杀狗记》与《荆钗记》《白兔记》《拜月亭》并称为“元明四大传奇”，成为中国戏曲史上具有重要影响的剧作；明代商辂文学创作各体皆备，洋洋大观，其中《边务疏》《修德弭灾疏》《修政弭灾疏》诸篇，针砭时弊，直劾宦孽，谠言诤论，正气凛然，堪为后世之法；徐楚辑录淳安历代名家诗篇为《青溪诗集》，成为淳安文学史上第一部诗歌总集。清代毛际可与毛奇龄、毛先舒齐名，人称“浙中三毛，文中三豪”。

任职淳安的文学家有南北朝时期的任昉、徐摛，他们先后出任新安太守，在任职前已是全国著名的文学家，他们的诗作以及由徐摛任职新安带来的梁武帝对“新安大好山水”的评价，为后来新安山水文学的开创与发展产生了重要影响。宋代知县陈晔写下《我爱淳安好》11首诗，成为淳安历史上首次通过组诗的形式反复吟唱淳安风情的诗作。明代知县余敷中创作的《新安山水歌》在新安区域具有积极影响；知县刘世宁所写的《青溪》《紫阳书院记》《修城隍庙记》《重修文献名邦坊记》等诗文，对丰富淳安文学具有积极意义。

游历淳安的文学家对淳安文学的发展影响重大。唐代伟大诗人李白《清溪行》《入清溪山》《宿清溪主人》等诗作，对宣传淳安具有重要作用。宋代“理学之集大成者”朱熹写有《题方塘》《青溪》《过许由山》《康塘百琴楼歌》《康塘三瑞堂记》等诗文，为淳安文学增添了灿烂华彩。

以上纵向勾勒出的重要节点，在淳安文学史上熠熠生辉，光彩照人。

对淳安文学的横向考论，重点选取淳安历史上最有影响的“六先生”中的文学家唐代皇甫湜、宋代钱时、明代商辂的文学创作加以剖析。

皇甫湜是严州唐代文学中最有影响的三大家之一，淳安历史上最有影响的“六先生”之一，韩柳“古文运动”的追随者之一。他的文体式多样，内容丰富，特色鲜明，追求“求奇尚怪”的风格。与李翱同为韩愈学生，李翱丰富了韩文平易的一面，皇甫湜则发展了韩文奇崛的一面。他的“尚奇”主张与实践，充实了当时古文运动的思想及理论基础，也促进了中晚唐古文运动的发展。

钱时是宋代理学家、教育家和文学家，淳安历史上最有影响的“六先生”之一。他创作的诗文作品富有思想情趣和艺术特色，有《三潭记》《月夜游南山记》《神景寺记》等创作表现出浓厚的乡土情结，对淳安文学的发展产生了重要影响。刘世宁《六先生咏》之《钱融堂》中的“慈湖衍陆绪，青溪授融堂。经篁恣翻缬，性理无尽藏。迪德务精进，研理穷毫芒。奥旨一契合，意象两俱忘”诗句，即是对他的精神品格以及影响的高度评价。

商辂为明代“三元宰相”、文学家，淳安历史上最有影响的“六先生”之一。商辂的诗词创作富有特色，清人朱彝尊《明诗综》曾引述李德恢对商辂诗评价：“太傅诗写性情，雍容雅淡，有陶、韦风。”在明代台阁体诗文向茶陵派的过渡中具有积极作用。商辂的《重建遂安县学大成殿记》《尊经阁记》《重建西庙记》《南峰书舍序》等文具有突出的地域文献价值，对淳安文学的发展具有重要意义。

通过纵向的考察与横向的考论，从侧面反映了淳安文学的创作状况，为全面认识淳安文学的性质、特点和规律提供了宏观参照。

第四章　新安文学的历史演变与横向考论(下)

建德作为历史上的睦州、严州的州治，上承新安江下接钱塘江，处在一个重要的地理与文化节点上，因而显得厚重而雍容，端庄而潇洒。它以开放的胸襟接受域外文化的滋润，成为新安江文明的最早孕育之地。正因如此，首开中国山水诗派的杰出诗人谢灵运，以先觉者的敏锐探访了这一钟灵毓秀之地，并以《初往新安至桐庐口》的神奇诗篇掀开了新安江山水文学的帷幕，也开启了新安文学的大门，新安文学从此步入与时俱进的发展之途。

建德文学，包括历史上睦州和严州时期的文学。从南北朝以来，建德籍文学家、任职文学家和游历文学家共同创造了悠远绵长的建德文学，成为新安文学的醒目篇章。这一部分从建德文学的历史与横向考论两方面来认识其历史发展概貌，为进一步理解和掌握其文学发展规律奠定基础。

第一节　建德文学的历史演变

建德文学的历史演变经历了从南北朝开始的漫长历史发展过程，呈现出外来著名文学家层出不穷、经典文学作品纷至沓来的令人惊叹的局面。

一、南北朝文学

建德文学家在南北朝主要有任职新安和游历新安的文学家。

任职新安的文学家，主要有任昉、徐摛。

任昉（460 ~ 508），字彦升。乐安博昌（今山东博兴）人。南朝梁文学家。南朝宋时，举兖州秀才，拜太常博士。入齐，任丹阳尹刘秉的主簿、竟陵王记室参军，官至中书侍郎、司徒右长史。梁时，历任义兴（今江苏宜兴县）、新安（今浙江淳安）太守。一生仕宋、齐、梁三代，为官清廉，仁爱恤民。擅长表、奏、书、启等文体，文格壮丽。时人称“任笔沈诗”。“竟陵八友”之一。今传明人辑《任彦升集》。于天监六年（507）出任新安太守，从富春江逆流而上赴任途中，写下《严陵濑》《赠郭桐庐出溪口见候余既未至郭仍进村维舟久之郭生方至》等诗作。

徐摛（474 ~ 551），字士秀。东海郯（山东郯城）人。起家太学博士，迁左卫司马。会晋安王萧纲出戍石头，梁武帝萧衍谓周舍曰：“为我求一人，文学俱长，兼有行者，欲令与晋安游处。”舍因荐之为侍读。遂追随晋安王，历任记室参军、谘议参军等职。后转任家令兼掌管记。属文好为新变，不拘旧体。梁武帝萧衍鉴于徐摛“年老又爱泉石，意在一郡以自怡养”意愿，诏之曰：“新安大好山水，任昉等并经为之，卿为我卧治此郡。”徐摛便于中大通三年（529）出任新安太守。梁武帝对新安山水做出的赞美性评价，使世人对“新安山水”逐渐形成审美自觉，对后来新安山水文学的开创与发展产生重要影响。

游历新安的文学家有谢灵运、沈约、吴均等。

谢灵运（385 ~ 433），字灵运，世称谢客。出生于会稽始宁（今绍兴上虞区），诗人、文学家、旅行家。诗与颜延之齐名，并称“颜谢”。东晋时，世袭为康乐公，世称谢康乐。曾出任大司马行军参军、抚军将军记室参军、太尉参军等职。刘宋代晋后，降封康乐侯，历任永嘉太守、秘书监、临川内史。开创山水诗派。任永嘉太守期间，写有《富春渚》《七里濑》《夜发石关亭》《初往新安至桐庐口》等诗篇。

沈约（441 ~ 513），字休文。吴兴武康（今浙江湖州德清）人，南朝史学家、文学家。历仕宋、齐、梁三朝，宋仕记室参军、尚书度支郎。著有《晋书》《宋书》《齐纪》《高祖纪》《宋文章志》等。写有《新安江水至清浅深见底贻京邑游好》诗作。

吴均（469 ~ 520），字叔庠。吴兴故鄣（今浙江安吉）人，南朝梁时文学家。诗文深受沈约称赞。其文工于写景，诗文自成一家，常描写山水景物，称为“吴均体”。梁武帝天监初年，为郡主簿。天监六年（507）被建安王萧伟引为记室，后任奉朝请。著有《吴均集》20 卷等。写有《与朱元思书》，叙述乘船自桐庐至富阳途中所见的山光水色，文笔清丽，韵味隽永。

这一时期的建德文学可谓光彩夺目，成为新安山水文学乃至新安文学的亮丽开篇。

二、唐代文学

建德文学家在唐代主要有本籍文学家、任职文学家和游历文学家。

本籍文学家，主要有章八元、严维、徐凝、周朴、喻坦之、李频、喻凫、翁洮等。

严州府城

章八元（743 ~ 829），字虞贤。浙江桐庐县人，唐大历六年（771）进士。贞元中调句容（今江苏句容县）主簿，后升迁协律郎。为“睦州诗派”成员之一。有诗集1卷传世。写有《新安江行》《归桐庐旧居寄严长史》等诗作。

严维（756年前后在世），字正文。越州（今浙江绍兴）人，初隐居桐庐。肃宗至德二年（757）以“词藻宏丽”进士及第。授诸暨尉，后历秘书郎。严中丞节度河南辟佐幕府。迁余姚令，官终秘书郎。大历中，曾与郑概、裴冕、徐嶷、王纲等宴于园宅，联句赋诗，世称“浙东唱和”。《新唐书·艺文志》录《严维诗》1卷，《全唐诗》收其诗64首。写有《重送新安刘员外》《答刘长卿七里濑重送》等诗作。

施肩吾（780 ~ 861），字东斋，号栖真子。睦州分水人，元和十五年（820）进士。淡于名利，不待授官即东归，于洪州西山（今江西新建县）筑室隐居。青年时期与同乡诗友结成东林诗社，晚年率族人渡海避乱，至澎湖列岛定居。著有《西山集》10卷。《全唐诗》编其诗1卷，收录197首。写有《西山即事奉寄故园徐处士》《秋日桐江送裴秀才归淮南》《题钓台兰若》等诗作。

徐凝（813年前后在世）。睦州分水人。唐长庆中，赴杭州取解，得刺史白居易赏识，为“睦州诗派”成员之一。《全唐诗》存诗1卷。写有《回施先辈见寄新诗二首》《观浙江涛》等诗作。

周朴（? ～ 878），字见素，一作太朴。睦州桐庐人。唐末避乱福州，后隐居嵩山。唐乾符五年（878）黄巢陷闽，欲用之。朴谢曰："我为处士，尚不屈天子，安能从贼？"遂为巢所杀。为"睦州诗派"成员之一。《全唐诗》编其诗 1 卷。写有《寄处士方干》《董岭水》《宿玉泉寺》等诗作。

喻坦之（约 874 年前后在世）。睦州人。咸通十年（869）李频主京兆府试不第。与许棠、张乔、郑谷等，合称"咸通十哲"。后久居长安，与建州刺史李频为友。为"睦州诗派"成员之一。《全唐诗》编其诗 1 卷，今存诗 18 首。写有《题樟亭驿楼》《发浙江》《晚泊富春寄友人》等诗作。

李频（818 ～ 876），字德新。寿昌长汀源（今浙江建德李家镇）人，大中八年（854）进士。任武功令，后升侍御史，调都官员外郎。乾符年间，上表自荐，请任建州刺史。为"睦州诗派"成员之一。《全唐诗》载诗 208 首。写有《自黔中归新安》《富春赠孙璐》《送新安少府》等诗作。

喻凫（生卒年不详），毗陵（今江苏常州）人，开成五年（840）进士。曾为长城、德清、乌程县令。徙家睦州，尝与方干赋诗往还。为"睦州诗派"成员之一。《全唐诗》收诗 65 首。写有《送友人下第归宁》《龙翔寺寄李频》等诗作。

翁洮（约 830 ～约 910），字子平，号青山。睦州寿昌人，光启三年（887）进士。初选开封府，受左丞所荐入朝，加升礼部主客司员外郎，继封殿中侍御史。后解官自谪，归隐航川乡里。为"睦州诗派"成员之一。《全唐诗》收诗 1 卷 13 首。写有《上子男寿昌宰》《赠方干先生》《和方干题李频庄》等诗作。

任职建德的文学家，主要有刘长卿、杜牧等。

刘长卿（约 709 ～约 785），字文房，世称刘随州。宣城（今属安徽宣城）人。天宝年间进士，肃宗至德中官监察御史，后为长洲县尉。后任转运使判官，知淮西、鄂岳转运留后，又被诬再贬睦州司马。官终随州刺史。著有《刘随州集》，《全唐诗》收诗 5 卷。写有《却归睦州至七里滩下作》《新安江送陆沣归江阴》《七里滩重送严维》《赴新安赠别梁侍御》等诗作。

杜牧像

杜牧（803 ～约 852），字牧之，号樊川居士。京兆万年（今陕西西安）人。大和二年（828）进士，授弘文馆校书郎。后赴江西观察使幕，转淮南节度使幕，又入观察使幕，历任国史馆修撰，膳部、比部、司勋员外郎，黄州、池州、睦州刺史等职。晚年居长安南樊川别墅，后世称“杜樊川”。与李商隐并称“小李杜”。著有《樊川文集》。写有《睦州四韵》《新定途中》《秋晚早发新定》《除官归京睦州雨霁》等诗作。

游历建德的文学家，主要有孟浩然、李白、孟云卿、张继、权德舆、白居易、姚合、许浑、陆龟蒙、贯休、罗隐、郑谷、杜荀鹤、齐己、曹松等。

孟浩然（689 ~ 740），字浩然，号孟山人。襄州襄阳（今湖北襄阳）人，世称孟襄阳。与王维并称“王孟”。开元二十五年（737）被张九龄召至幕府，最终修道归隐。著有《孟浩然集》3 卷。写有《宿建德江》《经七里濑》《宿桐庐江寄广陵旧游》等诗作。

孟浩然像

李白游历建德时，写有《古风》《酬崔侍御》等诗作。

孟云卿（725 ~ 781），字升之。山东平昌（今山东商河西北）人。30 岁后举进士，肃宗时为校书郎。《全唐诗》收诗 1 卷，计 17 首。有《新安江上寄处士》等诗作。

张继（753 年前后在世），字懿孙。襄州（今湖北襄阳）人，天宝十二年（753）进士。为员外郎征西府中供差遣，后入内为检校员外郎，又提升检校郎中。大历末年，任盐铁判官。著有《张祠部诗集》。写有《题严陵钓台》《赠章八元》等诗作。

权德舆在游历建德时，写有《早发杭州泛富春江寄陆三十一公佐》《自桐庐如兰溪有寄》《新安江路》等诗作。

白居易（772 ~ 846），字乐天，号香山居士，又号醉吟先生。祖籍山西太原。官至翰林学士、左赞善大夫。与元稹倡导新乐府运动，世称“元白”。与刘禹锡并称“刘白”。著有《白氏长庆集》。写有《寄皇甫七》《访皇甫七》《哭皇甫七郎中》等诗作。

姚合（约 779 ~ 约 855），陕州（今河南陕县）人。元和十一年（816）进士，授武功主簿。历任监察御史，金、杭二州刺史、刑部郎中、给事中等职，终秘书少监。世称姚武功，其诗派称“武功体”。著有《姚少监诗集》10 卷，另编选有《极玄集》。写有《寄李频》《题李频新居》《答李频秀才》等诗作。

许浑（约 791 ~ 约 858），字用晦（一作仲晦）。润州丹阳（今江苏丹阳）人。成年后移家京口（今江苏镇江）丁卯涧，以丁卯名其诗集，后人因称“许丁卯”。著有《丁卯集》2 卷，《许用晦文集》。《全唐诗》选其诗 11 卷。写有《晚泊七里滩》

《送惟素上人归新安》《寄桐江隐者》等诗作。

陆龟蒙（？～881），字鲁望，号天随子、江湖散人、甫里先生。长洲（今江苏苏州）人。曾任湖州、苏州刺史幕僚，后隐居松江甫里。著有《甫里先生文集》《耒耜经》。写有《严光钓台》《新定陪太守一百五夜南馆玩月》等诗作。

贯休在游历建德时，写有《秋寄李频使君二首》《桐江闲居作五首》《游严陵钓台》等诗作。

罗隐（833～910），字昭谏。杭州新城（今浙江杭州市富阳区）人。历七年不第。黄巢起义后，避乱隐居九华山。光启三年（887），归乡依吴越王钱镠，历任钱塘令、司勋郎中、给事中等职。著有《歌诗集》14卷、《甲乙集》3卷、《外集》1卷，今编诗11卷。写有《秋日富春江行》《严陵滩》等诗作。

郑谷（约851～约910），字守愚。江西宜春市袁州人。僖宗时进士，官都官郎中，人称郑都官。又以《鹧鸪诗》得名，人称郑鹧鸪。曾与许棠、张乔等唱和往还，号“芳林十哲”。原有集，已散佚。写有《寄题方干处士》《哭剑州李员外频》等诗作。

杜荀鹤在游历建德时，写有《哭方干》《经严陵钓台》等诗作。

齐己(863～937)，晚年自号衡岳沙门。湖南长沙宁乡县人，诗僧。著有《白莲集》10卷、诗论《风骚指格》1卷。《全唐诗》收其诗800余首。写有《寄镜湖方干处士》《严陵钓台》《过西山施肩吾旧居》等诗作。

曹松（901年前后在世），字梦徵。舒州（今安徽安庆市潜山）人。早年避乱栖居洪都西山，后依建州刺史李频。光化四年(901)进士，授校书郎，后任秘书省正字。著有《曹梦征诗集》3卷，《全唐诗》收其诗140首。写有《赠南陵李主簿》《寄方干》《赠镜湖处士方干二首》等诗作。

唐代是中国诗歌的黄金时代，也是建德文学的黄金时代。这里形成了影响深远的“睦州诗派”，迎来了诗人刘长卿、杜牧前来任职，迎来了孟浩然、李白、张继、权德舆、白居易、陆龟蒙、贯休、杜荀鹤等诗人前来游历创作，共同谱写了一曲建德山水的诗歌大合唱，群星璀璨，熠熠生辉。

三、宋代文学

建德文学家在宋代主要有本籍文学家、任职文学家和游历文学家。

本籍文学家，主要有江公望、葛闳等。

江公望（？～1127），字民表。睦州（今浙江建德）人，熙宁六年(1073)进士。

建中靖国元年（1101），由太常博士拜左司谏。上疏言事，劝徽宗为元祐诸臣平反，反对新旧党争。又戒内苑畜珍禽奇兽。因事出知淮阳军，旋为左司员外郎。蔡京用事，编管南安军。建炎中，追赠右谏议大夫。著有《江司谏奏稿》《江司谏文集》。写有《题钓台题》《方氏清芬阁》《兜率寺鉴光阁三首》《玉泉庵二首》等诗作和《睦州政平桥记》《九峰庵记》《龙泉院记》等散文。

葛闳（1003 ~ 1072），字子容。建德人，天圣五年（1027）进士。为大理评事，知信州上饶县，徙知蒙州，转殿中丞、太常博士、通判常州。有《寄睦州朱少卿》《新定望湖楼》《题思范轩二首》等诗作。

任职建德的文学家，主要有范仲淹、赵抃、吕希纯、陆游等。

范仲淹（989 ~ 1052），字希文。祖籍邠州，后移居苏州吴县。杰出思想家、政治家、文学家。大中祥符八年（1015）及第，授广德军司理参军。后历任兴化县令、秘阁校理、陈州通判、睦州知州、苏州知州等职。庆历三年（1043）任参知政事，后历知邠州、邓州、杭州、青州。累赠太师、中书令兼尚书令、楚国公，谥号文正，世称范文正公。他倡导的“先天下之忧而忧，后天下之乐而乐”思想和仁人志士节操，影响深远。著有《文集》20 卷、《别集》4 卷等。有《谪守睦州作》《出守桐庐道中十绝》《新定感兴五首》《潇洒桐庐郡十绝》等诗作和散文《严先生祠堂记》。

赵抃（1008 ~ 1084），字阅道，号知非子。衢州西安（今浙江衢州市）人。景祐元年（1034）进士，除武安军节度推官。历知崇安、海陵、江原三县，通判泗州。至和元年（1054）召为殿中侍御史。其后出知睦州，移梓州路转运使，旋改益州。后除天章阁待制、河北都转运使，治平元年（1064）以龙图阁直学士再知成都。官至右谏议大夫、参知政事。晚年历知杭州、青州等地。追赠太子少师，谥号清献。著有《赵清献公集》。写有《新定即事》《过子陵故祠》《题甘棠楼》等诗作。

吕希纯（1101 年前后在世），字子进。寿州（今安徽寿县）人。为太常博士，历宗正、太常、秘书丞。迁著作郎。擢起居舍人，权太常少卿。拜中书舍人、同修国史。出为宝文阁待制、知亳州。后徙睦州、归州。建中靖国元年（1101），还为待制、知瀛州，俄改颍州。写有《千峰榭》《承天思范轩》《潇洒亭》等诗作。

陆游（1125 ~ 1210），字务观，号放翁。东京开封（今河南开封）人。赐进士出身，历任福州宁德县主簿、敕令所删定官、隆兴府通判等职。乾道七年（1171）投身军旅，任职于南郑幕府。次年，奉诏入蜀。后升为礼部郎中兼实录院检讨官。淳熙十三年至十五年（1186～1188）任严州知州。嘉泰二年（1202）应诏入京，主持编修孝宗、光宗《两朝实录》《三朝史》，官至宝章阁待制。著有《剑南诗稿》85卷、《渭南文集》50卷、《老学庵笔记》10卷等。写有《桐庐县泛舟东归》《桐江行》《千峰榭宴坐》等数十首有关严州诗作。

游历建德的文学家，主要有田锡、梅尧臣、张伯玉、韦骧、钱勰、张景修、彭汝励、杨时、朱翌、王十朋、姜特立、范成大、杨万里、赵蕃、孙应时、韩淲、刘克庄、方岳、金履祥、吴龙翰、林景熙、谢翱等。

田锡（940～1004），初名田继冲，字表圣。嘉州洪雅（今属四川眉山市）人，太平兴国三年（978）进士。任左拾遗、河北转运副使，右谏议大夫，史馆修撰等职，以敢言直谏著称。宋代文学的开拓者和奠基人之一。著有《咸平集》50卷。写有《登郡楼望钓台》《钓台怀古》《七里滩》等诗作。

梅尧臣在游历建德时，写有《读范桐庐述严先生祠堂碑》《咏严子陵》等诗作。

张伯玉在游历建德时，写有《七里滩》《舟次子陵钓台》《宿桐庐县江口》等诗作。

韦骧（1033～1105），字子骏。钱塘（今浙江杭州）人。皇祐五年（1053）进士，除知袁州萍乡系。历福建转连判官，主客郎中。出为变路提刑。建中靖国初，除知明州丐宫祠，以左朝议大夫提举洞霄宫。著有文集18卷、赋20卷。有《过桐庐县》《过七里滩》《建德道中感兴》等诗作。

钱勰（1034～1097），字穆父。杭州人。官至朝议大夫，熏上柱国，爵会稽郡开国侯。文章雄深雅健，诗歌清新遒丽。写有《睦州秀亭》《高峰寺》《东馆楼》等诗作。

张景修（约1090年前后在世），字敏叔。常州人，治平四年（1067）进士。元丰末，为饶州浮梁令、终祠部郎中。著有《张祠部集》。写有《过桐庐邑二首》《钓台》《清芬阁》等诗作。

彭汝励（1042～1096），字器资，号楚峰。江西鄱阳人。治平二年（1065）进士。历官保信军推官、武安军文书、潭州节度使军事推官、国子监直讲、大理寺丞、监察御史、吏部尚书等。著有《鄱阳集》30卷等。写有《夜泊睦州桐江》《入桐庐道中》《去桐江》等诗作。

杨时（1053～1135），字中立，号龟山。祖籍弘农华阴（今陕西华阴东）人。熙宁九年（1076）进士，历官浏阳、余杭、萧山知县，荆州教授、工部侍郎、以龙图阁直学士专事著述讲学。晚年隐居龟山，学者称龟山先生。著有《礼记解义》《列子解》《庄子解》《二程粹言》《龟山集》等。写有《过七里滩二首》《过清溪渡》《严陵钓台》等诗作。

朱翌（1097～1167），字新仲，号潜山居士、省事老人。舒州（今安徽桐城）人。政和八年（1118）同上舍出身。绍兴八年（1138）除秘书省正字，迁校书郎、兼实录院检讨官、祠部员外郎、秘书少监、起居舍人、中书舍人。后充秘阁修撰，出知宣州、平江府。著有《猗觉寮杂记》2卷、《潜山集》44卷。写有《晚上乌石滩》《观乌龙山瀑布》《钓台观新刻范文正碑》等诗作。

王十朋（1112～1171），字龟龄，号梅溪。温州乐清（今浙江乐清市）人。绍兴二十七年（1157）进士，官秘书郎。孝宗立，累官侍御史。历知饶、夔、湖、泉诸州。绍熙三年（1192）追谥忠文。著有《梅溪集》等。写有《钓台》《重游钓台二首》《宿富春舟中》等诗作。

姜特立（1125～1204），字邦杰。浙江丽水人。以父恩补承信郎。淳熙中，累迁福建兵马副都监。官终庆远军节度使。著有《梅山稿》6卷、续稿15卷等。写有《子陵三首》《子陵濑》《过钓台》等诗作。

范成大游历建德时，写有《严州》《钓台二首》《桐庐》等诗作。

杨万里游历建德时，写有《题钓台二绝句》《桐庐道中》《读严子陵传》等30余首有关严州诗作。

赵蕃（1143～1219），字昌父，号章泉。原籍郑州，南渡后侨居信州玉山（今属江西）。早岁以曾祖恩补州文学，调浮梁尉、连江主簿，皆不赴。为太和主簿，调辰州司理参军。理宗绍定二年（1229），以直秘阁致仕。谥文节。为江西诗派的殿军人物。著有《乾道稿》2卷、《淳熙稿》20卷、《章泉稿》5卷。写有《早发建德》《钓矶二首》《入严州界二首》等诗作。

孙应时（1154～1206），字季和，自号烛湖居士。浙江余姚人。淳熙二年（1175）进士。初为黄岩尉，有惠政。后知常熟县，移判邵武军。著有《烛湖集》20卷。写有《赠淳安赵令》《赠桐庐孙令》《赠分水奚令》等诗作。

韩淲（1159～1224），字仲止，一作子仲，号涧泉。祖籍开封，后隶籍信州上饶（今属江西）。早年以父荫入仕，为平江府属官。著有《涧泉集》20卷、《涧泉日记》3卷、《涧泉诗馀》1卷。写有《寄胡桐庐》《过钓濑望方干故居》《上富春滩》等诗作。

刘克庄（1187 ~ 1269），初名灼，字潜夫，号后村。福建莆田人，豪放派词人。嘉定二年（1209），因父荫补将仕郎，后历任靖安主簿、真州录事、建阳县知县、帅司参议官、枢密院编修官。淳祐六年（1246），赐同进士出身，后任秘书少监，官居工部尚书、建宁府知府。谥“文定”。著有《后村先生大全集》。写有《寿昌》《桐庐舟中即事》《严光》等诗作。

方岳游历建德时，写有《舟次严陵二首》《除夜宿桐庐》《雪作泊七里滩》等诗作。

金履祥（1232 ~ 1303），字吉父，号次农，自号桐阳叔子。兰溪（今浙江兰溪市）人，为浙东学派、金华学派的中坚。先祖原姓刘，因避讳吴越王钱镠改姓金。德祐初年，以迪功郎、史馆编校等职召任，坚辞不受。寻应严州知州聘，主讲钓台书院。著有《论语集注考证》《孟子集注考证》《仁山集》等，编有《濂洛风雅》。写有《题钓台（并序）》《登严州北高峰用韵》《客严陵赠星史》等诗作。

吴龙翰游历建德时，写有《子陵钓台》《严滩对月忆壶亡弟》《登严子陵钓台》等诗作。

林景熙（1242 ~ 1310），字德暘，一作德阳，号霁山。温州平阳（今属浙江）人。咸淳七年（1271）进士，受泉州教官，历礼部架阁，转从政郎。宋亡后不仕，隐居于平阳县城白石巷。南宋遗民诗人代表，与谢翱并称翘楚。著有《白石樵唱》6卷、《白石稿》10卷，后人编为《霁山集》。写有《谒严子陵祠》《钓台》《宿七里滩》等诗作。

谢翱（1249 ~ 1295），字皋羽，一字皋父，号宋累，又号晞发子。原籍长溪，徙建宁府浦城县（今属福建南平市）。德祐二年（1276），文天祥开府延平，任谘议参军。文天祥兵败脱身避地浙东，往来于永嘉、括苍、鄞、越、婺、睦州等地。著有《西台恸哭记》《天地间集》及《晞发集》10卷、《晞发遗集》2卷、《晞发遗集补》1卷。写有《游钓台》《西台哭所思》等诗作。

宋代的建德文学可谓丰富多彩，文学作者由本籍文学家、任职文学家和游历文学家三方集结，著名诗人纷纷登台亮相，范仲淹、陆游等前来任职，梅尧臣、张伯玉、钱勰、杨时、王十朋、范成大、杨万里、刘克庄、方岳、谢翱等前来游历献诗。这是继唐代而后的又一文学辉煌景象。范仲淹则把这一景象和影响放大到最高端，他的《严先生祠堂记》一文通过“云山苍苍，江水泱泱。先生之风，山高水长”的经典概括，提升和强化了严光在地域思想文化上的影响。

四、元代文学

建德文学家在元代主要有任职文学家和游历文学家。

任职严州的有方回。方回曾任严州（今浙江建德）知府、建德路总管。任职期间，写有《将至严陵》《过钓台》等诗作。

游历建德的诗人，主要有赵孟頫、鲜于枢、萨都剌、贡师泰、金涓等。

赵孟頫（1254～1322），字子昂，号松雪道人，又号水晶宫道人。吴兴（今浙江湖州市）人，原籍婺州兰溪。书法家、画家、诗人。历任集贤直学士、济南路总管府事、江浙等处儒学提举、翰林侍读学士等职，累官翰林学士承旨、荣禄大夫。谥号文敏，故称“赵文敏”。著有《松雪斋文集》等。写有《桐庐道中》《过严陵钓台二首》等诗作。

鲜于枢（1246～1302），字伯机，号困学山民、直寄老人。生于汴梁（今河南开封），大都（今北京）人，元代书法家。大德六年（1302），任太常典簿，后改浙东省都事。著有《困学斋杂录》《困学斋诗集》。写有《建德溪行二首》《过钓台》等诗作。

萨都剌（1300～1355），字天锡，号直斋。回族，出生于雁门（今山西代县），元代诗人、画家。泰定四年（1327）进士。授应奉翰林文字，擢南台御史，以弹劾权贵，左迁镇江录事司达鲁花赤，累迁江南行台侍御史，左迁淮西北道经历。晚年居杭州。文学创作以诗歌为主，诗风清丽俊逸，文辞雄健。写词不多，但影响甚大，后人誉之为“有元一代词人之冠”。写有《过桐庐》《夜泊钓台》《奉命入闽过建德道中》等诗作。

贡师泰（1298～1362），字泰甫，号玩斋。宣城（今安徽宣城）人，元代散文家，泰定四年（1327）进士，曾任吏部侍郎、兵部侍郎，礼部尚书，官至户部尚书。著有《诗经补注》《玩斋集》《东轩集》等。写有《建德城西寺》《钓台（并序）》等诗文。

金涓（1306～1382），字德原。义乌佛堂镇塘下洋村人。交荐于朝，皆辞不赴，教授乡里以终。写有《别徐处士归严州》《泊钓台》《舟次严滩》等诗作。

元代建德文学承续唐、宋的文学影响而继续发力，保持着建德文学的发展而渊源不断。

五、明代文学

建德文学家在明代主要有本籍文学家和游历文学家。

本籍文学家，主要有徐贯。

徐贯（约1470年前后在世），字元一，原一。淳安蜀阜人，明代水利学家。天顺元年（1457）进士，授兵部郎中，又调为福建右参议，分守延平、邵武四府。升右副都御史、工部左侍郎、工部尚书，累加太子少保。加太子太傅，追赠为太保，谥康懿。著有《余力稿》12卷，收入《四库总目》。写有《题钓台二首》《严陵八景》等诗作。

游历文学家，主要有张以宁、朱同、沈周、茅坤、徐渭、谢肇浙、袁宏道、王思任、钱谦益、陈子龙等。

张以宁（1301～1370），字志道，自号翠屏山人。古田（今属福建宁德）人，明初文学家。泰定中举进士，官至翰林侍读学士。著有《翠屏集》《春王正月考》等。写有《严州大浪滩》《过桐庐》《严子陵钓台》等诗作。

朱同（1336～1385），字大同，号朱陈村民，又号紫阳山樵。安徽休宁人。洪武十年（1377）举明经，任本郡教授，修《新安志》。十三年（1380）举人才，授吏部司填充员外郎，寻升礼部右侍郎。诗具盛唐风致。写有《登子陵钓台有感》《泛舟严陵四首》等诗作。

沈周（1427～1509），字启南，号石田、玉田生、白石翁等。出生于长洲，明代书画家，与文徵明、唐寅、仇英并称“明四家”。写有《子陵垂钓》《子陵独钓图二首》《题严子陵像》等诗作。

茅坤（1512～1601），字顺甫，号鹿门。归安（今浙江吴兴）人，明代散文家、藏书家。嘉靖十七年（1538）进士，官广西兵备佥事。文武兼长，雅好书法。编选《唐宋八大家文抄》，与王慎中、唐顺之、归有光等被称为“唐宋派”。有《茅鹿门集》。写有《晚泊桐庐江上》《吊严陵祠》《过七里泷二首》等诗作。

徐渭（1521～1593），初字文清，后改字文长，号青藤老人、青藤道士等。绍兴府山阴（今浙江绍兴）人，明代文学家、书画家。徐渭多才多艺，与解缙、杨慎并称“明代三才子”。写有《严先生祠》《七里滩》《七里滩二首》等诗作。

谢肇浙（1567～1624），字在杭，号武林，晚号山水劳人。福州长乐县人，为闽派诗人代表。明万历二十年(1592)进士，历任湖州、东昌推官、南京刑部主事、兵部郎中、工部屯田司员外郎、广西按察使、广西右布政使。著有《五杂俎》《文海披沙》等。写有《过钓台》《舟过七里滩》《七里滩》等诗作。

袁宏道（1568～1610），字中郎，号石公。湖北公安县人。与兄袁宗道、弟袁中道并有才名，人称“三袁”。写有《新安江十首》《严陵四首》等诗作。

王思任（1574～1646），字季重。山阴（今浙江绍兴）人，明末文学家。万历年进士，曾知兴平、当涂、青浦三县，又任袁州推官、九江佥事。后任礼部右侍郎。著有《王季重十种》。写有《严滩》《发富春诸》《过睦》《七里泷》等诗作。

钱谦益游历建德时，写有《早发七里滩》《五日夜泊睦州》《归舟过严陵祠下留别》《桐庐道中》等诗作。

陈子龙（1608 ~ 1647），初名介，后改名子龙。南直隶松江华亭（今上海市松江区）人。崇祯十年（1637）进士，擢兵科给事中。被公认为明代最后一个大诗人、"明诗殿军"，为婉约词名家、云间词派盟主。写有《雨中行建德江》《舟次七里濑》《咏严先生钓台》等诗作。

明代建德文学中，徐贯创作的《严陵八景》组诗，描绘严陵千峰古榭、八面层峦、双塔兆魁、二江成字、三墩毓秀、九井储清、七里扬帆、双台垂钓等八景，典型再现了建德的自然文化奇观。众多诗文集中于严陵钓台的文学书写，强调了严陵钓台的文化影响力。

六、清代文学

建德文学家在清代主要有本籍文学家和游历文学家。

本籍文学家，主要有章夔等。

章夔（1783 ~ 1852），字象德，号云仙。建德三河乡人。工吟咏，授课之余注疏蘅塘退士孙洙所编《唐诗三百首》。著有《古唐诗精选注》《诗话合选》《高林别墅诗集》等。

游历文学家，主要有李渔、龚鼎孳、方孝标、施闰章、朱彝尊、屈大均、洪昇、查慎行、袁枚、纪昀、蒋士铨、吴锡麒、洪亮吉、黄景仁、张际亮等。

李渔（1611 ~ 1680），初名仙侣，后改名渔，字谪凡，号笠翁。金华兰溪人，清初文学家、戏剧家、戏剧理论家。崇祯十年（1637），金华府学生。入清后，无意仕进，从事著述和指导戏剧演出。其戏曲论著《闲情偶寄》对中国古代戏曲理论有较大丰富和发展。另有《笠翁十种曲》《无声戏》《十二楼》《笠翁一家言》等。写有《严陵钓台》《七里溪》《严陵纪事八首》等诗作。

龚鼎孳（1616 ~ 1673），字孝升，号芝麓。安徽合肥人。清初诗人、文学家，与吴伟业、钱谦益并称为"江左三大家"。明崇祯七年（1634）进士，官兵科给事中。后迁太常寺少卿，累官礼部尚书。写有《七里濑》《舟发建德作》《晓过钓鱼台》等诗作。

方孝标（1617 ~ 1697），本名玄成，避康熙帝玄烨讳，以字行，别号楼冈。安徽桐城人。顺治六年（1649）进士，累官至内弘文院侍读学士。著有《滇黔纪闻》。

写有《严州途中》《拜子陵祠》《过桐庐县》等诗作。

施闰章（1619 ~ 1683），字尚白，一字屺云，号愚山，晚号矩斋。江南宣城（今安徽宣城市）人，清初政治家、文学家。清顺治六年（1649）进士，授刑部主事。历任山东学政、江西布政司参议等职。工诗词古文学。其诗以辞清句丽见长，号“宣城体”。与宋琬齐名，有“南施北宋”之誉。著有《双溪诗文集》《愚山诗文集》等十余种。写有《过子陵钓台》《重题钓台二首》等诗作。

朱彝尊（1629 ~ 1709），字锡鬯，号竹垞，又号醧舫。浙江秀水（今浙江嘉兴市）人，清代词人、学者、藏书家。康熙十八年（1679）举博学鸿词科，除翰林院检讨。后入直南书房，参与纂修《明史》。为“浙西词派”创始人。著有《曝书亭集》80卷、《日下旧闻》42卷，选《明诗综》100卷、《词综》36卷等。写有《七里濑经严子陵钓台作》《七里濑》《泷中吟》等诗作。

屈大均（1630 ~ 1696），初名邵龙，又名邵隆，号非池，字骚余，又字翁山、介子。广东番禺人。清初学者、诗人，与陈恭尹、梁佩兰并称“岭南三大家”。著有《翁山诗外》《翁山文外》等。写有《子陵祠下夜坐》《严子陵二首》《严滩作》等诗作。

洪昇（1645 ~ 1704），字昉思，号稗畦，又号稗村、南屏樵者。钱塘（今浙江杭州）人。清代戏曲家、诗人，与《桃花扇》作者孔尚任并称“南洪北孔”。其代表作《长生殿》于康熙二十七年（1688）问世后引起轰动。著有诗集《稗畦集》《稗畦续集》《啸月楼集》，杂剧《四婵娟》，传奇《长生殿》《回文锦》《回龙记》等。今人辑有《洪昇集》。写有《钓台四首》《江行杂诗四首》等。

查慎行（1650 ~ 1727），初名嗣琏，字夏重，号查田。后改名慎行，字悔余，号他山。杭州府海宁花溪人，清代诗人、文学家。康熙四十二年（1703）赐进士出身，授翰林院编修。诗坛“清初六家”之一。诗风清新隽永。有诗集《敬业堂诗集》《查初白诗评十二种》等。写有《睦州》《严滩早发》《严陵二绝句》等诗作。

袁枚游历建德时，写有《题严子陵像》《钓台》《重题钓台》等诗作。

纪昀（1724 ~ 1805），字晓岚，别字春帆，号石云，道号观弈道人、孤石老人。清直隶献县（今河北省献县）人。乾隆十九年（1754）进士，官至礼部尚书、协办大学士，太子少保。曾任《四库全书》总纂官。谥号文达。著有《阅微草堂笔记》《纪文达公遗集》。写有《富春至严陵山水甚佳四首》《钓台有感》《滩河谣八首》等诗作。

蒋士铨（1725 ~ 1785），字心馀、苕生，蘘生，号藏园，又号清容居士，晚号定甫。江西铅山人，清代戏曲家、文学家。乾隆二十二年（1757）进士，官翰林院编修。乾隆二十九年（1764），辞官主持蕺山、崇文、安定三书院讲席。诗与袁枚、赵翼合称“江右三大家”。著有《忠雅堂诗集》。写有《七里泷二首》《过严子陵钓台二首》《严先生祠》等诗作。

吴锡麒（1746～1818），字圣征，号谷人。钱塘（今浙江杭州）人，清代文学家，乾隆四十年（1775）进士。浙派诗人中继朱（彝尊）、杭（世骏）、厉（鹗）后自成一家。写有《雨中过七里泷》《钓台谒子陵祠》《子陵鱼》等诗作。

洪亮吉（1746～1809），初名洪莲，又名礼吉，字君直，一字稚存，号北江，晚号更生居士。祖籍安徽歙县，生于常州。清代经学家、文学家，“毗陵七子”之一。乾隆五十五年（1790）榜眼，授翰林院编修。写有《舟行将抵建德》《过严陵滩》《发新安江》等诗作。

洪亮吉像

黄景仁游历建德时，写有《过钓台》《七里泷》《新安滩》等诗作。

张际亮（1799～1843），字亨甫，号华胥大夫、松寥山人。福建建宁县人。与魏源、龚自珍、汤鹏并称为“道光四子”。著有《松寥山人集》《娄光堂稿》等。写有《晓发桐庐江》《严州歌》《自钱塘江舟行二日过七里濑作》等诗作。

清代建德文学，游历文学家不乏名家和大家，诸如李渔、施闰章、朱彝尊、屈大均、洪昇、查慎行、袁枚、纪昀、洪亮吉、黄景仁等，他们大多对严陵及其钓台保持了浓厚的思想情趣，书写了一系列作品，体现了严陵及其钓台的持续影响力，成为建德文学中的特色篇章。

建德文学源远流长、格调非凡，对于新安山水文学乃至新安文学具有开启作用和传承价值。

第二节　建德文学的横向考论

本节包括“杜牧在睦州的文学创作”“范仲淹在睦州的文学创作”“江公望在睦

州的文学创作”三部分，意在借此三大文学家来体现建德文学的实力与格调，进而为全面认识建德文学的成就与面貌创造条件。

一、杜牧在睦州的文学创作

杜牧是睦州州府于神功元年（697）由雉山迁建德后，出任睦州名气最大的第一位地方官。

杜牧(803～852)，字牧之，号樊川居士。京兆万年（今陕西西安）人，唐代杰出诗人、散文家。唐文宗大和二年(828)进士，授弘文馆校书郎。大和七年（833），授淮南节度使推官，后转为掌书记。九年（835）征为监察御史，分司东都，任监察御史；开成二年（837）召为宣州团练判官，四年任左补阙、史馆修撰，五年（840）升为膳部员外郎；会昌元年（841）调任比部员外郎，二年外放为黄州刺史，四年九月迁池州刺史，六年（846）九月迁睦州刺史；大中二年（848）八月为司勋员外郎，四年升为吏部员外郎，请求外放湖州刺史，一年后升为考功郎中、知制诰。晚年居长安南樊川别墅，故后世称“杜樊川”。著有《樊川文集》。诗歌以七言绝句著称。人称“小杜”，以别于杜甫“大杜”。与李商隐并称“小李杜”。

杜牧像

杜牧任职睦州刺史，承担着治理全州事务的责任。按唐代地方官职建制，刺史之下有别驾、长史、司马等官。杜牧任职期间，兴利除弊，关心百姓，受到好评。

杜牧写有有关睦州与周边地区的诗作10首，文1篇。其中有五绝《题新定八松院小石》，五律《睦州四韵》《秋晚早发新定》《夜泊桐庐先寄苏台卢郎中》《丹水》《初春有感寄歙州邢员外》，五古《除官归京睦州雨霁》，七绝《新定途中》《寄桐江隐者》、七律《正初奉酬歙州刺史邢群》，还有散文《唐故歙州刺史邢君墓志铭》。

杜牧对睦州的总体印象，在他离任睦州刺史三年后的大中五年（851）七月写的《祭周相公文》中做过回顾：“牧于此际，更迁桐庐。东下京江，南走千里。曲屈越嶂，如入洞穴。惊涛触舟，几至倾没。万山环合，才千余家。夜有哭鸟，昼有毒雾。病无与医，饥不兼食。仰喑逼塞，行少卧多。逐者纷纷，归轸相接。唯牧远弃，其道益艰。”[①]从中可知：一是他当初赴任途中的劳顿艰辛；二是进入睦州后经历过险境；三是对睦州的地理环境印象是“万山环合，才千余家。夜有哭鸟，昼有毒雾”；四是对于睦州的社会状态的评价是“病无与医，饥不兼食。仰喑逼塞，行少卧多。逐者纷纷，归轸相接”。可见他当时工作环境与条件之恶劣程度。

从杜牧留下的有关睦州的诗歌作品中，可以看到，在睦州的两年里，杜牧是一个热爱睦州山水、思考人生要义和对友人满怀温情的诗人形象。

(一)在对睦州山水特点的深切感知中揭示其典型标记

杜牧对睦州山水特点的感知，以五律《睦州四韵》最具代表性。

睦州四韵[②]

州在钓台边，溪山实可怜。
有家皆掩映，无处不潺湲。
好树鸣幽鸟，晴楼入野烟。
残春杜陵客，中酒落花前。

《睦州四韵》是杜牧对睦州山水的形象写照与生动概括。可以看出以下几点：一是点明州治的方位，特别点出严陵钓台，可见它在睦州的文化地位；二是对这里的山水做出总体感情评价，那就是非常可爱；三是对睦州山水的具体特点加以揭示，人家掩映在山水之间，到处流水潺潺，明丽的绿树间鸟鸣啾啾，晴日里的楼房云雾缭绕。这是晴朗的暮春时节，杜牧眼中的睦州景象。

杜牧对睦州山水的点睛之笔“有家皆掩映，无处不潺湲”，成了睦州山水的经典写照。它一方面来自对过去已有的感知与评定，一方面来自自身的深切感悟。南北朝时期，谢灵运《七里濑》诗作中的“石浅水潺湲，日落山照耀”、沈约《新安江水至清浅深见底贻京邑游好》诗作中的“愿以潺湲水，沾君缨上尘”，无疑是杜牧所熟知的，也是他所认同的，所以他也就把它们一脉相承下来，进入自己的诗歌

① [唐]杜牧：《樊川文集》卷十一，四库全书本。
② [清]彭定求等：《全唐诗》第五百二十二卷，四库全书本。

意境与笔端，使其得到进一步确认和放大。

除此以外，杜牧《寄桐江隐者》一诗中“潮去潮来洲渚春，山花如绣草如茵”，抒写春天的景象；《除官归京睦州雨霁》一诗中“秋半吴天霁，清凝万里光。水声侵笑语，岚翠扑衣裳。远树疑罗帐，孤云认粉囊”抒写秋天的景象。这些美妙的描写山水景色的诗句，都可看出杜牧对睦州山光水色的喜爱之情。

(二)在对“严陵钓台”的吟咏中体现人生要义

杜牧诗中有四首诗涉及“严陵钓台”，可见“严陵钓台”是他在睦州期间的一个文化情结，其中包含了对人生意义的揭示与理解。

一是在《睦州四韵》诗作中开门见山点出“钓台”：“州在钓台边，溪山实可怜”。这里看似指的是地理位置，实质上是体现了“钓台”在睦州的地位。据唐睿宗皇帝李旦时期(684 ~ 712)侍御史洪子舆《严陵祠》诗：“汉主召子陵，归宿洛阳殿。客星今安在？隐迹犹可见。幽径滋芜没，荒祠幕霜霰。垂钓想遗芳，报苹羞野荐。高风终激古，语理忘荣贱。方验道可尊，山林静不变。”[①] 在唐代早期，这里就有对“严陵”的祭祀。由此可知，在唐代“严陵钓台”已经有特殊地位。然而，自618年高祖李渊建立唐朝，至睿宗朝已近百年，故诗中有“荒祠幂霜霰”之句，可见当时的“严子陵祠”已历尽沧桑，对严子陵的祭祀也已濒临停滞。但在杜牧笔下，“严陵钓台”并没有疏远。

二是在《丹水》一诗中，提出了“翠岩三百尺，谁作子陵台。”原诗如下：

丹水[②]

何事苦萦回，离肠不自裁。
恨声随梦去，春态逐云来。
沉定蓝光彻，喧盘粉浪开。
翠岩三百尺，谁作子陵台。

诗中“翠岩三百尺，谁作子陵台”，以追问句式来体现其中丰富的含义。从字

---

①[清]彭定求等：《全唐诗》第一百一十卷，四库全书本。
②[清]彭定求等：《全唐诗》第五百二十三卷，四库全书本。

面上理解，弄清“谁作子陵台”的问题，无非有三：一是子陵在这里垂钓，当为子陵自己最早作台；二是由于子陵故去，可能由光武帝所建，以资纪念；三是后来追慕子陵的人①所建。诗人在这里发出追问，其实并不是真要去搞清楚是谁建的，而是强调正是有了这样一个钓台，给人们的凭吊和纪念提供了场所，在于肯定子陵钓台的文化意义。

三是在《寄桐江隐者》中，提出了“严陵台下桐江水，解钓鲈鱼能几人”。原诗如下：

寄桐江隐者②

潮去潮来洲渚春，山花如绣草如茵。

严陵台下桐江水，解钓鲈鱼能几人。

在春天到来的时节里，春潮涌动，山花盛开，在严陵钓台上垂钓，能有几人懂得垂钓的意义？是为垂钓而垂钓，还是另有其他。这里寄语“隐者”，当是在追问严陵远离官场、淡泊名利的初始意义。因为后来的垂钓者以及隐者都已经远离，甚至背离了严陵垂钓的原有意义。这才是杜牧追问的用意所在。

四是在《秋晚早发新定》中，提出了“悬缨未敢濯，严濑碧淙淙”，原诗如下：

秋晚早发新定③

解印书千轴，重阳酒百缸。

凉风满红树，晓月下秋江。

岩壑会归去，尘埃终不降。

悬缨未敢濯，严濑碧淙淙。

大中二年(848)九月，杜牧于离开睦州赴朝廷任司勋员外郎一职时写就此作。诗人离任之际，想起低吟着“纷吾隔嚣滓，宁假濯衣巾？愿以潺湲水，沾君缨上尘”(《新安江水至清浅深见底贻京邑游好》)的沈约，想起严子陵，情感可谓丰富而复杂。

① [清]彭定求等：《全唐诗》第五百二十六卷，四库全书本。

② [清]彭定求等：《全唐诗》第五百二十二卷，四库全书本。

③ [清]彭定求等：《全唐诗》第一百一十卷，四库全书本。

一是对照沈约“纷吾隔嚣滓，宁假濯衣巾？愿以潺湲水，沾君缨上尘”，自己未能做到，甚至不敢做到“以潺湲水”洗己“缨上尘”；二是对照严子陵的远离官场、淡泊名利，自己正处身在官场的颠簸之中，形成一种极大反差和落差。这里就提出了一个问题，那就是：作为智者是不是就一定要远离官场、追求所谓“独善其身”？

从个人品行角度来看，严光的淡泊名利的品格是值得肯定的。如从个人的社会价值角度来看，严光的这种做法是有局限和不值得提倡的。试想，如果大家都像严光这样隐居起来，那国家和社会也就不能进步与发展。杜牧追求的是“穷则独善其身，达则兼济天下”的人生理想，因此他也就“悬缨未敢濯”了。

此外，杜牧在诗中两次提到张文纪。一是在上任睦州时，所写《新定途中》一诗中有“无端偶效张文纪，下杜乡园别五秋”；另一次是在离任睦州时，所写《除官归京睦州雨霁》诗中有“浅深须揭厉，休更学张纲”。原诗如下：

除官归京睦州雨霁①

秋半吴天霁，清凝万里光。
水声侵笑语，岚翠扑衣裳。
远树疑罗帐，孤云认粉囊。
溪山侵两越，时节到重阳。
顾我能甘贱，无由得自强。
误曾公触尾，不敢夜循墙。
岂意笼飞鸟，还为锦帐郎。
网今开傅燮，书旧识黄香。
姹女真虚语，饥儿欲一行。
浅深须揭厉，休更学张纲。

杜牧写这首诗的背景，是他于大中二年八月接到朝廷任命新职、离开睦州之际所写。这从他为答谢宰相周墀的援引之恩所写《上周相公启》的信中可知：“伏以睦州治所，在万山之中，终日昏氛，侵染衰病。自量忝官已过，不敢率然请告，唯

① [清]彭定求等：《全唐诗》第一百一十卷，四库全书本。

念满岁，得保生还。不意相公拔自污泥，升于霄汉，却收斥锢，令厕班行，仍授名曹，帖以重职，当受震骇，神魂飞扬，抚已自惊，喜过成泣。”[①] 这一方面反映了他在睦州的生活状况，另一方面反映了对被新提拔为朝廷命官的惊喜。

“浅深须揭厉，休更学张纲”诗句中提到的张纲，为东汉犍为郡武阳（今四川眉山市彭山县）人，字文纪。侍御史，《后汉书·列传》中有《张纲传》。东汉顺帝时，外戚与宦官互相勾结，专横跋扈，危邦乱国。张纲毅然上书，希望皇上“割损左右”，以顺天下人心。顺帝永建、阳嘉年间，他奏请弹劾太尉桓焉、司徒刘寿“尸位素餐，不堪其职”，又揭露司隶校尉赵峻、河南尹梁不疑、汝南太守梁乾等贪赃枉法；还不顾个人安危，上书历数当朝国舅、大将军梁冀等罪状。后，张纲反被权奸梁冀贬为广陵太守。

杜牧政治才华出众。他关心军事，专门研究过孙子，写过十三篇《孙子》注解，还写过许多策论咨文。杜牧由于接连经历了外放为黄州刺史、池州刺史和睦州刺史，在诗中反思自己由于“无端偶效张文纪”，从而导致“下杜乡园别五秋”，给自己带来了外放三地五年的经历。于是有了“浅深须揭厉，休更学张纲”诗句。由于杜牧始终是一位“位卑未敢忘忧国”的知识分子，耿直谏言，在大中四年秋天，又一次被外放出任湖州刺史。

(三)在与友人的诗作往来中寄寓深厚的温情

杜牧在睦州期间写给友人的诗作，主要有《夜泊桐庐先寄苏台卢郎中》《初春有感寄歙州邢员外》《正初奉酬歙州刺史邢群》等三首。

夜泊桐庐先寄苏台卢郎中[②]

水槛桐庐馆，归舟系石根。
笛吹孤戍月，犬吠隔溪村。
十载违清裁，幽怀未一论。
苏台菊花节，何处与开樽？

---

①[唐]杜牧：《樊川文集》卷十三，四库全书本。

②[清]彭定求等：《全唐诗》第五百二十二卷，四库全书本。

诗中“水槛”指临水的栏杆，“石根”指岩石的底部、山脚。“清裁”意为清俊的风操，“幽怀”指隐藏在内心的情感。“苏台”即姑苏台，在苏州西南姑苏山上，相传为春秋时吴王阖庐所筑，夫差于台上立春宵宫，做长夜之饮。因苏台地处苏州，故亦用以借指苏州。“开樽”亦作“开尊”，即举杯（饮酒）。全诗表现了与友人十年未相见，盼望把酒话相思的深厚感情。

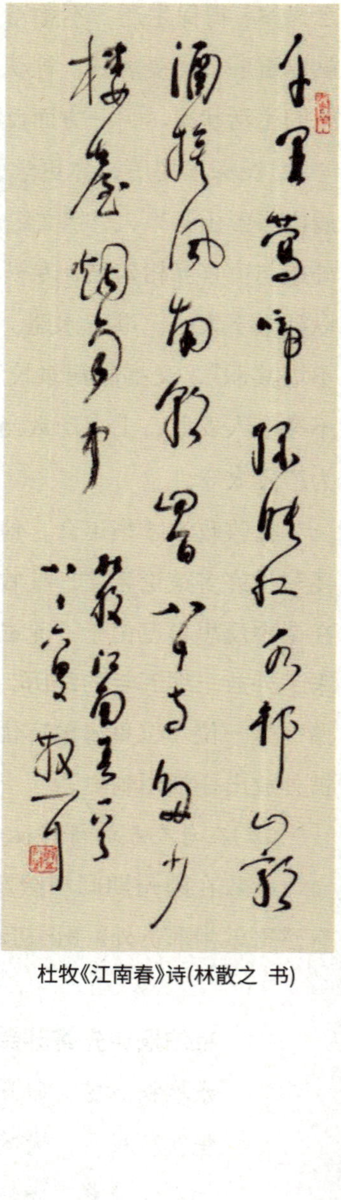
杜牧《江南春》诗(林散之 书)

杜牧与歙州刺史邢涣思的交谊可谓深厚。据杜牧在《唐故歙州刺史邢君墓志铭》：“亡友邢涣思，讳群。牧太和初举进士第，于东都一面。涣思私自约曰：邢君可友。后六年，牧于宣州事吏部沈公，涣思于京口事王并州为幕府吏。二府相去三百里，日夕闻涣思佽助并州巨细合宜。后一年，牧奉沈公命北渡扬州，聘丞相牛公，往来留京口并州。……牧曰：往年私约邢君可友，今真可友也。……会昌五年，涣思由户部员外郎出为处州，时某守黄州，岁满转池州，与京师人事离阔四五年矣。闻涣思出，大喜曰：涣思果不容，于会昌中不辱吾御史举矣。涣思罢处州，授歙州，某自池转睦。歙州相去直西东三百里。”①

初春有感寄歙州邢员外②

雪涨前溪水，啼声已绕滩。
梅衰未减态，春嫩不禁寒。
迹去梦一觉，年来事百般。
闻君亦多感，何处倚阑干？

---

①［唐］杜牧：《樊川文集》卷五，四库全书本。
②［清］彭定求等：《全唐诗》第五百二十三卷，四库全书本。

杜牧于初春时节，从眼前所见的睦州初春景象，想到过去的一年事务繁多，又听闻好友邢君多有感慨，于是写下了这首诗。诗中的"闻君亦多感"是特有所指的。据《唐故歙州刺史邢君墓志铭》所记："问来人曰：邢君何以为治？曰：急于束缚黠吏，冗事弊政，不以久远，必务尽根本。某曰：邢君去缙云日，稚老泣送于路，用此术也。复问：闲日何为？曰：时饮酒高歌，极欢。某曰：邢君不喜酒，今时饮酒且歌，是不以用繁虑而不快于守郡也！"可见，杜牧对友人的了解是非常全面的。

邢群有感于与杜牧的友情，也时常以诗寄怀，其中有《郡中有怀寄上睦州员外十三兄》[①]一诗，就是写给杜牧的：

城枕溪流浅更斜，丽谯连带邑人家。
经冬野菜青青色，未腊山梅树树花。
虽免瘴云生岭上，永无京信到天涯。
如今岁晏从羁滞，心喜弹冠事不赊。

邢群在诗中书写了自己任职的歙州在年终之时所见的州城景象，感叹地处偏远收不到京城的讯息，高兴的是如今到年底了，没有什么事情没完成的，表现了对一年工作的满足。

当杜牧接到友人诗作后，以原韵七律《正初奉酬歙州刺史邢群》[②]酬答：

翠岩千尺倚溪斜，曾得严光作钓家。
越嶂远分丁字水，腊梅迟见二年花。
明时刀尺君须用，幽处田园我有涯。
一壑风烟阳羡里，解龟休去路非赊。

诗中"丁字水"指新安江在建德梅城与兰江汇合后注入富春江的河流形状特点。"刀尺"比喻法式规矩，也比喻品评进退人才的权力；"阳羡"，秦汉时宜兴称阳羡；"解

① 浙江省淳安县文联：《淳安古诗词选》，汉语大词典出版社，1995年，第41～42页。
② [清]彭定求等：《全唐诗》第五百二十三卷，四库全书本。

龟”意为解下龟印，指辞官。全诗通过对睦州眼前景色的书写，寄寓了对友人为官的劝勉和对去路的提醒，关切之情溢于言表。

通过对杜牧以上诗作的解读，一个热爱睦州山水、思考人生要义和对友人满怀温情的诗人形象呼之欲出。据此可见，杜牧对睦州思想文化的影响在于：一是在诗歌创作上继承地域文化与文学影响，保持了诗歌创作的传统，对出现在元和至咸通年间的“睦州诗派”具有一定的连通作用；二是揭示了睦州山水的“有家皆掩映，无处不潺湲”特点，为后来者的认知提供了依托与参照；三是作为唐代诗人，为“浙西唐诗之路”的书写起着助推作用。

二、范仲淹在建德的文学创作

范仲淹是睦州历史上任职时间最短而影响最大的历史人物。

范仲淹（989 ~ 1052），字希文。祖籍邠州，后移居苏州吴县。北宋初年政治家、文学家。大中祥符八年（1015）进士，授广德军司理参军。后历任兴化县令、秘阁校理、陈州通判，因秉公直言而遭贬，出任睦州、苏州知州等职。康定元年（1040），与韩琦共任陕西经略安抚招讨副使，采取“屯田久守”方针，巩固西北边防。庆历三年（1043）出任参知政事，发起“庆历新政”。不久新政受挫，范仲淹自请出京，历知邠州、邓州、杭州、青州。皇祐四年（1052）改知颍州。累赠太师、中书令兼尚书令、楚国公，谥号文正，世称范文正公。范仲淹政绩卓著，文学成就突出。他倡导的“先天下之忧而忧，后天下之乐而乐”思想和仁人志士节操，对后世影响深远。有《范文正公文集》传世。

（一）任职睦州的背景与作为

宋仁宗明道二年（1033）十二月，章献太后驾鹤归西，亲政后的仁宗拔擢了一批太后垂帘时受压的官员，范仲淹也由陈州通判召还，担任谏官。不久，仁宗因为宠幸尚氏、杨氏二妃，拟废黜郭皇后，范仲淹与御史中丞孔道辅率众台谏到垂拱殿门伏奏郭后不可废，被贬知睦州。景祐元年（1034）正月，范仲淹从京城出发，沿颍、淮而下，四月至睦州，六月移守姑苏。范仲淹任职睦州期间，主要做了以下三件事：

一是扩建府属孔庙。范仲淹到任后，发现睦州城西北隅孔庙和书院破旧，便扩建了“明伦堂、联辉堂，以及东西两侧的四斋和两庑，使睦州府属孔庙焕然一新。据《淳熙严州图经 · 学校》记载：“至圣文宣王庙，在城东南隅，国朝雍熙二年（985），知州田锡迁于城西北隅，即庙建学以教诸生。景祐中，知州范仲淹始建堂、宇、斋、庑。”[①]

二是重建严先生祠堂。富春江七里泷的子陵钓台，即原严陵祠，因年久失修倒塌。范仲淹出于敬佩严子陵不慕权贵、不贪荣禄的高风亮节，重建严先生祠堂。“重建严先生祠堂，复其子孙四家而奉祠焉。以从事章岷往构堂，召会稽僧悦躬图其像于堂，自为文以记之。与邵餗先生求篆额。又图唐处士方干像于堂之东壁”。[②]祠堂落成后，范仲淹撰写《严先生祠堂记》，赞颂严子陵品格。

范仲淹石刻像

三是创作诗文作品。范仲淹在睦州仅半年的时间，但他一生中最优秀的诗文有相当一部分创作于这一时期。据统计，范仲淹于此共创作律诗19首、古诗3首、绝句1首，尺牍5封，记、序、表各1篇。

范仲淹谪守睦州时间短暂，但他却成为影响睦州千年的历史人物。

(二)创作内容与特点

范仲淹在睦州的创作可分两个时间段，即上任途中与履职期间。其创作题材丰富，体裁主要有诗歌和散文。

1. 创作内容简述

北宋景祐元年（1034）正月，春节刚过，年已46岁的范仲淹带领全家十口人离开京城赴任睦州。途中，范仲淹以从容姿态写了一系列诗歌作品，主要有《谪守睦州作》《赴桐庐郡淮上遇风三首》《出守桐庐道中十绝》三首。《谪守睦州作》书写谪守途中“一心回主意，十口向天涯”和“圣明何以报，没齿愿无邪”的复杂心情；《赴桐庐郡淮上遇风三首》记录遭遇风波险境，劝导妻子儿女不要埋怨，同时告诫自己日后平安之时多想想处于险境中的人；《出守桐庐道中十绝》写舍命劝谏的情形，以及“妻子屡牵衣，出门投祸机”，还有宽慰自己“不道鲈鱼美，还堪养病身”等

① 陈公亮、刘文富：《淳熙严州图经》，见《宋元方志丛刊》第5册，中华书局，1990年，第4288页。
② [宋]范仲淹：《范仲淹全集》下册，凤凰出版社，2004年，第728页。

思想感情。

睦州期间，范仲淹因远离朝堂勾心斗角和尔虞我诈，在山明水秀的睦州之地心境随之豁然。《潇洒桐庐郡十绝》表明他被美景所陶醉，并由衷赞美睦州山水风情之美，如《新定感兴五首》（其二）："山水真名郡，恩多补谏官。中间好田锡，风月亦盘桓。"

范仲淹游览、访问、纪事之作，主要有《游乌龙山寺》《江干闲望》《江上渔者》《留题方干处士旧居》《留题江秀才旧居》及《斋中偶书》《桐庐郡斋书事》,其中《江上渔者》堪称其诗歌中脍炙人口的代表作。

范仲淹与同事、友人多有唱和，主要有《和章珉推官同登承天寺竹阁》《依韵酬周骙太博同年》《依韵答胡侍郎见寄》《和章珉从事斗茶歌》《和葛闳寺丞〈接花歌〉》,其中《和章珉从事斗茶歌》为古代茶文化诗歌代表作，《和葛闳寺丞〈接花歌〉》被誉为宋代的《琵琶行》。

范仲淹有尺牍《与王状元书》《与郭舍人书》《与知郡职方书》《与滕子京书》《与晏尚书书》，另有启、表、记各一，即《贺胡侍郎致仕启》《睦州谢上表》《桐庐郡严先生祠堂记》，其中《桐庐郡严先生祠堂记》因其赞美严子陵"云山苍苍，江水泱泱。先生之风，山高水长"之经典名句，广为传诵，影响深远。

范仲淹谪守睦州期间是他一生创作中的高潮期，被谪地的钟灵毓秀，令其精神为之一振，情绪大好，故诗情勃发，多有创作。

2. 有关代表作评析

范仲淹在睦州的文学代表作，主要有诗歌《潇洒桐庐郡十绝》《和葛闳寺丞〈接花歌〉》《和章岷从事斗茶歌》《江上渔者》和散文《桐庐郡严先生祠堂记》。

一是《潇洒桐庐郡十绝》与"潇洒"影响

潇洒桐庐郡十绝[①]

潇洒桐庐郡，乌龙山霭中。
使君无一事，心共白云空。

---

①[宋)范仲淹:《范文正集》卷三,四库全书本。

潇洒桐庐郡，开轩即解颜。
劳生一何幸，日日面青山。

潇洒桐庐郡，全家长道情。
不闻歌舞事，绕舍石泉声。

潇洒桐庐郡，公余午睡浓。
人生安乐处，谁复问千钟。

潇洒桐庐郡，家家竹引泉。
令人思杜牧，无处不潺湲。

潇洒桐庐郡，春山半是茶。
轻雷还好事，惊起雨前芽。

潇洒桐庐郡，千家起画楼。
相呼采莲去，笑上木兰舟。

潇洒桐庐郡，清潭百丈余。
溪翁应有道，所得是嘉鱼。

潇洒桐庐郡，身闲性亦灵。
降真香一炷，欲老悟黄庭。

潇洒桐庐郡，严陵旧钓台。
江山如不胜，光武肯教来。

“潇洒”原本形容人的神情举止自然大方，或形容景物凄清、幽雅等。范仲淹在这里用“潇洒”形容地域自然与文化的特点，通过拟人化使之形象化的同时又把内涵扩大化了，主要体现：一是山水之乐，如“乌龙山霭中”“心共白云空”“开轩即解颜”“日日面青山”“绕舍石泉声”“家家竹引泉”“无处不潺湲”；二是轻松洒脱，如“使君无一事”“全家长道情”“公余午睡浓”“身闲性亦灵”；三是生活妙趣，如“春山半是茶”“相呼采莲去”“所得是嘉鱼”。范仲淹借这种“潇洒”内涵的扩大化，典型地表现了自己在睦州生活的快乐与满足，也典型地反映了睦州山水与人文的美好品格，以致使“潇洒”成为睦州山水人文特征的典型概括，以致在《严州续志》中有了“严为潇洒郡，领山川者非清高不称焉”的记载。[①] 这里由山水风貌特征升华到人格特征的要求。可见范氏“潇洒”观念影响之深远。

一是《和葛闳寺丞〈接花歌〉》与特点

和葛闳寺丞《接花歌》[②]
江城有卒老且贫，憔悴抱关良苦辛。
众中忽闻语声好，知是北来京洛人。
我始问云何至是，欲语汍澜坠双泪。
斯须收泪始能言，生自东都富贵地。
家有城南锦绣园，少年止以花为事。
黄金用尽无他能，却作琼林苑中吏。
年年中使先春来，晓宣口敕修花台。
奇芬异卉百余品，求新换旧争栽培。
犹恐君王厌颜色，群芳只似寻常开。
幸有神仙接花术，更向城中求绝匹。
梁王苑里索妍姿，石氏园中搜淑质。
金刀玉尺裁量妙，香膏腻壤弥缝密。
回得东王造化工，五色敷华异平日。
一朝宠爱归牡丹，千花相笑妖娆难。
窃药嫦娥新换骨，婵娟不似人间看。

① [宋]郑瑶、方仁荣：景定《严州续志》卷三《贤牧》。
② [宋]范仲淹：《范文正集》卷二，四库全书本。

太平天子春游好，金明柳色笼黄道。
道南楼殿五云高，钧天捧上蓬莱岛。
四边桃李不胜春，何况花王对玉宸。
国色晶明动韶景，天香旖旎飘芳尘。
特奏霓裳羽衣曲，千官献寿罗星辰。
兑说临轩逾数刻，花吏此时方得色。
白银红锦满牙床，拜赐仗前生羽翼。
惟观风景不忧身，一心岁岁供春职。
中途得罪情多故，刻木在前何敢诉。
窜来江外知几年，骨肉无音雁空度。
北人情况异南人，潇洒溪山苦无趣。
子规啼处血为花，黄梅熟时雨如雾。
多愁多怅信伤人，今年不及去年身。
目昏耳重精力减，复有乡心难具陈。
我闻此言聊悒悒，近曾侍从班中立。
朝违日下暮天涯，不学尔曹向隅泣。
人生荣辱如浮云，悠悠天地胡能执。
贾谊文才动汉家，当时不免来长沙。
幽求功业开元盛，亦作流人过梅岭。
我无一事逮古人，谪官却得神仙境。
自可优优乐名教，曾不栖栖吊形影。
接花之技尔则奇，江乡卑湿何能施。
吾皇又诏还淳朴，组绣文章皆弃遗。
上林将议赐民亩，似昔繁华徒尔为。
西都尚有名园处，我欲抽身希白傅。
一日天恩放尔归，相逐栽花洛阳去。

此诗的写作背景是：睦州当地有老卒，本为东京“琼林苑中吏”，技艺高超，得意一时，后来因罪被贬，到如今年老悲泣。对此，友人葛闳和章岷先后有诗写其事，范仲淹也和了此诗。

此诗可分成三部分。第一部分从开头到“复有乡心难具陈”，主要是老卒自述身世，原在琼林苑做花吏时接花技艺高超，曾受皇帝赏赐，后因罪被贬，别乡辞亲，以至成为沉沦老卒。第二部分从“我闻此语聊悒悒”到“曾不恓恓吊形影”，写诗人自述被贬经历，但觉得没必要像老卒一样悲伤，“不学尔曹向隅泣”。而且竟说贬到这里很好，“谪官却得神仙境”。没必要自叹孤单，“自可优优乐名教”。第三部分，写睦州此地不适合接花，花吏技艺无法施展。特别是皇帝现在不是奢靡之人，连上林苑以后都可能还给百姓打猎耕种，那些接花的奢华之事已成过往。自己想要学习白居易归隐洛阳，也希望接花老卒有机会赦后回归洛阳。

这首诗被称作是宋代的《琵琶行》。它的确与白居易《琵琶行》有某些相似之处，都通过个人身世自悲引出诗人感叹。不同处在于白居易听完琵琶女自述后，引发的是“同是天涯沦落人”的感叹，而范仲淹虽然“我闻此语聊悒悒”，却“不学尔曹向隅泣”，并不以被贬为可悲可叹，反而以“我无一事逮古人，谪官却得神仙境。自可优优乐名教，曾不栖栖吊形影”来检省自己，体现了他“忧乐天下”的情怀。这与他的《潇洒桐庐郡》和后来所写的《岳阳楼记》中的宠辱皆忘、“忧乐天下”的思想是相通的。

三是《和章岷从事斗茶歌》与特点

和章岷从事斗茶歌[①]

年年春自东南来，建溪先暖冰微开。
溪边奇茗冠天下，武夷仙人从古栽。
新雷昨夜发何处，家家嬉笑穿云去。
露芽错落一番荣，缀玉含珠散嘉树。
终朝采掇未盈襜，唯求精粹不敢贪。
研膏焙乳有雅制，方中圭兮圆中蟾。
北苑将期献天子，林下雄豪先斗美。
鼎磨云外首山铜，瓶携江上中泠水。

---

①[宋]范仲淹：《范文正集》卷二，四库全书本。

黄金碾畔绿尘飞，碧玉瓯中翠涛起。
斗茶味兮轻醍醐，斗茶香兮薄兰芷。
其间品第胡能欺，十目视而十手指。
胜若登仙不可攀，输同降将无穷耻。
吁嗟天产石上英，论功不愧阶前蓂。
众人之浊我可清，千日之醉我可醒。
屈原试与招魂魄，刘伶却得闻雷霆。
卢仝敢不歌，陆羽须作经。
森然万象中，焉知无茶星。
商山丈人休茹芝，首阳先生休采薇。
长安酒价减百万，成都药市无光辉。
不如仙山一啜好，泠然便欲乘风飞。
君莫羡花间女郎只斗草，赢得珠玑满斗归。

范仲淹的同事章岷熟悉茶道，写过《斗茶歌》。而范仲淹来睦州时恰逢春茶生产季节，这在《潇洒桐庐郡十绝》诗作中有反映，睦州当时盛行“斗茶”。“斗茶”就是将不同茶农生产的成茶（饼茶），由内行者及茶农代表来评判茶的优劣，常常邀请当地官员做主持。斗茶有一定的仪式和程序，场面十分隆重而热闹。这就是范仲淹写《和章岷从事斗茶歌》的由来。

范仲淹《和章岷从事斗茶歌》为古乐府体长诗，从内容上可分为两部分，开头至“胜若登仙不可攀，输同降将无穷耻”为第一部分，主要写采茶、制茶、斗茶过程；后部分从“吁嗟天产石上英，论功不愧阶前蓂”至结束，为议论抒情。

前半部分写民间斗茶，称茶农和茶商为“雄豪”，突出“胜”“败”的结果，表达了茶农的喜与忧。诗意形象具体，生动活泼，体现了范仲淹对茶农的同情与赞美。后半部分长短句结合，从争茶品质的优劣转为讥讽官场的以茶谋官，崇敬心忧天下、以身许国的先贤。彰显诗人无私无畏的道德观和宠辱不惊的高尚人格。

范仲淹的《和章岷从事斗茶歌》将斗茶过程和场面描写得跌宕起伏，栩栩如生，再现了北宋时期采茶、制茶、斗茶的风俗画面，成为反映古代茶文化的诗歌代表作。正如南宋胡仔所评，“排比故实，巧欲形容，宛成有韵之文”（《苕溪渔隐丛话后集》

卷十一），可谓画龙点睛。

四是《江上渔者》的内涵与特点

江上渔者[①]

江上往来人，但爱鲈鱼美。

君看一叶舟，出没风波里。

此诗以《江上渔者》为题，书写江上打鱼人的生活，指出江上来来往往饮酒作乐的人们，只知道品尝鲈鱼味道的鲜美，却不知道也不想知道打鱼人出生入死同惊涛骇浪搏斗的艰辛与危险。全诗纯以他人视角来反映，揭示了人们的日常生活享受往往建立在他人的艰辛劳动之上的实情，唤起人们对民生疾苦的注意，提醒人们不要忘了对劳动者的尊重与同情。

此诗体制虽小,但言浅意深。通过“江上”和“风波”两种环境、“往来人”和“一叶舟”两种情态，以及“往来”和“出没”两种动态的强烈对比，给人以思考。全诗以平常的语言、平常的事物来表现不平常的思想情感、产生了不平常的艺术效果。

与此题材相关的，还有《赴桐庐郡淮上遇风三首》中的“一棹危于叶，傍观亦损神。他时在平地,无忽险中人”,以及《江干闲望》中的“莫爱苹风起,波来千万重”，此三者可相参照，有助于我们加深对《江上渔者》的思想内涵的理解。

五是《桐庐郡严先生祠堂记》的内涵与特点

桐庐郡严先生祠堂记[②]

先生，汉光武之故人也。相尚以道。及帝握《赤符》，乘六龙，得圣人之时，臣妾亿兆，天下孰加焉？惟先生以节高之。既而动星象，归江湖，得圣人之清。泥涂轩冕，天下孰加焉？惟光武以礼下之。

在《蛊》之上九,众方有为,而独“不事王侯,高尚其事”,先生以之。在《屯》之初九，阳德方亨，而能“以贵下贱，大得民也”，光武以之。盖先生之心，

① [宋]范仲淹：《范文正集》卷二，四库全书本。

② [宋]范仲淹：《范文正集》卷七，四库全书本。

出乎日月之上；光武之量，包乎天地之外。微先生，不能成光武之大，微光武，岂能遂先生之高哉？而使贪夫廉，懦夫立，是大有功于名教也。

仲淹来守是邦，始构堂而奠焉，乃复为其后者四家，以奉祠事。又从而歌曰：

云山苍苍，江水泱泱。

先生之风，山高水长。

范仲淹贬谪睦州之时，面对睦州的奇美山水和严子陵这样的高义之士，身为知州的范仲淹“来守是邦”即着手“构堂而奠”，并写下《桐庐郡严先生祠堂记》一文，表达他对严先生的仰慕之情，以及对于盛世的向往之心。正如他在《与邵竦先生书》中所说：“及抵桐庐郡，郡有严陵钓台，思其人，咏其风，毅然知肥遁之可尚矣，能使贪夫廉，懦夫立，则是有大功于名教也。乃构堂而祠之，又为之记，聊以辨严子之心，决千古之疑。”[①]

严子陵垂钓矶

全篇在立意结构上，一写严光，二写光武帝，三写自己与当朝。写严光，“动星象，归江湖”的傲岸不群，在至尊延请之时置若罔闻，处之泰然，保持清高安贫气节，“惟先生以节高之”。写光武帝，践帝位念及旧日与严子陵“相尚以道”的布衣之交，“惟光武以礼下之”。写自己与当朝，借严光之隐反衬出当时世道的清明，寄寓自己未遇明主的淡淡惆怅，光武的宽容大度令人追慕景仰，联想自己的艰辛仕途，直言进谏触犯龙颜招来被贬；追思能有光武帝圣明君主，“使贪夫廉，懦夫立，是大有功于名教”，天下的仁人得以一展其雄才大略。此意从其“千年风采逢明主，一寸襟灵慕昔贤。待看朝廷兴礼让，天衢何敢斗先鞭”（《依韵答胡侍郎见寄》）[②]诗句可见。全文不只是就人论人、就事论事，而是指向官场弊端和人生期盼。清代金圣叹所说：“一起一结，中间整整相对。有发挥，有佐证，

① [宋]董棻：《严陵集》卷八，四库全书本。
② [宋]董棻：《严陵集》卷三，四库全书本。

有咏叹，有交互，此今日制义之所自出也。”[①] 可谓切中三昧之所在。

《桐庐郡严先生祠堂记》，结构精巧，虚实结合，笔力雄健，寓意深长。清代吴楚材、吴调侯指出：“题严先生，却将光武两两相形，竟作一篇对偶文字，至末乃归到先生，最有体格。且以歌作结，能使通篇生动，不失之板。妙甚。”[②] 其结句“云山苍苍，江水泱泱。先生之风，山高水长”，既概括出严先生的高风亮节，又寄托了对当世的期盼与对自己的期许。清代王符曾评曰：“中间对偶处仍流走，有节节相生妙。先生立朝，风度端凝，而为文亦如之。先生文章，湛深经术，而为人亦如之。字句都担斤两。”[③] 十二年后，范仲淹所写《岳阳楼记》中的“不以物喜，不以己悲。居庙堂之高，则忧其民；处江湖之远，则忧其君”“先天下之忧而忧，后天下之乐而乐”的思想，就是在此境界基础上的发展与升华。

(三)价值与影响

莫言在《河流与文学》一文中指出：“一个文学家迁徙流动到一个新的地方，他的感受、体验、思维方式、审美倾向等等可能会发生某些变化，其作品的主题、题材、体裁、语言等等也可能会发生相应的变化，也就是说，他的作品的本籍文化色彩会有所减弱，会融进客籍文化的某些成分。另一方面，一个文学家迁徙流动到新的地方，除了有选择地吸收、消化当地的人文养料，他在当地的文学创作和文学活动，也会对当地人文环境的总体构成产生或多或少的影响，即反哺于当地文化。”[④] 范仲淹的流徙与创作也体现了这两个方面的情况。下文分别就范仲淹睦州文学创作对于范仲淹的意义和对于睦州地域的意义两方面加以简要论述。

1. 对于范仲淹的意义

范仲淹睦州文学创作，对于范仲淹的意义主要有两方面：一是形成了文学创作的高潮期，二是为后来创作散文《岳阳楼记》积累了思想。

一是形成了文学创作的高潮期。

范仲淹在睦州不过半年时间，但他却感恩此次被贬，“我无一事逮古人，谪官却得神仙境”，心情大好，激情喷发，形成了他文学创作的井喷期。有人做过统计，

---

① [明]金圣叹：《天下才子必读书》卷十五。
② [清]吴楚材、吴调侯：《古文观止》卷九。
③ [清]王符曾：《古文小品咀华》卷四。
④ 莫言：《河流与文学》，2019年8月6日在智利迭戈·波塔莱斯大学的演讲，刊于《上海文学》2020年5月号。

范氏在这半年时间里完成了他人生六分之一的诗歌创作。

范仲淹在睦州期间的创作不只是数量上取胜，重要的是在内涵创新、意境创造上，都有不少收获。《和葛闳寺丞〈接花歌〉》以其通过本为东京“琼林苑中吏”的睦州老卒，因罪被贬，年老悲泣引出诗人感叹，与唐代白居易《琵琶行》相媲美，被称作宋代《琵琶行》。《和章岷从事斗茶歌》以其跌宕起伏、栩栩如生的生动描写，再现了北宋时期采茶、制茶、斗茶的风俗画面，成为反映古代茶文化精髓的奇诗,与唐代诗人卢仝的《走笔谢孟谏议寄新茶》茶诗一起被誉为“双璧”。《江上渔者》通过反映渔民劳作的艰苦，唤起人们对民生疾苦的注意，体现了诗人对劳动人民的同情,成为他诗歌创作的压卷之作。《桐庐郡严先生祠堂记》以其“使贪夫廉,懦夫立,是大有功于名教”,与《岳阳楼记》“居庙堂之高,则忧其民；处江湖之远,则忧其君”形成在思想上前后呼应，影响深远。被收入《古文观止》，成为传世经典。

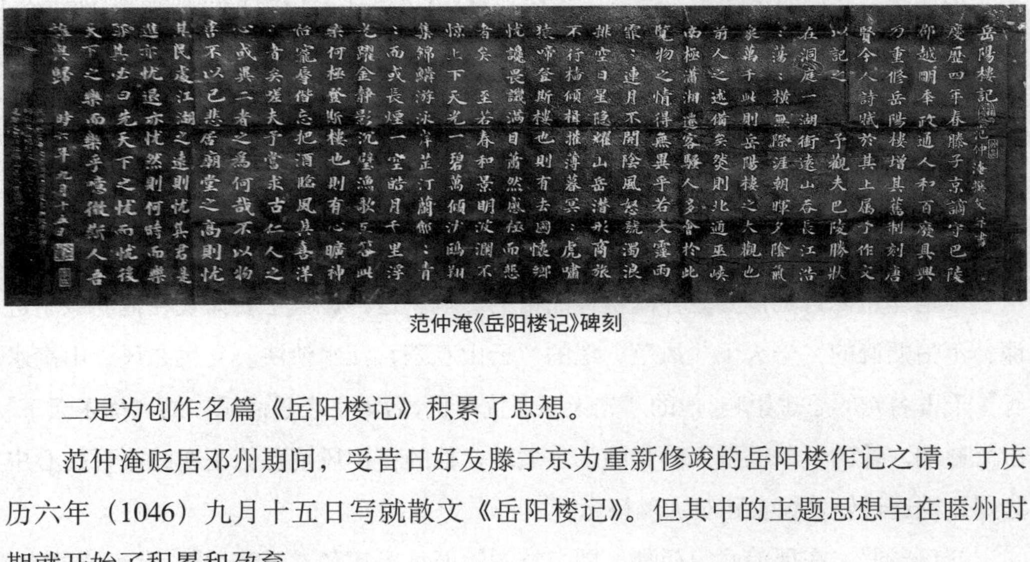

范仲淹《岳阳楼记》碑刻

二是为创作名篇《岳阳楼记》积累了思想。

范仲淹贬居邓州期间，受昔日好友滕子京为重新修竣的岳阳楼作记之请，于庆历六年（1046）九月十五日写就散文《岳阳楼记》。但其中的主题思想早在睦州时期就开始了积累和孕育。

《岳阳楼记》的主题思想要素在于“不以物喜,不以已悲”“居庙堂之高,则忧其民；处江湖之远，则忧其君”“先天下之忧而忧，后天下之乐而乐”。这些思想在睦州时期的积累主要表现在以下四方面：

首先，“不以物喜，不以已悲”方面：“人生荣辱如浮云，悠悠天地胡能执”“我无一事逮古人，谪官却得神仙境。自可优优乐名教，曾不栖栖吊形影”（《和葛闳寺丞〈接花歌〉》）。

其次，“居庙堂之高则忧其民”方面：“江城有卒老且贫，憔悴抱关良苦辛”（《和葛闳寺丞〈接花歌〉》）；“风物皆堪喜，民灵独可哀。稀逢贤太守，多是谪官来”（《新定感兴五首》）；“君看一叶舟，出没风波里”（《江上渔者》）。唤起人们对民生疾苦的注意，体现了诗人对劳动人民的深厚同情。

再次，“处江湖之远则忧其君”方面：“千年风采逢明主，一寸襟灵慕昔贤。待看朝廷兴礼让，天衢何敢斗先鞭”（《依韵答胡侍郎见寄》）；“圣明何以报，没齿愿无邪”（《谪守睦州作》）；“雷霆日有犯，始可报君亲”“君恩太山重，尔命鸿毛轻”（《出守桐庐道中十绝》）。

第四，“先天下之忧而忧，后天下之乐而乐”方面：以上在睦州时期的文学创作，都是“先天下之忧而忧，后天下之乐而乐”思想内涵的体现。心忧天下，不计较个人得失和官位升迁，光明磊落的精神贯穿范仲淹的一生。

范仲淹在睦州时期积累了有关“不以物喜，不以己悲”“居庙堂之高，则忧其民；处江湖之远，则忧其君”“先天下之忧而忧，后天下之乐而乐”的丰富思想，当范仲淹在邓州遇到友人之所请，便一发不可收地创作出了散文名篇《岳阳楼记》，可谓厚积薄发，一举成篇。

2. 对于睦州的意义

范仲淹及其睦州文学创作对于睦州的意义是重大而深远的。

一是睦州人自觉接受范仲淹精神品格的影响。这种影响主要体现在他的敢于进谏、不怕贬谪的“先天下”风范，他的“云山苍苍，江水泱泱。先生之风，山高水长”千古名句的思想影响，他的“先天下之忧而忧，后天下之乐而乐”的“忧乐天下”思想影响。他的形象已融入睦州的山水大地，他的精神风范已铭刻在睦州百姓心中，睦州百姓通过修建纪念建筑加以怀念。

“范公祠”：在郡治武定门外，即“竹阁”旧址，初名“思范祠”，专祀范仲淹。明景泰四年（1453），知府刘纲增祀吕祖谦，改名“政教祠”。嘉靖三十八年（1559），提学副使、范仲淹裔孙范唯一增祀张栻，故曰“三先生祠”。崇祯年间，知府胡崇德多惠政，士民复祀之，乃称“四贤祠”。嘉庆元年（1796），知府张愈聚重建。同治四年（1865），知府戴果改建，在城富寿坊义学旧基专祀范仲淹。

“思范亭”：在府治西能仁寺南偏，原名“竹阁”，因范仲淹公余之暇常与侍从登阁赋诗，后人更名“思范亭”。宋绍兴九年（1139）重修，复“竹阁”名。明景泰四年（1453），知府刘纲按竹阁旧基建亭三间，中肖范仲淹像，复名“思范亭”，明淳安胡拱辰有《思范亭记》述其事。清顺治六年（1649），知府钱广居立碑记之。

“思范坊”（即“先忧后乐坊”）

“思范坊”：在府治武定门外“思范亭”前。明嘉靖三十八年（1559），知府韩叔阳建。

“思范堂”：在郡治“潇洒楼”下，后人思范仲淹之遗爱，故名。

“潇洒楼”：在郡治正堂北，旧名“紫翠楼”。宋绍圣元年（1094），知睦州军吕希纯建。宣和四年（1122）严州守臣周格重建，改名“潇洒楼”。因范仲淹有《潇洒桐庐郡十咏》，故取“潇洒”之名。

“潇洒亭”：在郡治光孝寺后山（今梅城南峰塔旁）。

为什么睦州百姓这么长久地纪念范仲淹？明代工部尚书胡拱辰在《思范亭记》[①]中曾作过回答：“而何独思范耶？城社，范所治也；堂宇，范所莅也，则皆所思之地矣。而何独斯亭名思范耶？是必有其故矣。……而明道二年，范公自右司谏来守是邦，日喜登焉。后人乃更名曰思范。”

范仲淹之功德风范于睦州之地彰然可见。睦州百姓以他们淳朴、善良、感恩的秉性，用各种方式表达对范仲淹的感佩与怀念。

二是自觉接受范仲淹《严先生祠堂记》“云山苍苍，江水泱泱。先生之风，山高水长”的思想影响，树立起“淡泊名利”的高风亮节、“廉贪立懦”的观念，为时代和社会多作贡献。

三是自觉接受范仲淹赋予地域文化精神特质的“潇洒”观的影响。《严州古城——梅城》一书，对范仲淹《潇洒桐庐郡十绝》一诗以“潇洒”对严州山水人文的特质定位做了解读：“范公借以形容清丽爽洁的严州山水，十分贴切而传神：严州山不高而秀，水不深而澄，林不密而茂，石不怪而奇。清秀山水滋养的必然是潇洒风流俊逸之士，哪怕是村夫野老，也如山中神仙；山姑乡妇，也可扪虱而谈。……范仲

①［清］吴俊、俞观旭等：《光绪建德县志》卷十四《艺文志》。

淹不仅以‘潇洒’形容严州山水，更以之概括人文，因此才会有‘潇洒桐庐郡’之说。‘潇洒’二字，确是抓住了严州山水、人文的神韵，可以千古不朽矣。”[①]

范仲淹之所以以“潇洒”二字来定位严州山水人文特质，笔者认为有以下三个原因。

首先，“潇洒”表现的是人的特点，应与作为睦州文化符号的严子陵的品格特点直接联系起来。严子陵是中国士子风范的代表，又归江湖于睦州，难道严子陵那种不计名利、保持清高安贫的风骨不潇洒吗？“惟先生以节高之。既而动星象，归江湖，得圣人之清。泥涂轩冕，天下孰加焉”。而范仲淹刚好经历了被贬，并且贬谪地又刚好在睦州，于内心掀起崇尚严子陵品格的思想情绪。即如其诗中“风尘日已远，郡枕子陵溪。始见神乐，优优尾在泥”所写的。范仲淹《与邵竦先生书》更是直指其心中堂奥：“及抵桐庐郡，郡有严陵钓台，思其人，咏其风，毅然知肥遁之可尚矣。能使贪夫廉，懦夫立，则是有大功于名教也。”[②]

其次，来源于对睦州山水特点的认识。睦州山不高而秀，水不深而澄，林不密而茂，石不怪而奇，具有潇洒的文化气质。范仲淹在《与晏尚书书》中说：“又郡之山川，接于新定，谁谓幽遐满目奇胜，衢歙二水合于城隅，一清一浊（婺江浊、歙江清），如济如河，百里而东，遂为浙江。渔钓相望凫鹭交下有严陵之钓石，与方干之隐茅，又群峰四来，翠盈轩防，东北曰乌龙，崔嵬如岱，西南曰马目，秀状如嵩，白云飞回，终日不去，岩泉一支潺湲。斋中春之昼，秋之夕，既清且幽，大得隐者之乐，唯恐逢恩一日移去。”[③]对于睦州山水之痴情陶醉溢于言表。

第三，是范仲淹此次被贬睦州之行，由于心态超然，在他看来也属于一种潇洒之行。只有潇洒之人方有对潇洒的体认和咏赞。一是他始终怀抱着报答皇帝恩情的思想，如“圣明何以报，没齿愿无邪”“圣宋非强楚，清淮异汨罗。平生仗忠信，尽室任风波”“君恩太山重，尔命鸿毛轻”“山水真名郡，恩多补谏官”，尽显感恩之情；二是他对被贬来此地感到幸运。“劳生一何幸，日日面青山”“人生安乐处，谁复问千钟”“我无一事逮古人，谪官却得神仙境”，如此丰富的情感体验，激发出他的潇洒与豪迈。

---

① 政协建德市编委会：《严州古城—梅城》，中华书局，2004年，第97页。
② [宋]董弅：《严陵集》卷八，四库全书本。
③ [宋]董弅：《严陵集》卷八，四库全书本。

正是以上原因，范仲淹赋予睦州以“潇洒”的定位与名号。从此以后，在睦州人的精神追求中就多了一项对“潇洒”文化理念的自觉追求。正如景定《严州续志》卷三。《贤牧》中记载：“严为潇洒郡，领山川者非清高不称焉。”何止是“领山川者非清高不称”，仿佛所有睦州人都以“非清高不称”，它已成为文化基因植入睦州人的文化骨髓之中，成为睦州精神力量的一种象征。

范仲淹以“潇洒”论睦州，既是对睦州山水特征的概括，又是对睦州地域文化特点的形象揭示，还是对地域人们的精神特性的生动反映。这是他给予睦州宝贵的精神遗产和贡献。

三、江公望有关建德的文学创作

江公望（? ~ 1127），字民表。睦州（今浙江建德）人，熙宁六年（1073）进士。建中靖国元年（1101），由太常博士拜左司谏。上疏言事，劝徽宗为元祐诸臣平反，反对新旧党争。又戒内苑畜珍禽奇兽。因事出知淮阳军，旋为左司员外郎。蔡京用事，被贬南安军编管。遇赦归家。建炎中，追赠右谏议大夫。著有《江司谏奏稿》《江司谏文集》。

（一）以“铁面御史”称名于世

江公望被时人称为“铁面御史”，基于以下三事：一是时徽宗登位大赦，户部尚书王古对粮赋逋欠的确认无法缴纳的予以蠲免，对因此被逮捕的人予以释放。御史中丞赵挺之弹劾王古是倾天下之财谋和惠于人间。公望上疏徽宗认为人君若要知时政之利弊，人臣之忠邪，没有像谏官、御史那样可信的了。若谏官、御史挟私情肆意诬言，为泄私愤而扰乱皇帝的视听，则此情不可不明察。二是对皇宫内苑畜养珍禽异兽，供帝王及后宫妃嫔赏娱，公望上书力谏，认为这是“玩物丧志”。他日，公望入对时，徽宗即告之所有珍禽异兽已纵放遣散。只一白鹇，因养之较久，依依不肯去，我以拄杖逐之才去。徽宗并于杖头刻公望姓名，以记其谏。三是时谏臣陈祐因论曾布被罢黜，公望入谏：陛下自登基以来，已经三易言官，逐十谏臣，非天下所愿望也！夫谏臣养之不可不素，用之不可不审，听之不可不察，去之不可不慎。时人以为名言。

世人对江公望的认知一般都停留在“铁面御史”形象层面上，殊不知他还是一个文学家。正如南宋理学家真德秀在《钓台江公文集》的序文中所说：“钓台严先生之清风更千百年未有能续之者，至谏议江公出，然后孤标峻节，仰配而无愧。”江公望著有《江司谏奏稿》《江司谏文集》，现已失传，只能从张栻《〈江司谏公望奏稿〉

序》和真德秀《〈江司谏公望文集〉序》中了解其大概。宋绍兴年间,董弅编纂的《严陵集》收录江公望诗歌11首、散文6篇。虽然数量有限，但弥足珍贵，可以此了解其文学创作状况，对还原作为文学家的江公望形象不无裨益。

(二)诗歌创作概貌

宋代董弅编纂的《严陵集》中选有江公望诗歌11首。其中古诗两首，题为《题钓台》《又题玉泉庵三首》（其一）；五律1首，题为《再题》；七绝5首，题为《兜率寺鉴光阁三首》《又题玉泉庵三首》（其二、其三）；七律3首,题为《题方氏清芬阁》《玉泉庵二首》。以上诗作大体上可以分作三组，一是《题钓台》与《题方氏清芬阁》为一组，它们共同体现了“从今应与严家濑，相对清芬一水长”的寓意；第二组为《兜率寺鉴光阁三首》,书写了诗人在兜率寺鉴光阁的风物与感怀；第三组是《玉泉庵》组诗6首，反映了诗人在玉泉庵的情感体验与人生感悟。正是这三组诗歌，共同表现和刻画了诗人江公望的心路历程与形象。

1.《题钓台》与《题方氏清芬阁》：咏赞严子陵品格与方干诗格。

题钓台 ①

汉柄久颠置，神鼎遂移新。
志士耻骄饵，入山如避秦。
中兴有世祖，仄席在幽人。
□纁载安车，三反方来宾。
枕漱泉石久，不羡北军氲。
卧屈万乘尊，咄咄平生亲。
箕颍志不夺，槐鼎意从申。
叹息上舆去，天子不得臣。
归隐富春渚，钓外无隐沦。
高名悬日月，清风播松筠。
至今七里水，不到南海津。
至今双石台，独与西山邻。

① [宋]董弅：《严陵集》卷六，四库全书本。

古木下高鸟，清漪行素鳞。
溪气绿霭霭，野蔓青缗缗。
客星照千古，邓万安可伦。
手捉玉璜去，出处各有因。
□素久寂寞，猿鹤叫秋旻。

此诗以钓台为题，叙写汉世祖光武皇帝刘秀礼贤下士“仄席在幽人”，招募严子陵为官而严子陵“箕颍志不夺，槐鼎意从申”，使得“叹息上舆去，天子不得臣”，最终“归隐富春渚，钓外无隐沦”的经过，并叙写“古木下高鸟，清漪行素鳞。溪气绿霭霭，野蔓青缗缗”这一严子陵归隐的环境特点，以此体现严子陵“高名悬日月，清风播松筠”“客星照千古，邓万安可伦”的气节，表现了诗人的礼赞之情。全诗叙写从容，刻画生动，使光武皇帝礼贤下士和严子陵清高傲岸的形象呼之欲出。其中的“志士耻骄饵，入山如避秦”“箕颍志不夺，槐鼎意从申”“高名悬日月，清风播松筠”等诗句，诗语精警，意蕴丰赡。

题方氏清芬阁①

一室翛然斸翳荒，啸歌曾是傲羲皇。
春风自逐桐花老，暖日时闻药草香。
修竹几年埋旧隐，新诗到处发潜光。
从今应与严家濑，相对清芬一水长。

“清芬阁”由北宋进士方楷（方干八世孙）有感于范仲淹赠其诗《赠方秀才楷》中赞赏其先祖“幽兰在深处，终日自清芬”之品格而建，位于建德白云村（今芦茨）溪边。清芬阁建成后，历朝历代前往拜谒的文人墨客，络绎不绝。《严州诗词》中，收入从宋到清以清芬阁为题的诗有百余首。

此诗叙写诗人借清芬阁抒发对唐代诗人方干的崇敬之情。先写诗人所见清芬阁之翛然独立的特点，继写方干诗歌的地位与影响。在春风暖日中，诗人感受到了清

①[宋]董弅:《严陵集》卷六，四库全书本。

芬阁周边环境的清新与美好，“修竹几年埋旧隐，新诗到处发潜光”两句更是写尽了清芬阁的诗情画意，最后两句从严家濑与清芬阁的地理相近和清芬特质相共两方面，咏赞严子陵品格与方干诗格，对后世的影响日久天长。

正是“从今应与严家濑，相对清芬一水长”这一诗句，把《题钓台》与《题方氏清芬阁》这两首诗连在了一起，成为两诗共同内涵的形象揭示。

2.《兜率寺鉴光阁三首》：体现对光明磊落的追求。

兜率寺鉴光阁三首①

高下人家隐乱峰，滃云笼日水浮空。
朝朝暮暮山容改，总属虚怀一照中。

皎皎长空迥绝尘，青山雨后更逢春。
一奁古鉴新磨就，谁是光明内外人。

风吹宿雾宝奁开，满目春容甚处来。
好值轩辕磨莹手，更无一物隐纤埃。

“兜率寺”原址在建德梅城西北角。该寺院创建于唐神龙初年，初名中兴寺，后改名龙兴寺、开元寺。北宋大中祥符元年（1008）改名兜率寺。绍兴十四年（1144），罗汝楫知严州，曾写过《兜率寺记》，其文曰 ：“汝楫少时，以事过新定子城之北。连阔洞开，有屋数千楹，目其榜，则兜率寺也。”可见，兜率寺的方位与周边的繁盛概貌。

这里一组三首诗紧扣兜率寺鉴光阁特点来立意，写出物我相和的情韵。第一首，写错落有致的人家隐藏在山峰之间，云水朦胧相连的景象。虽然早晚山色各异，但总有阳关照耀兜率寺鉴光阁之时。此诗总写兜率寺鉴光阁所处的地理位置与特点。第二首，写雨后春日天气的清纯。把鉴光阁所见比作一奁新磨就的古镜，不但照出人的外表，还能照出人的内心，以“谁是光明内外人”的反诘，揭示出其中深藏的

① [宋]董弅 :《严陵集》卷六，四库全书本。

意味，喻示着做人应该“内外光明”。这正是诗人人格的形象写照。第三首，是对第一首中“总属虚怀一照中”诗意的展开。由于风吹宿雾，整个如宝奁一般的鉴光阁终于显出真容，以致使得诗人见此景象还显得有几分恍惚：不知这“满目春容”是从何处来！“好值轩辕磨莹手，更无一物隐纤埃”，意为在这鉴光阁的“满目春容”中，依托着门窗磨搓着清莹的手，更没有任何纤埃得以隐藏。这是对第二首诗中“一奁古鉴新磨就，谁是光明内外人”诗意的进一步生发，体现了诗人对做人必须光明磊落的理念追求。

这一组诗在寓意上紧密相连，首首相扣，形成一个整体，体现了诗人在构思立意上的灵机与巧妙。

3.《玉泉庵》组诗：抒写与山水融合的惬意、快乐与陶醉。

此一组诗包括五律一首，五言古诗一首，七绝二首，七律二首，体现了诗人在同一题材下力求表现形式的变化的考虑。

玉泉庵二首①

高盖西来动四邻，青青丰草马蹄匀。
平田浅水相因足，野杏山梨次第春。
偃蹇长松如傲世，欢呼好鸟似迎人。
翛然偶得栖真地，方信浮名即是身。

十里五里花无主，千山万山春自忙。
少年意气倾都市，走马横来若电光。
泠泠古寺风吹屋，羞死五陵豪侠场。
黄金散尽身无益，独有泉声千古长。

据《严州府汇考》记载，玉泉在城东北七里乌龙山东麓，玉泉庵在城北七里乌龙山麓。宋时有陈学古隶书“玉泉庵”三字。庵西有泉如喷玉，右建亭其上。绍兴八年（1138），移亭建性乐堂，江公望识庵之上有石佛，岁久渐长，殆所谓息石也。明嘉靖

①[宋]董弅：《严陵集》卷六，四库全书本。

癸未（1523），知府张元雷游此有诗。万历二十三年（1595），邑人蔡良士于石佛之左建一静室，修憩于上。万历三十五年，知府毛志尹在山泉之上建官厅三间，题曰“源头活水”。

此诗中，“高盖”指高贵者所乘之车，“偃蹇”为高耸之意，“欢呼”意指喧哗呼叫，“栖真”意指道家的存养真性、返其本元，“五陵”指“五陵原”，以西汉王朝设立的五个陵邑而得名。汉高祖九年（前198），刘邦接受郎中刘敬建议，将关东地区的二千石大官、高訾富人及豪杰并兼之家眷，大量迁徙关中，侍奉长陵，并在陵园附近修建长陵县邑，供迁徙者居住。后，汉惠帝刘盈在此修建安陵、汉景帝修建阳陵、汉武帝修建茂陵、汉昭帝修建平陵之时，也都竞相效尤，相继在陵园附近修造安陵邑、阳陵邑、茂陵邑和平陵邑。

前一首写诗人初次前来玉泉庵的所见与感慨。自己出来时讲究排场，惊动四邻。当在进入玉泉庵之地后，对所见之“平田浅水”“野杏山梨”“偃蹇长松”“欢呼好鸟”后，才发现这里是人生存养真性、返其本元的“栖真地”，感到过去所追求的都是身外之虚名。可见，玉泉庵及其环境对诗人影响之大。

后一首是对前一首诗意的具化与深化，从眼前所见漫无边际的春日山花景象，想到少年意气的几多疯狂，想到“五陵豪侠场”的盛大排场，都被眼前的“泠泠古寺”和长流不息的玉泉所“羞死”。诗人在此幡然醒悟道：黄金再多与身无益，名声再大不如泉声千古。

再题①

逸士有高躅，故山无世情。
黄花香靥落，白马赭晴明。
云作朝昏暝，泉流今古声。
王孙好归去，芳草又重生。

此诗先通过“逸士有高躅”与“故山无世情”的对比，肯定逸士的崇高品行；通过对黄花、白马、云作、泉流等意象的描写，体现诗人丰富的情感意绪，最后全

① [宋]董弅：《严陵集》卷六，四库全书本。

诗语意落在“王孙好归去，芳草又重生”两句，意为：一是王孙眼下好自离去，这里的芳草依旧年复一年生长；二是王孙一个个好自离开这个世界，这里的芳草依旧年复一年生长，具有双重寓意，既回应了“故山无世情”的认知，又体现了只有大自然生命长在的感悟。其中“泉流今古声”是对前诗“独有泉声千古长”的重提，可见玉泉庵的泉声对诗人的影响挥之不去，使他一再受到启迪与感动。

又题玉泉庵三首①

僻坞藏乱峰，清流荫修竹。
短策资远游，斗酒拓近局。
幽草不知名，孤花送余馥。
采芹踏青泥，扪松怜旧绿。
寄言颍川子，没齿伤局促。
为君汨其泥，与我濯双足。

落崖碧水支流去，隔竹黄鹂相应鸣。
飞絮落花迎野步，细风轻暖爽人情。

天台大士碧峰头，林锁檀烟凝不收。
谁坐胡床挥玉尘，一声清磬晚悠悠。

第一首“僻坞藏乱峰，清流荫修竹”，从语意理解实为乱峰藏僻坞、修竹荫清流，再次对玉泉庵的自然环境加以刻画，并对这次游览细加描写，可见游兴很高；最后发出感慨，到老还是受束缚而不得舒展，没有颍川子那样豪迈洒脱，但还是拥有“为君汨其泥，与我濯双足”那样一种解放自己的心境。后两首通过所见景物的刻画，抒写诗人“飞絮落花迎野步，细风轻暖爽人情”“谁坐胡床挥玉尘，一声清磬晚悠悠”的旷达情怀，体现了对自己融入大自然的快适与享受。

此三首是对前三首诗意的深化，在此前的人生感悟与启迪基础之上，诗人终于

① [宋]董弅：《严陵集》卷六，四库全书本。

与玉泉庵及周遭景物相合一体，深切体会到与山水融合的惬意、快乐与陶醉，这是一种人生境界得到升华的快乐。从这一组诗来看，诗人是在经历了官场大起大落以后，走向自然、走向内心的一种人生感悟的飞跃。

江公望的诗歌创作反映了浓郁的地域风情，体现了自己的审美追求，具有丰富的思想内涵与独特的意境特点，耐人寻味。

(三)散文创作概貌

江公望散文留传至今的,有《睦州政平桥记》《请刻石跋》《九峰庵记》《兴福院记》《龙泉院记》《唯庵记》等6篇。按题材相近可分为三类：一是《睦州政平桥记》与《请刻石跋》；二是《九峰庵记》与《唯庵记》；三是《兴福院记》与《龙泉院记》。

1.《睦州政平桥记》与《请刻石跋》

江公望《睦州政平桥记》《请刻石跋》两文，均创作于政和四年（1114）2月，并且在内容上都反映抵抗水患。不同的是，前文所记是通过建立政平桥来解决水害问题，后文主要记写通过祷告神灵的方式规避水害。

睦州政平桥记①

太常丞李公勉之为是州也，州人安之。政之在事者有条，事之在物者有理，简而不疏，文而不害。日阅百千牒诉，应手而解，老胥黠吏，束手旁观，终莫得其间。无终讼，无留狱，郡称为神明，乃坎然犹以民隐为忧。

州之南有大源，其源西出于歙，合婺水东注于大江。夏秋雨淫，二水斗湍悍决溢，啮高岸，拔大木，州人患之。行道所会，前值瓯闽，江南浙东郡邑之民源源而来；后奠杭歙，通涂支道，蹑踵而至。适二水之患，弛负解橐，骈肩重足，徯渡者积日。依山之民平旦负薪刍、裹果木之实，趋城市以贸。朝哺之膳，老稚仰哺，至夜暮不得食。工部刘公述创为浮梁，悉弭斯患。出于仓卒，未有为修完之计者，故不五十年而毁矣。前日之患，复见于今日。我侯心存之，而戚见于颜色。州人相谓曰："我侯，我父母也。岂以一浮梁而贻我父母之戚乎？"各率缗钱，付僧守慧等董其事。木美工善，筹画有度。其袤相望，视人若巨擘；其广肩任，负戴虽若连鸡乘雁，交臂而分驰，不相留碍。力之所任，百斛不垫，

①[宋]董弅：《严陵集》卷八，四库全书本。

隐若平地。然会费无虑数百万，裒余金粥田，为异时修完之利。水之东南有天宁佛祠，是祝吾君万寿之地。百官走趋，阅月而祝，无有险艰，此又食土之人所当竭力者也。成以政和四年甲午正月丙寅二十有九日丙午，越二月二日，我侯率官属如天宁以落之，所以祝吾君也。尝请名于公望。

窃谓昔周之王使单襄公假道于陈以聘楚，火朝觌矣而川不梁，归告王曰："陈侯国必亡。"王问故，对曰："天根见而水涸，水涸而梁成，先王之教也。又曰十月成梁，夏后氏之令也。先王不用财贿而广德于天下者以此。今陈火觌而川无舟梁，是废先王之教令也，不亡何待？"夫川梁之废兴，足以知政之得失，安可忽哉！先王之教，寓之于政，其令著之在法。孟轲谓子产当大国之政，区区于一济人之惠，而不知政法之在人也。政法不行，是无先王之教令也。故曰："君子平其政，行辟人可也。"

政平则教行，所以得人心；法行则令著，故民听一而不惑。是以此邦之人不出于驱迫，欢然致力，不一豪取县官财贿，咄嗟而成。方来之人，厚享我侯之德利，非以政平故邪？因以名之。有观其名而心惟其义，不复为怠偷之政。是桥也，其利新新，曷穷已哉！

越二日庚戌，江公望记。

这一散文通过抵抗水患、建构政平桥，反映了江公望重民生、重政平的修明政治思想。文中直言相告："夫川梁之废兴，足以知政之得失，安可忽哉！"他的重政平思想是通过重民生来实现的。在文中他是怎样体现这一政平思想的呢?

首先，刻画和塑造太常丞李勉勤政爱民的形象。一是通过"日阅百千牒诉，应手而解，老胥黠吏，束手旁观，终莫得其间。无终讼，无留狱，郡称为神明，乃坎然犹以民隐为忧"的概述来表现其政绩与品格；二是通过他所建立起来的影响力解决问题，那就是百姓为免除他的担忧自发捐款建桥；三是率官属对于政和四年正月建成的"天宁佛祠"进行祷祝。

其次，通过为桥命名体现政平思想。一是引入"昔周之王使单襄公假道于陈以聘楚，火朝觌矣而川不梁"的故实，引出"夫川梁之废兴，足以知政之得失，安可忽哉"！二是建桥本身与百姓受益本身就体现了政平思想。三是通过命名"政平"后的影响来体现政平思想，"有观其名而心惟其义，不复为怠偷之政"。

第三，本文描写形象生动，如“夏秋雨淫，二水斗湍悍决溢，啮高岸，拔大木，州人患之”“适二水之患，弛负解橐，骈肩重足，徯渡者积日。依山之民平旦负薪刍、裹果木之实，趋城市以贸。朝晡之膳，老稚仰哺，至夜暮不得食”。对比特点突出，如“行道所会，前值瓯闽，江南浙东郡邑之民源源而来，后奠杭歙，通涂支道，蹑踵而至”;语言具有哲理性，如“政之在事者有条，事之在物者有理，简而不疏，文而不害”“政平则教行，所以得人心；法行则令著，故民听一而不惑”。

这是一篇富有思想内涵与艺术特色的散文，理应载入新安文学史册。

请刻石跋①

歙、婺二水，为睦州之患，岁必一至，或再至焉。坏城决堤，败积储，毁庐舍，中夕弛，备遽及寝户居民破屋以出，其不为鱼亦幸矣。前昔州郡患之，终无捍御之策。雨久作二水争行，山夹岸如束，壅遏不得去，故有是患，非可与智力争也。

舍人吕公盛德，君子爱民，出于诚心。尝祭二溪之神，其文州人犹能记其仿佛：“水潦暴行，更相逊避，若兄弟然。”词意恻怛，惜乎不传。易门额为“定川”。揭之日复有文，请祷于释氏。由“定川”而后凡二十有一年，不复有水患。

水无情也，可告语者神尔，神与人不可以言语传也。所可格者诚尔，诚不可以虚拘也，所以达其诚者。斯文在焉，访求累年，今始得之。愿刻诸石以贻将来不坠，斯祷惠莫大也。

政和四年甲午二月初五日，江公望书。

据《严州府》“城池考”记载：“严州府城池，西南临水，东北倚山。唐中和间刺史陈晟筑周十九里，宋宣和三年平方腊知州周恪重筑，缩为十二里二步。城有八门，东曰望云，南曰定川、曰安流，西曰安泰、曰和平，北曰嘉贶，东北曰百顺，西南曰善利。”据此可知，《请刻石跋》文中所谓“易门额为定川”，当为城南门门额。

此文与《睦州政平桥记》写于相同的时间，且在内容上互为呼应，可谓姊妹篇，可作为理解后者内容的一个补充。该文主要写歙、婺二水，常给睦州形成水患灾害，

① [宋]董弅：《严陵集》卷八，四库全书本。

在当时“终无捍御之策”情况下，只得求诸神灵，并易城南门额名为“定川”。所幸此后，水患问题不再发生，并由此得出结论：“水无情也，可告语者神尔，神与人不可以言语传也。所可格者诚尔，诚不可以虚拘也，所以达其诚者。”认为是人的祷祝之诚起了消灾作用。

此文反映了古代治水的理念与信仰，在今天看来不免唯心。从文章本身看，篇幅不长，但行文富于变化，且具有一定思想内涵。虽为应用文体，也具有一定的文学性。

2.《九峰庵记》与《唯庵记》

《九峰庵记》与《唯庵记》虽同为“庵记”，但各有其主旨，各有其风致，令人过目难忘。

九峰庵记①

天下事不独事始为难，卒之又难。事之始，必于艰难虑患之时，故其思深，其力勤。卒之者常在安逸无事、人情软熟之后，罔不纵弛怠偷，鲜克有成。僧智日以九峰造立卒业，具述本初，属余记之。

余犹能忆少时之游，敝屋数间，入其室，阒若无人，僧醉寝褴褛，过午未饭。然其山峰之罗列者九，肩差踵后，襟绕带绝，漫不省出入踪径。竹松茂密，光景蔽亏，窄窄闻摧枯拉朽声，不见其人。距郡城不数里，若在深云杳霭间。灵区奥壤，鬼神靳惜，不以示人居之，久难其人也。

比丘清鉴，行高德巨，心地稳密，州破甲乙，以鉴来尸。属久敝之后，用力艰，用心益精敏。居无何，人化其德，施手开展，缔构一新。既而以老告州，复用甲乙，以其徒智日代之。

方艰难虑患之时，非巨有才德莫能经画。图回一代之成绩，不可不吝其择甲乙，非其人安可使也？有维有纲，既立既张，凡百悉蹈绳检，世其业，虽中才可也。况其人精悍多智画，苦身克意，虽在安逸无事、人情软熟之后，毅然有为，以卒其业。事无固必，顾得人如何耳。搜之甲乙，何负于人哉！

佛有新祠，寝饭有堂庖，有储有饩，澡有室，钟有架。屋累然坐方丈，其

① [宋]董弅：《严陵集》卷八，四库全书本。

徒乌呼稽首，成一保社，日之力勤矣哉！诸峰著丙方者最为秀绝，易佛祠值之，其盛固日之力，然形胜古有之。政和五年乙未记，明年二月甲戌书之。

据《严州汇考》记载："九峰寺，旧在县西北五里裴郭坞。宋宝元二年建，知州赵抃有诗。明嘉靖间，废旧址，为有力者所得。寺僧道源，寻复建风硎桥。万历三十六年，僧德钦力复古址，鼎建殿宇，焕然一新。"

此文有叙事，有描写，有说理。论叙事，有条有理，先交代写记是"僧智日以九峰造立卒业，具述本初，属余记之"；后叙比丘清鉴，"施手开展，缔构一新"，因"以老告州""以其徒智日代之"；最后因智日"毅然有为，以卒其业"。论描写，有声有色，"然其山峰之罗列者九，肩差踵后，襟绕带绝，漫不省出入踪径。竹松茂密，光景蔽亏，窣窣闻摧枯拉朽声，不见其人。距郡城不数里，若在深云杳霭间"。最大特色是据事说理：一是"天下事不独事始为难，卒之又难。事之始，必于艰难虑患之时，故其思深，其力勤。卒之者常在安逸无事、人情软熟之后，罔不纵弛怠偷，鲜克有成"；二是"方艰难虑患之时，非巨有才德莫能经画"；三是"有维有纲，既立既张，凡百悉蹈绳检，世其业，虽中才可也"；四是"事无固必，顾得人如何耳"。

该文以论说事理为开端，使全文定下以理论事、以事见理的基调。全文笔致清新，既摇曳多姿，又论理启人，可谓文理兼备，意趣斐然。

唯庵记①

真悟老禅脱乌龙之缚，结茅于其山之西冈，以为宴休之地。余一日访之，行新田间，决决水流，可掬可溉。入其径，松杉青润，邑邑欲染人衣裓。未到三数步，小童□门，一犬吠喈喈应竹作声，自是一山川风物。

楹桷无藻饰，函丈之地，唯留一榻，床敷隐厚。经行之余，兀然危坐，坐久即卧，安稳无它苦。与余说普通年前事，率皆无味之谈，听者欲寐。余将归，肘余曰："为我名此庵。"

余名之曰"唯庵"。三界唯心，万法唯识，释之者曰："唯遮境有识，简心空遮，有则一心，独照简空，故万法摐然，心法相望，非不二境。"余别为之释曰："三

① [宋]董弅：《严陵集》卷八，四库全书本。

界唯心，一心唯庵，不遮不简，唯境唯心。”

听者霍然，失寐掉头，拊髀爵跃而歌曰：“心唯庵兮庵不知，但见白云朝起东山飞。庵唯心□心不住，明月前溪夜流去。朝朝暮暮何时了，是中本不同生老。一衲防头百不为，又是青山歌好鸟。”歌罢，真悟老与余相目一笑，解袂以归。钓台翁江公望正月十九日记，实政和丁酉岁也。

此文写法不同于作者的其他几篇，有鲜活的空灵意境蕴含其中，显得洒脱。一是所写之人“真悟老”，俗气中又带几分仙气；其俗在于“与余说普通年前事，率皆无味之谈，听者欲寐”，其仙在于“脱乌龙之缚，结茅于其山之西冈，以为宴休之地”“真悟老与余相目一笑，解袂以归”。二是文中与“真悟老”相对的“我”也有几分飘逸之气，“我”来去自如，受托为庵取名“唯”：“三界唯心，一心唯庵，不遮不简，唯境唯心”，含义幽远超逸。三是在寂静之地贯入听者所谓“爵跃而歌”，使寂静中别具一种神秘律动。面对此中品位，倒有现代散文诗的诸多况味。

3.《兴福院记》与《龙泉院记》

兴福院记①

凡出于心之所同然者，虽夷夏异区、贵贱愚智少长之不相若，寥寥历数千百年，得之者如出一揆。心犹虚空，无毛发介，然空缺处谷满坑满，牛豕鼻喙满，污邪瓯窭满，提携负汲亦满，终莫有德其赐者，盖终身由之，不知其然也。至于洒然若醉醒梦觉，当有自来矣。

何村，建德一聚落，土风沃美，儿田妇桑，无有呰窳，功不十而利百之。家饶财，桀骜易侮之心生，使酒尚气，椎牛博戏，攻剽为奸，驰死地如骛。一旦强力恶少革心为善良，门间栉比，唯善之为慕。西属天宁佛祠，学道者过而问焉。

东北距兴福，是院废于保昌，至钱氏复兴，岁在癸亥，越甲午，凡一百五十有三年。政和初，名额仅存，颓垣废址，皆黄茅白苇，飞走交午。敝屋三数间，居者无复僧事。僧灵皎出缗钱八百万，施者亦如之。建为殿者四，

① [宋]董弅：《严陵集》卷八，四库全书本。

能仁、僧伽、法轮、十王之像设焉。阁二，钟经虡栱具在。殿之阴为演法堂，次为函丈之室，挟以海会香积，而门庑泱之。凡诸庄严之具，佛比丘诸所受用，无一不备。人之钱既入，而探诸囊中，如曳九牛之尾。八百万钱出于荒山穷褐者之手，若非超然感悟，越一切拘挛之语，与其徒而应之者，若流水趋下，兹有以启之者，焉得于所同然者也。

由一佛祠破悭贪之疾，化而为一乡之善俗，由一乡化而为一邑之善俗，其利曷穷已哉！刑驱之，不若化其心，使自得之。故曰：得其一，万事毕。斯一也，拟心即二焉。有问速化之术，余告之曰："知此而已。"五年乙未工毕，明年八月丁酉江公望记。

据《严州府汇考》记载："兴福寺，在县东二十五里岩山，旧名岩山寺。唐会昌中废。宋乾道中，吴越钱氏重建。政和五年，僧灵皎修，江公望记。"

此文写兴福院之兴废，由僧灵皎带头出缗钱800万修建，使其复兴如初。由此作者感慨"八百万钱出于荒山穷褐者之手，若非超然感悟，越一切拘挛之语，与其徒而应之者，若流水趋下，兹有以启之者，焉得于所同然者也。"由此得出结论："由一佛祠破悭贪之疾，化而为一乡之善俗，由一乡化而为一邑之善俗，其利曷穷已哉！刑驱之，不若化其心，使自得之。"以此回应文章开头"凡出于心之所同然者，虽夷夏异区、贵贱愚智少长之不相若，寥寥历数千百年，得之者如出一揆"。这里作者通过僧灵皎捐建兴福院之善举，来寻找"化而为一乡之善俗，由一乡化而为一邑之善俗"的途径，令人动容，深感其重视教化的良苦用心，也可感知到此文在推动后来时代的善俗建设中所起到的影响作用。

此文在艺术表现上别具特色：一是用富有哲理的语言作为文章开端，引起读者对下文所写内容的思考；二是通过比较的方法来提出问题、思考问题和解决问题，即如通过村落富裕对人的影响的利与弊的比较，通过兴福院废与兴的比较，通过善举与悭贪的比较，使得问题突出鲜明，从而找出解决问题的途径；三是善于通过僧人灵皎这一典型来立论、来剖析、来引导，使得推广善俗的思想显得合情合理和水到渠成。

龙泉院记[①]

龙泉一斛水尔，有龙常所托。止焉召风霆疾呼起云雾，出肘腋间，俄顷嘉雨四洽。邑民德其赐，作佛祠而庇焉，因以龙泉名其祠。

灵区奥宅，神物之所托，是故山川草木沃润而清美，代有异人出焉。有诸禅者，莫知所自，其高道秘行人亦不知，托于龙以福此方之人。民以旱告，甘泽之应，若荅响焉，故岁多穰而民力以饶。

僧奉齐、钱忠懿王尝召演《法华》文句于竹林寺，学者数百。雄经巨论，博观泛览，精简妙义，析秋毫矣。归老，人渐其余，悔罪迁善，为一乡美俗。

可良，四代孙也，以禅学住本邑保安禅院。一日，有豕逸于屠刃之下，径趋而跪，伏亢而视，若有所诉而不得言。顷之，屠者至，亟执之，哀号可怜。以金易之，豢养久，犹如善良之人。畜无知也，能逃死于万无一生之地？知所择也。知所择，谓之无知可乎？不逃于比间之居而逃于佛祠，不逃于它比丘而逃于善知识，余譬之善良之人，不为过矣。凡有心者，物之偶也，有偶则争兴。唯无心，故有心者归之，非有道者不处也。

师退居乌龙，邑人挽之而不释，愿修故龙泉院以为师处焉。裒金粥材，为殿一区，法堂丈室、两庑三间悉具。诵阅有经制为枢藏，以待未暇阅者挽之以行。燕居有室，以需四方学者之至。仰高明，俯清泚，宴寂之余，以为兴居之适，又有所谓水阁者在焉。成于政和六年丙申三月壬辰，越丁酉，良属余记其事。

一斛之水甚微，龙托之而神，变化自如，霈为膏泽，以福于人，而佛祠托之以兴。一豕之生，固不足道，善知所择，而良之道行益著。而矢激则远，水激则悍，登高而望则见远，顺风而呼则声益厉，所托者然也。至于离人而立，独无所事托，而良之道吾不得而知也。

据《严州府汇考》记载："龙泉，在城北一里锦沙冈西。"此文先叙写"龙泉院"名之由来，寓其不凡。由于龙泉"托于龙以福此方之人。民以旱告，甘泽之应，若荅响焉，故岁多穰而民力以饶"，百姓对其感恩戴德。本文重点叙写以禅学住本邑保安禅院的可良禅师，通过禅师遇见"有豕逸于屠刃之下，……顷之，屠者至，亟

---

① [宋]董弅：《严陵集》卷八，四库全书本。

执之，哀号可怜”便“以金易之豢养”的奇遇与善行，来写“良之道行益著”。因其“道行益著”，当他退居乌龙山之时，“邑人挽之而不释，愿修故龙泉院以为师处焉”，进而“佛祠托之以不废”，由此揭示“矢激则远，水激则悍，登高而望则见远，顺风而呼则声益厉”的道理。

此文的写作特色在于：一是通过对典型事例的书写凸显可良的“道行益著”，揭示行善的影响力；二是通过龙泉“托于龙以福此方之人”“佛祠托之以不废”，进而揭示“矢激则远，水激则悍，登高而望则见远，顺风而呼则声益厉”的内在道理，告诉人们万事万物的生发离不开“所托者然也”这一基本属性；三是通过结尾与开头相呼应，一方面使文章结构浑然一体，另一方面深化文章主旨，可谓一举两得；四是有意锻造格言警句，令人牢记不忘，如“凡有心者，物之偶也，有偶则争兴。唯无心故有心者归之，非有道者不处也”“矢激则远，水激则悍，登高而望则见远，顺风而呼则声益厉，所托者然也”。五是结尾通过“至于离人（离人，超脱人世之人。——笔者注）而立，独无所事托，而良之道吾不得而知也”的书写，故意宕开一笔，造成逸趣横生和余味无穷的艺术效果，令人莞尔。

（四）诗歌与散文的思想价值与艺术特色

江公望的诗歌与散文在思想艺术上独具特色。

1. 诗歌的思想价值与艺术特色

一是在思想上，既有对历史名人严子陵、方干的“清芬”人格的敬慕与礼赞，又有在兜率寺鉴光阁的领悟，以“谁是光明内外人”的反诘喻示做人应该“内外光明”和光明磊落的人格追求，还有通过对玉泉庵的审美体验与发现，感受到大自然是人生存养真性、返其本元的“栖真地”，并由此幡然醒悟“黄金散尽身无益，独有泉声千古长”。

二是在艺术上，做了多方面探索。首先，在面对表现同一题材内容时，注重表现形式的变化。如《玉泉庵》组诗为了更好表现玉泉庵题材的丰富内涵，诗人采用了五律、五古、七绝、七律的诗歌体裁形式，避免了诗歌体裁的单一化；其次，注重意境创造，从意与境谐的角度寻求意境创造之美。如《题钓台》的隐逸之美，《题方氏清芬阁》的清新之美，《兜率寺鉴光阁三首》（其二）的通透之美；《又题玉泉庵三首》（其三）的飘逸之美，等等。再次，注重炼意炼句，警句佳句俯拾皆是。如“志士耻骄饵，入山如避秦”“高名悬日月，清风播松筠”“修竹几年埋旧隐，新诗到处发潜光”“一奁古鉴新磨就，谁是光明内外人”“翛然偶得栖真地，方信浮名即是身”“黄金散尽身无益，独有泉声千古长”“谁坐胡床挥玉尘，一声清磬晚悠悠”，可谓精彩纷呈。

2. 散文的思想价值与艺术特色

主要体现在：一是倡导风范，注重事功。有四点表现：(1) 重民生，重政平，以重民生来实现政平（《政平桥记》）；(2) 求同心，重善俗，以成一地风气（《兴福院记》）；(3) 重实干，达事功，颂赞“毅然有为，以卒其业”（《九峰庵记》）；(4) 倡道行，借依托，成就事功（《龙泉院记》）。

二是归结哲理，启人心智。“政平则教行，所以得人心；法行则令著，故民听一而不惑”（《政平桥记》）；“所可格者诚尔，诚不可以虚拘也，所以达其诚者”（《请刻石跋》）；“天下事不独事始为难，卒之又难。事之始，必于艰难虑患之时，故其思深，其力勤。卒之者常在安逸无事、人情软熟之后，罔不纵弛怠偷，鲜克有成”（《九峰庵记》）；“凡出于心之所同然者，虽夷夏异区、贵贱愚智少长之不相若，寥寥历数千百年，得之者如出一揆”（《兴福院记》）。几乎在每一篇中都能随着文章主旨的展开找到格言警句，给人以思想启迪与涵养。

三是精于构思，摇曳多姿。(1) 人物刻画栩栩如生，如其笔下的太常丞李勉勤政爱民的形象、僧人智日的精悍多智、毅然有为的形象、僧人灵皎捐建佛祠破悭贪之疾的形象、可良禅师道行高尚“佛祠托之以兴”的形象，如在目前。(2) 景物描写形象生动，如“夏秋雨淫，二水斗湍悍决溢，啮高岸，拔大木，州人患之”；“然其山峰之罗列者九，肩差踵后，襟绕带绝，漫不省出入踪径。竹松茂密，光景蔽亏，窄窄闻摧枯拉朽声，不见其人”；“龙泉一斛水尔，有龙常所托。止焉召风霆疾呼起云雾，出肘腋间，俄顷嘉雨四洽”，诸如此类，可谓精彩纷呈。(3) 结构设置精致灵巧，如《龙泉院记》的首尾呼应、开合自然；《政平桥记》的主题明确、贯穿到底；《唯庵记》的疏密有致、动静有度；无不各有特色，令人赞赏。

江公望以其诗歌和散文的独特风貌代表了建德本土文学家的最高成就，也在新安文学发展史上留下不可磨灭的印记。

通过对建德文学的历史演变的纵向考察，我们了解了建德文学的发展演变脉络。建德文学以开放的格局，在任职和游历其地的文学家的主导下，形成了群星璀璨、熠熠生辉的文学局面。

建德文学创作群体，可分为本籍文学家、任职文学家和游历文学家。

本籍文学家中，唐代章八元、严维、徐凝、周朴、喻坦之、李频、喻凫、翁洮等成为“睦州诗派”的创作主体，在新安文学发展中产生历史影响。宋代江公望以《题钓台题》《方氏清芬阁》《玉泉庵二首》等诗作和《睦州政平桥记》《九峰庵记》《兴福院记》《龙泉院记》等散文展现了建德文学景象。明代徐贯所著《余力稿》12卷收入《四库总目》，所写《严陵八景》诗典型再现了建德的自然文化奇观。

南北朝任职新安太守的任昉，在途经建德时的《严陵濑》等诗作成为最早的新安文学作品之一。唐代刘长卿的《却归睦州至七里滩下作》等众多诗作，用诗情画意来体现他对建德的认识和理解。宋代范仲淹以《谪守睦州作》《潇洒桐庐郡十绝》等诗作，以及《严先生祠堂记》，抒写磊落人生，赞颂严子陵品格，产生了久远影响。

游历建德的谢灵运以《富春渚》《七里濑》《初往新安至桐庐口》等诗篇，掀开了新安山水的面纱，沈约以《新安江水至清浅深见底贻京邑游好》诗作揭示新安江特点，成为新安山水文学的代表作。吴均以《与朱元思书》叙写乘船自桐庐至富阳途中所见山光水色，成为文学史上的经典华章。唐代孟浩然《宿建德江》摹写新安江景色，意境悠远，脍炙人口。

全国各地大量著名诗人在这里汇聚，富有影响的“睦州诗派”在这里出现，文学中的“严陵钓台现象”在这里呈现，构成了文学上的一道奇观。

通过对以唐代杜牧、宋代范仲淹和江公望为代表的重点文学家的考论，从一个侧面反映了建德文学的代表性成就。

杜牧是出任睦州名气最大的第一位地方官。他在对睦州山水特点的深切感知中揭示其典型标记、在对“严陵钓台”的吟咏中体现人生要义和在与友人的诗作往来中寄寓深厚的温情特点。杜牧对睦州思想文化的影响，体现在诗歌创作上继承地域文化与文学影响，对出现在元和至咸通年间的“睦州诗派”具有一定的连通作用；揭示了睦州山水的“有家皆掩映，无处不潺湲”特点，为后来者的认知提供了依托与参照；作为唐代诗人，为“浙西唐诗之路”的书写起着助推作用。

范仲淹是睦州历史上任职时间最短而影响最大的历史人物。他在睦州的文学创作，不但对于睦州具有地域文化意义，对于他自身也具有重要意义。

范仲淹在睦州形成了文学创作的高潮期，《和葛闳寺丞〈接花歌〉》以其通过本为东京“琼林苑中吏”的睦州老卒的罪被贬和年老悲泣引出诗人感叹，与唐代白居易《琵琶行》相媲美。《和章岷从事斗茶歌》以其跌宕起伏、栩栩如生的生动描写再现了北宋时期采茶、制茶、斗茶的风俗画面，与唐代诗人卢仝的《走笔谢孟谏议寄新茶》茶诗被誉为“双璧”。《江上渔者》通过反映渔民劳作的艰苦唤起人们对民生疾苦的注意，体现了诗人对劳动人民的同情，成为范仲淹诗歌创作的压卷之作。《桐庐郡严先生祠堂记》以其“使贪夫廉，懦夫立，是大有功于名教”，与《岳阳楼记》“居庙堂之高，则忧其民；处江湖之远，则忧其君”形成前后呼应，影响深远，被收入《古文观止》，成为传世经典。范仲淹及其睦州文学创作对于睦州的影响具体表现在自觉接受其“先天下”“忧乐天下”的精神品格影响，自觉接受“云山苍苍，江水泱泱。先生之风，山高水长”的思想影响，树立起“淡泊名利”“廉贪立懦”的观念，自觉接受其赋予地域文化精神特质的“潇洒”观的影响。

作为宋代建德本土的代表性文学家，江公望的诗歌与散文创作独具特色。在文学的思想价值方面，其诗歌在思想上，既有对历史名人严子陵、方干的“清芬”人格的敬慕与礼赞，又有在兜率寺鉴光阁的领悟，以“谁是光明内外人”的反诘喻示做人应该“内外光明”和光明磊落的人格追求，还有通过对玉泉庵的审美体验与发现，感受到大自然是人生存养真性、返其本元的“栖真地”，并由此幡然醒悟“黄金散尽身无益，独有泉声千古长”；其散文倡导风范、注重事功和归结哲理、启人心智，使整个散文创作充满哲思，体现了一个官员文学家的精神特质与风貌。在文学的艺术特色方面，其诗歌艺术表现方法丰富多样，对同一题材内容的表现注重形式变化，从意与境谐的角度寻求意境创造之美，注重炼意炼句和警句佳句创造。其散文注重艺术构思，追求人物刻画得栩栩如生、景物描写的形象生动和结构设置的精致灵巧。江公望的文学创作代表了建德本土文学家的最高成就。

通过对建德文学的纵向考察与横向考论，我们看到了建德文学不同于徽州和淳安文学的独特格局与面貌，为进一步揭示建德文学的性质、特点和规律奠定了基础。

第五章　新安山水的文学景象与创造(上)

——以“新安江”“黄山”“齐云山”为中心

自从梁武帝面对徐摛发出“新安大好山水”的赞语后，徽州文学就以自己的敏锐对新安山水的独特之美开始了格外关注，并加以斑斓多彩的表现，形成了徽州文学的一个独特领域——以新安江为主线、以黄山和白岳为中心的徽州山水文学长廊，并从此绵绵不绝，形成一条徽州山水文学之河。

对于徽州山水形胜的总的特点，据《徽州府汇考》[①]记载：“新安大好山水，可以卧治，类要百城襟带”（《梁书·徐摛传》）；“地势斗绝，山川雄深”（《新安文献志·序》）；“山峭厉水清激”（《新安记》）；“据浙江上游水云深处”（《新安续志·序》）；“东有大鄣之固，西有浙岭之塞，南有江滩之险，北有黄山之扼。即山为城，因溪为隍，三面距江，鸟道萦纡”（《府志·拾遗》）。其中又对徽州各县的山水形胜特点作了概括：

——歙县：“浦口嵌岩峭峙，两港合流，僻处一隅，屹立如保障。”

——休宁县：“高山浚川，长林沃野，徽之乐土，尤在休宁。”

——婺源县：“重山复岭，异材间出。”

——祁门县：“重冈列岫，清淑之气，融结于中。”

——黟县：“坡陁左袤，壑谷右浚，黟邑桃源，烟霞百里。”

——绩溪县：“山穷入云，水驶激射，新安门户，吴越屏藩。”

可见《徽州府汇考·形胜》对徽州形胜的概述不可谓不准确生动。依循着对徽州形胜特点的把握，本章主要从新安江文学景象、黄山文学景象、齐云山文学景象三方面来研究徽州山水的文学景象与创造问题。

---

①[清]陈梦雷：《古今图书集成》，《方舆汇编·职方典》第七百八十七卷《徽州府部汇考一·徽州府疆域考》。

第一节 “新安江”的文学景象与创造

新安江文学景象的书写，从宏观上说，开始于南北朝时期的谢灵运《初往新安至桐庐口》、沈约《新安江水至清浅深见底贻京邑游好》。而按照新安江上游、中游、下游的自上而下的路径，来考察新安江文学景象的书写，为了便于从宏观上得到整体性认识。翟屯建撰写的《新安之水天上来，一路奔腾诗满怀》[①]一文，是迄今为止对新安江景象文学书写的历史过程与特点研究较完整和精彩的，也是较具有总结性的，现以此文作为新安江的文学景象与创造这部分的主体内容。

一、新安江的起源与名称由来

休宁县海拔1600多千米的五龙山脉六股尖，一湾清清流泉，纳天之水，倾泻而下，奔流在崇山峻岭之间。一会儿缓缓流淌，一会儿汹涌激荡。千回万转，起伏跌宕。留下一个个湍流急滩，当奔腾到浙江建德县与兰江交汇时，方才歇一口气。然后，汇合富春江，融入钱塘水，浩浩荡荡，注入大海。这条江，名叫新安江。明代沈明臣曾发出“新安新安江水连，三百六十滩在天”的感叹！

新安江最初的名称并不叫新安江，而是叫浙江。《山海经》记载：“浙江出三天子都，在其（蛮）东”。“三天子都”，又称“三天子鄣山”。郭璞为《山海经》作注时称：“今在新安歙县东，今谓之三王山，浙江出其边也。”《庄子》称“浙江”为“浙河”，其《外物篇》载：“自浙河以东，苍梧以北，莫不厌若鱼者。”宋元时期，“浙”“淛”通用。秦观《游龙井记》曰：“龙井，旧名龙泓。……其地当西湖之西，浙江之北，凤篁岭之上，实深山乱石之中泉也。”《汉书》《水经》称“浙江”为“渐江”。《汉书》载：“黝，渐江水出南蛮夷中，东入海。”《水经》称：“渐江水出三天子都，北过于杭，东入于海。”清段玉裁在给《说文解字》“浙”字作注时，指出：“今俗皆谓钱唐江为浙江，不知钱唐江《地理志》《水经》皆谓之渐江，江至会稽山阴，古曰浙江。《说文》浙、渐二篆分举划然，后人乃以浙名冒渐。盖由二水相合，如《吴越春秋》越王至浙江之上，《史记》楚威王尽取故吴地至浙江，始皇至钱唐临浙江，皆谓是也。”在给“渐”字作注时，说得更明白：“渐江者，钱唐江源流之总称。”

---

① 翟屯建：《新安江诗词选注·前言》，中国科学技术大学出版社，2020年，第1～18页。

无论“浙”“渐”,均源于徽州。徽州地方志所载地名中,休宁县有“浙溪水”“浙源”“渐江”“渐溪”，婺源县有“浙岭”，就是最好的证明。

秦始皇统一全国,在浙江上游设置黟、歙二县。汉献帝建安十三年（208）十二月，孙权将原黟、歙之地分析为黟、歙、始新（淳安）、新定（遂安）、犁阳（后改为黎阳）、休阳（后改为休宁）6县，建新都郡，这是徽州州郡府一级行政设置的开始。唐代，又从歙县分设出绩溪县，从黟县分设出祁门县，从休宁县分设出婺源县。这便是浙江上游，后来称之为新安江流域的基本区划。西晋太康元年（280）灭吴，改新都郡为新安郡。郡名新安，一说以祁门县新安山为名，一说取其安定之意。从这时候开始，在新安郡之内的干流水域便有了新安江之称。

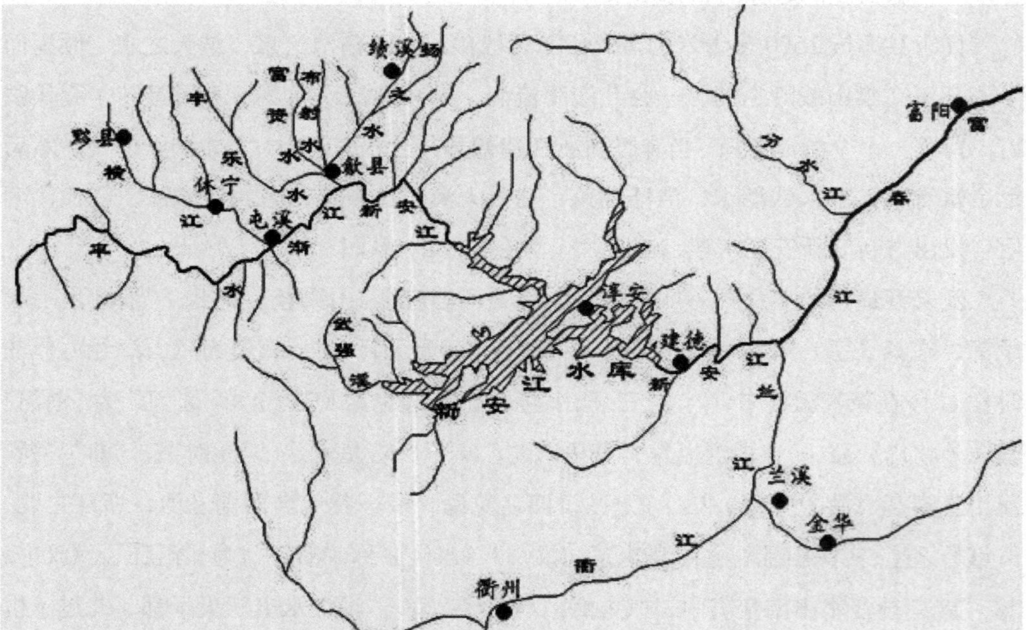

新安江水系示意图

二、新安江正源率水的文学景象与创造

发源于六股尖的新安源头水，当地村民称之为冯源河。古人称六股尖为率山、张公山。清道光《徽州府志》记载：“张公山，在休宁县西百六十里，为江南祖山，居休、婺之间，鄱阳、浙江之水出焉。”六股尖山腰有著名的龙井潭瀑布，从数十

丈高的悬崖倾泻而下，为新安江源头第一瀑。元代学者赵汸《峡源瀑布》[①]记曰：

寒峡隐堂隍，寻源得飞瀑。
悬空下千尺，飞鸟惊不度。
雷激丹岳摧，电穿青山破。
阴崖排积雪，霈雨恒时注。

此诗写出了新安源头第一瀑，千尺飞悬天上来，轰鸣如雷摧山岳毁；流水电般飞纵而下，欲将青山穿破的气势。溅起的水花，就像滂沱大雨，永不停歇。

冯源河纳千涧之水为大源河，与发源于婺源县高湖山的小源河在流口汇合成率水。率水东流，沿途纳凫溪、杭溪河、磅溪河、桐子河，长分河、沂源河、汉水河、蓝水河、回溪河至屯溪与横江交汇，始称渐江。率水上游，两岸山势陡峭，河谷窄深，仅通竹筏。一到春天，沿溪两岸，山花烂漫，火焰般的映山红，衬托着青山绿水，景色优美。明代祁门文人李梯隐居凫溪之畔，有诗写凫溪景色："翠巇寒潭掩映，白凫坠叶争飞。歇马客寻草径，卧云人启荆扉。"颇有一番情调。

回溪旁有一座村庄，名迴溪，建于北宋。因村中有一小溪，河床较低，每遇涨水季节，出口处率水水位反比小河水位高，导致小河河水回流，故此得名迴溪。迴溪村是元末明初名儒朱升故里。元代诗人程文《回溪道中》一诗，描写回家迴溪景色云："晃朗川上日，飘萧森际风。"[②]明晃晃的阳光照耀在溪流之上，光芒反射，清波粼粼。山间河际，寒风飘萧，直侵肌肤。将迴溪雪景和自己的感受描绘得活灵活现。

商山在休宁县城西南30余里，发源于茶子岭的蓝水经浯田、苏田流经商山，至雁塘汇入率水。明代休宁诗人吴锦，春日与同好从率水泛舟，溪流盘旋，轻风吹动，阵阵春寒。在两岸边采集芳草，在瀑布下的潭边饮酒。水汽氤氲，侵入衣裳，天光云影，小溪在席边流动。继续向前溯流，林木苍翠，郁郁葱葱，仿佛进入昆仑仙界。于是，写下《同诸子自率溪浮舟游商山园》：[③]

① [元]赵汸：《东山存稿》卷一，四库全书本。
② [明]程敏政辑撰，何庆善、于石点校：《新安文献志》卷五十三，黄山书社，2004年。
③ [明]陈有守、汪淮、李敏：《徽郡诗》卷四，明嘉靖三十九年汪氏刻本。

近浦喧笳瑄，洄川泛冷舟。
采芳寻杜若，洗盏傍龙湫。
水气侵衣润，云光拂席流。
前林郁苍翠，疑是入崑丘。

率水一过五城，水面渐开，溪水跌落，浅滩深潭，渐行渐急。闵滩在休宁县闵口村（今属屯溪区枧忠乡）一带，距屯溪已经不远。此滩巨石盘踞，水流湍急，舟船难行。宋代婺源学者王炎过闵口，夜宿闵滩下。傍晚，听雨声不绝，溪水上涨；半夜，闻狂风呼啸；到了清晨，朝阳又开始升起，又是一个晴天。心情豁然开朗，写下《夜宿闵滩下》：[①]

歙江两岸山立壁，一水潭潭浮绀碧。
嵌空老石出中流，触碎玻璃成沸白。
滩高水落定难行，莫雨淋浪新涨生。
三更风怒山欲吼，催唤金乌回晓晴。
篙工倚柁笑相语，但上闵滩无所阻。
明日日晡过歙渚，舣船沽酒劳辛苦。

诗句描写率水两岸高山壁立，山下深潭相连，潭水如大海一样深蓝。溪流之中，盘卧的巨石经激流长期的冲刷形成空洞，溪水从石洞中喷涌而出，将明亮透澈如玻璃般的水面冲击成锅中沸腾的白水。最后四句言撑船的梢工很开心，认为闵滩虽然险阻，因水涨天晴而变得不可怕，等明日下午过了歙州艰险，即可停舟买酒用以慰劳辛苦。

此诗通过诗人夜宿闵滩之下的所见所闻，表现了新安江在歙州流域的险恶及艄公的艰辛。闵滩落差颇大，溪水跌落，纤挽上滩险阻困难；傍晚，大雨不停地倾倒下来，群山溪涧奔流，汇聚溪中，水面上涨。清晨，闵滩水面平衍，阳光灿烂，艄公们来到甲板，倚靠着船舵开心地说笑着：难得有这么好的天气，船只驶上闵滩，没有任

① [宋]王炎：《双溪类稿》卷九，四库全书本。

何险阻！

三、新安江支源横江的文学景象与创造

新安江源头，除了正源率水，还有一支源头是横江，只是流径比率水稍短。横江源于黟县五溪山主峰白顶山，其上游称为漳水。漳水上段叫枧溪河，水出枧溪庙，流经碧山村，在柏山村与镜源河汇合，由北向南横穿黟县县城至横岗村汇合龙川河，至石山汇丰溪河，经10公里黟渔峡谷，往南至渔亭，汇入横江。整个漳水流域，除了上述大河，还有虞山溪、羊栈河、甲溪河等支流。

漳水是黟县境内的主要河流，一水拖蓝，黄梅季节，流域两岸绿柳拂波，碧纱青草相伴，春光无限，更有水鸟溪鸥掠影，平添几分灵动。明代黟县屏山人舒祥专门为此写下《一水拖蓝》[①]的诗句：

萦回绕邑静无声，一色如蓝去自平。
浸月几湾多曲折，涨天十里半澄清。
黄梅雨歇微波尽，绿柳风来细浪横。
水鸟溪鸥春树稳，碧纱青草正朝晴。

宏村位于羊栈河东侧，浥溪河畔。村民利用村落前后地势落差，拦河筑坝，引水入村，九曲十弯穿堂过户，流经家家户户的门前，形成天然的自来水系统。村中的半月形水塘，老百姓称月塘，塘面水平如镜，塘沿四周青石铺展，粉墙青瓦整齐有序地分列四旁，蓝天白云跌落水中。清乾隆时，黟县诗人胡成浚经过宏村，写下《宏村口占》[②]一诗：

何事就此卜邻居，月沼南湖画不如。
浣汲何妨溪路远，家家门前有清渠。

此诗赞美先人引来清泉活水，为当地老百姓造福，可谓是利用大自然的神来之笔。

---

① 吴克俊、许复、程寿保：《黟县四志》卷十五《杂志 · 诗录》，民国十二年刻本。
② 吴克俊、许复、程寿保：《黟县四志》卷十五《杂志 · 诗录》，民国十二年刻本。

黟县自古交通闭塞。黟县至徽州府城的古驿道，是黟县对外交通的主要孔道。漳水流经黟渔峡谷，黟徽驿道便是缘溪而开，顺着这条10公里的峡谷，通往黟县盆地。其间，桃花夹岸盛开，亦有溪岸壁立如削，无法通过，只好开凿山洞，打通驿道。陶渊明《桃花源记》①记载：

晋太元中，武陵人捕鱼为业。缘溪行，忘路之远近。忽逢桃花林，夹岸数百步，中无杂树，芳草鲜美，落英缤纷，渔人甚异之。复前行，欲穷其林。林尽水源，便得一山，山有小口，仿佛若有光。便舍船，从口入。初极狭，才通人。复行数十步，豁然开朗。土地平旷，屋舍俨然，有良田美池桑竹之属。阡陌交通，鸡犬相闻。

此景与漳水经过黟渔峡谷极为相似，故黟县有"小桃源"之称。也有人认为，陶渊明《桃花源记》就是以黟县为原型来记述的。古代诗人缘漳水，顺着黟渔峡谷进入黟县时，都被这里独特的美景所吸引，发出由衷的赞叹。驿道凿洞，也被美称之"桃源洞"。桃源洞一直到20世纪50年代，修建黟县至渔亭公路时才被炸穿。

在黟渔峡谷驿道旁，有一方临溪石台，深嵌入躬曲的山崖下，有如高屋长檐，人行其下，仰不见天。路下即为江水深潭，成为一处天然古钓台，名浔阳台。相传当年李白访歙州高士许宣平未见，便策杖入黟，垂钓于此，并留下《钓台》②诗句：

磨尽石岭墨，浔阳钓赤鱼。
霭峰尖似笔，堪画不堪书。

写出漳溪河畔石墨岭、浔阳台、霭峰等景致的绮丽秀美，笔间流露出诗人对于古黟漳水流域大好自然山水的礼赞与歌颂。明代诗人彭汝谐过"桃源洞"，写下《游桃源洞》③诗：

①［晋］陶渊明：《陶渊明集》卷五，四库全书本。
②［清］王琦注：《李太白集注》卷三十，四库全书本。
③［清］朱彝尊：《明诗综》卷六十六，四库全书本。

碧涧山隈转，鸣泉树杪悬。
桑麻缘屋舍，鸡犬隔人烟。
客避中峰雨，僧安一榻禅。
桃花今又放，相问世何年？

过黟渔峡谷，即到渔亭，漳水与发源于青岭山的秀清河、发源于霸王尖山的考川河在此汇合，始称横江。渔亭山势舒缓，水面逐渐开阔。《太平寰宇记》记载："鱼亭山在县南三十五里，每岁西江渔船至祁门县，舍舟登陆止此东水，次淹留待船，故曰鱼亭焉"，"鱼"与"渔"通假，被普遍认为是渔亭的地名来源。渔亭为新安江水运最西的码头，自古为湖广与江浙货运的中转站之一，有"七省通衢"之美誉。清代歙县曹文埴经渔亭赴黟，夜宿渔亭江船之上，即景赋诗《渔亭》①，其中有句曰：

水浅江路穷，岸窄石门对。
石梁通往来，云壑互向背。
竹筏与松舲，停泊各分队。
论货盐米多，问途水陆会。

横江水从渔亭顺流而下到屯溪，沿途地势相对较为平缓，巉岩危崖，湍流急滩，点缀其间。溪水清澈，两岸景色宜人。齐云山，是渔亭下游的较有影响的第一站。明万历四十二年（1614）九月，李流芳回新安扫墓，游齐云山。下山后，见横江水清澈见底，河底卵石色彩斑斓，心情大为愉悦，决定沿流乘筏而下，观赏沿途风景，并留宿于离休宁县城三里处的落石台寺庙。写下《自齐云乘筏至落石台留宿》②诗：

五里十亭子，下山忘险艰。
爱此溪山晴，故作乘筏还。
寒沙束回湍，下见文石斑。

① 选自吴克俊、许复、程寿保：《黟县四志》卷十五《杂志·诗录》，民国十二年刻本。
② [明]《李流芳集》，浙江人民美术出版社，2012年，第20页。

旭日来映之，浮动水石间。
吾徒二三子，坐稳舆何闲。
方过蓝渡桥，复见落石湾。
落石势已奇，况此清流环。
松萝挂绝壁，古色照我颜。
前林正丹黄，烟郭粘远山。
我欲留此石，一杯酬潺湲。
襆被叩上方，待月同跻攀。

此诗将横江两岸的景色，描述得淋漓尽致。

纹川，又称纹溪、汶溪，发源于休宁县佛岭坳，经洪水、武桥、晓角至休宁县城南郊处汇入横江。明代休宁诗人陈有守有《秋夕纹川泛舟对月》[①]诗写纹溪景色，诗曰：

清歌招月出，泛酌蓼花洲。
宝鉴三天现，金波万壑流。

描写中秋节之夜，纹溪洲渚，红蓼摇曳，圆月在清亮的歌声中冉冉升起，诗人泛舟酌酒赏月。溪流清明平静，天空倒映其间。月光如流水，倾洒四周山谷，景色极美。

四、新安江渐江段的文学景象与创造

率水、横江在屯溪交汇，从三江口处开始，到歙县浦口与练江交汇，这一段称渐江。

屯溪扼守渐江水路要冲，无论休宁和黟县，以及祁门、婺源两县，如果从新安江水道运输，顺流而下可达杭州，入江南，都必须取道屯溪。明末清初，屯溪街已经发展到“街长四里”的规模，成为休宁县规模最大的一个市镇，屯溪桥、八家栈、渔埠头一带是徽州土特产的集散地和徽商走南闯北的起始点。每当夕阳西下，远自杭州、淳安，近至渔亭、龙湾的舟船，汇集于此，出现“屯浦归帆”的盛景。江面帆樯林立，桅火与街灯相映生辉，戴启文《屯浦归帆》[②]诗云：

---

① 陈有守、汪淮、李敏：《徽郡诗》卷四，明嘉靖三十九年汪氏刻本。

②《黄山市屯溪区志》第二十九章《艺文》，方志出版社，2012年，第1089页。

一片遥帆势若奔，客舟来集比云屯。
将归巧趁秋风便，欲落尚衔夕阳痕。
山外人烟连翠霭，渡头估舶聚黄昏。
喧闹晚市明灯火，不是江南黄叶村。

海宁藏书家吴骞祖籍休宁厚田。乾隆三十九年(1774）清明节，他回老家省亲扫墓，路过屯溪，见江上帆船往来穿梭，岸上商铺吆喝起伏，不禁感叹道："宋人所作清明上河图，未审视此何如耳。"1934年3月，郁达夫与林语堂、潘光旦等一行8人应"东南五省周览会"之约，出行旅游。经临安、于潜、天目山，过昱岭关，于四月一日晚抵屯溪，夜宿屯溪老大桥下舟船之上。次日，雨中游览屯溪，晚上撰写《屯溪夜泊》①诗：

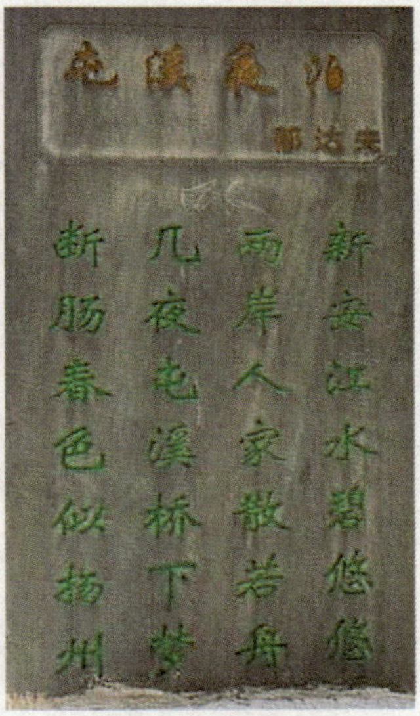

郁达夫《屯溪夜泊》石刻

新安江水碧悠悠，两岸人家散若舟。
几夜屯溪桥下梦，断肠春色似扬州。

富溪村位于休宁县榆村乡，旧称富昨。发源于白际岭的藏溪河在富溪汇入佩琅溪，于阳湖下洽阳汇入渐江。明嘉靖年间，新安医学家江瓘，有一年春季前往富溪游览，受到好友程渐夫的接待。酒后极为兴奋，写下《春日过富溪，程渐夫诸君留酌》②的诗句：

千溪通岩屿，一径入云霞。
山谷逃秦地，池塘即谢家。
花飞寒食雨，客试玉泉茶。
爱此淹晨暮，临流坐碧沙。

① 原载1934年6月1日《文艺风景》创刊号，引自郁达夫：《屯溪夜泊记》，《郁达夫全集》第四卷，时代文艺出版社，2000年，第1374页。

② [明]江瓘：《江山人集》卷二，《四库全书》本。

描写富溪地处千岩万壑之中，村中小径通云间高处，就像那秦人避居的世外桃源,生活着如同谢灵运那样的名士。寒食季节雨纷纷,花开花落,五彩缤纷。山雾迷蒙，临溪而坐，主人用甘美的山泉煮茶待客。此情此景，令人难忘。

尤溪处于屯溪下游三四公里。明隆庆三年（1569）六月一日，汪道昆与吴虎臣、汪仲淹、汪仲嘉等人从尤溪乘舟顺渐江而下，至孙从周别业。次日，沿溪东下十里，至王村，寻王寅不遇。复乘舟而下，于雄村渐江边停舟，登城阳山，拜谒许宣平祠。对于这次经历，汪道昆写有《屯溪放舟过孙从周别业》一诗，记其事，其中有句云：“十里樯乌万竹林，扁舟乘兴入山阴。”描写舟船行驶在渐江之上，岸上万竿翠竹森森玉立，景色宜人，目不暇接的景致。汪道昆、吴虎臣、汪仲淹、汪仲嘉等人乘舟游览的这一段江面，现在已经被辟为国家级花山谜窟——渐江风景名胜区，集青山、绿水、田园景致、千年谜窟、奇峰怪石、摩崖石刻、石窟、庙宇、古建筑等自然景观和人文景观之大成。

歙县岑山，兀立渐江之中。明弘治《徽州府志》记岑山曰：“郁然孤峰，溪水环之。”元代方回《右过双桥》[①]诗，将岑山比作镇江金、焦二山，诗曰：

金焦大小孤，号为天下奇。
击此水中岑，突兀颇似之。
千古几洚水，蛟龙不能移。
寄言瓮牖士，守道当如兹。

岑山上古木修篁,旧有星岩寺,人称“小南海”。元代郑玉流连于此,称“小焦山”。江畔有师山钓鱼台遗迹，岑山为渐江中一景。

五、新安江支源练江的文学景象与创造

练江是除率水、横江之外的第三条新安江支流，扬之水、布射水、富资河、丰乐河四水，在歙县县城西北合流，江面如练，故称练江。经太平桥、渔梁坝、车轮湾，抵浦口，与渐江汇合称新安江。

扬之水，发源于绩溪县尚田五亩地村东之中降山北麓。上游称扬溪源水，先后

---

① [元]方回：《桐江续集》卷十七，四库全书本。

纳绩溪境内的双岭水、波川水、大源、登源河，歙县境内的双竦河、湄川，注入练江。明代绩溪人周士先有《扬之水》[①]诗：

冥鸿霄路翔，沧江复东注。
天风吹波涛，月明秋欲曙。

描写鸿雁在天空中飞翔，扬之水蜿蜒东流入海。天空中风吹云卷，犹如扬之水波涛翻滚，明月当空，东方渐白，迎来新的一天。诗人通过对鸿雁、江水、云涛、明月等景色的描写，为我们展现了一幅绩溪山水秋景图，抒发了作者对家乡山水的热爱。

岩寺（今属徽州区）是丰乐河上最重要的集市。丰乐河源出黄山南麓的浮溪，沿途纳阮溪、漕溪、桃源河、溶溪、潨溪、伊坑水等众川，流经岩寺镇，称岩溪。岩寺之东为水口，有凤山，形如飞凤舒翼，丰乐水东注，借此回澜。凤山水口溪流湍急，风水不利，里人筑桥、塔、台、榭以为砥柱。明方弘静有《岩溪筏游》[②]诗，描写岩寺水口景色。诗曰：

青阳舒淑景，百卉纷以蕃。
东皋何丽佳，飞甍带长川。
先圣美里仁，况乃偕群贤。
令节值熙时，异彼永和年。
倚槛泛中流，水哉清且涟。
磷磷信见底，皦若明镜牵。
层峤峻可攀，翩然据其巅。
天都去尺五，思抚洪厓肩。
谡谡松下风，蔼蔼原上烟。
剧谈竟日夕，理畅真自全。
嘉会讵云易，染翰志斯篇。

① [清]清恺、席存泰编，徐子超等点校：《嘉庆绩溪县志》卷十一《艺文志》，黄山书社，2010年。
② [明]方弘静：《素园存稿》卷二，四库全书本。

此诗记载了春日上巳节时，诗人与当地群贤在凤山下丰乐河里聚会放筏游乐的情景，大家倚靠着竹筏上的栅栏，在丰乐水中泛游，溪水清澈，微波荡漾，悠闲自得。

新安江（歙县三江口）

练水从歙县城向东南流经 1.5 公里至渔梁，乱石淙流，水势甚急。唐代，人们便在河中垒石为梁，缓流蓄水，宋元明清历代都曾对渔梁坝进行重建或修葺，成为练江上大小商贾船队往来的一个重要码头。清初，张光祁《渔梁观水》[①]一诗，将练江春季洪水暴发，渔梁涨水的情景描绘得非常生动：

暴涨乘春急，奔涛下石梁。
中流谁砥柱，极目望苍茫。
石齿篙师熟，轻帆估客防。
山城资设险，六水恃金汤。

春水暴涨，在汹涌的波涛之下，撑船篙师往来于洪涛之中，凭着对水路的熟悉，镇定地航行。起伏的波涛推涌着轻巧的帆船，提心吊胆的船客与镇定自如的篙师，

① [清]汪士鋐：《新都风雅三种》，清康熙年间刻本。

形成鲜明的对比。

渔梁以下，河流坡降徒增，岩石裸露，水急滩多，篙师放舟如出三峡，辄令人心悸，偶一不慎，即有触礁之险。江中湍险，有西门、柜木、灵康、钟楼、分流、宫滩、三门、凌村、青石、车轮诸滩。尤以车轮滩最为险峻，乱石淙流，中无港道，行船环曲，有若车轮。练水至浦口，与渐江合，称新安江。清吴熊《徽城竹枝词》称“渐江即是浙江源，北会练江合浦口”。

六、新安江上游的文学景象与创造

新安江西接渐江，北会练水，左岸纳琅源、太平源、棉溪、昌溪、大洲源诸水，右岸纳瀹源、薛源、小洲源、山茶源、街源诸流。自浦口流经南源口、坑口、漳潭、绵潭、深渡、小川、山港、新溪口、街口，入浙江淳安县境。这一段为新安江上游。

新安江上滩石林立，清吴熊《徽城竹枝词》[①]写道：

浦口上船出街口，经过梅口及坑口。
三潭以下更多滩，辛苦篙工忙着手。
三百六十有名滩，上水滩多人仰望。
一滩只算一丈高，徽州真正在天上。

新安江在徽州境内，梅口与坑口为较大码头。姝滩、绵潭滩都是著名的险滩，可是瀹潭、漳潭、绵潭三潭以下，激流险滩更多，如米滩、梅花滩等，更是性命攸关。艄公长年累月往来水上，异常艰辛苦，步步凶险，步步为营。激流险滩，稍不注意，即有触礁的危险。

乳滩东连街口，落差颇大，水流湍急。宋绍兴二十九年（1159）暮春，范成大过乳滩，见乳滩溪流湍急，滩石磊磊，水石交相冲击发出雷鸣般的响声，汹涌地卷起雪白的水花。坐在船上，小舟如同高山滚石般跌落而下，颇觉惊心动魄。于是写下《乳滩》[②]诗：

---

① [清]吴熊：《徽城竹枝词》，歙县博物馆藏手抄本。
② [宋]范成大：《石湖诗集》卷七，四库全书本。

清溪可怖亦可喜，造化于人真虐戏。
轰雷卷雪鬓成丝，一掷平生来此试。
险绝无双是乳滩，舟如滚石下高山。
画楼正倚黄昏雨，岂识江间行路难。

此诗将乳滩江石林立，落差特大，航道险绝的情景，描写得非常生动，读之如临其境。

明代诗人沈明臣数次来徽州，对江滩难行也有切身体会。尤其秋冬季节，从钱塘江溯流而上，更是十步退九步，纤夫嘶哑着口号，拉着舟船前行，触目惊心。曾写有一首《上滩行》①，描写了新安江上航行的艰辛。诗曰：

新安新安江水连，三百六十滩在天，新都缥缈高若悬。
上滩三老分青钱，雇值百丈牵紫烟，狼牙虎踞刀剑全。
巨者利齿小亦拳，雪浪溅人雷并船，篙师看篙篙欲千。
一尺一步寸莫前，白日欲黑眼欲穿，啼猿断壁闻哀弦。
谁家独住青嶂边，十月花开红可怜，一声鸡叫层云颠。

此诗描写新安江落差非常大，滩石多且凶险，或如狼之利牙，或如虎之盘踞，或如刀如剑，巨大者如利齿，其小者亦如拳头。雪浪喷激，溅在人身上，敲击着舟船。溪流从滩石上往下冲，激起巨大的漩涡，篙师全神贯注地把着船篙，看准地方再落下，可船篙漩涡中到处乱跑，使得舟船不得前行，别说一步一尺，就是一寸也走不动。稍不细心，就将船儿打翻，可见上滩之艰难。

清乾隆三十八年（1773）秋，黄景仁从杭州出发，溯钱塘、富春江而入徽州。进入徽州大山以后，江岸山耸岭峻，水石相激，轰然如雷鸣，卷起千堆雪。逆流而上，数人拉纤，沿着凿在山岩崖壁上的纤道，爬伏而行，极尽艰辛。黄景仁在《新安滩》②为之发出动人心魄的惊呼：

①[明]沈明臣：《丰对楼诗选》卷八，《四库全书存目丛书》集部第144册。
②[清]黄仲则：《两当轩集》卷九，上海图书馆藏，清咸丰八年黄氏家塾刻本。

一滩复一滩，一滩高十丈。
三百六十滩，新安在天上。

歙县街口是徽州与浙江交界最重要的市镇，为徽州通往浙江的水上咽喉，有歙县东南门户之称。朝廷在这里设有巡检司，检查过境商贾。明末歙县知县傅岩《舟行至街口》[①]一诗，对街口扼守新安江通道，犹如关隘般的地理位置，是这样描述的：

比屋沿流耸，雄关扼巇临。
人声连浪杂，草色带江深。
潭聚鱼龙影，树邀鸟雀音。
细湍能啮石，绝壁亦施林。
岸断波分浦，云飞水度阴。
回看苍树合，前指白沙侵。
乱岛通帆曲，低舂截渡沉。

房屋临流而建，高耸江边，就像雄伟的关隘扼守在两山之间。江中舟船众多，人声鼎沸，夹杂着水浪飞溅。江边青草繁茂，倒映溪流，使江水变得更加深绿。江潭鱼虾成群，通过阳光照射，影儿映在潭石上。江边树上鸟雀鸣叫，一切都是那么的生机勃勃。江中细细的湍流从石缝穿过，时日久长，石头被水流冲刷，形成各种形状。悬崖绝壁上树木成林。断岸之处，溪水分流，形成新的水流。天空白云飞动，倒映在江流中，仿佛在水波中漂流。回首望去，两山回合，青树相依。遥望前程，沙滩茫茫。江中小岛错杂，帆船曲折绕行。水碓安放在落差较大之处，渡船顺流而下，猛然掉落。

新安江进入淳安县境，先后接纳桐溪、云源港、东源港、遂安港、进贤溪、百亩畈等支流，为新安江中游。进入建德境内，接纳寿昌溪、羊溪、下涯溪等支流，至梅城与兰江汇合，为新安江下游。

新安江从海拔1600多千米的六股尖发源，奔腾373公里，流域面积1.1万平

---

①[明]傅岩编，陈春秀点校本：《歙纪》卷四《诗》，黄山书社，2007年。

方公里。满载诗意，与建德境内兰江汇合以后，完成了自己独自奔跑的步伐。新安江在徽州境内干流长 242.3 公里，流域面积 6500 平方公里；在浙江境内干流长 128 公里，流域面积为 5718 平方公里。

新安江，满载着一江诗情不息地向前奔流，从古至今，自今而后，成为永远萦绕世人心头的诗画长卷。“我住新安源，君住新安尾；同饮一江水，共护母亲河”。这是新安江流域地区的人们的共同心声。

第二节 “黄山”的文学景象与创造

黄山，曾被明代著名旅行家、地理学家徐霞客赞誉为：“薄海内外，无如徽之黄山，登黄山天下无山，观止矣。”并由此形成“五岳归来不看山，黄山归来不看岳”名谚，从此黄山名满天下。

据清代陈梦雷编《古今图书集成》中《方舆汇编》记载：“黄山在今江南徽州府城西北一百二十里，旧名黟山。唐天宝末改今名。山有峰三十六、水源三十六、溪二十四、洞十八、岩八。第四峰有泉沸如汤，常涌丹砂。世传黄帝尝与容成子、浮丘公合丹于此。又有仙人曹阮之流，亦尝于此修真。故山有浮丘、容成诸峰，溪有曹阮之名。”①

按《徽州府志·山川考》记载：“黄山在歙县城西北一百二十八里，一名黟山。北倚九华，西拓彭蠡，南接广信。左挟浙江，右起桐汭。以尽海壖皆支陇所分，为歙镇山。厥峰三十有六，其中多黄连紫术。有浮丘庙坛，有祥符寺，有泉如汤，浴之可以已疾。丰乐之水出焉。邻郡之山，皆此山支脉。汉末会稽太守陈业隐此山，世传黄帝与容成子、浮丘公尝游焉。唐天宝间，好道家之言，因改黟山。为黄山水源三十六，溪二十四，洞十二。唐迄今，刺史薛邕、李敬方、监司耿南仲，以及名公多往游焉。”②

---

①[清]陈梦雷：《古今图书集成》,《方舆汇编·山川典》第八十七卷《黄山部汇考》。
②[清]陈梦雷：《古今图书集成》,《方舆汇编·山川典》第八十七卷《徽州府志·山川考》。

《歙县志·山川考》曰："黄山，一名黟山，高一千一百八十仞，势如削成。烟岚无际，云雨在下。北倚九华，西拓彭蠡，南接广信，左挟浙江，右起桐汭。以尽海壖皆支陇所分。汉末，会稽太守陈业洁身清行遁此。世传黄帝与容成子浮丘公炼丹于此，后有曹阮之徒栖焉。唐天宝六年敕改为黄山，其峰三十六，源如之，溪二十四，洞十二，岩八。天都峰，高九百仞，健骨崚嶒，卓立天表。顶有石室，洞门宏敞，又有石台凌空而出，背倚玉屏，端严耸峙。云涛澎湃时拥山腰峰拔云上，反若翕影虚悬，颓然欲堕水，曰香谷源、香水溪。"①

黄山"梦笔生花"

对黄山的文学书写，成为徽州山水文学的点睛之笔。据不完全统计，历代黄山诗作不下 3 万首，黄山游记上千篇。其中具有代表性的诗文作品有唐代杜荀鹤《汤泉》、释岛《登天都峰》、李白《赠黄山胡公晖求白鹇》《夜泊黄山闻殷十四吴吟》《送温处士归黄山白鹅峰旧居》等诗作；宋代范成大《天都峰》《温泉》等诗作，吴龙翰《黄山记游》等散文；元代郑玉《游黄山》、张可久《水仙子·黄山道中》等诗作，汪泽民《游黄山记》等散文；明代汪道昆《望天都》、许国《黄山杂咏》等诗作，程敏政《游黄山记》、谢肇浙《游黄山记》、黄汝亨《游黄山记》、徐弘祖（霞客）《黄

① [清]陈梦雷：《古今图书集成》，《方舆汇编·山川典》第八十七卷《徽州府志·山川考》。

山日记(前)》《黄山日记(后)》、江瓘《游黄山记》、潘之恒《莲花峰记》、袁中道《游黄山记》、许楚《黄山游记》等散文;清代袁枚《宿黄山狮子林晨起登清凉台看云铺海》等诗作,钱谦益《游黄山记》、袁枚《游黄山记》、刘大櫆《黄山记》、龚自珍《黄山铭》、施润章《黄山游记》、靳治荆《游黄山记》等散文,成为徽州文学的精彩篇章。

在以上对黄山的文学书写中,无疑以徐弘祖与他的《黄山日记(前)》《黄山日记(后)》影响最大。

徐弘祖(1586 ~ 1641),字振之,别号霞客。江苏江阴人,明代著名旅行家和地理学家。徐弘祖一生曾两次游历黄山和齐云山,留下《游白岳日记》和《游黄山日记(前、后)》。清人闵麟嗣《黄山志定本》记载,有人问徐氏天下山何处最奇,他答道:"薄海内外无如徽之黄山,登黄山,天下无山,观止矣!"[①] 据此概括的"五岳归来不看山,黄山归来不看岳"民间谚语,从民国年间流传至今,影响很大。

钱谦益将《徐霞客游记》誉为"世间真文字、大文字、奇文字",[②]"千古奇书",[③]"古今游记之最"。[④] 且已成学界公论。徐霞客《黄山日记(前、后)》也是其"世间真文字、大文字、奇文字"中的重要组成部分,值得我们深入研究。

一、徐霞客游黄山和写《游黄山日记》的背景

徐霞客把旅行作为自己的事业,始于万历三十五年(1607)出游无锡惠山、太湖,时年20岁。终于崇祯十三年(1640)从西南被送归故里,时年55岁,前后共计35年。

徐霞客于万历四十四年(1616)春,年29岁时第一次游黄山,写下《游黄山日记》。

此前他曾于万历三十五年(1607)秋,游历无锡惠山和太湖;于万历三十七年(1609),游历东岳泰山、曲阜孔庙、邹县孟庙;于万历四十二年(1614)春,游杭州、落迦山(普陀山)、天台山、华顶峰、雁荡山,留下游天台、雁荡日记(是现存徐霞客最早的日记);于万历四十二年至四十三年(1614 ~ 1615)之际,游金陵、扬州、镇江等地。于万历四十四年(1616)春,游白岳山,并游黄山。

---

① [清]闵麟嗣:《黄山志定本》,黄山书社,1990年,第97页。

② [明]钱谦益:《嘱徐仲昭刻游记书》,褚绍唐、吴应寿整理:《徐霞客游记》,上海古籍出版社,1987年,第1186页。

③ [明]钱谦益:《嘱徐仲昭刻游记书》,褚绍唐、吴应寿整理:《徐霞客游记》,上海古籍出版社,1987年,第1186~1187页。

④ [明]钱谦益:《嘱徐仲昭刻游记书》,褚绍唐、吴应寿整理:《徐霞客游记》,上海古籍出版社,1987年,第1198~1202页。

徐霞客像

由此可知，徐霞客在第一次游览黄山之前，游览了惠山、泰山、普陀山、天台山、华顶峰、雁荡山、白岳山等山岳景点。他对黄山的游历和认识是建立在以此为背景的基础之上的，对黄山的认知有同类山岳作为参照，特别是有五岳之一的泰山的参照。

万历四十四年（1616）春，第一次游黄山后即游武夷山。

万历四十六年（1618）秋（时年 31 岁），在游了庐山、白岳山后，第二次游黄山，写了《游黄山日记（后）》。也即徐霞客在初游黄山之后、再游黄山之前，又新游了武夷山、庐山和白岳山（再游）等地，即徐霞客两游黄山的认识和评价是建立在游历了 10 个山岳（含初游黄山）的坚实基础之上,因此再游黄山的体悟更为深切。日记中有把黄山与庐山相比较的话语 :“倚松而坐，瞰坞中峰石回攒，藻绘满眼，始觉匡庐、石门，或具一体，或缺一面，不若此之宏博富丽也。”可见，徐霞客对黄山的认识格外深切。

从以上背景的考察,可以看出 :一是徐霞客两游黄山和两写黄山是其 29 ～ 31 岁，距离其始游 9 ～ 11 年。可见，初游和再游黄山在徐霞客 34 年的游历中属于前期阶段。二是徐霞客初游、初写黄山时，已先后游览无锡惠山和太湖，东岳泰山、曲阜孔庙、邹县孟庙，杭州、宁波、落迦山 (普陀山)、天台山、华顶峰、雁荡山，游金陵、扬州、镇江、白岳山（再游）等 ;在再游、再写黄山前，又先后新游了武夷山，庐山、白岳山（再游）等，已积累了较丰富的山岳游历经验。

徐霞客一生两游之地,仅有闽、天台山、雁荡山、白岳山、黄山 ;《徐霞客游记》[①]中一地两写的，仅有闽、天台山、雁荡山、黄山。从两游、两写黄山，可见黄山在徐霞客心目中的地位之崇高。

徐霞客所写《游黄山日记（前)》《游黄山日记（后）》内容如下 :

---

① 褚绍唐、吴应寿整理 :《徐霞客游记》,上海古籍出版社,1987年,第13～18页。

游黄山日记(前)

初二日，自白岳下山。十里，循麓而西，抵南溪桥。渡大溪，循别溪，依山北行，十里，两山峭壁如门，溪为之束。越而下，平畴颇广。二十里，为猪坑。由小路登虎岭，路甚峻。十里，至岭。五里，越其麓。北望黄山诸峰，片片可掇。又三里，为古楼坳，溪甚阔，水涨无梁，木片弥满布一溪，涉之甚难。二里，宿高桥。

初三日，随樵者行久之，越岭二重，下而复上。又越一重，两岭俱峻，曰双岭。共十五里，过江村。二十里，抵汤口，香溪、温泉诸水所由出者。折而入山，沿溪渐上，雪且没趾。五里，抵祥符寺。汤泉在隔溪，遂俱解衣赴汤池。池前临溪，后倚壁，三面石甃，上环石如桥。汤深三尺，时凝寒未解，而汤气郁然，水泡池底汩汩起。气本香冽，黄贞父谓其不及盘山，以汤口、焦村孔道，浴者太杂沓也。浴毕，返寺。僧挥印引登莲花庵，蹑雪循涧以上。涧水三转，下注而深泓者，曰白龙潭。再上而停涵石间者，曰丹井。井旁有石突起，曰药臼，曰药铫。宛转随溪，群峰环耸，木石掩映。如此一里，得一庵，僧印我他出，不能登其堂。堂中香炉及钟鼓架，俱天然古木根所为。遂返寺宿。

初四日，兀坐听雪溜竟日。

初五日，云气甚恶，余强卧至午起。挥印言慈光寺颇近，令其徒引。过汤池，仰见一崖，中悬鸟道，两旁泉泻如练。余即从此攀跻上，泉光云气，缭绕衣裾。已转而右，则茅庵上下，磬韵香烟，穿石而出，即慈光寺也。寺旧名硃砂庵。比丘为余言："山顶诸静室，径为雪封者两月。今早遣人送粮，山半，雪没腰而返。"余兴大阻。由大路二里下山，遂引被卧。

初六日，天色甚朗，觅导者，各携筇上山。过慈光寺，从左上，石峰环夹，其中石级为积雪所平，一望如玉。疏木茸茸中，仰见群峰盘结，天都独巍然上挺。数里，级愈峻，雪愈深，其阴处冻雪成冰，坚滑不容着趾。余独前，持杖凿冰，得一孔，置前趾，再凿一孔，以移后趾。从行者俱循此法得度。上至平冈，则莲花、云门诸峰，争奇竞秀，若为天都拥卫者。由此而入，绝危崖，尽皆怪松悬结。高者不盈丈，低仅数寸，平顶短鬣，盘根虬干，愈短愈老，愈小愈奇，不意奇山中又有此奇品也！松石交映间，冉冉僧一群从天而下，俱合掌言："阻雪山中已三月，今以觅粮勉到此。公等何由得上也？"且言："我等前海诸庵，俱已下山，后海山路尚未通，惟莲花洞可行耳。”已而从天都峰侧攀而上，透峰罅而下，东转，即莲花洞路也。余急于光明顶、石笋矼之胜，遂循莲花峰而北，上下数次，至天门。两壁夹立，中阔摩肩，高数十丈，仰面而度，阴森悚骨。其内积雪更深，凿冰上跻。过此，得平顶，即所谓前海也。由此更上一峰，至平天矼。矼之兀突独耸者，为光明顶。由矼而下，即所谓后海也。盖平天矼阳为前海，阴为后海，乃极高处。四面皆峻坞，此独若平地。前海之前，天都、莲花二峰最峻。其阳属徽之歙，其阴属宁之太平。

余至平天矼，欲望光明顶而上，路已三十里，腹甚枵，遂入矼后一庵。庵僧俱踞石向阳，主僧曰智空，见客色饥，先以粥饷。且曰：“新日太皎，恐非老晴。”因指一僧谓余曰：“公有余力，可先登光明顶而后中食，则今日犹可抵石笋矼，宿是师处矣。”余如言登顶，则天都、莲花并肩其前，翠微、三海门环绕于后；下瞰绝壁峭岫，罗列坞中，即丞相源也。顶前一石，伏而复起，势若中断，独悬坞中，上有怪松盘盖。余侧身攀踞其上，而浔阳踞大顶相对，各夸胜绝。下，入庵，黄粱已熟。饭后，北向过一岭，踯躅青莽中，入一庵，曰狮子林，即智空所指宿处。主僧霞光，已待我庵前矣。遂指庵北二峰曰：“公可先了此胜。”从之。俯窥其阴，则乱峰列岫，争奇并起。循之西，崖忽中断，架木连之，上有松一株，可攀引而度，所谓接引崖也。度崖，穿石罅而上，乱石危缀间，构木为室，其中亦可置足，然不如踞石下窥更雄胜耳。下崖，循而东，里许，为石笋矼。矼脊斜亘，两夹悬坞中，乱峰森罗，其西一面，即接引崖所窥者。矼侧一峰突起，多奇石怪松。登之，俯瞰壑中，正与接引崖对瞰，峰回岫转，顿改前观。

下峰，则落照拥树，谓明晴可卜，踊跃归庵。霞光设茶，引登高楼。西望碧痕一缕，余疑山影，僧谓：“山影夜望甚近，此当是云气。”余默然，知为雨兆也。

初七日，四山雾合。少顷，庵之东北已开，西南腻甚，若以庵为界者，即狮子峰亦在时出时没间。晨餐后，由接引崖践雪下。坞半一峰突起，上有一松，裂石而出，巨干高不及二尺，而斜拖曲结，蟠翠三丈余，其根穿石上下，几与峰等，所谓“扰龙松”是也。

攀玩移时，望狮子峰已出，遂杖而西。是峰在庵西南，为案山。二里，蹑其巅，则三面拔立坞中，其下森峰列岫，自石笋、接引两坞，迤逦至此，环结又成一胜。

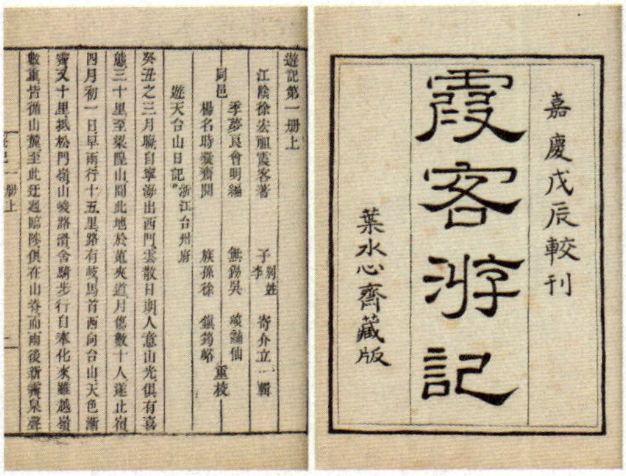

嘉慶戊辰較刊
霞客游記
葉水心齋藏版

遊記第一册上
江陰徐宏祖霞客著　子李寄介立 別姓 一 輯
季夢良會明編　無錫吳 䘮鶴仙
同邑
楊名時凝齋閱　族孫徐 鎮鈞嶠 重校
遊天台山日記 浙江台州府
癸丑之三月晦自寧海出西門雲散日朗人意山光俱有喜
態三十里至梁隍山聞此地於菟夾道月傷數十人遂止宿
四月初一日早雨行十五里路有岐馬首西向台山天色漸
霽又十里抵松門嶺山峻路滑舍騎步行自奉化來雖越嶺
數重皆循山麓至此迂迴臨陟俱在山脊而雨後新霽泉聲

徐霞客著《霞客游记》

登眺间，沉雾渐爽，急由石笋矼北转而下，正昨日峰头所望森阴径也。群峰或上或下，或巨或纤，或直或欹，与身穿绕而过，俯窥辗顾，步步生奇。但壑深雪厚，一步一悚。

行五里，左峰腋一窦透明，曰“天窗”。又前，峰旁一石突起，作面壁状，则“僧坐石”也。下，五里，径稍夷，循涧而行。忽前涧乱石纵横，路为之塞。越石久之，一阙新崩，片片欲堕，始得路。仰视峰顶，黄痕一方，中间“绿”字宛然可辨，是谓“天牌”，亦谓“仙人榜”。又前，鲤鱼石，又前，白龙池，共十五里。一茅出涧边，为松谷庵旧基。再五里，循溪东西行，又过五水，则松谷庵矣。再循溪下，溪边香气袭人，则一梅亭亭正发，山寒稽雪，至是始芳。抵青龙潭，一泓深碧，更会两溪，比白龙潭势既雄壮，而大石磊落，奔流乱注，远近群峰环拱，亦佳境也。还餐松谷，往宿旧庵。余初至松谷，疑已平地，乃是询之，须下岭二重，二十里方得平地，至太平县共三十五里云。

初八日，拟寻石笋奥境，竟为天夺，浓雾弥漫。抵狮子林，风愈大，雾亦愈厚。余急欲趋炼丹台，遂转西南。三里，为雾所迷，偶得一庵，入焉。雨大至，遂宿此。

初九日，逾午少霁。庵僧慈明甚夸西南一带峰岫，不减石笋矼，有“秃颅朝天”“达摩面壁”诸名。余拉浔阳蹈乱流至壑中，北向即翠微诸峦，南向即丹台诸坞，大抵可与狮峰竞驾，未得比肩石笋也。雨踵至，急返庵。

初十日，晨，雨如注，午少停。策杖二里，过飞来峰，此平天矼之西北岭也。其阳坞中，峰壁森峭，正与丹台环绕。二里，抵台。一峰西垂，顶颇平伏，三面壁翠合沓，前一小峰起坞中。其外则翠微峰、三海门蹄股拱峙，登眺久之。东南一里，绕出平天矼下，雨复大至，急下天门。两崖隘肩，崖额飞泉，俱从人顶泼下。出天门，危崖悬叠，路缘崖半，比后海一带森峰峭壁，又转一境。“海螺石”即在崖旁，宛转酷肖，来时忽不及察，今行雨中，颇稔其异，询之始知。已趋大悲庵，由其旁复趋一庵，宿悟空上人处。

十一日，上百步云梯。梯磴插天，足趾及腮，而磴石倾侧岈，兀兀欲动；前下时以雪掩其险，至此骨意俱悚。上云梯，即登莲花峰道。又下转，由峰侧而入，即文殊院、莲花洞道也。以雨不止，乃下山，入汤院，复浴。由汤口出，二十里，抵芳村。十五里，抵东潭，溪涨不能渡而止。黄山之流，如松谷、焦村，俱北出太平，即南流如汤口，亦北转太平入江；惟汤口西有流，至芳村而巨，南趋岩镇，至府西北与绩溪会。

游黄山日记(后)

戊午九月初三日，出白岳榔梅庵，至桃源桥。从小桥右下，陡甚，即旧向黄山路也。七十里，宿江村。

初四日，十五里，至汤口。五里，至汤寺，浴于汤池。扶杖望硃砂庵而登。十里，上黄泥冈。向时云里诸峰，渐渐透出，亦渐渐落吾杖底。转入石门，越天都之胁而下，则天都、莲花二顶，俱秀出天半。路旁一歧东上，乃昔所未至者，遂前趋直上，几达天都侧。复北上，行石罅中。石峰片片夹起，路宛转石间，塞者凿之，陡者级之，断者架木通之，悬者植梯接之。下瞰峭壑阴森，枫松相间，五色纷披，灿若图绣。因念黄山当生平奇览，而有奇若此，前未一探，兹游快且愧矣！

时夫仆俱阻险行后，余亦停弗上。乃一路奇景，不觉引余独往。既登峰头，一庵翼然，为文殊院，亦余昔日欲登未登者。左天都，右莲花，背倚玉屏风，两峰秀色，俱可手揽。

四顾奇峰错列，众壑纵横，真黄山绝胜处。非再至，焉知其奇若此？遇游僧澄源至，兴甚勇。时已过午，奴辈适至，立庵前，指点两峰。庵僧谓："天都虽近而无路，莲花可登而路遥。只宜近盼天都，明日登莲顶。"余不从，决意游天都。挟澄源、奴子仍下峡路。至天都侧，从流石蛇行而上，攀草牵棘，石块丛起则历块，石崖侧削则援崖。每至手足无可着处，澄源必先登垂接。每念上既如此，下何以堪？终亦不顾。历险数次，遂达峰顶。惟一石顶壁起犹数十丈，澄源寻视其侧，得级，挟予以登。万峰无不下伏，独莲花与抗耳。时浓雾半作半止，每一阵至，则对面不见，眺莲花诸峰，多在雾中。独上天都，予至其前，则雾徙于后，予越其右，则雾出于左。其松犹有曲挺纵横者，柏虽大干如臂，无不平贴石上如苔藓然。山高风巨，雾气去来无定。下盼诸峰，时出为碧峤，时没为银海。再眺山下，则日光晶晶，别一区宇也。日渐暮，遂前其足，手向后据地，坐而下脱。至险绝处，澄源并肩手相接。度险，下至山坳，暝色已合。复从峡度栈以上，止文殊院。

初五日，平明，从天都峰坳中北下二里。石壁岈然。其下莲花洞，正与前坑石笋对峙，一坞幽然。别澄源，下山至前歧路侧，向莲花峰而趋。一路沿危壁西行，凡再降升，将下百步云梯，有路可直跻莲花峰。既陟而磴绝，疑而复下。隔峰一僧高呼曰："此正莲花道也！"乃从石坡侧度石隙，径小而峻。峰顶皆巨石鼎峙，中空如室。从其中叠级而上，级穷洞转，屈曲奇诡，如下上楼阁中，忘其峻出天表也。一里，得茅庐，倚石罅中。方徘徊欲升，则前呼道之僧至矣。僧号凌虚，结茅于此者。遂与把臂陟顶。顶上一石，悬隔二丈，僧取梯以度。其巅廓然，四望空碧，即天都亦俯首矣。盖是峰居黄山之中，独出诸峰上，四面岩壁环耸，遇朝阳霁色，鲜映层发，令人狂叫欲舞。久之，返茅庵。凌虚出粥相饷，啜一盂。乃下至歧路侧，过大悲顶，上天门。三里，至炼丹台，循台嘴而下，观玉屏风、三海门诸峰，悉从深坞中壁立起。其丹台一冈中垂，颇无奇峻，惟瞰翠微之背，坞中峰峦错耸，上下周映，非此不尽瞻眺之奇耳。还过平天矼，下后海，入智空庵，别焉。三里，下狮子林，趋石笋矼，至向年所

黄山"猴子观海"

登尖峰上。倚松而坐，瞰坞中峰石回攒，藻绘满眼，始觉匡庐、石门，或具一体，或缺一面，不若此之宏博富丽也。久之，上接引崖，下眺坞中，阴阴觉有异。复至冈山尖峰侧，践流石，援棘草，随坑而下。愈下愈深，诸峰自相掩蔽，不能一目尽也。日暮，返狮子林。

初六日，别霞光，从山坑向丞相源，下七里，至白沙岭。霞光复至，因余欲观牌楼石，恐白沙庵无指者，追来为导。遂同上岭，指岭右隔坡，有石丛立，下分上并，即牌楼石也。余欲越坑溯涧，直造其下。僧谓："棘迷路绝，必不能行，若从坑直下丞相源，不必复上此岭；若欲从仙灯而往，不若即由此岭东向。"余从之，循岭脊行。岭横亘天都、莲花之北，狭甚，旁不容足，南北皆崇峰夹映。岭尽北下，仰瞻右峰罗汉石，圆头秃顶，俨然二僧也。下至坑中，逾涧以上，共四里，登仙灯洞。洞南向，正对天都之阴。僧架阁连板于外，而内犹穹然，天趣未尽刊也。复南下，三里，过丞相源，山间一夹地耳。其庵颇整，四顾无奇，竟不入。复南向循山腰行，五里，渐下，涧中泉声沸然，从石间九级下泻，每级一下，有潭渊碧，所谓九龙潭也。黄山无悬流飞瀑，惟此耳。又下五里，过苦竹滩，转循太平县路，向东北行。

二、徐霞客《游黄山日记》对黄山的认识与评价

徐霞客《游黄山日记》（前）着重写了在万历四十四年（1616）二月初二至十一日间共计 11 天，对雪中黄山的体验与发现；《游黄山日记》（后）写了于万历四十六年（1618）九月初三至初六日 4 天中，对秋天黄山的地理与景象的体验与发现。这两篇《黄山日记》反映了徐霞客对黄山的基本面貌的认识。

(一)徐霞客发现和记述了构成黄山奇异之美的奇松、怪石、云海、温泉与冬雪的"五绝"奇观

黄山"四绝"（奇松、怪石、云海、温泉）乃至"五绝"（冬雪）是现时人们对黄山景观的发现与概括。其实，早在 400 多年前的徐霞客，在他的黄山之行和日记中已经记述对黄山"四绝"乃至"五绝"的认识和发现，并揭示了它们的特点。

写奇松：前记中有"绝危崖，尽皆怪松悬结。高者不盈丈，低仅数寸，平顶短鬣，盘根虬干，愈短愈老，愈小愈奇，不意奇山中又有此奇品也""坞半一峰突起，上有一松，裂石而出，巨干高不及二尺，而斜拖曲结，蟠翠三丈余，其根穿石上下，

几与峰等，所谓‘扰龙松’是也。松石交映间，冉冉僧一群从天而下”。后记中有“其松犹有曲挺纵横者，柏虽大干如臂，无不平贴石上如苔藓然”。

写“怪石”：前记中有“顶前一石，伏而复起，势若中断，独悬坞中，上有怪松盘盖”“峰旁一石突起，作面壁状，则僧坐石也”。后记中有“左天都，右莲花，背倚玉屏风，两峰秀色，俱可手揽。四顾奇峰错列，众壑纵横，真黄山绝胜处”“至天都侧，从流石蛇行而上，攀草牵棘，石块丛起则历块，石崖侧削则援崖。”“从天都峰坳中北下二里。石壁岈然。其下莲花洞，正与前坑石笋对峙，一坞幽然”“乃从石坡侧度石隙，径小而峻。峰顶皆巨石鼎峙，中空如室。从其中叠级而上，级穷洞转，屈曲奇诡，如下上楼阁中，忘其峻出天表也”“顶上一石，悬隔二丈，僧取梯以度。其巅廓然，四望空碧，即天都亦俯首矣”“至炼丹台，循台嘴而下，观玉屏风、三海门诸峰，悉从深坞中壁立起。其丹台一冈中垂，颇无奇峻，惟瞰翠微之背，坞中峰峦错耸，上下周映，非此不尽瞻眺之奇耳”“倚松而坐，瞰坞中峰石回攒，藻绘满眼，始觉匡庐、石门，或具一体，或缺一面，不若此之宏博富丽也”“霞光复至，因余欲观牌楼石，恐白沙庵无指者，追来为导。遂同上岭，指岭右隔坡，有石丛立，下分上并，即牌楼石也”。

写“云海”：前记中有“初七日，四山雾合。少顷，庵之东北已开，西南腻甚，若以庵为界者，即狮子峰亦在时出时没间”“登眺间，沉雾渐爽，急由石笋矼北转而下，正昨日峰头所望森阴径也”“初八日，拟寻石笋奥境，竟为天夺，浓雾迷漫。抵狮子林，风愈大，雾亦愈厚。余急欲趋炼丹台，遂转西南。三里，为雾所迷，偶得一庵，入焉”。后记中有“时浓雾半作半止，每一阵至，则对面不见，眺莲花诸峰，多在雾中。独上天都，予至其前，则雾徙于后，予越其右，则雾出于左。其松犹有曲挺纵横者，柏虽大干如臂，无不平贴石上如苔藓然。山高风巨，雾气去来无定。下盼诸峰，时出为碧峤，时没为银海。再眺山下，则日光晶晶，别一区宇也”。

写“温泉”：前记中有“汤深三尺，时凝寒未解，而汤气郁然，水泡池底汩汩起”。初游黄山，一进黄山即进入温泉沐浴；离开黄山前又一次在此沐浴；再游黄山时，一到黄山即“浴于汤池”。徐霞客两游黄山，三次在温泉沐浴，体现了他对黄山温泉的喜爱。

写“冬雪”：前记中有对雪景的直接描写，有对雪景的间接描写，有对在雪途遇险的描写，有对战胜路途雪阻的描写，体现了黄山雪景之奇，黄山雪景之美：“折而入山，沿溪渐上，雪且没趾”“兀坐听雪溜竟日”“比丘为余言：‘山顶诸静室，径为雪封者两月。今早遣人送粮，山半，雪没腰而返’”“过慈光寺，从左上，石峰环夹，其中石级为积雪所平，一望如玉”“级愈峻，雪愈深，其阴处冻雪成冰，坚滑不容着趾。余独前，持杖凿冰，得一孔，置前趾，再凿一孔，以移后趾。从行者俱循此法得度”“冉冉僧一群从天而下，俱合掌言：‘阻雪山中已三月，今以觅粮勉到此。公等何由得上也’”“其内积雪更深，凿冰上跻”“晨餐后，由接引崖践雪下”“但壑深雪厚，一步一悚”“山寒稽雪，至是始芳”“前下时以雪掩其险，至此骨意俱悚”。

此外，徐霞客还写了黄山瀑泉。如前记所写：“涧水三转，下注而深泓者，曰白龙潭”“过汤池，仰见一崖，中悬鸟道，两旁泉泻如练”“抵青龙潭，一泓深碧，更会两溪，比白龙潭势既雄壮，而大石磊落，奔流乱注，远近群峰环拱，亦佳境也”“两崖隘肩，崖额飞泉，俱从人顶泼下。”如后记中所写：“涧中泉声沸然，从石间九级下泻，每级一下，有潭渊碧，所谓九龙潭也。”

后人将奇松、怪石、云海、温泉与冬雪的“五绝”奇观，作为对黄山特点的概括。这与徐霞客两游黄山、两写黄山时的发现与认识、揭示与铺垫，密切相关。

(二)徐霞客从宏观上对黄山做出了“灿若图绣”“藻绘满眼”“宏博富丽”等总体特点的综合性评价

对黄山总体特点的综合评价，是徐霞客对黄山的结论性认识，体现了他对黄山的感悟与认知，也是我们认识徐霞客黄山思想的基础，从而进行再利用的出发点。

徐霞客黄山总体特点的综合评价，认为黄山是“奇山”，黄山松是“奇品”，黄山峰“争奇竞秀”“乱峰列岫，争奇并起”“俯窥辗顾，步步生奇”“黄山当生平奇览，而有奇若此”“峭壑阴森，枫松相间，五色纷披，灿若图绣”“四顾奇峰错列，众壑纵横，真黄山绝胜处”“峰石回攒，藻绘满眼”“宏博富丽”。这些总体特点在徐霞客所写前、后记中是这样具体表现的：

一是在《游黄山日记》(前)中有：“上至平冈，则莲花、云门诸峰，争奇竞秀，若为天都拥卫者”“绝危崖，尽皆怪松悬结。高者不盈丈，低仅数寸，平顶短鬣，盘根虬干，愈短愈老，愈小愈奇，不意奇山中又有此奇品也”“盖平天矼阳为前海，阴为后海，乃极高处。四面皆峻坞，此独若平地。前海之前，天都、莲花二峰最峻”“则天都、莲花并肩其前，翠微、三海门环绕于后；下瞰绝壁峭岫，罗列坞中，即丞相源也”“乱峰列岫，争奇并起”“三面拔立坞中，其下森峰列岫，自石笋、接引两坞，迤逦至此，环结又成一胜”“群峰或上或下，或巨或纤，或直或欹，与身穿绕而过，俯窥辗顾，步步生奇”。

二是在后记中有“峭壑阴森，枫松相间，五色纷披，灿若图绣。因念黄山当生平奇览，而有奇若此，前未一探，兹游快且愧矣”“四顾奇峰错列，众壑纵横，真黄山绝胜处。非再至，焉知其奇若此”“万峰无不下伏，独莲花与抗耳。时浓雾半作半止，每一阵至，则对面不见，眺莲花诸峰，多在雾中。独上天都，予至其前，则雾徙于后，予越其右，则雾出于左。……山高风巨，雾气去来无定”“盖是峰居黄山之中，独出诸峰上，四面岩壁环耸，遇朝阳霁色，鲜映层发，令人狂叫欲舞”“倚松而坐，瞰坞中峰石回攒，藻绘满眼，始觉匡庐、石门，或具一体，或缺一面，不若此之宏博富丽也”。

《游黄山日记》中的这些综合评价，体现了黄山在徐霞客心目中的地位、在中国山岳风光中的地位。徐霞客之所以一来黄山，再来黄山，一写黄山，再写黄山，就是受到黄山的“宏博富丽”的魅力的吸引。

徐霞客对于黄山的认识是全面的，评价是准确的，代表了他那个时代对于黄山认识的最高水准，为后来的黄山建设与开发拉开了序幕，为后来的黄山发展奠定了基础和创造了条件。

徐霞客对黄山的总体评价与认识，告诉我们：对黄山美的发现与认识，一要持续不断、多角度去发现和领略其变幻多姿的美；二要不怕艰险、勇于攀登去领略其博大雄奇、壮观与瑰丽；三要独具慧眼、别具匠心去发现其与众不同、唯我独有的美。

(三)徐霞客通过发现黄山之“奇”去体现黄山“五绝”之美

徐霞客是通过发现黄山之奇、表现黄山之奇来体现黄山之美的。

徐霞客探访黄山，自是为探奇而来，这符合他的“欲问奇于名山大川”[①]志向。他在《游黄山日记》中共有 14 处直言奇字（前、后记各 7 处），其中前记中有山峰之“奇”——“莲花、云门诸峰，争奇竞秀”“乱峰列岫，争奇并齐”；松之“奇”——“愈短愈老，愈小愈奇，不意奇山中又有此奇品也”；所见景之“奇”——“俯窥辗顾，步步生奇”。后记中有“黄山当生平奇览，而有奇若此”“一路奇景”“奇峰错列”“其奇若此”“屈曲奇诡”“非此不尽瞻眺之奇”。

① 陈函辉：《霞客徐先生墓志铭》，褚绍唐、吴应寿整理：《徐霞客游记》，上海古籍出版社，1987年，第1191页。

徐霞客通常用比较的眼光发现黄山之“奇”：一是通过动景与静景比较；二是通过远景与近景比较；三是通过后游与前游的比较，如“下瞰峭壑阴森，枫松相间，五色纷披，灿若图绣。因念黄山当生平奇览，而有奇若此，前未一探，兹游快且愧矣”；四是此山与他山的比较，如“倚松而坐，瞰坞中峰石回攒，藻绘满眼，始觉匡庐、石门，或具一体，或缺一面，不若此之宏博富丽也。”徐霞客正是通过以上方法发现和表现黄山之奇和黄山之美的。

“登黄山，天下无山，观止矣”石刻徐霞客语

徐霞客为了实现对黄山的探奇之旅，为了穷尽黄山真相，他“不惮以身命殉”。[①] 如《游黄山日记（前记）》记载：“级愈峻，雪愈深，其阴处冻雪成冰，坚滑不容着趾。余独前，持杖凿冰，得一孔，置前趾，再凿一孔，以移后趾。从行者俱循此法得度”“壑深雪厚，一步一悚”“梯磴插天，足趾及腮，而磴石倾侧岈，兀兀欲动；前下时以雪掩其险，至此骨意俱悚”《游黄山日记》（后）记载：“石峰片片夹起，路宛转石间，塞者凿之，陡者级之，断者架木通之，悬者植梯接之”“时夫仆俱阻险行后，余亦

① 吴国华：《徐霞客圹志铭》，褚绍唐、吴应寿整理：《徐霞客游记》，上海古籍出版社，1987年，第1189页。

停弗上。乃一路奇景，不觉引余独往。庵僧谓：‘天都虽近而无路，莲花可登而路遥。只宜近盼天都，明日登莲顶。’余不从，决意游天都”“每念上既如此，下何以堪？终亦不顾”“历险数次，遂达峰顶”“日渐暮，遂前其足，手向后据地，坐而下脱。至险绝处，澄源并肩手相接。度险，下至山坳，暝色已合”“岭横亘天都、莲花之北，狭甚，旁不容足，南北皆崇峰夹映”。徐霞客发现和反映构成黄山奇异之美的奇松、怪石、云海、温泉与冬雪的“五绝”奇观，正是来自他的这种“不惮以身命殉”的精神。

三、徐霞客的《游黄山日记》的价值与徐霞客的“黄山影响”

(一)对徐霞客《游黄山日记》的价值评价

徐霞客《游黄山日记》共记有12天的日记，4500余字，成为与《游天台山日记》《闽游日记》《游雁荡山日记》为数不多的一地两记之一，记载了黄山的自然风光、气象物候、水系源流、地质地貌、瀑布温泉、植被植物、寺庵文化和僧侣生活，成为伟大的旅行家、地理学家、史学家、文学家徐霞客的不可缺少的精彩华章。

《徐霞客游记》被钱谦益誉为“世间真文字、大文字、奇文字”，徐霞客《游黄山日记》也是其“世间真文字、大文字、奇文字”的重要组成部分。说它是“真文字”，因其具有科学价值，徐霞客首先是地理学家，他的日记首先是地理学作品，其价值首先是地理学价值，即科学认识价值，体现了科学考察的献身精神。说它是“奇文字”，因他在写实的日记形式中借用了游记的表现方式，具有文学价值。说它是“大文字”，因为它以宏大的视野考察名山大川，体现了广阔襟怀，具有厚重的历史价值。

《游黄山日记》的价值在于它是徐霞客两游黄山的真切体验和真实记录，体现了徐氏早期阶段对于山岳景观的思想认识，是徐氏早年游历名山大川的最早成果之一。黄山的奇美拓宽了徐氏对自然美的认识，为他后来游历其他名山提供了参照，成为他中期、后期活动的基础；具有很高的历史文献价值和科学价值。

对于徐霞客《游黄山日记》价值的认识，一定要把前、后日记结合起来当作一个整体来看。我们既要重视他对于奇寒气象记录的科学价值，又要重视他对黄山最高峰的最早测定、对黄山山脉走向的科学判断的地理学价值；既要重视其美学观的认识，又要重视文学价值的认识；既要注重他对黄山各景点的认识，又要重视他对黄山的综合认识；既要重视他对黄山的综合价值的认识，又要重视对徐霞客精神的认识。

(二)徐霞客的"黄山影响"

徐霞客的黄山影响的形成经历了一个漫长的过程，也形成了它的既成路径，按其影响的先后时间顺序所呈现的路径，即《游黄山日记》(前)—《游黄山日记》(后)—"薄海内外无如徽之黄山，登黄山，天下无山，观止矣"—"五岳归来不看山，黄山归来不看岳"。

1. 以亲身登黄山、写作《游黄山日记》来影响黄山

徐霞客初游黄山，是在明万历四十四年(1616)二月。他不畏严寒，不惧安危，以坚强意志踏访黄山，以其精神感动黄山僧人、影响黄山僧人。可以说，徐霞客初游黄山，除了自身的准备外，依靠黄山僧人在住宿、用餐、导引等方面的帮助，克服困难，规避风险，从而圆满完成黄山探险。徐霞客再游黄山，再一次给黄山僧人留下深刻印象，再次感动黄山僧人，影响黄山僧人，也再一次得到黄山僧人帮助。他之所以再游黄山，一是初游黄山正值冬雪，只观赏到黄山的冬景，对黄山特点与价值认识有限，要真正全面了解黄山，必须选择其他季节再游；二是游览黄山最好的季节在秋季；三是初游黄山得到了黄山僧人的热情帮助，或许正是黄山僧人与他有秋季再游黄山的约定，具有再游黄山的冲动。

可以说，徐霞客对黄山的最初影响，在时间上是1616年二月至1618年九月。影响对象主要是黄山僧人，并通过他们的影响来影响其他登山人和黄山周边人群。徐霞客对黄山的最初影响范围较小，但对黄山僧人的影响是直接而重要的，因黄山僧人是黄山的守护者，是黄山最早的建设者和开发者。

2. 通过对钱谦益的影响来影响黄山。

钱谦益(1582～1664)，明万历三十八(1600)年探花。东林党领袖之一，官至礼部侍郎，清初诗坛盟主之一。

徐霞客对钱谦益的影响，从钱谦益所写的《徐霞客传》中可看出，主要在于：一是孝亲重友的品格；二是过人的见识与境界；三是排除万难的探奇精神；四是非同寻常的笔力。即如后者："行游约数百里，就破壁枯树，然松拾穗，走笔为记，如甲乙之簿，如丹青之画，虽才笔之士，无以加也"。[①] 徐霞客通过钱谦益对黄山发生影响，表现在钱谦益《徐霞客传》对黄山的影响上。

---

① 褚绍唐、吴应寿整理：《徐霞客游记》，上海古籍出版社，1987年，第1199页。

钱谦益《徐霞客传》对黄山的影响体现在以下方面：一是在传中明确写到了徐霞客“已而游黄山、白岳、九华、匡庐；入闽”，进一步坐实和确证了徐霞客黄山游的史实；二是为后来闵麟嗣《黄山志定本》写徐霞客简介提供了基础资料。没有《徐霞客传》，可能闵笔下就不会出现徐霞客，更不会出现徐霞客的“薄海内外无如徽之黄山，登黄山，天下无山，观止矣”的话语记载，也就不会有以此为底版的所谓“五岳归来不看山，黄山归来不看岳”名谚的广泛传播。

3. 通过闵麟嗣记载的徐霞客“黄山问答”的影响来影响黄山

闵麟嗣(1628 ~ 1704)] 歙县岩镇人。于康熙十八年(1679)五月编辑完成《黄山志定本》，并与七月付梓。

《黄山志定本》为黄山流传最广、影响最大的一部综合性志书。它距徐霞客首次踏访黄山 63 年，距徐霞客逝世 38 年；距钱谦益写作《徐霞客传》约 37 年；比《徐霞客游记》付梓早 77 年。以上可看出，《黄山志定本》与徐霞客、钱谦益和《徐霞客游记》的时间先后关系。

闵氏《黄山志定本》中介绍“徐弘祖”的 300 余字，通过比对发现，其与钱谦益《徐霞客传》有一定渊源关系。凡钱谦益写到的，闵也写到了，如“著有《溯江纪源》，谓河自昆仑之北，江自昆仑之南”“不治装，不裹粮，能忍数日饥，能遇食即饱，能一日徒步数百里或千里”“一僧欲随礼鸡足山道场，……葬于鸡足山道场”的概述。当然，闵所写的，也有钱《传》中所没有的内容，如写徐“著有《远游日纪》，惜未传世”；有关“黄山问答”。可以看出，闵麟嗣还掌握了除钱谦益《徐霞客传》以外的有关徐霞客的资料，特别是有关“黄山问答”的资料。

这一阶段，徐霞客对黄山的影响，以闵麟嗣《黄山志定本》中所载内容影响为主。特别是所载徐霞客“薄海内外无如徽之黄山，登黄山，天下无山，观止矣”的话语影响逐渐累积和叠加，并形成以此影响为主导的局面，由黄山本地逐渐传播至全国各地。其原因在于，闵氏所载徐霞客话语具有概括力、冲击力和日益形成的徐霞客个人的影响力。

4. 通过“五岳归来不看山，黄山归来不看岳”名谚来影响黄山。

“五岳归来不看山，黄山归来不看岳”的谚语，从民国初年开始，因其形象生动、通俗易懂、朗朗上口，流传甚广。这一谚语在其本质上是对闵记徐霞客语的一种翻版。如做进一步地确证话，基于两点：一是徐霞客曾先后两次游览黄山、写过两篇《游黄山日记》的史实，特别是在《游黄山日记》(后)中说过“黄山当生平奇览”的“提示语”；二是在闵麟嗣《黄山志定本》中，有徐霞客说“薄海内外无如徽之黄山，登黄山，天下无山，观止矣”的话语记载。

徐霞客因其两游黄山与两写黄山，与“徽之黄山”有了不解之缘，也为黄山走向全国乃至世界立下了不朽功绩。徐霞客两上黄山和两写黄山，对黄山的影响是不朽的。

第三节 “齐云山”的文学景象与创造

“天下无双胜境，江南第一名山。”这是清乾隆皇帝对齐云山的赞誉。

齐云山，古称“白岳”，以道教文化和丹霞地貌为特色。与黄山、九华山，并称为“皖南三大名山”；与武当山、龙虎山、青城山，并称“道教四大名山”；与武当山、龙虎山、青城山、景福山，合称“五大仙山”。素有“黄山白岳相对峙，绿水丹崖甲江南”之称。

齐云山虽以“一石插天，直入云端，与碧云齐”而得名，但最高峰海拔585米，山不甚高，却崖壁直削、谷地幽深、群峰竞秀，多姿的峰峦洞岩散发着神秘气息。36奇峰，峰峰入画；72怪岩，岩岩皆景；丹霞地貌赤如朱砂，灿若红霞。山奇、岩怪、水秀、洞幽，构成一幅山清水秀、峭拔明丽的自然图画。

历史上对于齐云山的记载，集中在《古今图书集成·山川典》[①]：“白岳山，在江南徽州府休宁县西三十里，高三百仞，周三十五里。山西北有岩，名齐云岩，高三百五十仞，周回数十里。其山绝壁断崖，松萝森蔚，中多名胜，昔人曾比为小武当焉。”按《方舆胜览》：“江东路徽州白岳山，在休宁县西四十里，绝壁断崖，松萝森蔚。”按《明一统志》：“徽州府白岳山，在休宁县西四十里。中峰独耸，旁有悬崖，小径可凭，而上绝顶有池，池西有石室，学仙者多居之。其东北又有五彩石壁，状若楼台，有飞动之势。”可见，其主要特点为“绝壁断崖，松萝森蔚”。

---

① [清]陈梦雷：《古今图书集成》,《方舆汇编·山川典》第八十九卷《白岳山部汇考》。

齐云山“天开神秀”摩崖石刻

有关齐云山的文学书写，诗歌主要有宋朱熹《咏云岩》、程珌《云岩》，元吴讷《云岩》、方回《白岳》、郑师山《白岳》，明朱升《云岩》、王守仁《云岩》、袁宏道《云岩》、潘之恒《香炉峰雨望》、唐寅《齐云岩纵目》、商辂《云岩》、袁中道《云岩》，清汪楫《香炉峰》、袁枚《登齐云山》、黄宾虹《白岳纪游》、郁达夫《齐云岩》等。散文主要有明李汛《游齐云山记》、程敏政《游齐云山记》、徐宏祖（霞客）《游白岳日记》、李日华《礼白岳纪》、冯梦祯《白岳记》，现代郁达夫《游白岳齐云之记》等。其中，郁达夫《游白岳齐云之记》最具代表性和典型性。

一、郁达夫《游白岳齐云之记》的写作背景

郁达夫（1896 ~ 1945），原名郁文，字达夫。浙江富阳人，中国现代作家。曾留学日本，毕业于名古屋第八高等学校和东京帝国大学。新文学团体“创造社”的发起人之一。积极参加各种反帝抗日组织，先后在上海、武汉、福州等地从事抗日救国宣传活动。其代表作有《沉沦》《故都的秋》《春风沉醉的晚上》《过去》《迟桂花》《怀鲁迅》等。

郁达夫曾于 1934 年 4 月 3 日做白岳齐云游，并写下《游白岳齐云之记》一文，堪称书写齐云山的经典之作。其文如下。

游白岳齐云之记①

一九三四年三月二十九日，应东南五省周览会之约，出发西游；去临安，去于潜，宿东西两天目，出昱岭关，止宿安徽休宁县属屯溪船上，为屯浦桥下浮家之客；行尽六七百里路程，阅尽浙西皖东山水，偶一回忆，似已离家得很久了，但屈指计程，至四月三日去白岳为止，也只匆匆五六日耳。“山中方七日，世上已千年”，诗人的感觉，的确要比我们庸人灵敏一点！

同来者八人，全增嘏、林语堂、潘光旦、叶秋原的四位，早已游倦，急想回去，就于四月三日的清晨，在休宁县北门外分手；他们坐了我们一同自屯溪至休宁之原车回杭州，我们则上轿，去城西三十里外的白岳齐云游。

休宁，秦汉时附于歙县，晋改海阳海宁，隋时始称休宁，其间也曾作过州治，所以城的规模颇不小。我们自北门的梦宁门进，当街市的正中心拐弯，向西门的齐宁门出，在县城内正走了西瓜的四平开之一分的直角路，已经花去了将近四五十分钟的时间，统计起来，穿城约总有七八里地的直径无疑。

一出西门，就是一条大桥，系架在自榔木岭、松萝山、齐云山流下来的溪上的；滚滚清溪，东流下去，便成了浙水之源之一；在桥上俯视了一下，倒很想托它带个信去，告诉浙中的亲友，说某年某月某日某时，曾在休宁城外，与去齐云山的某某上下外叉相会。

过五里亭，过蓝渡，路旁小山溪流极多，地势也在逐渐的西高上去，十一点半，到了白岳齐云的脚下。齐云山的香市，以九月为最旺，自秋至冬，迄正月而歇尽。所以山上庙宇房头及店铺之类，虽也有百家内外，但非当香市，则都空着无人居住。我们的中饭，本来是打算上山去吃的，忽而心血来潮，觉得山脚下那个小村子里的饭店，也可以一饱，于是就决定吃了上山，后来到山上去一见许多空屋，才晓得这预感却是王灵官在那里显灵。

我们平常，总只说黄山，白岳，是皖南的名山。而休宁人，除读书识掌故者外，一般百姓，都不知白岳，只晓得齐云。实白岳齐云，是连在一起的许多山的两个名字。白岳山中的一处，名齐云岩，以后山上敕建道观，又适在这齐云岩下，

① 原载1934年6月上海现代书局版《屐痕处处》，引自《郁达夫全集》第四卷，时代文艺出版社，2000年，第1361～1369页。

齐云山“齐云胜景”摩崖石刻

明清五六百年下来，香火一直到现在未绝，一般老百姓的只知道有齐云，不知道有白岳，原因就在这里。康熙年间的《休宁县志》说：“白岳山在县西三十里，高三百仞，周二十五里，游齐云者，必先登此。”又说：“齐云岩，在白岳西北，高三百五十仞，周围数十里”“明嘉靖丙辰（西历一五五六年，亦即赵文华视师江南之岁），世宗以祈祷有灵，改曰齐云山，敕建太素宫。……”看了这两段记载，大约白岳齐云的所以要打混，与未曾到过的人，每要把一处当作两处看的疑团，总也可以冰释了罢？

饭后从北麓上山，石级蜿蜒曲绕。登山将五十步，过一亭为步云亭，亭后，矗立着一块五六丈高的大石碑，上刻“齐云仙境”的四大字，工整匀巧，不识是何人的手笔。山路两旁，桃花杂树很多，中途的一簇古松尤奇而可爱；在寂静的正午太阳光下，一步一步的上去，过古松，望仙等亭，人为花气所醉，浑浑然似在做梦；只有微风所惹起的松涛，和采花的蜂蝶的鸣声，时要把午梦惊醒，此外则山静似太古，不识今是何世，也不晓得自己的身子，究竟到了什么地方。

到一支小岭脊的中和亭（或为真气亭）后梦就非醒不可，因从这亭子前向北一回望，来路曲折就在目下，稍远是菜花满地的平楚千顷，更远就是那条数溪汇聚的夹源夹溪了，水色蔚蓝，和四面的农村花树，成了一个最美也没有的杂色对称。走出这亭子的南檐，向前面望去，先是一个半圆的幽谷，在这大大的半圆圈里，南尽头沿山有一条石栏小路，和几座不连接的道观禅房；与这一条小路相对，当半圆的这面，就在亭子的南脚下，更有一条雁齿似的堤路，两面是栏杆，中间是桥洞，湾环复与山路相接，是西去上齐云的便道。壁立在这半圆圈上的高峰，西南东三面，是石门岩，密多岩，忠烈岩，真栖岩，拱日峰等。山势飞动，石岩伟巨，初从山下慢慢走上来的人，一到此地，总不得不大吃一惊，因为平常的山里，决没有这一种巨大的石岩，尤其是从白岳山脚下上来的时候，决不会预想到将看见这一种伟大的石山的。这一区，就是白岳山的境界，所谓“游齐云者必先登此”的地方。中和亭（真气亭）内还有一块万历的碑立在那里，亭东首也有一个庙在，我们因为要去看的地方正还多着，所以碑文也没有功夫念，庙里也不曾进去。

沿山走上南去，先到了洞天福地的那一个庙里。据志书之所载，则为无心道人黄上舍国瑞之所筑；然在同一项下，又有一段记载：“明嘉隆间，有一数百岁人居此，坐卧石床，无姓名，不立文字，人第称为邋遢仙，后化去，然有自峨嵋归者，谓又在山中见之。”观此，则洞天福地境内真身洞中的那座坟，或者是邋遢仙人的遗蜕也说不定，因为墓的两旁，还各有一座石床置在那里，石床上并且还各摆着了三四个大约是施舍的铜元。

自真身洞西去，接连着有雷祖，圣帝，通明等殿，都已坍毁不堪，殿外谷中，溪水不断在流，志书上所说的桃花涧，大约总就在这些地方。

我们到了白岳，看见了许多奇岩怪石，已经是不想走了；同来的吴徐两位，更在这里照一像，那里摄一影地费去了许多底片。殊不知西上一山，进了天门，再下去入齐云境后，样子更是灵奇伟大，到了不可思议的地步，致吴徐二君大生后悔，说：“片子带得太少了。”

拱日峰下的天门，奇峰突起，底下就是一个像一扇天然的门似的石洞。穿此洞而南下，沿山壁走去，尽是一个个的大洞和一座座的峭壁，真仙洞，圆通岩，雨君洞，珍珠帘，文昌宫，玄芝洞，等等，名目也真多，景致也真怪，地方也实在真好不过。

圆通岩前，有顺治三年石碑二，立在洞的两旁。碑身薄而石刻很深，字迹

齐云山“新安胜境”摩崖石刻

秀丽落吧。拾小石击碑“铛铛”作钟磬之音，所以两碑的当中，各已穿成了一个大洞，碑上的诗句，早就拓不完全了；这和未倒之先的雷峰塔脚，被烧香客挖掘，谓泥石可以治病事一样的为迷信之害；象以齿毙，膏用明煎，人之有一特点而致亡身者，睹此应生感慨。圆通洞，本不甚深，中供何神，亦不曾进去细看，实在因为这一带的神像，碑版，石刻，古器等太多了，身入此间，像到了一处古物陈列所，五花八门，目眩神昏，看也看不得许多，记也记不到底的。

真仙洞（徐霞客所记的罗汉洞即在此处），最深最广，洞中的佛像也最多，四壁石龛内，并且还有许多就壁刻成的石佛，层层排列在那里。在从前，这一带地方，似乎统呼作真仙洞的，以后好事者多，来游者众，道士们也想设法多骗取一点游客的香金，所以就在这一区像罗马的斗兽场似的大半圆石壁的四周，刻上了许多的名字，供起了不少的神像。

珍珠帘是一座百丈来高的斜复出去的巨岩，岩下也安置着佛座神堂，空广深幽，是天然的一间高大的石屋。百丈高的石檐上，一排数丈，点点滴滴，不论晴雨，不分四时，时有珍珠似的水滴在往下落。因为岩之高，幅的广，第一滴下来，尚未及半空，第二滴就又继续滴下来了，看起来真像是一层自然的珍珠帘幕，罩在面前。这些珍珠水滴，积少成多，在岩下的大石层中，汇成一大水池，即所谓碧莲池者是。

自珍珠帘沿着半圆的巨壁向西绕去就是文昌宫，玄芝洞，雨君洞等处所。凡沿碧莲池的这半圆圈上，约里把来路的中间，一处一处的名目，还不止这几个，而嵌在壁上的石碣，立在壁前的古碑，以及壁头高处，摩崖刻着的擘窠大字，若一一收录起来，我想总有一部伟大的《齐云金石志》好编（鲁丁两氏的《齐云山志》，因不曾见到，所以关于金石一类，无从记起），这些只好让专门家去搜集，现在这里只提起一件，就是文昌宫前，有明嘉靖年间的大石碑四块，还比较的完整，上面刻着的，是大学士元峰袁翁的律诗四首。

真仙洞附近碧莲池上的这大半圆圈绕过之后，又隔一高岭，再进一重门，拾级抄拱日峰侧面上去，是齐云岩下的正殿太素宫的区域了，到了这里，四面的景色，又突然的一变；愈出愈奇，更变更妙的文章作法，在这齐云仙境的景色里，正可以领悟得出来；可惜我们都是俗骨，没有福分在这里多住几天，来鉴赏这篇奇文，走马看花，只好算是匆匆地做了一个游仙之梦。

去正殿太素宫的路，更加曲折，是一个狭长的英文字母C的样子。太素宫向北建在C字的正中背上，前面缺处，深谷中突起一峰，也是一座百丈来高的锥形石山，为香炉峰。太素宫后的一排石嶂，正中就是齐云岩，峰名玉屏峰，左峰为石鼓，右峰为石钟。石钟峰之右，向西直去，为隐云，浮云仙鹊，展旗等峰。石鼓之左，向东这一边，为碧霄，石林拱日等峰。我们上正殿，系从拱日峰下，顺着C字底下的狭长半圆弯过去的，走了二三里路，方到了太素宫的正门，清初建的一座牌坊之下。路的两旁，尽是些第几第几房，什么什么殿的背依危岩，门临绝涧的二三层楼的建筑物，也有开店的，也有供香客住宿的，间阎扑地，屋栋连云，数目总约有百家内外。现在这些住屋却都空着，寂寂不见一人，但据陪我们上山的轿夫们说，则这百数家人家，当香市盛日还不够供一半香客们的住宿。秋收完后，四方赶来参拜的善男信女的热心，真可惊叹，真可佩服，也无怪从前的专制皇帝，要假神道来设教了。

齐云山正殿境内的山峰，总括一句，是奇特伟大。我们自山脚，走至太素宫，已有七八里路的高了，然而突出在太素宫上的诸峰，绝壁千丈，仰起头来看看，似乎还有五六里路的高度，到此地来一看才知道《安徽通志》上所说的“层峦刺天，云烟万状”等语句，决不是文人的夸大之辞。去年我曾到过浙东的方岩，那时候见了寿山五峰的天然金字塔样的石岩以为总是天下无双了，现在又到了这齐云的境内，才觉得方岩附近的石山，还没有这儿的一半高，而此处山势的错综复杂，更非五峰之罗列在一排者可比。

太素宫，是明嘉靖年间敕建的道观，已在前面说起过了，中供玄天上帝，庙貌雄丽，诚如《徐霞客游记》上之所说。但尤其使我们诧异的，是这道观内的钟鼎香炉，铜器石器之类，都还是明朝万历崇祯的旧物，丝毫也没有损坏。不过那一尊所谓百鸟衔泥所成之宋代玄帝像，现在却颜色鲜艳，不像旧时的黧黑了。推想起来，大约清朝入关，这一块地方，总还没有糜烂。洪杨兵乱，此地总也保全了的无疑。凡此种种，都是使老百姓不得不确信齐云圣帝的灵异的证据，因而民间的传说，也连枝带叶地簇生了出来。传说中的最普遍的一段，是关于明刚峰先生海忠介公的。

海瑞因闻齐云山圣帝之灵，来此进香，然而走了半日却走不上山；后经道士点破，以为圣帝菩萨在嫌海公脚上的皮靴是荤的，所以如此。忠介公不得已，只能将革履脱去。及上至正殿，海公看见了殿右的皮制大鼓，就题诗反问，鼓忽自破。从此后，圣帝菩萨命王灵官密随海公，伺有过失，即击杀之。王灵官暗伺三年，及见海公在荒郊无人处，私食一地上之瓜，而系钱数十文于瓜藤之上，便回去复命，以为对这一位慎独不欺的刚峰先生，终是无隙可乘的。

这一段传说，当然是无稽之谈，不过在徽州一带流行的另外一个关于唐越国公汪华的灵验传说，却是可以当作这附近当清兵入关时并未受糜烂的证据的，顺便在此地重述一道，或者为可以供研究史实者的参考。

顺治丙戌，清兵破徽州，总督张天禄梦见一红面长髯者前来告诫；曰“毋伤我百姓！”梦觉，以为关公在显灵。及至汪王庙见了汪王神像，与梦中所见者酷似，张天禄始大惊异，于是乎徽州一带的人民，就得保全了。

吴王汪华，当隋季的乱世，能保境安民，宣杭睦婺饶的五州，卒赖以平安者十余年，至唐武德四年甲子月降唐，仍为歙州刺史，他的关怀民命，造福桑梓的功德，与钱武肃王原可以后先媲美于东南，或者神灵不泯，突然会向嗜杀的军阀显一显圣，也说不定。这传说的第二幕，并且还说顺治己亥，当唐士奇之乱时，汪王亦曾同样的有过灵异。不过玄天上帝，曾对海瑞显那些不必要的灵，且又度量狭小，会因破了一鼓而谋报复，却有点说不过去了。这些传说，原只好“姑妄言之，姑妄听之”而已，何况海瑞的有没有到过齐云，还是一个问题哩！此外则白岳齐云的对于求子，特别有灵的故事，也值得一提。所以明李日华有很风雅的自浙江来礼白岳之记，而袁中郎有只求几个年青美貌而不育之妾一祷。

站在太素宫正门外的牌坊底下，向北展望过去，在有一个亭，一个香炉，并有一条铁链系着使人可作攀援之助的香炉峰后，远远看得出一排高低起伏，状如海浪似的青山。山峰中间的一个，头有点儿略向东歪的，据说是黄山的最高峰。我们此来目的是为了想去黄山，但因天寒雪尚未消，同来者也都已游倦之故，黄山的能不能去，早成了问题，因而不知不觉，我就在齐云岩下，遥对着这百余里外的歪头山，竟发了大半天的呆。等到顺攀路峰向西走去的三位同游者，大声狂叫着说“这儿西面的风景还要好哩！快来！快来！”的时候，我的游黄山的梦也被惊醒了，急忙赶上去一看，果然觉得西面的层岩绝壁，还要高，还要复杂。并且太阳也已经斜到了离西面各山峰不远几尺的地步，我们今天还非得赶回休宁，赶回屯溪去宿不可，黄山当然是不必提起，就是这齐云之西的三姑，五老，独耸，天柱诸峰，以及西天门外的九井桥岩，傅岩诸胜景，也只得割爱了，一边跑，一边我只在恨今天的太阳落去得太快。

齐云山摩崖石刻

沿壁向西，又曲折回旋地走了二里多路，重看了些冲天的石壁，同珍珠帘上的样子一样的危岩，摩崖的大字，以及正德嘉靖万历崇祯的石碣和碑文，到了一处路径有点儿略往下降的地方，大家就立定了脚，因为再走过去，风景一定还要好，结果就要弄得大家非在这荒山里过夜不可。走了半天，我们对于这齐云的仙境，大约总只走尽了五分之二三的地方。虽则两只脚已经是走得很酸痛，肚子里也已经是咕咕地在叫饿，但到了下山的路上，坐入轿子去的时候，大家却不约而同的喊了出来说："今天的一天总算是值得很！看了齐云，游了白岳，就是黄山不去，也可以向人说说的了。"

轿子回到休宁，总约莫是将近二更，汽车把我们在屯溪站卸下来的时候，连市上的灯火都将熄尽快了，这一次西游的这一个末日，我们总算有益地利用到了百分之百。

一九三四年四月二十九日

郁达夫对齐云山可谓情有独钟，他曾排除同来者 8 人有四位"早已游倦，急想回去"的影响，坚持白岳齐云游。他从登山到下山不过半天的时间，给人的感觉好像是走马观花一般，可我们在他的游记里感到的是丰富和博大，是逸兴腾飞和赞叹不绝，是精彩纷呈和耐人寻味。《游白岳齐云之记》是中国现代游记中一篇富有特色的精妙篇章，是宋代以来齐云山游记中的出神入化之作！

郁达夫曾说过："我以为一篇散文的最重要的内容，第一要寻这'散文的心'；照中国旧式的说法，就是一篇的作意，在外国修辞学里，或称作主题 (Subject)，或叫它要旨 (Theme) 的，大约就是这'散文的心'了。有了这'散文的心'后，然后方能求散文的体，就是如何能把这心尽情地表现出来的最适当的排列与方法。"[①]

二、以景观写道教，凸显齐云文化之灿烂

郁达夫以道教景观写道教，先从探讨山名的故实由来开始，并寻找一般人只知齐云不知白岳的原因。"实白岳齐云，是连在一起的许多山的两个名字。白岳山中的一处，名齐云岩，以后山上敕建道观，又适在这齐云岩下，明清五六百年下来，香火一直到现在未绝，一般老百姓的只知道有齐云，不知道有白岳，原因就在这里。"对齐云山香市兴盛原因加以探究，揭示这一道教名山生命力之所在。

郁达夫从道教景观来认识齐云山道教的风貌格调。而这种认识，主要从自然景

---

① 郁达夫：《中国新文学大系·散文二集·导言》，上海文艺出版社，2003年。

观和文化景观入手。

(一)自然景观,主要涉及亭、岩、洞、峰等

亭,写有步云亭、古松亭、望仙亭、中和亭(或为真气亭)等。如写中和亭所见:“到一支小岭脊的中和亭(或为真气亭)后梦就非醒不可,因从这亭子前向北一回望,来路曲折就在目下,稍远是菜花满地的平楚千顷,更远就是那条数溪汇聚的夹源夹溪了,水色蔚蓝,和四面的农村花树,成了一个最美也没有的杂色对称。”

岩,写有圆通岩、石门岩、密多岩、忠烈岩、真栖岩、齐云岩、九井桥岩、傅岩等。如“山势飞动,石岩伟巨,初从山下慢慢走上来的人,一到此地,总不得不大吃一惊,因为平常的山里,决没有这一种巨大的石岩,尤其是从白岳山脚下上来的时候,决不会预想到将看见这一种伟大的石山的”。

洞,写有真身洞、雨君洞、玄芝洞、圆通洞、真仙洞等。如“拱日峰下的天门,奇峰突起,底下就是一个像一扇天然的门似的石洞。穿此洞而南下,沿山壁走去,尽是一个个的大洞和一座座的峭壁,真仙洞,圆通岩,雨君洞,珍珠帘,文昌宫,玄芝洞,等等”“真仙洞(徐霞客所记的罗汉洞即在此处),最深最广,洞中的佛像也最多,四壁石龛内,并且还有许多就壁刻成的石佛,层层排列在那里”。

峰,写有拱日峰、隐云峰、浮云峰、仙鹊峰、展旗峰、碧霄峰、石林峰、香炉峰、辇路峰等。如“前面缺处,深谷中突起一峰,也是一座百丈来高的锥形石山,为香炉峰。太素宫后的一排石嶂,正中就是齐云岩,峰名玉屏峰,左峰为石鼓,右峰为石钟。石钟峰之右,向西直去,为隐云,浮云仙鹊,展旗等峰。石鼓之左,向东这一边,为碧霄,石林拱日等峰”。

(二)文化景观,主要有殿、碑、佛像等

殿,写有雷祖殿、圣帝殿、通明殿、文昌宫、太素宫。如“太素宫,是明嘉靖年间敕建的道观,已在前面说起过了,中供玄天上帝,庙貌雄丽,诚如《徐霞客游记》上之所说。但尤其使我们诧异的,是这道观内的钟鼎香炉,铜器石器之类,都还是明朝万历崇祯的旧物,丝毫也没有损坏”。

碑,写有“齐云仙境”石碑,明代正德、嘉靖、万历、崇祯石碑,清顺治石碑等。如“圆通岩前,有顺治三年石碑二,立在洞的两旁。碑身薄而石刻很深,字迹秀丽落吧”“冲天的石壁,同珍珠帘上的样子一样的危岩,摩崖的大字,以及正德嘉靖万历崇祯的石碣和碑文”。

齐云山“寿”字摩崖石刻

佛像，百鸟衔泥所成之宋代玄帝像等。如“真仙洞（徐霞客所记的罗汉洞即在此处），最深最广，洞中的佛像也最多，四壁石龛内，并且还有许多就壁刻成的石佛，层层排列在那里”“那一尊所谓百鸟衔泥所成之宋代玄帝像，现在却颜色鲜艳，不像旧时的黧黑了”。

此外，还有用比喻写齐云山道教文物的丰富：“圆通洞，本不甚深，中供何神，亦不曾进去细看，实在因为这一带的神像，碑版，石刻，古器等太多了，身入此间，像到了一处古物陈列所，五花八门，目眩神昏，看也看不得许多，记也记不到底的。”

还有由眼前所见，惊叹古物保全带出传说：“但尤其使我们诧异的，是这道观内的钟鼎香炉，铜器石器之类，都还是明朝万历崇祯的旧物，丝毫也没有损坏。不过那一尊所谓百鸟衔泥所成之宋代玄帝像，现在却颜色鲜艳，不像旧时的黧黑了。推想起来，大约清朝入关，这一块地方，总还没有糜烂，洪杨兵乱，此地总也保全了的无疑。凡此种种，都是使老百姓不得不确信齐云圣帝的灵异的证据，因而民间的传说，也连枝带叶地簇生了出来。”

郁达夫通过自然景观和文化景观的介绍和描写，展现齐云山作为道教圣地的风貌格调，体现其道教特点，使其作为道教名山的特色一览无遗，给人以直观的视觉冲击，留下过目不忘的印象。

三、以妙笔写奇景，展现齐云佳境之奇美

郁达夫在《山水及自然景物的欣赏》一文中说过：“自然的变化，实在多而且奇，没有准备的欣赏者，对于他的美点也许会捉摸不十分完全的。”[①] 这里告诉我们，对于自然景象的欣赏是要有准备的，这种准备应该是学养的准备，有了这种准备才能对自然景象的美点看得十分完全。

其中的“美点”的发现就需要眼光。郁达夫进一步指出：“大抵山水佳处，总

---

①《郁达夫文集》第四卷，花城出版社、三联书店香港分店，1982年，第83页。

是自然景物的美点发挥得最完美，最深刻的地方。……我们平时所感受不到的自然的威力，到了山高水长的风景聚处，就会得同电光石火一样，闪耀到我们的性灵上来；古人的讲学读书，以及修真求道的必须要入深山傍大水去结庐的理由，想来也就在想利用这一点山水所给与人的自然的威力。”[①] 这里他把山水之美的奥秘给揭开了。那么，郁达夫是如何发现齐云山的“美点”的呢？又是如何表现这些“美点”的呢？

一是写齐云山的突兀之美：“壁立在这半圆圈上的高峰，西南东三面，是石门岩，密多岩，忠烈岩，真栖岩，拱日峰等。山势飞动，石岩伟巨，初从山下慢慢走上来的人，一到此地，总不得不大吃一惊，因为平常的山里，决没有这一种巨大的石岩，尤其是从白岳山脚下上来的时候，决不会预想到将看见这一种伟大的石山的。”

二是写齐云山佳境连连：“我们到了白岳，看见了许多奇岩怪石，已经是不想走了；同来的吴、徐两位，更在这里照一像，那里摄一影地费去了许多底片。殊不知西上一山，进了天门，再下去入齐云境后，样子更是灵奇伟大，到了不可思议的地步，致吴、徐二君大生后悔，说：‘片子带得太少了’。”

三是用排列句式写齐云山的多、怪、好：“拱日峰下的天门，奇峰突起，底下就是一个像一扇天然的门似的石洞。穿此洞而南下，沿山壁走去，尽是一个个的大洞和一座座的峭壁，真仙洞，圆通岩，雨君洞，珍珠帘，文昌宫，玄芝洞，等等，名目也真多，景致也真怪，地方也实在真好不过。”

四是用比喻极写珍珠帘之美：“珍珠帘是一座百丈来高的斜复出去的巨岩，岩下也安置着佛座神堂，空广深幽，是天然的一间高大的石屋。百丈高的石檐上，一排数丈，点点滴滴，不论晴雨，不分四时，时有珍珠似的水滴在往下落。因为岩之高，幅的广，第一滴下来，尚未及半空，第二滴就又继续滴下来了，看起来真像是一层自然的珍珠帘幕，罩在面前。这些珍珠水滴，积少成多，在岩下的大石层中，汇成一大水池，即所谓碧莲池者是。”

五是用“愈出愈奇，更变更妙”的文章作法和奇文比喻“齐云仙境的景色”：“齐云岩下的正殿太素宫的区域了，到了这里，四面的景色，又突然的一变；愈出愈奇，更变更妙的文章作法，在这齐云仙境的景色里，正可以领悟得出来；可惜我们都是

---

①《郁达夫文集》第四卷，花城出版社、三联书店香港分店，1982年，第87页。

俗骨，没有福分在这里多住几天，来鉴赏这篇奇文，走马看花，只好算是匆匆地做了一个游仙之梦。”

六是用实地体验印证“层峦刺天，云烟万状”：“齐云山正殿境内的山峰，总括一句，是奇特伟大。我们自山脚，走至太素宫，已有七八里路的高了，然而突出在太素宫上的诸峰，绝壁千丈，仰起头来看看，似乎还有五六里路的高度，到此地来一看才知道《安徽通志》上所说的‘层峦刺天，云烟万状’等语句，决不是文人的夸大之辞。”

七是用只能遥望黄山的遗憾来写游览齐云山的满足：“香炉峰后，远远看得出一排高低起伏，状如海浪似的青山。山峰中间的一个，头有点儿略向东歪的，据说是黄山的最高峰。我们此来目的是为了想去黄山，但因天寒雪尚未消，同来者也都已游倦之故，黄山的能不能去，早成了问题，因而不知不觉，我就在齐云岩下，遥对着这百余里外的歪头山，竟发了大半天的呆。等到顺辇路峰向西走去的三位同游者，大声狂叫着说‘这儿西面的风景还要好哩！快来！快来！’的时候，我的游黄山的梦也被惊醒了，急忙赶上去一看，果然觉得西面的层岩绝壁，还要高，还要复杂。”

凡此种种，无一不体现了齐云山景观的奇绝，是齐云山“自然景物的美点发挥得最完美，最深刻的地方”，它们从不同侧面共同体现了齐云山之大美，给予我们以自然的威力和魅力。

四、以梦幻写真境，彰显齐云仙境之曼妙

“齐云仙境”是自古以来的定评。郁达夫对此予以认可，在文中先后三次直接出现“齐云仙境”字眼：

一是在开始登山之时高大石碑上“齐云仙境”四个大字映入眼帘：“登山将五十步，过一亭为步云亭，亭后，矗立着一块五六丈高的大石碑，上刻‘齐云仙境’的四大字，工整匀巧，不识是何人的手笔。”这是石刻大字给他的印象。

二是在游览中途：“到了这里，四面的景色，又突然的一变；愈出愈奇，更变更妙的文章作法，在这齐云仙境的景色里，正可以领悟得出来。”这里，由于眼前景象令他感到惊异，自觉不自觉地认可了“齐云仙境”的评价。

三是在游览结束之时：“走了半天，我们对于这齐云的仙境，大约总只走尽了五分之二三的地方。”这是发自内心地予以赞同，并且流露出对没有能够完整游览余兴未尽的遗憾。

在郁达夫文中，为了实现对“齐云仙境”的呼应，也为了体现他对齐云山景象的陶醉与喜爱，他以“梦”予以写真，共有五次之多。

一是在初登山之时出现的幻觉：“在寂静的正午太阳光下，一步一步的上去，过古松，望仙等亭，人为花气所醉，浑浑然似在做梦；只有微风所惹起的松涛，和采花的蜂蝶的鸣声，时要把午梦惊醒，此外则山静似太古，不识今是何世，也不晓得自己的身子，究竟到了什么地方。”

二是写在回望山下所见景象“最美也没有”而“梦就非醒不可”：“到一支小岭脊的中和亭（或为真气亭）后梦就非醒不可，因从这亭子前向北一回望，来路曲折就在目下，稍远是菜花满地的平楚千顷，更远就是那条数溪汇聚的夹源夹溪了，水色蔚蓝，和四面的农村花树，成了一个最美也没有的杂色对称。”

三是在见到如“奇文”一般的景致时，用“算是匆匆地做了一个游仙之梦”：“到了这里，四面的景色，又突然的一变；愈出愈奇，更变更妙的文章作法，在这齐云仙境的景色里，正可以领悟得出来；可惜我们都是俗骨，没有福分在这里多住几天，来鉴赏这篇奇文，走马看花，只好算是匆匆地做了一个游仙之梦。”

四是转引他人梦境来写齐云山的灵异与惊奇：“顺治丙戌，清兵破徽州，总督张天禄梦见一红面长髯者前来告诫；曰‘毋伤我百姓！’梦觉，以为关公在显灵。及至汪王庙见了汪王神像，与梦中所见者酷似，张天禄始大惊异，于是乎徽州一带的人民，就得保全了。”

五是写他人对齐云山游览途中对新景致的发现的呼喊，使他“游黄山的梦也被惊醒了”：“等到顺革路峰向西走去的三位同游者，大声狂叫着说‘这儿西面的风景还要好哩！快来！快来！’的时候，我的游黄山的梦也被惊醒了，急忙赶上去一看，果然觉得西面的层岩绝壁，还要高，还要复杂。”以此表现对他未能实现黄山之游的缺憾的一种弥补。

郁达夫通过“五梦”来写“齐云仙境”，写得如梦如幻又逼真传神，在他笔下把这一仙境给坐实了。这无疑是一种奇思遐想的创造，也是一种铭心刻骨的体验与领悟。

五、以感慨写心情，体现齐云行旅之陶醉

郁达夫对齐云山的惊奇、感动溢于言表，情不自禁地在笔底流泻出来。他曾在《山水及自然景物的欣赏》一文中说过：“自然景物以及山水，对于人生，对于艺术，都有绝大的影响，绝大的威力，却是一件千真万确的事情；所以欣赏山水以及自然景物的心情，就是欣赏艺术与人生的心情。”[①] 郁达夫在面对齐云山景象时流露出的心情，就是欣赏艺术与人生的心情。于此，我们就真正懂得了郁达夫之所以对齐云山情有独钟、之所以对齐云山赞不绝口，原来他是在欣赏艺术与人生，原来他是在发现艺术与人生的真谛！

让我们来看看郁达夫在面对齐云山时发出了哪些感慨，这些感慨说明了什么。

一是感慨齐云山的伟大、奇绝。

“山势飞动，石岩伟巨，初从山下慢慢走上来的人，一到此地，总不得不大吃一惊，因为平常的山里，决没有这一种巨大的石岩，尤其是从白岳山脚下上来的时候，决不会预想到将看见这一种伟大的石山的。”

“殊不知西上一山，进了天门，再下去入齐云境后，样子更是灵奇伟大，到了不可思议的地步，致吴徐二君大生后悔，说：‘片子带得太少了。’”

“到了这里，四面的景色，又突然的一变；愈出愈奇，更变更妙的文章作法，在这齐云仙境的景色里，正可以领悟得出来；可惜我们都是俗骨，没有福分在这里多住几天，来鉴赏这篇奇文，走马看花，只好算是匆匆地做了一个游仙之梦。”

“齐云山正殿境内的山峰，总括一句，是奇特伟大。我们自山脚，走至太素宫，已有七八里路的高了，然而突出在太素宫上的诸峰，绝壁千丈，仰起头来看看，似乎还有五六里路的高度，到此地来一看才知道《安徽通志》上所说的‘层峦刺天，云烟万状’等语句，决不是文人的夸大之辞。”

“等到顺辇路峰向西走去的三位同游者，大声狂叫着说‘这儿西面的风景还要好哩！快来！快来！’的时候，我的游黄山的梦也被惊醒了，急忙赶上去一看，果然觉得西面的层岩绝壁，还要高，还要复杂。”

二是感慨齐云山的丰富、灿烂。

“穿此洞而南下，沿山壁走去，尽是一个个的大洞和一座座的峭壁，真仙洞，圆通岩，雨君洞，珍珠帘，文昌宫，玄芝洞，等等，名目也真多，景致也真怪，地方也实在真好不过。”

“圆通洞，本不甚深，中供何神，亦不曾进去细看，实在因为这一带的神像，碑

---

①《郁达夫文集》第四卷，花城出版社、三联书店香港分店，1982年，第83页。

版，石刻，古器等太多了，身入此间，像到了一处古物陈列所，五花八门，目眩神昏，看也看不得许多，记也记不到底的。”

“凡沿碧莲池的这半圆圈上，约里把来路的中间，一处一处的名目，还不止这几个，而嵌在壁上的石碣，立在壁前的古碑，以及壁头高处，摩崖刻着的擘窠大字，若一一收录起来，我想总有一部伟大的《齐云金石志》好编。”

“尤其使我们诧异的，是这道观内的钟鼎香炉，铜器石器之类，都还是明朝万历崇祯的旧物，丝毫也没有损坏。不过那一尊所谓百鸟衔泥所成之宋代玄帝像，现在却颜色鲜艳，不像旧时的黧黑了。推想起来，大约清朝入关，这一块地方，总还没有糜烂，洪杨兵乱，此地总也保全了的无疑。”

三是感慨对白岳齐云之行的满足。

“虽则两只脚已经是走得很酸痛，肚子里也已经是咕咕地在叫饿，但到了下山的路上，坐入轿子去的时候，大家却不约而同的喊了出来说：‘今天的一天总算是值得得很！看了齐云，游了白岳，就是黄山不去，也可以向人说说的了。’”

“这一次西游的这一个末日，我们总算有益地利用到了百分之百。”

郁达夫对齐云山的这些感慨，是他的领悟与思考，从一个侧面体现了他对齐云山的观感，反映了他的内心情感，丰富了这一游记的思想内涵。

通过以上“以景观写道教，突显齐云山的丰富灿烂”“以妙笔写奇景，展现齐云山之大美”“以梦幻写真实，表现齐云仙境之神奇”“以感慨写心情，体现白岳齐云之行之陶醉”分析，我们认为郁达夫就是以此“散文的心”而结成这篇奇文之体的。

郁达夫曾说过：“现代的散文之最大特征，是每一个作家的每一篇散文里所表现的个性，比从前的任何散文都来得强。”[①] 我们在这里要借用他所说的话来说，郁达夫的《游白岳齐云之记》里所表现的个性，比从前的任何写齐云山的散文都来得强。

徽州文学中“一江两山”的文学书写的特点与价值是显而易见的。

徽州文学的重心瞄准了“一江两山”（新安江、黄山和齐云山），因为“一江两山”是徽州山水的杰出代表，由此形成了一个以新安江为主线、以黄山和白岳为中心的徽州山水文学领域。

新安江上游地处徽州境内，干流与流域面积远超中下游地区，串在新安江这一

---

① 郁达夫：《中国新文学大系·散文二集·导言》，上海文艺出版社，2003年。

主线上的文学，可谓与新安江一样逶迤多姿，明媚灿烂。元代学者赵汸《峡源瀑布》，写出了新安源头第一瀑的壮观景象；明代书画家、文学家李流芳《自齐云乘筏至落石台留宿》，将横江两岸的景色描述得淋漓尽致；清代诗人戴启文《屯浦归帆》，书写了江面帆樯林立、桅火与街灯相映生辉的"屯浦归帆"盛景；如此等等。诗情画意中的新安江美轮美奂，展现了母亲河独有的魅力。

黄帝之山——黄山，自古以来是文学书写的重点，现存黄山诗作不下3万首，黄山游记上千篇即明证。其中明代著名旅行家、地理学家徐霞客两上黄山、两写黄山，发现和反映了构成黄山奇异之美的奇松、怪石、云海、温泉与冬雪的"五绝"奇观，通过发现黄山之"奇"去体现黄山"五绝"之美，从宏观上对黄山做出了"灿若图绣""藻绘满眼""宏博富丽"等总体特点的综合性评价，并在晚年赞誉"薄海内外无如徽之黄山，登黄山，天下无山，观止矣"。徐霞客《黄山日记》（前、后）是再现和反映黄山奇观、与黄山同在的典型篇章。

道教胜地齐云山，谷地幽深，群峰竞秀，"层峦刺天，云烟万状"，有关齐云山的文学书写代不乏绝，其中郁达夫《游白岳齐云之记》，以景观写道教，凸显齐云文化之灿烂；以妙笔写奇景，展现齐云佳境之奇美；以梦幻写真境，彰显齐云仙境之曼妙；以感慨写心情，体现齐云行旅之陶醉，对齐云山的书写最具典型性和代表性。

"一江两山"是徽州的地标与骄傲，"一江两山"的文学书写是徽州文学和新安文学的典型与高峰。

第六章　新安山水的文学景象与创造(中)

——以“新安”“青溪”“淳安”为中心

在大量的有关淳安的文学作品中，经常出现以“新安”“青溪”和“淳安”为题的文学作品，虽然它们在实质上都是写这方山水，具有一定的共性特征，但如果分开来加以研究，我们可以看到这不同选题所包含的不同认识价值：一是可以看到它们与当时地名的呼应性，体现出当时作者的主观情感意绪；二是可以看到特定题目赋予作品的特有内涵，显出其“这一个”的意义；三是可以看到特定作品的时代性、阶段性；四是可以看出由题目的丰富性带来的题材的丰富性。通过对以“新安”“青溪”和“淳安”为题的文学作品的研究，能使我们更好地认清淳安文学的特有风貌与格调，更好地认识淳安文学的特性与价值。

第一节　“新安”的文学景象与创造

以“新安”为题的诗文作品可分为两类，一类是写新安郡的，一类是写新安县的。本节我们专门研究写新安县的。

隋开皇九年（589），平陈废郡，改始新县为新安县，并遂安县、寿昌县入新安县，直至唐开元二十年（732）改睦州为新定郡，改新安县为还淳县为止，新安县历史长达114年。其间曾于隋大业元年（605）改睦州为遂安郡，新安县徙县治于雉山下，即改名曰雉山县，至唐文明元年（684）改回新安县。从地域名称改为新安县以后，一个以“新安”为题的文学书写也随之开始了。

从现在所见到的有关“新安”的文学作品以唐代为多，唐以后偏少，这是由于到唐代开元二十年新安县改为还淳县，再后来又改为青溪县和淳安县，与之对应，以“新安”为题的作品也就随之减少了，以“新安”为题的作品主要以唐代为主。

一、唐代“新安”的文学景象与创造

唐代以“新安”为题的作品,主要有皇甫冉《送顾苌往新安》《送康判官往新安》,许浑《送惟素上人归新安》，罗隐《早登新安县楼》，吴融《新安道中玩流水》，王贞白《宿新安村步》。

1. 皇甫冉与《送顾苌长史往新安》《送康判官往新安》

皇甫冉（716 ~ 769），字茂政。安定朝那（今甘肃省泾川县）人。“大历十才子”之一。天宝十五年（756）状元，授无锡县尉。大历初年，进入河南尹王缙幕府，历任左拾遗、右补阙。

送顾苌长史往新安[①]

由来山水客，复道向新安。
半是乘潮便，全非行路难。
晨装林月在，野饭浦沙寒。
严子千年后，何人钓旧滩。

送康判官往新安[②]

不向新安去，哪知江路长。
猿声近庐霍，水色胜潇湘。
驿路收残雨，渔家带夕阳。
何须愁旅泊，使者有辉光。

这两首诗写的都是送友人往新安，一是送顾苌长史，一是送康判官。对象尽管不同，但目的地是同一个，写得不好容易重复，特别是都用五律来写。但这里却写得各有差异，各有情致。可见，诗人的艺术表现功力非同一般。尤其是后者，更写出了新安山水的特色风貌，之所以“何须愁旅泊”，是因为新安山水的“猿声近庐霍，

① [清]彭定求等：《全唐诗》第二百四十九卷，四库全书本。
② [清]彭定求等：《全唐诗》第二百四十九卷，四库全书本。

水色胜潇湘”的独有特点而显得“使者有辉光”吧。

2. 许浑与《送惟素上人归新安》

许浑(约 791 ~约 858),字用晦(一作仲晦)。唐代诗人。润州丹阳(今江苏丹阳)人，后移家京口（今江苏镇江）丁卯涧。以丁卯名其诗集，后人因称“许丁卯”。

送惟素上人归新安[①]

山空叶复落，一径下新安。
风急渡溪晚，雪晴归寺寒。
寻云策藤杖，向日倚蒲团。
宁忆西游客，劳劳歌路难。

从“雪晴归寺寒”一句来看，这里的惟素上人当为持戒严格并精于佛学的僧侣，也是诗人的友人。这里既写了惟素上人冬日归新安一路的艰难，又通过想象之词写出了友人归来后的惬意生活——“寻云策藤杖，向日倚蒲团”，由于有这美好的向往，再艰难的归途也不难了。这是诗作所道出的惟素上人心境的特点。

3. 罗隐与《早登新安县楼》

罗隐（833 ~ 910)，字昭谏。杭州新城人，晚唐诗人。大中十三年（859)，应进士试不第。黄巢起义后，避乱隐居九华山。光启三年（887）归乡依吴越王钱镠，历任钱塘令、司勋郎中、给事中等职。著有《谗书》《太平两同书》等。

早登新安县楼[②]

关城树色齐，往事未全迷。
塞路真人气，封门壮士泥。
草浓延蝶舞，花密教莺啼。
若以鸣为德，鸾皇不及鸡。

---

①[清]彭定求等:《全唐诗》第五百二十九卷。四库全书本。
②[清]彭定求等:《全唐诗》第六百六十五卷。四库全书本。

诗中所谓“关城”,即古时城门外造一圈城墙为主城门。“鸾皇”亦作“鸞凰”,鸾与凤,皆瑞鸟名。《楚辞·离骚》:“鸞皇为余先戒兮,雷师告余以未具。”王逸注:“鸞皇,俊鸟也。皇,雌凤也。以喻仁智之士。”

此诗写早晨登上新安县楼所见道路人来人往，熙熙攘攘的热闹景象，以及莺歌蝶舞、草浓花密的春意盎然景象，由“莺啼”想到“鸡鸣”再想到“鸾皇”的啼叫，进而提出“若以鸣为德，鸾皇不及鸡”这一问题，意为看待事物不能不看到其更本质的方面。对于诗人登上新安县楼所见的眼前景象所包含的寓意，可从其诗意中去细细领会。

4. 吴融与《新安道中玩流水》

吴融（850 ~ 903），字子华。越州山阴（今浙江绍兴）人，唐代诗人。

新安道中玩流水[①]

一渠春碧弄潺潺，密竹繁花掩映间。
看处便须终日住，算来争得此身闲。
萦纡似接迷春洞，清冷应连有雪山。
上却征车再回首，了然尘土不相关。

诗作写诗人行进在新安境内路途中，对眼前所见的流水景象的流连忘返。一渠碧绿的春水在密竹繁花的掩映之间潺潺而流，这回旋曲折的流水好像与迷春洞相接,清冷的水温让人仿佛感到应与雪山相连,于是产生“看处便须终日住”的美好愿望，但“算来争得此身闲”，待到上车再回首，这里的一切已经与自己无关,一种想亲近而不得的遗憾在字里行间流泻而出。这里的“玩流水”不但“玩”出了真情和向往，也“玩”出了求之不得的遗憾！此一诗作初看似无光彩，细细体味却回味无穷！

5. 王贞白与《宿新安村步》

王贞白（875 ~ 958），字有道，号灵溪。信州永丰（今江西上饶市）人。唐乾

① [清]彭定求等:《全唐诗》第六百八十四卷,四库全书本。

宁二年（895）进士，后授职校书郎。敕赠为光禄大夫“上柱国公”封号。著有《灵溪集》7卷，今编诗一卷。

宿新安村步①

淅淅寒流涨浅沙，月明空渚遍芦花。

离人偶宿孤村下，永夜闻砧一两家。

诗题中“步”指水埠，即水边停船之处。“砧”指捣衣石，这里指捣衣之声。此诗写诗人夜宿新安村的所见所闻所感。所见——淅淅寒流浅浅沙，月光普照，水中陆地遍开芦花；所闻——“永夜闻砧一两家”；所感——一个“离人”在“永夜闻砧一两家”中睡去，多少感触了孤村人家生活的艰辛。月光空明，流水潺潺，离人偶宿，永夜闻砧，诗的意境就在这样动静结合、水月相宜中产生了。

唐代的以“新安”为题的文学书写特点在于：一是写作者均为外来官员与诗人，在诗坛具有重要影响，对传播以“新安”为题的文学具有重要作用。二是在文学体裁上全为诗歌体裁，在诗歌体裁类型方面有五律、七绝、七律和古体等四种，其中以五律为主。三是在诗歌题材上，有送别友人类题材，其中有的是送往新安、归新安，如皇甫冉《送顾苌往新安》《送康判官往新安》，许浑《送惟素上人归新安》；有的写登楼所见，如罗隐《早登新安县楼》；有的写赏玩山水，如吴融《新安道中玩流水》；有的写夜宿新安村，如王贞白《宿新安村步》。四是在思想内涵与艺术特色上，有的借新安山水写出友人之间的深厚情感，关注人生，关注事业；有的借送别友人，书写对新安山水的热爱之情；有的直接书写新安风情，传达对新安风情的迷醉，如此等等。此中出现了一些精美的诗句，如“不向新安去，哪知江路长”“风急渡溪晚，雪晴归寺寒”“上却征车再回首，了然尘土不相关”“离人偶宿孤村下，永夜闻砧一两家”。正是这些精美诗句，为以“新安”为题的诗歌作品起了画龙点睛的作用，为其传播和影响创造了条件。

二、宋代“新安”的文学景象与创造

宋代主要有梅尧臣的《寄新安通判钱学士》。

---

①[清]彭定求等：《全唐诗》第七百〇一卷。四库全书本。

梅尧臣（1002～1060），字圣俞，世称宛陵先生。宣州宣城（今安徽宣城市）人。北宋官员，现实主义诗人。

寄新安通判钱学士[①]

昔人言访舟，江水赋清泚。
冬春常一色，深浅皆见底。
崖日半寒潭，澄明动朱鲤。
君怀素已高，尘虑都应洗。

诗中“昔人言访舟”，指南朝沈约《新安江至清浅深见底贻京邑游好》诗中的“眷言访舟客”句，也指沈诗中所写。或者说此诗就是对沈诗诗意的改写。其中“冬春常一色，深浅皆见底”诗意，无疑来自沈诗“洞彻随清浅，皎镜无冬春”，只不过是以“君怀素已高，尘虑都应洗”寄新安通判钱学士罢了。可见，沈诗对后人的影响至深。

宋代以“新安”为题的文学书写，主要以梅尧臣的五律《寄新安通判钱学士》为代表，这一诗作接受了南朝沈约《新安江至清浅深见底贻京邑游好》的影响，并对其加以提炼与丰富，对新安江的清澈见底的特点起了突出与强调的作用。

三、明代“新安”的文学景象与创造

明代主要有胡应麟《自严滩至新安途中纪兴十首呈司马汪公》和余敷中《新安山水歌》。

1. 胡应麟与《自严滩至新安途中纪兴十首呈司马汪公》

胡应麟（1551～1602），字元瑞，号少室山人，更号石羊生。金华府兰溪人，万历间举人。著有《少室山房类稿》《少室山房笔丛》《诗薮》。

自严滩至新安途中纪兴十首呈司马汪公[②]

四百滩头路，峰峦面面青。
路疑行绝栈，滩似泊空舲。

---

① 北京大学古文献研究所：《全宋诗》第5册，1991年本。
② [明]胡应麟：《少室山房集》卷三十三，四库全书本。

平地飞千瀑，高天突万星。
不因司马在，吾岂别玄亭。

一滩高一丈，滩尽到天都。
叠嶂云飞动，阴厓日有无。
辛夷残紫落，踯躅乱红敷。
独少行云庙，分明入峡途。

明发寒逾甚，羊裘当锦袍。
争风帆力猛，破雪橹声豪。
暗谷迷红树，悬厓露碧桃。
居然丘壑底，不用武陵逃。

悬水三千仞，奔流落大川。
片帆危欲坠，群缆急争先。
石险时栖鹘，峰高欲跕鸢。
兹游信奇绝，点笔漫成篇。

树色逶迤合，山光次第来。
岸疑夸父坼，厓似巨灵开。
蜀客迷三峡，闽人话七台。
移舟傍鸥鹭，此夕漫惊猜。

嵯峨探虎穴，窈窱入龙宫。
百丈飞湍下，双篙巨石中。
地危真破冢，天近欲乘风。
恰称诗怀壮，长歌万虑空。

密缆纷如织，高樯望若攒。

怒涛翻绝壑，飞浪叠层峦。
不雨青天润，无风白日寒。
苍松植何代，百尺架巑岏。

片石俱飞动，千山竞送迎。
地真游黯淡，天似入蓬瀛。
缆束高厓度，樯穿绝壁行。
谁呼谪仙至，白日跨长鲸。

白岳新游快，青溪旧迹存。
乱山冲虎过，奇石象狮蹲。
贾舶环枫社，渔梁护苹门。
飞鸿渺天末，消息信乾坤。

十年怀命驾，千里棹孤航。
大壑行严濑，飞流涉吕梁。
猿猱晨作伴，豺虎夜成行。
咫尺龙门在，无劳叹望洋。

此一组诗以《自严滩至新安途中纪兴》为题，十首诗作一气呵成，像一幅新安江山水绘画长卷，展现了新安江两岸风光和表现了诗人的情感体验。可见，诗人当时诗情浓烈到了酣畅淋漓的地步，于此才有“兹游信奇绝，点笔漫成篇”“恰称诗怀壮，长歌万虑空”“谁呼谪仙至，白日跨长鲸”的直抒胸臆。可以说，没有深厚的感情，不能成就这一组诗篇。

这里有“路疑行绝栈，滩似泊空舲”“片帆危欲堕，群缆急争先”“怒涛翻绝壑，飞浪叠层峦”的艰险，这里有“平地飞千瀑，高天突万星”“悬水三千仞，奔流落大川”“岸疑夸父坼，厓似巨灵开”的壮观，这里有“争风帆力猛，破雪橹声豪”“密缆纷如织，高樯望若攒”“缆束高厓度，樯穿绝壁行”的豪壮，如此等等，从一个侧面反映了“新安大好山水”的状貌，让读者从中领略了新安山水的美好。

2. 余敷中与《新安山水歌》

余敷中（生卒年不详），浙江衢州人。万历四十六年(1618)举人，崇祯二年，任淳安教谕。

新安山水歌①

君不见
新安山水天下稀，金山绣壑锦为溪。
层峦复嶂隔尘滓，灵秀歊欲钟神奇。
双溪迥环清彻底，白石粼粼堪砺齿。
当年擿老此盘桓，雅好此中好山水。
高人仕隐非慕荣，廊庙恒兼丘壑情。
好山好水看不足，不知此外多要津。
此去天都才咫尺，浮盖层层插天碧。
青莲浮水出龙宫，日照云蒙巧相射。
曾闻灏气开芝山，相业科名今第一。
我来访古兼询今，寻仙几误桃源行。
沧浪有清还有浊，何如此水常澄清。
青溪得名本因此，时时取涤缨上尘。

诗中“金山”指淳安小金山，“锦溪”指小金山至原淳安县城的一段新安江，“歊欱”指山间灵秀之气时敛时升，“双溪回环”指原淳安城东五里有东溪汇入新安江，形成双溪回环的景观，“白石粼粼”指水中的石头清澈可见，“擿老”指文学家、新安太守徐擿，“仕隐”指隐于仕宦。“廊庙”指朝廷，也指在朝为官。“丘壑情”指流连山水之情，“要津”指重要的津渡，这里指下文引出的多处胜景。“天都”指原淳安城西北数里的仙坛，其地“冈阜隆起，松竹茂密，居然若在尘外”。“浮盖”指原县城东北95里的华盖山，形若宝盖对峙；原县城东南70里处，有紫盖峰形如拥盖，俗名“铁峰”。“青莲”指原县城东北130里的东泉山，南面有一紫瑞峰，当龙池之

① [清]李诗、陈中元：《续纂淳安县志》卷十五《艺文》，清光绪十年刻本。

上，望之如青莲。“云濛”指云濛山，在县城南 30 里，突出众山之上，天欲雨则云雾迷濛顶上。“灝气”指盛大刚直之气。“芝山”在淳安辽源，其下为商辂故里。“相业”指三元宰相商辂公的业绩。

此一诗作赞美“新安山水天下稀”，并层层写出“天下稀”之种种，最后落在“何如此水常澄清”的追问和“时时取涤缨上尘”的神奇作用上，让人倍加珍爱这一好山好水。

明代以“新安”为题的文学书写特点在于：一是明代以“新安”为题的文学书写的作者相对较少，主要以胡应麟和余敷中为代表。二是在诗歌类型上是五律与古体。三是在题材上一组由十首五律构成的《自严滩至新安途中纪兴》，像一幅新安江山水绘画长卷，从一个侧面反映了“新安大好山水”的状貌。余敷中的《新安山水歌》诗作则赞美“新安山水天下稀”，并层层写出“天下稀”之种种，让人倍加珍爱这一好山好水。虽然明代以“新安”为题的文学书写的作品较少，但《自严滩至新安途中纪兴》一诗具有大气磅礴的气势，在整个淳安文学史上都是具有一定的代表性，其文学地位不容低估。

四、清代“新安”的文学景象与创造

清代主要有方叔元的《新安道中》等。

方叔元（1655 年前后在世），字纯之。淳安金坂人，诸生，著有《瓯余集》。

新安道中①

初发新安路，遥闻古寺钟。
水无不怒石，山有欲飞峰。
竹里停孤鹤，林间出老松。
野花开处处，游兴与春浓。

此诗写春天里新安道中美景应接不暇，有耳闻的古寺钟声，有眼见的浪花水景、欲飞山峰、竹里孤鹤、林间老松和野花处处。诗人兴致高昂，一路看来，一路信手拈来，不愧为诗家里手！

① [清]李诗、陈中元：《续纂淳安县志》卷十五《艺文》，清光绪十年刻本。

清代，以“新安”为题的文学书写显得不够充分，这也许是由于“新安”早已被后来的“青溪”与“淳安”取代的缘故,对于“新安”的书写也只是“偶尔露峥嵘”了！方叔元的《新安道中》仿佛成了清代以“新安”为题的文学书写的孤篇，虽然选题了无新意，但全诗在内涵与意境上却开出了新境界，也为清代以“新安”为题的文学书写增加了分量。

第二节 “青溪”的文学景象与创造

对于“青溪”之得名,明人胡南逢在《百丈桥记》一文中写道:“淳安,旧名青溪,以濒溪而名也。源自黟歙，东注浙江，旁连衢、信、瓯、闽诸郡，以趋吴会，往来栉比,朝夕不绝。”[①] 对于“青溪”之美,清张一魁在《青溪桥记》中写道:“余每喜梁吴均书,富阳至桐庐一百里许，水皆缥碧，千丈见底，游鱼细石，直视无碍，把玩幽胜，如行富春道上。及有青溪之命，由钱塘溯浙上游，至邑茶园而上，蔚蓝清浅，湍不隐鳞，山山滴翠，皆生寒树，较越中山水又加乎。溪南界澄清，船舫相缀，若星之泻汉，类虹之饮涧，春洲鹦鹉、流水桃花之句，举可相赠。”[②]

东汉建安十三年（208），孙权遣威武中郎将贺齐击山越，分歙县东之叶乡置始新县，分歙县南之武强乡置新定县。此为淳安、遂安建县之始。开元二十年（732）改新安县为还淳县，元和元年（806）避宪宗李纯名讳，改还淳为青溪县。以县治前有青溪名（《旧唐书》作清溪),直至宋宣和三年（1121）平方腊改名淳化县,以“青溪”为县名长达315年。

一、唐代“青溪”的文学景象与创造

以“青溪”为题写诗始于唐代,其中崔灏《发青溪锦沙村》、李白《清溪行》《入清溪山》《宿清溪主人》、刘长卿《青溪口送人归岳州》、张旭《青溪泛舟》、戴叔伦《清溪兰若》《青溪村居》等，写于得名青溪县之前。许浑《泛青溪》、熊儒登《青溪村

① [清]李诗、陈中元:《续纂淳安县志》卷三《方舆志三》,清光绪十年刻本。
② [清]李诗、陈中元:《续纂淳安县志》卷三《方舆志三》,清光绪十年刻本。

居二首》、李山甫《迁居青溪和刘书记见示》、方干《与青溪赵明府》、吴融《清溪》、吴党《始迁青溪望吴兴故里》等，写于得名青溪县之后。

写于得名青溪县前的有关青溪的诗歌作品是否与青溪县无关呢？那倒不是。也许正是写这一地区的这些以“青溪”为题的诗篇的前期影响铺垫，故在元和元年（806）避宪宗李纯名讳，便水到渠成地将还淳县改为青溪县。所以，从唐代开始就有了以“青溪”为题来写青溪县山水的诗歌作品。其中有将“青溪”写作“清溪”的，经对以“清溪”为题的诗作内容的考察，大多与“青溪”相关，故把它们放在其中加以研究。

始于唐代的青溪诗篇，在得名青溪之前的有李白《清溪行》《入清溪山》《宿清溪主人》，张旭《青溪泛舟》，戴叔伦《清溪兰若》《青溪村居》；得名青溪县之后的有许浑《泛青溪》、熊儒登《青溪村居》（二首）、李山甫《迁居青溪和刘书记见示》、方干《与青溪赵明府》、吴融《清溪》、吴党《始迁青溪望吴兴故里》。

1．李白与《清溪行》《入清溪山》《宿清溪主人》

李白（701 ~ 762），字太白，号青莲居士，又号“谪仙人”。伟大的浪漫主义诗人。

清溪行[①]

清溪清我心，水色异诸水。
借问新安江，见底何如此。
人行明镜中，鸟度屏风里。
向晚猩猩啼，空悲远游子。

清溪，一作青溪。“清溪清我心”，诗人一开篇就描写自己的直接感受，赋予客观景物主观化特性。李白游览过很多名山秀川，独有清溪水色给他以“清我心”的感受，这就把清溪水色的特异之处凸显出来。接着诗人又以衬托手法突出表现清溪水色的清澈。南朝梁沈约曾写过《新安江水至清浅深见底贻京邑游好》的诗：“洞彻随深浅，皎镜无冬春。千仞写乔树，百丈见游鳞。”新安江水是清澈的，作者用清溪水与之相比：“借问新安江，见底何如此。”意谓新安江为何能够这样清澈见底？后又运用比喻手法来正面描写清溪的清澈。诗人以“明镜”比喻清溪，把两岸群山

①[清]彭定求等：《全唐诗》第一百六十七卷，四库全书本。

比作“屏风”。人在岸上行走，鸟在山中穿度，倒影在清溪之中，使读者如身入其境。最后诗人回到自己的主观感受，以“空悲远游子”表现出诗人的漂泊无依。诗人离开繁华的长安，来到这清澈见底的清溪畔固然感到“清我心”。但对于胸怀济世之心和报国之志的诗人，不免有一种心灵上的孤寂，于是入晚时猩猩的一声声啼叫就仿佛在为他远游他乡而悲切，流露出一种落寞郁闷的思想情绪。

全诗以一个悲切凄凉的清寂境界，流露出诗人的孤寂与落寞，以及内心难以言传的抑郁悲伤之情，寄托着诗人喜清厌浊的情怀。

入清溪山①

青溪胜桐庐，水木有佳色。
山貌日高古，石容天倾侧。
彩鸟昔未名，白猿初相识。
不见同怀人，对之空叹息。

浙江桐庐县境内的富春江清澈见底，两岸连山，风景秀丽。《太平寰宇记》记载：“睦州桐庐县，汉为富春县地，吴黄武四年，分富春置此县。”耆老相传云：“桐溪侧有大桐树，垂条偃盖荫数亩，远望似庐，遂谓为桐庐县也。”吴均《与朱元思书》：“自富阳至桐庐一百里许，奇山异水，天下独绝。”此诗描绘了青溪周围的美丽景色，流露诗人寂寞愁闷的情怀。

宿清溪主人②

夜到清溪宿，主人碧岩里。
檐楹挂星斗，枕席响风水。
月落西山时，啾啾夜猿起。

这首诗描写了深山夜宿的情景和特殊感受：由于山高，夜空显得特别低，好像

---

① [清]彭定求等：《全唐诗》第一百七十九卷，四库全书本。
② [清]彭定求等：《全唐诗》第一百七十卷，四库全书本。

星斗挂在檐柱上；由于寂静，山泉显得特别响，好像在枕席间鸣奏；尤其是月落西山破晓前，猿声啾啾，引起投宿者客中凄楚的况味，反映了李白从宦海、尘俗中解脱出来而倾心于艺的一种禅悦心态。诗人摆脱了有无得失的滞累、宠辱名利的羁束，恣情地借笔墨传达出他心灵的解脱自在，体现出一种空灵、洒脱、疏淡的禅悦境界。

2．张旭与《青溪泛舟》

张旭（675～约750），字伯高，一字季明。吴县（今江苏苏州）人。曾官常熟县尉，金吾长史。与贺知章、张若虚、包融，号称“吴中四士”。

青溪泛舟①

旅人倚征棹，薄暮起劳歌。
笑揽清溪月，清辉不厌多。

诗中“旅人”指旅客，即旅居在外的人；“征棹”指远行的船；“劳歌”指劳作者之歌，忧伤、惜别之歌。诗作抒写在青溪泛舟之情景。傍晚时分，一个旅居在外的人倚靠在远行的船上，听着送别的歌。时隔不久，一轮明月投射在清凌凌的溪水中，诗人嬉笑着用胳膊围住月亮，领受着月光之美，希望月光越多越好。诗作写出了诗人月夜泛舟的惬意之情，富有意境之美。

3．戴叔伦与《清溪兰若》《青溪村居》

戴叔伦（732～789），字幼公（一作次公）。润州金坛（今属江苏）人。曾任新城令、东阳令、抚州刺史、容管经略使。晚年上表自请为道士。

清溪兰若②

西看叠嶂几千重，秀色孤标此一峰。
丹灶久闲荒宿草，碧潭深处有潜龙。
灵仙已去空岩室，到客唯闻古寺钟。
远对白云幽隐在，年年不离旧杉松。

---

①[清]彭定求等：《全唐诗》第一百一十七卷，四库全书本。
②[清]彭定求等：《全唐诗》第二百七十三卷，题作“游清溪兰若兼隐者旧居”，四库全书本。

诗题中“兰若”，阿兰若，佛教名词，梵名 Aranya，原意是森林，引申为“寂静处”“空闲处”“远离处”，躲避人间热闹之地，也泛指一般的佛寺。这里指佛寺。“孤标”，清峻特出。“宿草”，隔年的草。“潜龙”，谓圣人在下位，隐而未显，也喻贤才失时未遇。

此诗与作者多表现隐逸生活和闲适情调的总体创作特点相一致，写出了青溪兰若的寂静与空灵，令人神往。

青溪村居①

年来越客寄禅扉，多话贫居在翠微。
黄鸟数声催柳变，青溪一路踏花归。
空林野寺经过少，落日深山伴侣稀。
负米到家春未尽，烟萝闲却钓鱼矶。

诗中“越客”“黄鸟”“烟萝闲却”，分别作“棹客”“黄雀”“风萝闲扫”。“禅扉”指寺院。本诗书写诗人在春天时节过着闲适生活的青溪村居景象，寂静、闲适、满足，构成了诗作的情趣格调。

4．许浑与《泛青溪》

泛青溪②

疑与武陵通，青溪碧嶂中。
水寒深见底，松晚静闻风。
遁迹驱鸡吏，冥心失马翁。
才因婚嫁毕，从此息微躬。

诗中“武陵”即“武陵源”，又叫“桃花源”。“遁迹驱鸡吏”指隐身在官宦间。驱鸡，汉荀悦《申鉴·政体》：“睹孺子之驱鸡也，而见御民之方。孺子驱鸡者，急则惊，

① [清]彭定求等：《全唐诗》第二百七十三卷，题作“越溪村居”，四库全书本。
② [清]彭定求等：《全唐诗》第五百二十九卷，题作“泛溪”，四库全书本。

缓则滞。方其北也，遽要之则折而过南；方其南也，遽要之则折而过北。”引申为做官。“冥心失马翁”指潜心深思“塞翁失马”故事中得失祸福的事理。“微躬”意为卑贱的身子。

诗作抒写作者“泛青溪”的观感与思考。青溪具有武陵源一般的景致，令人陶醉其中。处身在这样远离现实世界的境地，潜心深思“塞翁失马”故事中得失祸福的事理。况且刚刚经历了婚嫁大事，更要放低自己的身家，以求得安稳的生活。这是诗人经过“泛青溪”后得到的领悟。

5. 熊儒登与《青溪村居》（二首）

熊孺登（约 806 ~ 820 前后在世），钟陵（今江西进贤县）人。元和年间进士，为四川藩镇从事。

青溪村居（二首）[①]

家占溪南千个竹，地临湖上一群山。
渔船多在马长放，出处自由闲不闲。

深树黄鹂晓一声，林西江上月犹明。
野人早起无他事，贪绕沙泉看笋生。

这两首书写青溪村居的诗作，一是写出了村居环境的美好，有竹林，有湖水，有群山，有渔船；二是写出了村居生活的悠闲，在黄鹂晓声、江月犹明的时刻贪看笋生。这是只有村居才有的生活，甚至是只有在青溪的村居才有的生活。两首诗作意趣盎然，令人向往。

6. 李山甫与《迁居青溪和刘书记见示》

李山甫（生卒年不详），籍贯不详。咸通中累举不第，依魏博幕府为从事。存诗一卷。

---

① 政协建德市委员会：《严州诗词》上册，天津古籍出版社，2011年，第28页。

迁居青溪和刘书记见示①

担锡归来竹绕溪，过津曾笑鲁儒迷。
端居味道尘劳息，扣寂眠云心境齐。
还似村家无宠禄，时将邻叟话幽栖。
山衣毳烂唯添野，石井源清不贮泥。
祖意岂从年腊得，松枝肯为雪霜低。
晚天吟望秋光重，雨阵横空蔽断霓。

诗中“担锡”指拄着锡杖，锡杖为僧人所持之杖，亦称禅杖。“过津曾笑鲁儒迷”，其中“过津”见《论语·微子》：“长沮、桀溺耦而耕，孔子过之，使子路问津焉。”“鲁儒”指孔子。“端居”指平时、平素。“味道”指体察道理，这里指体察禅理。“尘劳”指世俗事务的烦恼。“扣寂眠云心境齐”指山居静寂，心境安定。“眠云”指山居，因山中多云之故。“毳烂”指脆烂，不牢固。“祖意”指祖师心法。“年腊”为佛教语，泛称僧龄。

全诗叙写迁居青溪的环境特点与感想，思想落在“端居味道尘劳息，扣寂眠云心境齐”和“祖意岂从年腊得，松枝肯为雪霜低”上，内涵丰富，诗笔从容。

7. 方干与《与青溪赵明府》

方干（836 ~ 903），字雄飞，号玄英。睦州青溪（今浙江淳安）人，唐宪宗元和三年 (808) 进士。懿宗咸通中，隐居会稽镜湖。

与清溪赵明府②

清规暂趋府，独立与谁亲。
遂性无非酒，求闲却爱贫。
林泉应入梦，印绶莫留人。
王事闻多暇，吟来几首新。

① [清]彭定求等：《全唐诗》第六百四十三卷，四库全书本。
② [清]彭定求等：《全唐诗》第六百四十九卷，四库全书本。

诗中“赵明府”指姓赵的县令，“明府”在汉魏时称太守，唐时称县令。“清规”指美好的规范，“遂性”指满足性情的爱好。“印绶”指印信和系印信的丝带，古人印信上系有丝带，佩戴在身，借指官爵。“王事”指政务。

这首写给青溪赵县令的诗，流露出诗人对主人公的美好规范、喜爱林泉、政务闲暇等与现实保持一种距离，从而在精神上获得满足的一种精神赞同。

8．吴融与《清溪》

清溪①

清溪见底露苍苔，密竹垂藤锁不开。
应是仙家在深处，爱流花片引人来。

《四库全书总目》说吴诗“音节谐雅，犹有中唐之遗风”，指其作品中包含浑融疏淡的意境。在这一作品中同样体现了这一特点，“应是仙家在深处，爱流花片引人来”的诗句，显得意趣盎然。

9．吴党与《始迁青溪望吴兴故里》

吴党（955 年前后在世），吴兴（今浙江湖州）人，后移居青溪（今淳安）。曾为官盐大使。

始迁青溪望吴兴故里②

平生愿嗣叔庠徽，谁识飘零事已非。
霅水远从云外隔，澄江独向月中归。
烟横野渡行舟隐，露下衡门步屐稀。
潮汐不通音问杳，故乡冷落钓鱼矶。

诗中“叔庠”，指南朝诗人吴均，字叔庠，吴兴人；梁武帝天监初，吴兴刺史柳恽召为郡主簿，日与赋诗；因其诗文“清拔有古气”，时人多效之，谓“吴均体”。“徽”

① [清]彭定求等：《全唐诗》第六百八十六卷，四库全书本。
② [清]李诗、陈中元：《续纂淳安县志》卷十五《艺文》，清光绪十年刻本。

指文章华美。“霅水”即吴兴境内东苕溪、西苕溪等水流至吴兴城汇合的霅溪。“澄江”指清澈的青溪（新安江）。“衡门”即横木为门，喻房屋简陋。

此诗书写诗人始迁青溪与回望吴兴故里的感触，故乡的霅水与青溪的澄江两相比较，虽立足于青溪的“烟横野渡行舟隐，露下衡门步屐稀”的眼下生活，但不能忘怀吴兴故里，初来乍到的不适应只能通过回想故乡的种种加以纾解。虽写的是人之常情，但显得婉致动人。

唐代以“青溪”为题的文学书写的特点在于：一是写作者主要为外来官员与诗人，也有淳安籍诗人方干。其中有伟大诗人李白，并且他有三首作品书写青溪，对传播以“青溪”为题的文学具有举足轻重的作用。二是在文学体裁上全为诗歌体裁，有五绝、五律、七绝、七律等，以五律为多，七绝、七律次之。三是在诗歌题材上，以诗人实地寻游探访青溪为主，有的写青溪山水，如李白《清溪行》《入清溪山》，张旭《青溪泛舟》，许浑《泛青溪》，吴融《清溪》；有的写青溪村居，如崔灏《发青溪锦沙村》，戴叔伦《青溪村居》，熊儒登《青溪村居》（二首）；有的写迁居青溪的感触，如李山甫《迁居青溪和刘书记见示》，吴党《始迁青溪望吴兴故里》。四是在思想内涵与艺术特色的挖掘与提炼方面，出现了一系列有特色、有影响的精彩诗句乃至名句，如“人行明镜中，鸟度屏风里”“笑揽清溪月，清辉不厌多”“黄鸟数声催柳变，青溪一路踏花归”“野人早起无他事，贪绕沙泉看笋生”“应是仙家在深处，爱流花片引人来”“烟横野渡行舟隐，露下衡门步屐稀”。这些精彩诗句乃至名句提升了唐代以“青溪”为题的文学书写的品质，也提高了传播与影响的地位，成为淳安文学的经典篇章。

二、宋代“青溪”的文学景象与创造

宋代主要有吴涟《青溪晚霁》，梅尧臣《青溪行》《送崔主簿赴青溪》，张伯玉《送清溪郑中舍官满还京》，苏轼《送李陶赴青溪宰》，陈轩《泛青溪》《清溪行》《忆清溪县》，成廷楫《青溪道中杂咏》，朱熹《青溪》。

1. 吴涟与《青溪晚霁》

吴涟（1005 年前后在世），字不详，淳安人。真宗景德二年（1005）进士，官大理评事。

青溪晚霁①

天晚雨初霁，隔溪闻碓舂。
山僧归夜月，幽鸟落长松。
风静砧声急，花攲露气重。
良宵思沅芷，尊酒话从容。

诗中“霁”指雨后，或雪后转晴。“攲”为倾斜意。“沅芷”即沅芷澧兰，指生于沅澧两岸的芳草，后用以比喻高洁的人或事物，出自《楚辞·九歌·湘夫人》。“尊酒”指杯酒。

全诗抒写青溪晚霁的所闻、所见、所思：所闻——“隔溪闻碓舂”“风静砧声急”；所见——“天晚雨初霁”“山僧归夜月”“幽鸟落长松”；所思——“良宵思沅芷，尊酒话从容”，在这有动有静、有花有月、有酒有友的晚上，无不感受到青溪山水的美好。在这美好之中思念和思考高洁的人和事物，无疑是更加美好的事情，心情应该惬意和大好吧。

2. 梅尧臣与《青溪行》《送崔主簿赴青溪》

青溪行②

山色碧于溪，扁舟泛落晖。
水烟帆界破，沙鹭桨惊飞。
岛屿随流曲，渔汀隔岸微。
月明何处宿，待访子陵矶。

送崔主簿赴青溪③

舟行不畏险，逆上子陵滩。
七里峡天远，千重云水寒。
古祠鸣野鸟，乱石激春湍。

① [清]李诗、陈中元：《续纂淳安县志》卷十五《艺文》，清光绪十年刻本。
② [清]李诗、陈中元：《续纂淳安县志》卷十五《艺文》，清光绪十年刻本。
③ [清]李诗、陈中元：《续纂淳安县志》卷十五《艺文》，清光绪十年刻本。

正与高怀惬，宁叹行路难。

《青溪行》写的是诗人在傍晚时分，从青溪出发前往严子陵钓台的一路景色。其中山光水色令人心动。尤其是“水烟帆界破，沙鹭桨惊飞”的描写，一下就把读者带入现场，有如临其境之感。月光下到访严子陵钓台，一方面是诗情画意，一方面是心迹的流露。一个在月夜寻访“子陵矶”的人，也自是一个像严光一样的人吧？不然，何来如此雅兴？何来如此选择？“诗言志”，应该是说的这种情况吧。

《送崔主簿赴青溪》，从诗题看是送友人崔氏赴青溪任主簿一职。主簿，为知县的佐官。七里峡，即今桐庐七里泷。送行没有思念、悲切的情感，原因在于崔主簿正以高洁的胸怀前往赴任，情感是积极和欢欣的。正因如此，才有“舟行不畏险”“宁叹行路难”的前后呼应写照。“一切景语皆情语”，确为经典之论。

3．张伯玉与《送清溪郑中舍官满还京》

张伯玉(1055年前后在世)，字公达。建安人，进士，尝为苏州郡从事。范仲淹举以应贤良方正能直言极谏科，嘉祐中为御史，出知太平府，后迁司封郎中。有《蓬莱集》。

送清溪郑中舍官满还京①

郑宰金闺彦，年来解绂归。
囊装轻剑在，场屋故人稀。
水馆酒初罢，霜江帆欲飞。
无烦重回首，行矣近天晖。

诗中“中舍”在宋初以朝官有出身的人为太子中允，没有出身的为中舍。“金闺彦”指官宦中的杰出者；“金闺”即金马门，代指官署。“解绂”指解下印绂，这里指离开官位。“场屋”也称科场，旧时科举考试的地方。“水馆”指水路的转运站。“天晖”代指皇帝。

此诗书写送友人清溪郑中舍官满还京，意在肯定其突出的地方治绩，劝其放下

①［宋］董弅：《严陵集》卷四，四库全书本。

对过往的依恋，轻装上阵，面向更好的明天。诗境旷达，语意从容。

4. 苏轼与《送李陶赴青溪宰》

苏轼（1037～1101），字子瞻、和仲，号铁冠道人、东坡居士，世称苏东坡。眉州眉山（四川省眉山市）人，嘉祐二年（1057）进士。宋神宗时，在凤翔、杭州、密州、徐州、湖州等地任职。宋哲宗即位后，任翰林学士、侍读学士、礼部尚书等职，并出知杭州、颍州、扬州、定州等地。晚年因新党执政被贬惠州、儋州。追赠太师，谥号文忠。著有《东坡七集》《东坡乐府》等。

送李陶赴青溪宰①

文忠文正二大老，苏李广平三舍人。
喜见通家贤子弟，自言得邑少风尘。
从来势利关心薄，此去溪山琢句新。
肯向西湖留数月，钱塘初识小麒麟。

诗中李陶，字唐父，华阳人。学于司马光，最贤而通经。"文忠文正二大老"指富弼和司马光。富弼曾任仁宗、神宗两朝宰相，因反对王安石变法求退，进封韩国公致仕。卒，谥文忠。司马光神宗时为御史中丞，竭力反对王安石变法，后曾在哲宗朝任宰相。卒谥文正。"苏李广平三舍人"指苏仲、李天临、宋敏求（宋姓望出广平等五郡，这里广平代指宋姓）。宋神宗熙宁年间，三人都因竭力反对王安石变法同时落职，被称为"熙宁三舍人"。"通家"指世代有交谊之家，"通家贤子弟"指李陶。"风尘"风起扬尘，天地昏浊，喻世俗的扰攘。"琢句"琢磨诗文字句。"麒麟"喻杰出的人。

全诗叙写送李陶赴青溪宰的时代背景，以及对李陶赴任青溪反而少了世俗的扰攘，可以更好地琢磨诗词文章的勉励，并叙初识过程，体现了对李陶赴青溪宰的关心和期望。

5. 陈轩与《泛青溪》《忆清溪县》

陈轩（1063年前后在世），字元舆。建州建阳（今属福建）人，嘉祐八年（1063）进士。元丰六年（1083）知汀州。累官礼部郎中、秘阁校理、中书舍人、龙图阁待制。

① [清]李诗、陈中元：《续纂淳安县志》卷十五《艺文》，清光绪十年刻本。

后知庐州、杭州、江宁府。官至龙图阁直学士。

泛青溪①

晓烟如练曳平津，一擢东风两岸春。
岛鹭沙鸥休恋我，北堂归有白头亲。

诗中“北堂”古指居室东房的后部，为妇女洗涤之所，也意指母亲。诗作写春日拂晓泛舟青溪时之情景，有飞禽欲与人亲近，但诗人思母心切，对眼前可爱飞禽难以多加关注。妙在通过“岛鹭沙鸥休恋我”来传达诗人此时此刻的思母心切，一个可亲可爱的孝子形象跃然纸上。

忆清溪县②

昔爱清溪景，人烟百里闲。
湖居皆钓客，郭外尽禅关。
酒市遥青旆，公街枕碧山。
枉教成久别，无计约追还。

诗中“禅关”指禅门，或比喻悟彻佛教教义必须越过的关口。“枉教”为敬辞，犹言屈尊赐教。此诗回忆过去在清溪的悠闲惬意的生活，在这里领受了种种美好，受益多多。虽然一切都历历在目，但已经逝去的一切已经无法追回，体现了诗人难以排遣的忆念情绪，具有一定的感人力量。

6. 朱熹与《青溪》

青溪③

青溪流过碧山头，空水澄鲜一色秋。
隔断红尘三十里，白云红叶雨悠悠。

---

① [清]李诗、陈中元：《续纂淳安县志》卷十五《艺文》，清光绪十年刻本。
② 政协建德市委员会：《严州诗词》上册，天津古籍出版社，2011年，第103页。
③ [清]李诗、陈中元：《续纂淳安县志》卷三《津梁》，清光绪十年刻本。

此诗叙写秋天里的青溪景象，空水澄鲜，色彩亮眼，隔断红尘，心地坦然，是朱熹奉献给青溪的优美诗篇。

宋代以“青溪”为题的文学书写的特点在于：一是写作者主要为外来官员与诗人，也有青溪籍的诗人，特别是苏轼、朱熹留下了富有影响的诗篇。二是在诗歌体裁上主要有五律、七绝和七律，以五律为最多。三是在诗歌题材上，有送行类题材，如梅尧臣《送崔主簿赴青溪》，张伯玉《送清溪郑中舍官满还京》，苏轼《送李陶赴青溪宰》；有写青溪山水的，如吴涟《青溪晚霁》，梅尧臣《青溪行》，陈轩《泛青溪》《清溪行》《忆清溪县》，成廷楫《青溪道中杂咏》，朱熹《青溪》。四是在思想与艺术方面有新的发展，诸如“山僧归夜月，幽鸟落长松”“月明何处宿，待访子陵矶”“从来势利关心薄，此去溪山琢句新”“岛鹭沙鸥休恋我，北堂归有白头亲”“青溪流过碧山头，空水澄鲜一色秋”等诗句，成为宋代以“青溪”为题的文学书写的亮点，在一定程度上丰富了淳安文学的思想内涵与艺术特色。

三、元代“青溪”的文学景象与创造

元代主要有方回《舟行青溪道中入歙（12首）》、曹文晦《九月一日清溪道中》。

1. 方回与《舟行青溪道中入歙（12首）》

方回（1227 ~ 1305），字万里。歙县人，曾任严州（今浙江建德）知府、建德路总管。

舟行青溪道中入歙（十二首选二）[①]

夜寒如觉有猿吟，积翠重苍万壑深。
下水轻舟弦脱箭，盘山细路线穿针。

蕨拳欲动茗抽芽，节近清明路近家。
五日缓行三百里，夹溪随处有桃花。

《舟行青溪道中入歙》组诗共有12首，叙写诗人从青溪至歙境一路所见所感。这里选录二首，以见其概。前一首叙写舟行江景与行舟之特点；后一首叙写临近清明时节的江岸特点，可谓赏心悦目。

① 浙江省淳安县文联：《淳安古诗词选》，汉语大词典出版社，1995年，第187页。

2. 曹文晦与《九月一日清溪道中》

曹文晦（生卒年不详），字伯辉，号新山道人。台州天台人，著有《新山稿》。

九月一日清溪道中[①]

老树依沙岸，柴门上下邻。
断桥归郭路，细雨过溪人。
白鹭双飞去，黄花数点新。
惜无遗世友，联句坐苔茵。

此诗叙写青溪道中所见所感，诗人感到遗憾的是缺少离世隐居、修仙学道的诗友与其共同联句吟诵，以体味青溪山水的美妙。

元代以“青溪”为题的文学书写，主要以方回的《舟行青溪道中入歙（12首）》和曹文晦的《九月一日清溪道中》为代表。两人诗作均以青溪道中为题，书写所见景象。不同之处在于，方回写的是春天的景象，曹文晦写的是秋天的景象。还有思想情绪有所不同，方回主要沉浸在对赏心悦目的青溪风光的领略上。曹文晦在对秋景所有的几多欣悦的同时，流露出缺少诗友的遗憾。虽然元代对以“青溪”为题的文学书写的作品数量较少，但在思想和艺术上的表现不俗，有像“下水轻舟弦脱箭，盘山细路线穿针”“积翠重苍万壑深”“夹溪随处有桃花”和“断桥归郭路，细雨过溪人”“白鹭双飞去，黄花数点新”的绝妙好句，依旧闪亮着元代以“青溪”为题的文学书写的神采，这是我们首先要看到的。

四、明代“青溪”的文学景象与创造

明代主要有杨彝《过睦州青溪渡》，徐楚《青溪古渡》《咏青溪楼》，徐应簧《青溪绝句六首》，杨启声《青溪怀古》。

1. 杨彝与《过睦州青溪渡》

杨彝（1583～1661），字子常，号谷园。南直隶常熟人。崇祯八年（1635）岁贡，为松江训导，擢知县昌都。

① 政协建德市委员会：《严州诗词》上册，天津古籍出版社，2011年，第227页。

过睦州青溪渡①

天阔衔江雨，冥冥上客衣。
潭清鱼可数，沙晚雁争飞。
川谷留云气，鹈鹕傍钓矶。
飘零江海客，敧侧一帆归。

诗中“青溪渡”在原淳安县城南门头。此诗以《过睦州青溪渡》为题书写路过青溪渡所见之情景，全诗所有的情感意绪都归结在“飘零江海客，敧侧一帆归”之中，但青溪的“潭清鱼可数，沙晚雁争飞。川谷留云气，鹈鹕傍钓矶”景象，令其印象深刻，难以磨灭。

2. 徐楚与《青溪古渡》《咏青溪楼》

清溪古渡②

江水新安渡，晴虹百尺浮。
乘槎何处客，题柱昔年游。
近市人喧渡，烟空月照楼。
临高频望远，鱼鸟思悠悠。

诗中“清溪古渡”在原淳安县城南门外，古时靠一叶扁舟渡新安江。宋淳熙六年（1179），县令陈晔议创浮桥，亦名百丈桥。“题柱”传汉司马相如初次西去长安，过升仙桥，题柱曰：“不乘高车驷马，不过此桥。”唐岑参《升仙桥》诗：“长桥题柱去，犹是未达时。及乘驱马车，却从桥上归。”

咏青溪楼③

李白乘舟旬，青溪镜里看。
千峰团翠盖，万景集洄澜。

---

①[清]吴世荣、邹伯森：《光绪严州府志·艺文》，清光绪九年刻本。
②[清]李诗、陈中元：《续纂淳安县志》卷三《津梁》，清光绪十年刻本。
③[清]胡就臣、陈棐：《康熙淳安县志·文翰》，康熙二十二年刻本。

明月留虚榻，行云不砖冠。

乾坤飞鸟外，长啸一凭阑。

诗中“青溪楼”即青溪胜概楼，明弘治五年（1492），县令刘篪建于青溪南岸，以处昏晓之待渡者。“李白乘舟句”指李白《清溪行》中的“人行明镜中，鸟度屏风里”诗句。

徐楚作为著名地方文人，在这两首诗中通过青溪古渡和青溪楼形象表现了对青溪景象的丰富而深刻的情感体验，满腔情感通过“临高频望远，鱼鸟思悠悠”和“乾坤飞鸟外，长啸一凭阑”的诗句或委婉，或强烈的表达，给人以深切的回味。

3. 徐应簧与《青溪绝句》（六首选二）

徐应簧（1589年前后在世），字轩卿。淳安人。万历已丑（1589）进士，官至参政。著有《凤谷集》。

青溪绝句六首（选二）①

浮梁

列舰盈江滋，长虹亘县门。

游人如蚁过，犹说郑公孙。

古渠

寒泉載秋色，流过碧山头。

清夜牙弦韵，声声入市楼。

诗中“列舰盈江滋”，指原淳安县城南浮桥，用小艇横列新安江中，铺搭木板架成。浮桥由宋邑令陈晔创建。“郑公孙”指宋庆元三年（1197）邑令郑擢，他在陈晔原创的基础上续建。

① [明]徐应簧：《凤谷诗集》，引自浙江省淳安县文联：《淳安古诗词选》，汉语大词典出版社，1995年，第316～317页。

原诗有6首，选取有关青溪的六个切点来叙写对青溪的认知和感悟。这里选取其中的二首，分别从浮梁和古渠来体现青溪风情之美。

4. 杨启声与《青溪怀古》

杨启声(1635年前后在世)，明崇祯三年至六年（1630～1633）任高县县令。

青溪怀古①

连山隔岸翠屏开，两水环洲夹镜回。
彩鸟白云长似昔，谪仙何事不重来？

诗中“翠屏”指青翠的山峰。“两水环洲”指新安江与支流东溪环绕着风潭洲。“谪仙”指唐李白，他曾来新安江并留下佳句。

从诗题《青溪怀古》可见题旨落在“怀古”上，“怀”什么“古”呢？原来历史上青溪山水曾吸引李白前来探访，并写诗作叹赏。眼前所见青溪山水与古时一样，李白没有理由不再来。诗中以“谪仙何事不重来”的诗句加以追问，可谓意味无穷，答案在读者心中。

明代以“青溪”为题的文学书写的特点在于：一是写作者由为外来官员诗人和本籍官员诗人构成。二是在诗歌体裁上有五绝、五律和七绝，以五律为多。三是在诗歌题材上主要书写青溪古渡、古楼、古桥、古渠，尤其杨启声的诗作直接以《青溪怀古》为题，可以看出，明代以“青溪”为题的文学书写，主要在于发思古之幽情，表现出对青溪过往历史和人物的深深依恋，寄托了对青溪的深厚感情。在这种浓厚的怀古情绪中，特别集结了对伟大诗人李白的怀念之情，如徐楚《咏青溪楼》“李白乘舟句，青溪镜里看”、杨启声《青溪怀古》“彩鸟白云长似昔，谪仙何事不重来”，其中况味让我们体味不尽。在思想与艺术方面也有新的探索，出现了一些内涵丰富、朗朗上口的精彩诗句，如“飘零江海客，欹侧一帆归”“江水新安渡，晴虹百尺浮”“千峰团翠盖，万景集洄澜”“连山隔岸翠屏开，两水环洲夹镜回”，为明代以“青溪”为题的文学书写增添了光彩。

① [清]胡就臣、陈渠：《康熙淳安县志·文翰》，康熙二十二年刻本。

五、清代“青溪”的文学景象与创造

清代主要有赵吉士《清溪舟中》,吴华《冬晚步青溪江上》,查慎行《青溪口号》(八首),徐士讷《泛舟青溪》,方莱如《晓发青溪渡》,成廷楫《青溪道中》《青溪道中杂咏》,刘世宁《青溪》,汪晖《青溪夜度》。

1. 赵吉士与《青溪舟中》

赵吉士(1628 ~ 1706),字天羽,又字渐岸,号恒夫。安徽休宁人,清顺治八年(1651)中举。曾主持编纂《交城县志》《徽州府志》,著有《寄园寄所寄》《万青阁全集》等。

青溪舟中①

渐与故乡近,归程莫再期。
狂奴仍故态,估客有新诗。
水静滩声转,云空树影移。
山山相对峙,最觉片帆迟。

诗中“狂奴仍故态”指仍然老脾气不改,这是作者自指。“估客有新诗”典出《世说新语·文学》:“谢镇西(玄)经船行,……闻江渚间估客船上,有咏诗声,甚有情致。”估客,贩货的行商。

赵吉士著《寄园寄所寄》

诗人在这里借《青溪舟中》叙写将近故乡的情感。都说“近乡情更怯”,但诗人在这里却是一种“狂奴仍故态,估客有新诗”的情态,这也是一种激动的情感宣泄。试想:平日里一再想着找时机回到故乡,现如今人在舟中故乡已经临近,自然也就没有此前的“归程再期”了。思乡心切,只是眼前的行船总显得有些迟缓,让人心急不已,这就是“水静滩声转,云空树影移”“山山相对峙”

① [清]李诗、陈中元:《续纂淳安县志》卷十五《艺文四》,清光绪十年刻本。

诗句中包含的真切意绪吧。诗贵情真，这首诗的成功正说明了这一点。

2. 吴华与《冬晚步青溪江上》

吴华（1644 年前后在世），字子翼。淳安云峰人。以孝闻，著有《四书大全》《尚书确论》。

冬晚步青溪江上①

寒野殊空阔，茏葱逐望生。

轻帆移雾影，枯树矗霜棚。

草冻行无迹，泥疏有履声。

江村人未起，处处感鸡鸣。

诗题中在时间上虽提及是冬天的夜晚，但诗中所写的是拂晓，并且从景象上看重点也是落在拂晓时分。诗作书写了一个青溪江边村落的图景，虽是寒冷的冬天，但葱茏而有活力——“茏葱逐望生”“处处感鸡鸣”，这就是江村的迷人景致。

3. 查慎行与《青溪口号》（八首）

查慎行（1650 ~ 1727），初名嗣琏，字夏重，号查田；后改名慎行，字悔余。晚年居于初白庵，杭州府海宁花溪人。康熙四十二年（1703）赐进士出身，授翰林院编修。著有《敬业堂诗集》《查初白诗评十二种》等。

青溪口号（八首）②

袅袅荇带风，疏疏浪花雨。

吴客过淳安，逢人少乡语。

隔水闻语声，空中应来肖。

行到响山潭，人人发清啸。

① [清]李诗、陈中元：《续纂淳安县志》卷十五《艺文》，清光绪十年刻本。

② 政协建德市委员会：《严州诗词》下册，天津古籍出版社，2011年，第355～356页。

溪女不画眉，爱听画眉鸟。
夹岸一声啼，晓山青未了。

来船桅竿高，去船橹声好。
上水厌滩多，下水惜滩少。
家住溪东西，共饮门前水。
对面不闻声，长滩响十里。

渔家小儿女，见郎娇不避。
日暮并舟归，鸬鹚方晒翅。

桥坏笮系绳，水浅牛可跨。
牛背度溪人，须眉绿如画。

屯溪船上客，前度去装茶。
娶得东村妇，经年一到家。

这组诗作是查慎行在淳安县的采风之作。诗中融山水秀色与民情质朴于一体，撷取民谣爽朗率真的风格，一扫文人诗绮靡陈腐习气，可谓别具一格。其三、其六、其七三首的浓郁乡情，几可从山水中呼唤而出，更令人为之陶醉。

4. 徐士讷与《泛舟青溪》

徐士讷(1676年前后在世)，字恂若。淳安黄金里人。康熙十五年(1676)进士，授河南嵩县知县。升为山东济宁知州。著有《亦种堂诗集》5卷。

泛舟青溪①

春日溪光好，山山尽着花。
小桥通别涧，嫩草发新芽。

① [清]李诗、陈中元：《续纂淳安县志》卷十五《艺文》，清光绪十年刻本。

怪石侵欹岸，澄潭浸白沙。
扁舟逢胜侣，何异泛仙槎。

全诗以《泛舟青溪》为题叙写了在春日里泛舟青溪的快意，两岸风光亮丽清妍，目不暇接，尤其是遇到了可意的伴侣，使得整个泛舟过程就如同乘上了仙舟一般无异，有了如神仙一般的快乐。可见，青溪泛舟的极其美好！

5. 方莱如与《晓发青溪渡》

方莱如（1714 年前后在世），字药房，号荔帷。淳安赋溪人，康熙时县学生员。著有《经书通解》32 卷，《性理本义》《自咏诗》等。

晓发青溪渡 ①

客棹徐开处，青溪古渡头。
林昏残月落，水净晓烟浮。
帆影环沙岸，钟声隔寺楼。
曙鸦听渐远，柔橹去悠悠。

本诗叙写从青溪古渡出发时所见之青溪江景，残月，晓烟，帆影，钟声，曙鸦，柔橹，意象丰富，视野开阔，好一幅充满诗情画意的《晓发青溪图》。

6. 成廷楫与《青溪道中》《青溪道中杂咏》

成廷楫（1728 年前后在世），字桂舟，号匏亭。钱塘（今杭州）人，康熙五十年（1711）举人。雍正六年（1728），任淳安县教谕。著有《大秀山人集》近百卷。

青溪道中 ②

寒烟湿翠一村村，水折沙回古戍屯。
峰势插天遮日影，溪流彻底露山根。
纬船有路登云栈，伐木无梯缒剑门。

---

① [清]李诗、陈中元：《续纂淳安县志》卷三《津梁》，清光绪十年刻本。
② [清]李诗、陈中元：《续纂淳安县志》卷十五《艺文》，清光绪十年刻本。

好鸟送音时入耳，篷窗稳坐绝尘喧。

诗中“古戍屯”指古时屯兵戍守之地。“云栈”指高而险的栈道。“剑门”为山名，在四川北部，峭壁中断，两崖相嵌，形似剑门。这里比喻新安江两岸的陡峭山岩。“篷窗”指船篷上的窗，这里代指船。

此诗叙写船行青溪道中的体验与观感。寒烟湿翠，水折沙回，峰势插天，溪流彻底，好鸟送音，篷窗稳坐。好一个远离俗尘的所在，得到了心地的安宁。全诗格律谨严，诗意盎然。

青溪道中杂咏①

一滩高比一滩高，水急声喧上小舠。
只有渔翁眠不起，饶他鸥梦骇飞涛。

几阵西风掠客桅，蒲帆今日未曾开。
下滩莫羡来舟驶，我亦曾从上水来。

诗中“舠”指形状如刀的小船。“饶”为任凭之意。“蒲帆”指蒲草织成的船帆。前一首主要叙写渔翁的镇定自如，哪怕是惊涛骇浪也不足惧。后一首主要叙写诗人有独特的经历不再羡慕人家，自有一种“曾经沧海难为水，除却巫山不是云”的感慨在其中。诗意具有轻盈灵透的特点。

7. 刘世宁与《青溪》

刘世宁(1745年前后在世)，字翰齐。江西新淦人。乾隆十年（1745）进士，十八年（1753）任淳安知县。

青溪②

青水青山晓镜涵，乾坤清气许谁探？

---

①[清]李诗、陈中元:《续纂淳安县志》卷十五《艺文》，清光绪十年刻本。
②[清]李诗、陈中元:《续纂淳安县志》卷十五《艺文四》，清光绪十年本。

我来对此澄心性，不碍舠行石上潭。

这首七绝诗作通过船行青溪抒写诗人不避行船困难，为的是来到这青溪山水之间探寻乾坤清气，并为之陶冶心情、澄净心性。诗语明朗，意境灵动。

8. 汪晖与《青溪夜度》

汪晖（生平不详）。

青溪夜度[①]

月沉河静水无烟，独倚中流欲进船。
两岸山花涵夜色，数声渔唱白云边。

诗人选择于青溪之上度过的一个夜晚的经历，来写其间的美好感受。月沉河静，静水无烟，两岸山花，数声渔唱，构成夜色的曼妙和心绪的空灵，好一个令人迷醉的青溪上的夜晚。

清代以“青溪”为题的文学书写的特点在于：一是作者构成上有青溪籍 3 人，青溪任职 1 人，徽州 1 人，杭州 2 人，形成了以青溪为主与周边为辅的作者群，这就使他们的写作与青溪这一书写对象具有无距离和近距离的特点，在认识上更本真，在情感上更深切。二是在诗歌类型上，有五绝、五律、七绝、七律，其中以五绝、五律为多。三是在题材上，几乎全为通过青溪舟上来书写青溪山水之美，有的写春景，如徐士讷《泛舟青溪》；有的写冬景，如吴华《冬晚步青溪江上》；有的写晓景，如方莱如《晓发青溪渡》；有的写夜景，如汪晖《青溪夜度》。四是在意境创造上，也多有丰富与发展。诸如“水静滩声转，云空树影移”“轻帆移雾影，枯树矗霜棚”“扁舟逢胜侣，何异泛仙槎”“帆影环沙岸，钟声隔寺楼”“好鸟送音时入耳，篷窗稳坐绝尘喧”“下滩莫羡来舟驶，我亦曾从上水来”“我来对此澄心性，不碍舠行石上潭”“两岸山花涵夜色，数声渔唱白云边”。这些精粹的诗句使清代以“青溪”为题的文学书写，成为淳安文学的精彩华章。

---

① [清]胡就臣、陈棐：《康熙淳安县志·文翰》，康熙二十二年刻本。

第三节 “淳安”的文学景象与创造

宋代绍兴元年（1131），改淳化为淳安，淳安县名自此始，至今近900年。由于淳安县名的出现，一个以“淳安”为题的文学书写也随之产生，并在不同的时代呈现出不同的特点。

一、宋代“淳安”的文学景象与创造

宋代主要有吴儆《寄题淳安陈令君读书林》，范成大《淳安》，孙应时《赠淳安赵令》，陈晔《我爱淳安好》等。

1. 吴儆与《寄题淳安陈令君读书林》

吴儆（1125～1183），字益恭，原名备，字恭父。安徽休宁人。绍兴二十七年（1157）进士，调鄞县尉。乾道二年（1166），知安仁县。淳熙元年（1174），通判邕州。淳熙五年（1178），迁知州兼广南西路安抚都监。淳熙七年（1180）起知泰州。谥文肃。有《竹洲文集》20卷，其中诗3卷。

寄题淳安陈令君读书林[①]

能吏事深刻，商利谨毫釐。
俗吏趋期会，簿书自羁縻。
寥寥弦歌声，千古空余思。
还淳山水邑，令君丘壑姿。
邑民本无事，君亦何所为。
治已物自治，化行风荐移。
君复何所欲，读书常不足。
拄腹五千卷，插架三万轴。
曾未出毫芒，万室已蒙福。
堂东松竹林，昔时闼荒榛。
堂中灯烛光，昔时照红裙。

① [清]李诗、陈中元：《续纂淳安县志》卷十五《艺文》，清光绪十年本。

今何声吾伊，萧萧风雨晨。

问君有社稷，亦复有人民。

奈何独自苦，学道则爱人。

诗中“期会”指在规定的期限内实施政令等。“毫釐”也即毫厘，极言数量之小。“羁縻”，《史记 · 司马相如传 · 索隐》解释说：“羁，马络头也；縻，牛靷也。”引申为笼络控制。“弦歌”指礼乐教化、学习诵读。

从诗题看，本诗专为读书林而题，意在肯定淳安陈令君解决当时淳安“寥寥弦歌声”“读书常不足”的现状，使“昔时閟荒榛”的“堂东松竹林”成为读书林，使“昔时照红裙”的“堂中灯烛光”成为读书的灯烛光，从而出现“曾未出毫芒，万室已蒙福”的局面。陈令君为什么能做到这些呢？原来是“问君有社稷，亦复有人民。奈何独自苦，学道则爱人”。淳安自古文化昌盛，与历来重视读书的地方风气紧密相关。

2. 范成大与《淳安》

范成大（1126 ~ 1193），字致能，号石湖居士。平江吴县（今江苏苏州）人，南宋诗人，谥文穆。与杨万里、陆游、尤袤，合称“南宋四大家”。

淳安①

篙师叫怒破涛泷，水石如钟自击撞。

欲识人间奇险处，但从歙浦过桐江。

诗中通过“篙师”（撑船的熟手）的“叫怒破涛泷”，以及“水石如钟自击撞”的形象描写，刻画了从歙浦过桐江的淳安段的“人间奇险”，既见出新安江的奇险特点，又让人感到船行新安江的不易，使读者加深了对新安江特点的认识。

3. 孙应时与《赠淳安赵令》

孙应时（1154 ~ 1206），字季和，自号烛湖居士。余姚人，淳熙二年（1175）进士。初为黄岩尉，后知常熟县。

① 政协建德市委员会：《严州诗词》上册，天津古籍出版社，2011年，第148页。

赠淳安赵令[1]

吴越风声近，郕滕壤地邻。
频书期面语，一见剧情亲。
我本江海士，君真台阁人。
莫忘今夕话，努力寿斯民。

诗中“吴越”指代春秋吴越核心地区和五代吴越国疆域所包括的地方，现为江浙地区的借代词。“郕”是山东省境内的一个先秦古国，故址在今邹城市周围地区。“滕”为周朝国名，在今山东滕州一带。“台阁”本指尚书台，此指大官府。

此诗叙写诗人与淳安赵令“频书期面语，一见剧情亲”的深厚交谊，劝勉友人“莫忘今夕话，努力寿斯民”，期望他为淳安百姓带来福祉。情真意切，感动人心。

4. 陈晔与《我爱淳安好》

陈晔（1178年前后在世），字日华。福唐人（今福建福清县）人。南宋淳熙五年(1178)，任淳安知县。

我爱淳安好[2]

我爱淳安好，于民两尽诚。
明伦喜知劝，有社敬皆生。
开学群才进，繙经众说平。
嗟予不如昔，徒尔景恢宏。

我爱淳安好，群心息险奸。
封郊广申画，车辙略周歪。
漏刻辰无爽，亭崇诏肃颁。
恭思民易虐，退食敢言闲。

---

① 政协建德市委员会：《严州诗词》上册，天津古籍出版社，2011年，第166页。
② [清]李诗、陈中元：《续纂淳安县志》卷十五《艺文》，清光绪十年本。

我爱淳安好，溪山壮县居。
锦文光璀璨，雉羽势轻徐。
比屋兴弦诵，多田力耨锄。
廓然无一事，林下自诗书。

我爱淳安好，精能乐众工。
群羊亡饮豫，大武护功隆。
推此心俱善，貤生石可砻。
浮游博六子，袁手亦从风。

我爱淳安好，忧民缺致盈。
渠通庐避湿，滩凿浪难生。
利涉津梁固，安行道路平。
夙宵虽黾勉，终愧汉公卿。

我爱淳安好，能知义命方。
育遗存后裔，刳腹奉高堂。
隐节推承诏，儒官教有庠。
胡为得祠奉，退省更徊徨。

我爱淳安好，先庚矢伏房。
春秋武常阅，钟鼓今惟详。
在在空三穴，家家保万箱。
欢呼遍田里，既醉乐时康。

我爱淳安好，流芳踵昔人。
兴贤多上第，安老切怜贫。
更荷雨暘若，再还风俗淳。
燕毛过百岁，锡类奉君亲。

我爱淳安好，熏陶圣治馨。
执呼民听命，期纵草生图。
栏栅虚长庑，桁杨卧一庭。
国家仁泽厚，今日可无刑。

我爱淳安好，百方民力宽。
役胥遵大义，论牒上狂澜。
公赋争先入，穷阎可奠安。
从今滋向化，为政不因难。

我爱淳安好，都捐文墨拘。
幽禽纵林薮，露柩掩荒芜。
每积空餐愧，曾求实惠无。
安车幸虞侍，南极近星弧。

诗中“锦文”指小金山至原淳安县城一段新安江，又叫“锦溪”。“雉羽”，雉山形如蹲雉，坡似雉羽。“势轻徐”指山势逶迤和缓。

此诗一连用11个“我爱淳安好”，来表达自己对淳安的热爱之情，既可看出他对淳安之好如数家珍，又可看出他对治理淳安的专注与投入，令人感动。正是他这般热爱淳安，创义仓，赈灾民，举义役，解民困，也就成为他为百姓服务的基本举措，受到百姓拥戴，后为其塑像建祠纪念。“诗言志”，在陈晔这里体现得真真切切。

宋代以“淳安”为题的文学书写的特点在于：一是在作者方面有宋代著名诗人，有淳安县令，有淳安周边知名文学家；二是在诗歌类型上有五律、五言古体、七绝三种；三是在题材上关涉淳安教育、风情与建设，有肯定解决淳安“寥寥弦歌声”“读书常不足”的现状问题，有从歙浦过桐江的淳安段的“人间奇险”景象的刻画，有为淳安百姓谋福祉的“莫忘今夕话，努力寿斯民”的劝勉，有一连用11个“我爱淳安好”，表达对淳安的挚爱和对治理淳安的专注与投入；四是在诗歌语言与艺术特色上，多有锤炼与创新，诸如“问君有社稷，亦复有人民”“欲识人间奇险处，但从歙浦过桐江”“莫忘今夕话，努力寿斯民”“锦文光璀璨，雉羽势轻徐。比屋兴弦诵，多田力耨锄”等诗句，为宋代以“淳安”为题的文学书写增添了亮色。

二、元代“淳安”的文学景象与创造

元代主要有马臻《送仇伯寿之淳安教谕》、何梦桂《送淳安括田省委贾都事》、杨载《送淳安徐教谕之任》。

1. 马臻与《送仇伯寿之淳安教谕》

马臻（1254 ~ ?），字志道，别号虚中。钱塘（今属浙江）人，曾隐于西湖之滨。

送仇伯寿之淳安教谕①

早年名字动乡间，细数乡间总不如。
已肃师模先孝悌，更承家学赡诗书。
桐江水远转帆疾，芹泮春香仕路初。
好展长才规后学，伫看他日际公车。

诗中“师模”即指师表。“公车”原指入京请愿或上书言事，也特指入京会试的人上书言事。这首诗从内容上可分两部分，前一部分写仇伯寿之淳安教谕前的情况，承家学，行孝悌，早年即名动乡间，也是他被提拔为教谕的条件；后一部分写为他初次走向仕途送行，并向他祝愿和提出期盼。这里体现的是人之常情，也足以使人深受鼓舞。

2. 何梦桂与《送淳安括田省委贾都事》

何梦柱（1265 年前后在世），字岩叟，初名应祈，字中前。淳安文昌人。威淳元年（1265）廷试一甲三名，累官至太常博士、监察御史。学者称为“潜斋先生”。著有《易衍》《大学说》《中致用》等。

送淳安括田省委贾都事②

白马何方来，青丝红锦鞯。
手持省府檄，身著从事衫。

---

① [元]马臻：《霞外诗集》卷七，四库全书本。
② 政协建德市委员会：《严州诗词》上册，天津古籍出版社，2011年，第190～191页。

分麾莅属邑，衔命司括田。
一见为鸾凤，不肯为鹰鹯。
视民如有疾，见客似无官。
疲民得贾父，伻壤戴苏天。
群情有欲诉，百口难具宣。
君来五阅月，熟察民颠连。
严为浙偏垒，淳在严万山。
按图览舆地，邑境若斗然。
一分布阡陌，九分奠山川。
垦亩杂沙砾，斸土见水泉。
桑不结茧丝，农不供粥饘。
耕凿地力尽，租税民用殚。
江南享有国，钱塘余百年。
地偏费实浩，额外赋益繁。
和买非正绢，茶役皆羸钱。
民穷未忍死，上慈政令宽。
三年输未足，一榜逋悉蠲。
遗爱戴白叟，尚能话兴元。
天朝大一统，地域跨八埏。
中邦定成赋，远民均受廛。
吁嗟天地仁，岂使雨露偏。
君归勿委蛇，禁中需牧颇。
愿言述民劳，海表同恩波。
相彼西人好，东人争奈何。

诗中“括田”指丈量田亩，检查漏赋情况。“禁中”指封建帝王所居的宫苑。“牧颇”指战国时赵国名将廉颇与李牧。《新唐书 · 毕诚传》：“帝悦曰：‘吾将择能帅者，孰谓颇牧在吾禁署，卿为朕行乎？’”明张居正《送敕使阅武》诗：“始知颇牧在禁中，何事劳师勤远略。”本诗劝勉贾都事在前往淳安任括田一职后，要根据淳安县情与民情来处理政务。当时的县情是“垦亩杂沙砾，斸土见水泉。桑不结茧丝，农不供粥饘。耕凿地力尽，租税民用殚”“地偏费实浩，额外赋益繁。”当时的民情是“民穷未忍死，上慈政令宽”“吁嗟天地仁，岂使雨露偏”。诗人期望贾都事“君归勿委蛇，禁中需牧颇”，做一个像廉颇和李牧这样的官员，“愿言述民劳，海表同恩波”诗人据实言理，言辞恳切，相信贾都事也一定会听从劝告，尽心为淳安百姓造福。诗人的民本思想值得嘉许。

3. 杨载与《送淳安徐教谕之任》

杨载（1271 ~ 1323），字仲弘。浦城（今福建浦城县）人。诗人，与虞集、范梈、揭傒斯，齐并称“元诗四大家”。延祐二年（1315）进士，授承务郎，官至宁国路总管府推官。

送淳安徐教谕之任①

握手出南城，眷眷从此辞。
苍茫寒江色，日暮浮云滋。
大舟挟双橹，轻若驷马驰。
淳安众才彦，并迟得师资。
击鼓会高堂，帷帐春风吹。
执经列座下，质问无留疑。
平生五车书，少出胸中奇。
欻然听佳誉，庶用怿我思。

诗中“欻然”亦作“歘然”，指忽然。“高堂”指房屋的正室厅堂。这一送别诗对徐教谕赴任淳安来说，一是劝勉——“击鼓会高堂，帷帐春风吹。执经列座下，质问无留疑”；二是期待，期待传来“佳誉”，并对传来“佳誉”充满信心——“平生五车书，少出胸中奇”。杨载的期待是不会落空的。

元代以“淳安”为题的文学书写的特点有三：一是作者以马臻、何梦桂、杨载为代表，其中何梦桂为淳安人；二是诗歌类型有五言古体、七律，以五言古体为主；

① 政协建德市委员会：《严州诗词》上册，天津古籍出版社，2011年，第222页。

三是在题材上，全为送行题材，其中何梦桂《送淳安括田省委贾都事》诗具有民本思想，劝勉贾都事要根据淳安县情与民情来处理政务；四是在诗意内涵阐发上有可取之处，如“好展长才规后学，伫看他日际公车”“吁嗟天地仁，岂使雨露偏。君归勿委蛇，禁中需牧颇”等。

三、明代“淳安”的文学景象与创造

明代主要有汪广洋《淳安棹歌》，商辂《送方蒙城致政还淳安》《送刘二尹考绩还淳安》，许闾《送方君士豪还淳安》，徐贯《送蒙城令方先生渊还淳安》，程敏政《送商素庵归淳安》《留别淳安刘尹仲和兼呈胡司空应大参诸公》，张弼《送王韶州致政归淳安》，徐寅《送郑龙冈之任淳安》，洪玙《送胡存润致政归淳安》，程嘉燧《发淳安记》。

1. 汪广洋与《淳安棹歌》

汪广洋（？～1379），字朝宗。江苏高邮人。明朝初年宰相，元末进士出身，著有《凤池吟稿》《淮南汪广洋朝宗先生凤池吟稿》。

淳安棹歌[①]

淳安县前江水平，越女唱歌兰叶青。
山禽只顾唤春雨，不道愁人不愿听。

诗中“棹歌”为划船时唱的歌。“兰叶青”为民歌。本诗从诗题看主要写越女唱的歌，但山禽也在尽情鸣唱，仿佛要盖过越女的歌声，但它没有想到船上的乘客不愿听其鸣唱，因其正在忧愁之中。简单的写照包含着丰富的意味，让读者自己去细细体会。

2. 商辂与《送方蒙城致政还淳安》《送刘二尹考绩还淳安》

送方蒙城致政还淳安[②]

芸窗曾共对韩檠，几度相逢在上京。

---

① 吴世荣、邹伯森：《光绪严州府志·艺文》，清光绪九年刻本。
② [明]《商辂文集》卷十。

穷养达施酬素志，急流勇退见高情。
半肩行李青毡旧，千里归舟彩鹢轻。
洛社香山频入梦，何时尊酒叙同盟。

诗中“致政”指解除政务职责，辞官退休。“芸窗”指书斋。“韩檠”指儒生寒夜点灯苦读。唐韩愈有《短灯檠歌》：“长檠八尺空自长，短檠二尺便且光。……太学儒生东鲁客，二十辞家来射策。夜书细字缀语言，两目眵昏头雪白。此时提携当案前，看书到晓那能眠。”“上京”古代对国都的通称。“青毡”指青毡制品，如帐篷、帽冠等物，也指清寒贫困的生活。“同盟”指古代诸侯国歃血为誓缔结盟约，后泛指国与国、人与人共缔盟约。

此诗叙写方蒙城致政还淳安，诗人昔日曾与其同窗，赞赏其“穷养达施”和“急流勇退”，虽然还乡时不免寒酸，但一身轻松。往事时常在梦中出现，盼望着能够再次聚首，可见感情深厚。

送刘二尹考绩还淳安①

积学成均几岁寒，官为佐令叹栖鸾。
蜀川弭盗功堪纪，淳邑临民政尚宽。
请谒无私人事简，催科弗扰众心安。
他年述职重书最，拟向朝阳振羽翰。

诗中“考绩”为按一定标准考核官吏的成绩。这里当指刘二尹赴京述职。“成均”相传为远古尧舜时的学校。“栖鸾”指栖宿着凤鸾。“羽翰”

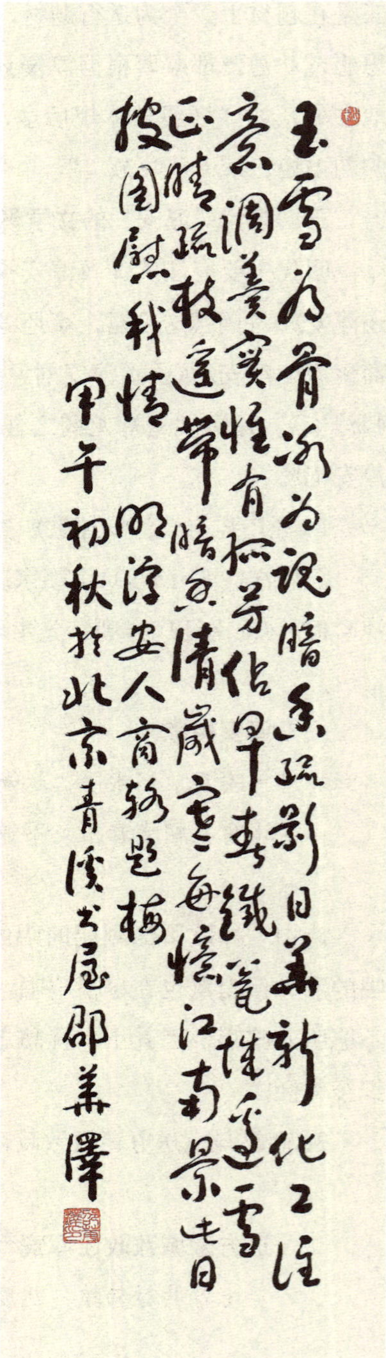

商辂《题梅》诗（邵华泽 书）

① [明]《商辂文集》卷十。

此指书信或文章。

此诗叙写诗人送刘二尹赴京述职后返回淳安，对其政绩加以肯定，并希望以后取得更好成绩以得到朝廷认可与重用，体现了作为朝官对家乡官员政绩的关注以及对其发展的关爱。

3. 许闾与《送方君士豪还淳安》

许闾（1454年前后在世），字和仲。明淳安茶园人。景泰五年（1454）进士，授监察御史。

送方君士豪还淳安[1]

征文千里上金台，邂逅桥门共往来。
帝里风光从遍览，家山好梦复相催。
交情都付诗千卷，别思难胜酒满杯。
想到故乡冬已暮，寒窗雪霁老梅开。

诗题中方士豪，明代富山人，曾带着他五世祖方夔的诗稿进京向名流请序。福建按察周瑄等为写《富山先生遗稿序》。士豪回淳时，京师交游缙绅赋诗为赠，商辂为其撰写《送方君士豪还淳安诗序》。本诗中“征文千里上金台”，指方士豪带着方夔的诗稿进京请序一事。“金台”“帝里”，都指京城。

此诗叙写方士豪为世祖方夔诗稿千里赴京征文完毕返回故里淳安而送行，交情深厚，别思深切，最后以“想到故乡冬已暮，寒窗雪霁老梅开”诗句作结，奇思遐想，景象绮丽。

4. 徐贯与《送蒙城令方先生渊还淳安》

徐贯（生卒年不详），字原一。天顺丁丑（1337）进士，任兵部郎中。寻擢福建右参议，分守延平。累升右副都御史，巡抚辽东。内升工部左侍郎，晋本部尚书，累加太子少保。赠太保，谥康懿。

① 原载淳安富山：《方士宗谱》卷二十九，引自浙江省淳安县文联：《淳安古诗词选》，1995年，第259页。

赠蒙城令方先生渊还淳安[①]

引年便欲拂尘衣，促驾都门赋式微。
故里遥知三径在，清时今见一人归。
频过石硖寻书院，闲到严滩上钓矶。
龟鹤山前春正好，满川花柳映柴扉。

诗中“引年”谓古礼对年老而贤者加以尊养，后用以称年老辞官。“促驾”指催车速行。“式微”原为《诗经·邶风》篇名，借指国家或世族衰落，也泛指事物衰落。“三径”亦作“三迳”，意为归隐者的家园，或是院子里的小路。

此诗叙写蒙城令方渊告老还乡，以及还乡后的优美环境与闲适生活，既是劝慰又是祝愿，情真意切。

5. 程敏政与《送商素庵归淳安》《留别淳安刘尹仲和兼呈胡司空应大参诸公》

送商素庵归淳安[②]

昭代衣冠第一人，三元声价重麒麟。
苍生自昔瞻伊傅，圣主方今赖甫申。
环佩恳辞金殿晓，图书缓载玉堂春。
到家应是秋凉后，笑倚桐江看白云。

诗中“麒麟”，古代传说中的一种神兽，古人拿它象征祥瑞。“伊傅”，伊尹和傅说的合称，均为商代的贤相。“玉堂”，玉饰的殿堂，亦为宫殿的美称。“甫申”，《诗经·大雅·崧高》：“崧高维岳，骏极于天。维岳降神，生甫及申。”甫，国名，此指甫侯，其封地在今河南省南阳市西。申：国名，此指申伯，其封地在今河南南阳北。

诗作肯定了商辂在当时政治与文化上的地位与影响，对他辞职返乡的政治选择持赞同态度。

① 政协建德市委员会：《严州诗词》下册，天津古籍出版社，2011年，第268页。
② 政协建德市委员会：《严州诗词》下册，天津古籍出版社，2011年，第268页。

留别淳安刘尹仲和兼呈胡司空应大参诸公[①]

淳安曾是歙东乡，地主相留合尽觞。
梅雨势添溪涨恶，竹禽声助野歌长。

坐惭师席亲元老，语及名途笑漫郎。
他日重来定乡约，一厘容我寄渔榔。

诗中“漫郎”指唐朝元结。“渔榔”指渔人捕鱼时用以敲船舷、惊鱼入网的长木，也指渔船。

诗作体现了作者所具有的浓厚乡谊，虽然自己是徽州休宁人，但淳安在历史上属于歙县之地，作为淳安的友人自然是乡亲，要给他机会款待以尽乡亲之谊，这次不行便留待他日。眷眷乡情，动人心魄。

6. 张弼与《送王韶州致政归淳安》

张弼（1470 年前后在世），字汝弼。松江华亭人。成化进士，官至南安知府。

送王韶州致政归淳安[②]

王郎原是绣衣郎，白简曾飞六月霜。
韶郡南归思茂叔，青溪东下忆严光。
松花酿酒吟秋月，枫叶题诗醉夕阳。
从此唤醒尘土梦，笑将缨绂濯沧浪。

诗题中“王韶州”即王宾（1500 年前后在世），字用之。淳安横塘人。明成化二年（1466）进士，授山西道监察御史，巡按湖湘，升广东韶州府知府。尝筑河西堤以捍水，筑仁化城以防寇，民甚便之。以疾辞归。生平好吟咏。“绣衣郎”汉代有“绣衣直指”，“直指”谓处事无所徇私，这里称王宾刚直。“白简”为古时弹劾官员之奏章。“六月霜”喻冤狱、冤情。“茂叔”指汉代卓茂，曾为密县县令，有政声，这里借指

① 李诗、陈中元：《续纂淳安县志》卷十五《艺文》，清光绪十年刻本。
② 李诗、陈中元：《续纂淳安县志》卷十五《艺文》，清光绪十年刻本。

王宾在韶州有政声。“缨绂”冠带与印绶，借指官位。

全诗叙写王韶州有政绩，但由于生性刚直遭遇冤情，乃至削职返乡。作者对王韶州怀抱同情，劝慰辞官归隐、抛却名位束缚，过上一种“松花酿酒吟秋月，枫叶题诗醉夕阳”的生活。

7. 徐寅与《送郑龙冈之任淳安》

徐寅(1567年前后在世)，生平不详。

送郑龙冈之任淳安[①]

左带灵岩右锦沙，淳安城里万人家。
东风报导春消息，满县绯桃尽着花。

诗中“郑龙冈”即郑应龄，福建莆田人，明隆庆元年（1567）任淳安县令。“灵岩”又名龙山，在原淳安县城东北。“锦沙”村名，在原淳安县城西8里。

诗作抒写送友人赴任淳安县令一职，以“满县绯桃尽着花”诗句，借用晋潘岳任县令有惠政的故事，预示郑龙冈有惠政于淳安，期望寓于送行之中。诗意含蓄，意象缤纷，予人以欣喜。

8. 洪玙与《送胡存润致政归淳安》

洪玙（生卒年不详），字宗器。永乐辛丑（1421）进士，授刑部主事，改工部。正统初，升吏部右侍郎。

送胡存润致政归淳安[②]

忆昔胡君见我于歙乡，欢然一笑俱相忘。
酒酣大叫山月白，举头四顾天苍苍。
只今别来经几载，华发萧萧更精彩。
况复天恩许赐归，林猿野鹤遥相待。
谩有藏书解满床，松花落处纸微香。

① 李诗、陈中元:《续纂淳安县志》卷十五《艺文》,清光绪十年刻本。
② [清]李诗、陈中元:《续纂淳安县志》卷十五《艺文》,清光绪十年刻本。

课儿读诵神欲倦，芳醪时复陶一觞。
门外催租耳莫听，青山为画白云屏。
怡颜适意了生计，虚名未必垂千龄。

诗中“谩有”意为空有。诗作回顾与友人昔时相见情景，现今遇友人致政归淳安，劝其“怡颜适意了生计，虚名未必垂千龄”，以休闲的山间生活自娱自乐，笑对人生。

9．程嘉燧与《发淳安记》

程嘉燧（1565～1643），字孟阳，号松圆、偈庵，又号松圆老人、松圆道人。徽州府休宁县（今安徽休宁）人，明代书画家、诗人。

发淳安记[①]

密山诸岩自淳安县而下，溪涧可四五里。两岩若颓岸，高一二丈，或时有小山。临岸远者去数里，盖东平水纡，旷如也。凡若干里，而见两山如关，溪回入其间，舟行陋中。其右一山崖石嶙峋，苔绣丹碧如霞，峰首甚崒嵂，其后数峰溯流拥之。从绝顶堕一峰俯溪涘，有庙居其上，下为澄潭，曰罗山潭，马石庙在焉。庙前有石如马，藤萝罥其上，不知为何神也。

又若干里而为合溪浦，有山壁立，绵亘如城，石半作铁色。其将尽，一峰皴文具五彩。

时方昼，铺坐舱间，观潭水如展镜，浸濯峰趾，倒影沉碧，菖蒲藤树披拂涯涘，悠然历之，疑非人间。

溪稍折而右，其左一峰高数仞，皴理如前埒而多草树丰丛，石罅间形正圆如月，半出水上，最奇。下复有密山岩，岩崭然嵌空，其高可数百仞，山形亚缺如朽株，其理皆衡旋。舟徐移其下，山势侧出凹凸亦异状，中稍断为狭，按山形如堂者曰“密”，岂洼缺处形肖堂室欤？其石大都瓦裂冰折，参错骨立，或琐碎攒絫如鸟兽器物之形者，不可胜计。

时微雨，自远至过乳香潭，潭壁亦奇丽，晦暝不可辨矣。

① [清]李诗、陈中元：《续纂淳安县志》卷一《方舆志一·山川》。

文中“密山”在淳安县东南茶坡。此文写自密山诸岩至乳香潭一段江景，沿江两岸山峰逶迤奇异，随船行而变化不断，令人目不暇接。但作者将方位、形状、特性等写得清楚明白、有条不紊，既体现了淳安山水之奇丽，又显示了作者不凡的表现力，令人叹为观止。作者之所以能够将此江景表现得如此惟妙惟肖，主要在于拥有独到的眼光与驾驭文字的神奇笔力。其中比喻艺术的大量运用，使得全文充满了神韵华彩，意趣盎然。如“两岩若颓岸”“两山如关”“苔绣丹碧如霞”“绵亘如城”“观潭水如展镜”“石罅间形正圆如月”“山形亚缺如朽株”“山形如堂者”“琐碎攒纍如鸟兽器物之形者”等，想象丰富，妙趣横生。此外，诸如“时方昼，铺坐舱间，观潭水如展镜，浸濯峰趾，倒影沉碧，菖蒲藤树披拂涯涘，悠然历之，疑非人间”“其左一峰高数仞，皴理如前埒而多草树丰丛，石罅间形正圆如月，半出水上，最奇”“时微雨，自远至过乳香潭，潭壁亦奇丽，晦暝不可辨矣”等，以出奇的描写与点化，将读者带入一个如梦如幻的奇妙境界中，令人陶醉不已。这是一篇不可多得的淳安游记。

明代以“淳安”为题的文学书写的特点在于：一是作者有淳安籍的，游历淳安的；二是体裁样式有诗歌与游记，其中诗歌类型有七绝、七律、古体，以七律为多；三是题材上主要是送行类，通过给友人送行，传达关怀之情；四是在意象刻画与表现上有新的特点，诸如“穷养达施酬素志，急流勇退见高情”“想到故乡冬已暮，寒窗雪霁老梅开”“苍生自昔瞻伊傅，圣主方今赖甫申”“淳安曾是歙东乡，地主相留合尽觞”“从此唤醒尘土梦，笑将缨绂濯沧浪”“东风报导春消息，满县绯桃尽着花”“怡颜适意了生计，虚名未必垂千龄”等。这些诗句大多具有人生哲理与审美意义，富有重要的认识价值与审美价值。而程嘉燧的《发淳安记》一文具有神思与意境，令人陶醉与喜爱，为淳安文学的精品之作。

四、清代“淳安”的文学景象与创造

清代主要有屠寄《淳安县斋即事》。

屠寄（约1910年前后在世），江苏武进人。光绪二十年（1894），任淳安知县。

淳安县斋即事①

郎官宰百里，喜得山水县。

① 原载《民国淳安县志》稿，引自浙江省淳安县文联：《淳安古诗词选》，汉语大词典出版社，1995年，第571页。

简牍日以清，父老时相见。
讼庭鸟语和，宴寝岩花绚。
卷帘纳秋风，飞蕊落冰砚。
自教幼子书，数款嘉宾宴。
山妻诵金经，灶婢压针线。
奉薄赋亦轻，差逃上官谴。
唯惭伐檀人，责我素餐便。

诗中“郎官宰百里”，《后汉书·明帝纪》：“馆陶公主为子求郎，不许，而赐钱千万。(帝)谓群臣曰：郎官上应列宿，出宰百里，有非其人，则民受其殃，是以难之。”“简牍”这里指官府文书。“山妻诵金经”指妻子念佛经。山妻，对妻子的谦称。“差逃上官谴”指尚可逃避上官的谴责。“唯惭伐檀人，责我素餐便”，想到辛勤耕种的农民，为自己尸位素餐而感到惭愧。伐檀：《诗经·魏风》篇名，有“彼君子兮，不素餐兮”之句。

此诗叙写作者任淳安县令的履职状况与感怀。从诗中可以看出，其履职是尽职尽责的，“简牍日以清，父老时相见”“讼庭鸟语和”，治理有序，民情和谐，加上“奉薄赋亦轻，差逃上官谴”，可谓自得其乐。但也时常警醒自己不要尸位素餐，以免愧对百姓。诗作写实，精神可鉴。

清代以“淳安”为题的文学书写，主要有屠寄的五言古体《淳安县斋即事》。此诗叙写作者任淳安县令的履职状况与感怀。警醒不要尸位素餐，以免愧对百姓。诗作写实，风格爽朗，为清代以“淳安”为题的文学书写增添了写实底色。

本章中论及的自唐至清的以“新安”“青溪”“淳安”为题的文学书写，共同指向淳安这方神奇的山水人文之地，共同向着淳安的文学历史集结。文学的发展与地方历史的更替与发展紧密相关，地域名称的更替是地域历史的一部分。文学追随着历史的脚步，伴随着它的身影而发展。一部文学史就是以文学的方式书写的地域史。先有“新安”“青溪”“淳安”，后有以“新安”“青溪”“淳安”为题的文学书写。以“新安”“青溪”“淳安”为题的文学书写，见证了地域文脉的发展，共同反映和体现了淳安文学的特点与价值，主要有以下三点：

一是以“新安”“青溪”“淳安”为题的文学书写，具有活化“新安”“青溪”“淳安”

历史的作用。每当“新安”“青溪”“淳安”一出现,一个个有关“新安”“青溪”“淳安”的文学书写就与之相伴相随。虽然新安县的历史只有114年，青溪县的历史只有315年，淳安县的历史至今近900年，但文学对“新安”“青溪”“淳安”的书写却有千余年的历史。可见，“新安”“青溪”“淳安”活在文学中的时间要长久得多。这既可看出地域历史对文人的影响，又可看出文人对文脉的看重与追寻，从而出现了“新安”“青溪”“淳安”活在文学作品中的现象,这说明文学书写具有活化“新安”“青溪”“淳安”历史的作用。

二是以“新安”“青溪”“淳安”为题的文学书写，具有传承历史文脉的作用。淳安文学的源头之一就是以“新安”为题的文学创作，成为后来“青溪”“淳安”为题的文学书写的原发动力，对后来的文学书写起着引领和启迪作用。而后来“青溪”“淳安”为题的文学书写又是对“新安”文脉的接续、丰富和发展，使淳安文学的发展源远流长、接续不断而又丰富多彩。

三是以“新安”“青溪”“淳安”为题的文学书写,具有审美教育作用。以“新安”“青溪”“淳安”为题的文学书写，以睿智的情思，丰富的想象，精美的语言，创造了优美的意境，具有重要的认识价值与审美价值。其中的精彩篇章提升了淳安文学的品质和地位，成为淳安文学的经典篇章。

总之，对于以“新安”“青溪”“淳安”为题的文学书写的特点与价值，我们应该进行广泛而深刻的体味和认识。

第七章 新安山水的文学景象与创造(下)

——以"新安江""建德""七里滩"为中心

建德地处浙西中山丘陵区，东部为龙门山脉，北部为昱岭山脉，西北部为千里岗山脉，总属南岭山系。以低山为主，千米以上山峰主要分布在西北部和北部。李家乡的山羊坞尖海拔 1157.8 米，为本县最高山峰。

建德境内主要河流有新安江、兰江和七里泷，主要支流有寿昌溪，属钱塘江水系。据《古今图书集成》中《方舆汇编 · 严州府考 · 形胜》[①] 记载：宋田锡《孔子庙记》有"建邦于山谷之间"。宋范仲淹记："衢歙二水，合于城隅。"宋苏轼《顺灵香阁记》云："群峰回环，一水萦带。"《郡志》言："四达皆巇险之道。"建德县："面受重江，背负峻岭，高峰耸秀，于其东建，苍环绕于其西。"

本章主要探究以"新安江"（建德段）"建德""七里滩"为题的文学景象与创造。

第一节 "新安江"(建德段)的文学景象与创造

新安江是钱塘江的干流，其源出自安徽休宁县六股尖。经歙县深渡至街口进入浙江省境，经淳安至芹坑进入建德县境。向东流经白沙、洋溪、下涯、马目、杨村桥、南峰、千鹤和梅城，在东关与兰江汇合。干流长 260 公里，县境内河段长 48 公里，流域总面积 11640 平方公里。

新安江（建德段）的文学景象与创造，在新安文学史上具有重要地位。对新安江（建德段）的文学书写，最有代表性的是南朝谢灵运《初往新安至桐庐口》、沈约《新

① [清]陈梦雷：《古今图书集成》，《方舆汇编 · 严州府考 · 形胜》。

安江水至清浅深见底贻京邑游好》，唐代刘长卿《新安江奉送穆谕德归朝赋得行字》，明代张伯玉《至睦州泊新安江口》，清代成廷辑《发新安江》。

1. 谢灵运与《初往新安至桐庐口》

谢灵运曾游历新安江，写有《初往新安至桐庐口》五言古诗。这是今存最早的有关新安山水的诗篇，也是新安文学史上第一首吟咏新安山水的诗歌作品。

初往新安至桐庐口①

絺绤虽凄其，授衣尚未至。
感节良以深，怀古亦云思。
不有千里棹，孰申百代意。
远协向子心，遥得许生计。
既及冷风善，又即秋水使。
江山共开旷，云日相照媚。
景夕群物清，对玩咸可喜。

诗中“江山共开旷，云日相照媚”，体现了诗人对自然景物的独特赏悟，生动地展现出水天辉映、空明澄澈的美景。再现了建德段新安江山水的自然美景，表现了高超的描摹技巧，语言精练，境界自然清新。诗人对自然景物所采取的静观默察的态度，使之显现出鲜活的大自然生态意趣。从此以后，新安江之美开始为后来文人所瞩目，开启了以新安山水为重要表现题材的特有领域。

2. 沈约与《新安江水至清浅深见底贻京邑游好》

沈约游历新安时，写有《新安江水至清浅深见底贻京邑游好》诗作，这是第一首以“新安江”为题的吟咏新安江之美的诗篇。

新安江水至清浅深见底贻京邑游好②

眷言访舟客，兹川信可珍。

① [南朝]谢灵运著，李运富编注：《谢灵运集》，岳麓书社，1999年，第34页。
② [清]陈梦雷：《古今图书集成》，《方舆汇编·山川典》第二百七十二卷《江部·艺文二》。

洞澈随深浅，皎镜无冬春。
千仞写乔树，百丈见游鳞。
沧浪有时浊，清济涸无津。
岂若乘斯去，俯映石磷磷。
纷吾隔嚣滓，宁假濯衣巾。
愿以潺湲水，沾君缨上尘。

诗中“眷言访舟客，兹川信可珍”，是说在回顾既往出访舟行所见过的河川中，只有新安江值得珍爱。“洞澈随深浅，皎镜无冬春”，说的是无论水深处还是水浅处，也无论是冬天还是春天，新安江水都清澈明净。“千仞写乔树，百丈见游鳞”，叙写乔木的影子从千仞之上的高山可以直射到水底，在百丈深的地方也能见到游鱼。“总此四句，诗人通过绘写江水之‘深’，衬写出江水之‘清’，以至使人感到虽深犹浅。这就是诗题中点出的‘新安江水至清浅深见底’的韵致”。[①] 此四句可谓是对新安江水之美的定评，对后世写新安江的文学作品影响很大。像李白的《清溪行》中的“借问新安江，见底何如此”诗句就可隐约见出受其影响。

“沧浪有时浊，清济涸无津”，意为沧浪之水有浊时，济水有涸时，而新安江水则不浊不涸。“岂若乘斯去，俯映石磷磷”，说如果乘新安江上之舟船前往，俯首可见江石在水中很清澈的样子。“纷吾隔嚣滓，宁假濯衣巾”，是说我离开了京邑，已与尘嚣相隔，难道还要假此水来洗濯衣巾？意为还在尘嚣中的友人倒是需要的，所以又说“愿以潺湲水，沾君缨上尘”。本篇借写新安江的清澈洁净，劝告友人不要恋于尘嚣。

3．刘长卿与《新安江奉送穆谕德归朝赋得行字》

刘长卿在任职建德时，写有《新安江奉送穆谕德归朝赋得行字》一诗。

新安江奉送穆谕德归朝赋得行字 [②]

九重宣室召，万里建溪行。

---

① 吴小如、王云熙、章培恒等：《汉魏六朝诗鉴赏词典》，上海辞书出版社，1992年，第999页。

② [清]彭定求等：《全唐诗》第一百四十七卷，四库全书本。

事直皇天在，归迟白发生。
用才身复起，睹圣眼犹明。
离别寒江上，潺湲若有情。

诗中“九重”借指朝廷。唐鲍溶《闻国家将行封禅聊抒臣情》诗：“旅中病客谙尧曲，身贱何由奏九重。”“皇天”指天，苍天。“潺湲”形容水慢慢流。全诗叙写在新安江建德送友人归朝任职，一方面表达了对朝廷能够重新任用贤才的幸运，另一方面借新安江的“潺湲若有情”表达相互之间的依依不舍的离别之情。

4. 张伯玉与《至睦州泊新安江口》

至睦州泊新安江口①
前岁过此州，手持七闽节。
虽远更惮劳，揽辔迟明发。
回瞻七里滩，何日榜舟歇。
幸得满三年，解符下瓯粤。
却到新安江，依然旧澄澈。
敛巾照江水，无白可添发。
州人多故吏，罗立皆罄折。
问我此去心，复有何施设。
兴方顾诸老，谢尔相慰说。
此度归来心，可共严陵说。

诗中“持节”指使臣奉命出行以为凭证所持的符节。“七闽”，据《周礼·夏官·职方氏》记载：“辨其邦、国、都、鄙、四夷、八蛮、七闽、九貉、五戎、六狄之人民。”这里的“七闽”是福建见于史籍之始，也是福建简称“闽”的出处。唐贾公彦疏：“叔熊居濮如蛮，后子从分为七种，故谓之七闽。”后“七闽”被用来泛指福建一带地区。“榜舟”意为行船，使船。“罄折”意为弯腰，表示谦恭。

① 政协建德市委员会：《严州诗词》上册，天津古籍出版社，2011年，第96页。

诗作叙写诗人回顾三年前出使福建路过睦州情形，又写三年后返回路过睦州的感慨：一是“却到新安江，依然旧澄澈。敛巾照江水，无白可添发”；一是“问我此去心，复有何施设”“兴方顾诸老，谢尔相慰说”。最终诗人以“此度归来心，可共严陵说”表明心志。诗作感情深厚，内涵丰富，具有一定艺术魅力。

5. 成廷辑与《发新安江》

成廷楫（1728 年前后在世），字桂舟，号匏亭。清钱塘（今杭州）人，康熙五十年（1711）举人。雍正六年（1728），任淳安县教谕。有诗歌《大秀山人集》近百卷。

发新安江[①]

新安建瓴水，齐汇入桐江。
岸矗双台影，潮回七里泷。
林灯迷远浦，渔笛送孤艭。
鸥鹭情应喜，鱼龙气欲降。
角声飘古戍，月色冷篷窗。
客意方牢落，僧钟何处撞。

诗中“建瓴”，见南朝宋裴骃《史记集解》引三国魏如淳曰：“瓴，盛水瓶也。居高屋之上而幡瓴水，言其向下之势易也。”形容速度极快。“桐江”指富春江。“双台”指严陵钓台的东台和西台。“牢落”意为孤寂，无聊。此诗叙写诗人从新安江远行上路所见所感。深秋时节从新安江出发，依稀可见“岸矗双台影”“林灯迷远浦”“月色冷篷窗”景象，听到“潮回七里泷”“渔笛送孤艭”“角声飘古戍”的声响，在一片孤寂的心情之中，飘来不知来自何处僧人敲响的钟声，写出了人在旅途的内心情怀。意境清冷悠远，景象新颖超迈。

新安江（建德段）的文学书写，既创造了令人难忘的经典诗句，诸如“江山共开旷，云日相照媚”“洞澈随深浅，皎镜无冬春。千仞写乔树，百丈见游鳞”“却到新安江，依然旧澄澈。敛巾照江水，无白可添发”“岸矗双台影，潮回七里泷。林灯迷远浦，渔笛送孤艭”，更呈现了新安江对人的情感陶冶和精神启迪之境界，诸如“景

① [清]李诗、陈中元：《续纂淳安县志》卷十五《艺文》，清光绪十年刻本。

夕群物清，对玩咸可喜”，“愿以潺湲水，沾君缨上尘”，还有寄寓人的深情厚谊与纾解寂寞的情怀，如“离别寒江上，潺湲若有情”，“客意方牢落，僧钟何处撞”。新安江，一条给予人以情感洗涤、人格陶冶的诗意之江。

第二节 “建德”的文学景象与创造

建德得名始于三国吴黄武四年（225），分富春县置建德县，至今有1795年。后于唐神功元年（697），睦州治由雉山移建德，成为睦州州治。南宋咸淳元年（1265）升严州为建德府，建德为府治。明洪武八年（1375），改为严州府，府治建德。建德对睦州、严州的经济文化发展起到了重要的历史作用。同时，它作为睦州、严州的地域文化符号，时常进入文学的视野，成为新安文学的“文眼”和“诗眼”之一，留下了不少精美篇章。

以“建德”为题的文学景象与创造，唐代有孟浩然《宿建德江》等，宋代有张孝祥《过建德》、许及之《宿建德驿追次张于湖壁间韵》、赵蕃《早发建德》等，元代有鲜于枢《建德溪行二首》、萨都剌《建德道中》、贡师泰《建德城西寺》等，明代有魏观《建德县三十韵》、徐贯《送建德宋谧还乡》、张吉《建德馆中次戴司寇韵》、黄端伯《建德道中》、陈子龙《雨中行建德江》、龚鼎孳《舟发建德作》、王宾《初至建德口号》等，清代有符曾《过建德》、洪亮吉《舟行将抵建德》、焦循《出七里濑行建德道中》等。

一、唐代“建德”的文学景象与创造

唐代以“建德”为题的文学景象与创造，以孟浩然《宿建德江》为代表。

孟浩然（689～740），本名浩，字浩然。襄州襄阳人，世称孟襄阳。唐代诗人，诗与王维并称“王孟”。著有《孟浩然集》3卷，今编诗2卷。

宿建德江[①]

移舟泊烟渚，日暮客愁新。

---

①[唐]孟浩然：《孟浩然集》卷四，四库全书本。

野旷天低树，江清月近人。

诗中“建德江”，指新安江流经建德西部的一段江水。《宿建德江》是孟浩然的代表作之一，唐人五绝中的写景名篇。孟浩然于唐玄宗开元十八年（730）离乡赴洛阳，再度漫游吴越，借以排遣仕途失意的悲愤。

此诗以舟泊暮宿为背景写出诗人的羁旅愁心。诗的起句意为行船停靠在江中一个烟雾朦胧的小洲边。这既是点题，也是为下文写景抒情作准备。三四句写远处的天空显得比近处的树木还要低，天上的明月映在澄清的江水中与舟中人那么近。诗的第二句点出“客愁新”，这三四句好似诗人怀着愁心在这广袤而宁静的夜晚，发现一轮孤月此刻和他那么亲近，寂寞的愁心得到了些许慰藉。“江清月近人”，通过清澈平静的江水及水中明月伴随着船上诗人的画面，把诗人内心的忧愁写得风平浪静而又历历在目。对于此诗的妙处，清刘宏煦在《唐诗真趣编》中揭示得很透彻：“‘低’字从‘旷’字生出，‘近’字从‘清’字生出。野惟旷，故见天低于树；江惟清，故觉月近于人。清旷极矣。烟际泊宿，恍置身海角天涯、寂寥无人之境，凄然四顾，弥觉家乡之远，故云‘客愁新’也。下二句不是写景，有‘愁’字在内。”

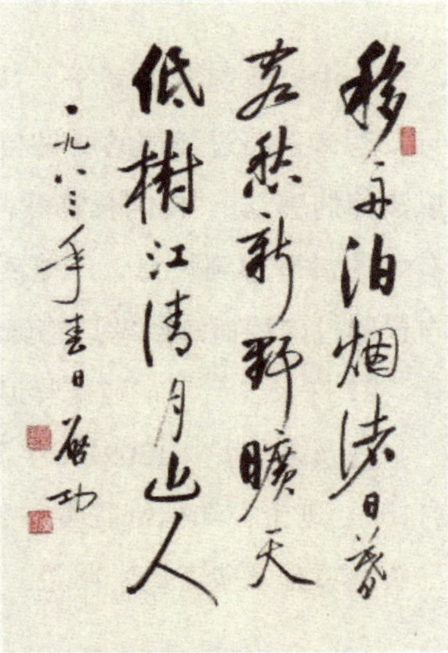

孟浩然《宿建德江》（启功书）

孟浩然的《宿建德江》，以他的漫游经历和生动诗笔创造了一个体味不尽的意境，也写活了建德江的一江风情。

二、宋代“建德”的文学景象与创造

宋代以“建德”为题的文学景象与创造，主要有张孝祥《过建德》、许及之《宿建德驿追次张于湖壁间韵》、赵蕃《早发建德》等。

1. 张孝祥与《过建德》

张孝祥（1132 ~ 1170），字安国，别号于湖居士。历阳乌江（今安徽和县乌江镇）人，南宋著名词人。绍兴二十四年（1154）状元及第，授承事郎。历任秘书郎，著作郎，集英殿修撰，中书舍人等职。著有《于湖居士文集》《于湖词》等。

过建德[①]

古县依山住，肩舆带雨来。

闾阎无地着，岩壑有天开。

野驿编青竹，公庭砌碧苔。

传闻长官好，小泊亦佳哉。

诗中“肩舆”即轿子。“闾阎”原指古代里巷内外的门，后泛指平民百姓。该诗叙写诗人路过建德的所见与感受。诗人所见的一切都带着简朴自然的特点，给人以清简的感觉。“传闻长官好，小泊亦佳哉”两句颇有意味，一是对地方长官在民间有好的口碑感到快意，二是对当地百姓有好官感到庆幸，并由此“爱屋及乌”，对自己路过建德而短暂歇息感到满足和快乐。诗风自然，含意温婉。

2. 许及之与《宿建德驿追次张于湖壁间韵》

许及之（？～1209），字深甫。温州永嘉（今浙江温州）人。宋孝宗隆兴元年（1163）进士，知枢密院事、参知政事、副丞相。有文集30卷及《涉斋课藁》9卷，已佚。辑有《涉斋集》18卷。

宿建德驿追次张于湖壁间韵[②]

此驿阅人多似我，于湖去后有谁来。

诗留版壁经年在，门对岩扃尽日开。

天上有文修白玉，人间无句对苍苔。

相逢莫问滔滔事，荷蒉曾过有意哉。

诗中“荷蒉”，为东周列国时期隐士，以不与俗世同流自居。诗人于建德驿壁间见张于湖留题诗作有感而发题此诗作，表达一种淡泊思绪与情怀。

3. 赵蕃与《早发建德》

赵蕃（1143～1229），字昌父，号章泉。原籍郑州，南渡后侨居信州玉山（今

① [宋]张孝祥：《于湖集》卷八，四库全书本。

② [宋]许及之：《涉斋集》卷十一，四库全书本。

属江西）。以曾祖旸致仕，恩补州文学。为太和主簿，调辰州司理参军。理宗绍定二年（1229），以直秘阁致仕。谥文节。著有《乾道稿》2卷、《淳熙稿》20卷、《章泉稿》5卷（其中诗4卷）。

早发建德①

雨雾连晴雾，山行近水行。
悠悠成小驻，役役又前征。
底处冲烟泊，谁家趁晓耕。
诗材动乡邑，点检欠经营。

诗中"底处"意为何处。"经营"意为艺术构思。此诗叙写诗人于"雨雾连晴雾"的早晨，从建德出发所见之情景。诗人为眼前的"底处冲烟泊，谁家趁晓耕"的景象所感动，诗兴袭来，随手写下这一诗作。

三、元代"建德"的文学景象与创造

元代以"建德"为题的文学景象与创造，主要有鲜于枢《建德溪行二首》、萨都剌《建德道中》、贡师泰《建德城西寺》等。

1. 鲜于枢与《建德溪行二首》

鲜于枢（1246 ~ 1302），字伯机，号困学山民、直寄老人。祖籍金代德兴府（今张家口涿鹿县）。寓居扬州、杭州。元代书法家。大德六年（1302），任太常典薄。有《困学斋杂录》《困学斋诗集》。

建德溪行二首②

山截溪将断，川回路忽通。
鸟声青嶂里，人语翠微中。
玄圃参差是，桃源想像同。
平生苦行役，翻爱打头风。

---

① [宋]赵蕃：《淳熙稿》卷八，四库全书本。
② 政协建德市委员会：《严州诗词》上册，天津古籍出版社，2011年，第220页。

碧水一千里，青山十二时。
推篷皆是画，移棹总堪诗。
乐此浑忘倦，公焉遂及私。
船头有官酝，时复一中之。

诗中“青嶂”意为如屏障的青山。“翠微”指青翠掩映的山腰幽深处。“玄圃”指传说中的神仙居所，后泛指仙境。“官酝”指官府酿造和专卖的酒。前一首叙写进入“柳暗花明”一般的“山截溪将断，川回路忽通”的情境，以及“玄圃参差是，桃源想像同”的仙境，并为此发出感慨。后一首写被眼前的碧水青山所吸引，以“推篷皆是画，移棹总堪诗”勾画出诗情画意的特点，并陶醉其中。再加上“船头有官酝，时复一中之”，更是乐此不疲了！建德山水美景得到了无与伦比的刻画与写照，不愧是工书画的诗文大家！

2. 萨都剌与《建德道中》

萨都剌（约 1272 ~ 1355），字天锡，号直斋。回族（一说蒙古族），出生于雁门（今山西代县）。元泰定四年（1327）进士，授应奉翰林文字。擢南台御史，累迁江南行台侍御史，左迁淮西北道经历。

建德道中①

泉作溪流石作桥，桑麻成垄接东饶。
鸡鸣犬吠人家近，水转峰回驿路遥。
虎啸树林风猎猎，人行弓箭马萧萧。
多情一片昊天月，夜夜相随伴寂寥。

此诗叙写建德道中所经、所见、所闻、所感，写尽驿路风光，而最令诗人动情的是“多情一片昊天月，夜夜相随伴寂寥”。可见，建德月夜的无限美好！

3. 贡师泰与《建德城西寺》

贡师泰（1298 ~ 1362），字泰甫，号玩斋。宁国府宣城人，国子生。元泰定四

① 政协建德市委员会：《严州诗词》上册，天津古籍出版社，2011年，第224页。

年授从仕郎、太和州判官。累除绍兴路总管府推官，后为吏部侍郎、迁兵部侍郎、平江路总管、两浙都转运盐使。著有《玩斋集》。

建德城西寺[①]

山门东转步廊深，长日禅房占绿阴。
松径雨晴添虎迹，竹潭风冷听龙吟。
上林久说相如赋，故里徒夸季子金。
独坐胡床看明月，不知凉露湿衣襟。

诗中“上林久说相如赋”指西汉辞赋家司马相如创作的《上林赋》，为《子虚赋》的姊妹篇。“季子”有泛指和特指两种含义，泛指是指年龄最小的一个儿子；特指是指鲁桓公最小的儿子，鲁庄公之弟季友。“胡床”指古时一种可以折叠的轻便坐具。诗中叙写建德城西寺的环境特点与诗人月下赏景的痴迷，表现了诗人对于幽静环境的喜爱。

四、明代“建德”的文学景象与创造

明代以“建德”为题的文学景象与创造，主要有魏观《建德县三十韵》、徐贯《送建德宋谧还乡》、张吉《建德馆中次戴司寇韵》、黄端伯《建德道中》、陈子龙《雨中行建德江》、龚鼎孳《舟发建德作》、王宾《初至建德口号》等。

1. 魏观与《建德县三十韵》

魏观（? ~ 1374），字杞山。湖广蒲圻人，元末隐居蒲山。朱元璋下武昌，聘授平江学正，累迁两淮都转运使，迁国子祭酒。有《蒲山牧唱》《蒲山集》。

建德县三十韵[②]

乘舟至建德，颇爱山水清。
山水虽可爱，人烟苦凋零。
种麦当县前，迂径入县庭。

① 政协建德市委员会:《严州诗词》上册，天津古籍出版社，2011年，第228页。
② 政协建德市委员会:《严州诗词》下册，天津古籍出版社，2011年，第248页。

瓦砾存故基，小小才有厅。
父老匍匐来，形影何伶仃。
再拜泣且言："弊邑频遭兵。
大则吴楚交，小则侯许征。
逆彼族必夷，顺此身必刑。
逃者冻馁连，窜者疾疫并。
所剩无几户，家家无全丁。
爰从甲辰秋，始见官府明。
令簿来抚绥，曲尽父母诚。
流离渐怀归，沉疴渐苏醒。
田菜固多荒，未免赋役征。
里长纷并缘，科需取余赢。"
语意殊可怜，推言慰其情。
去岁郡守朝，纶音细叮咛：
"民为邦之本，本固邦则宁。
今而重伤残，救恤诚在卿。
譬犹涧中鱼，鱼乐涧欲盈。
又如水载舟，水激舟必倾。
此道垂昭昭，卿等当力行。
军乏捐冗条，力役止缮营。
治则待以宽，罚则裁以轻。
耕稼勖有时，教卷资有成。
苟或负所期，宪度亟尔惩。"
恳恳数百言，官庶曾共听。
矧是半月余，捷音下三城。
疆土益广远，礼乐逾作兴。
于叟宜勉旃，行将庆升平。

诗作以"乘舟至建德，颇爱山水清"开头，引出对建德社会现实状况的揭示。

主要采用两种表现方法：一是通过对话的形式，二是通过前后对比的方式。通过父老“再拜泣且言”的对话口吻介绍“弊邑频遭兵”给县域造成的灾难，通过“去岁郡守朝，纶音细叮咛”的郡守的叙说治理理念，给地域百姓带来生存的希望。整首诗直接面对现实中的矛盾与化解，体现对百姓生活的关切与同情，并给出希望与期盼。

2. 徐贯与《送建德宋谧还乡》

徐贯（1470年前后在世），字元一，原一。明淳安蜀阜人，明弘治年间治水名臣。

送建德宋谧还乡①

衣锦新看白昼游，几年辛苦志初酬。
水言投笔惭班氏，自许成名拟酂侯。
月落蓟门惊别雁，帆非严濑起浮鸥。
故国到处堪行乐，莫使功名负黑头。

诗中“水言投笔惭班氏”的“班氏”，当指东汉班超。班超因家境贫困，为了养活母亲只得为官府抄书，曾投笔叹息道：“大丈夫无他志略，当校傅介子、张骞立功异域以取侯封。安能久侍笔墨乎？”明帝永平十六年（公元73年），他出使西域，使得西域五十余城获得安宁。后被任命为西域都护，封为定远侯。“酂侯”，因萧何在“镇国家、抚百姓、供军需、给粮饷”方面功绩卓著，汉高祖刘邦封他为酂侯。此诗叙写在送建德宋谧还乡时，借“班氏”“酂侯”的功绩，劝勉其“故国到处堪行乐，莫使功名负黑头”，言辞恳切，语重心长。

3. 张吉与《建德馆中次戴司寇韵》

张吉（1451～1518），字克修，号翼斋，亦号默庵，一号怡窝，晚号古城。江西余干人，成化十七年（1481）进士，官至贵州左布政使。著有《古城集》6卷。

建德馆中次戴司寇韵②

石径险疑断，畦樊缚欲斜。

---

① 政协建德市委员会：《严州诗词》下册，天津古籍出版社，2011年，第268页。
② 政协建德市委员会：《严州诗词》下册，天津古籍出版社，2011年，第277页。

异花溪女鬓，深竹野人家。

新旭荷天霁，纡途笑客差。

暖云轻自散，片片傍巾纱。

该诗叙写在建德馆所见之景象，“石径”“畦樊”“新旭”“荷天”“暖云”在笔底构成一幅田园图画，尤其以“异花溪女鬓，深竹野人家”和“暖云轻自散，片片傍巾纱”写出了奇情异趣，写出了神韵与光彩。

4. 黄端伯与《建德道中》

黄端伯（1585 ~ 1645），字元公，号迎祥。建昌新城（今江西省黎川县）人。明末散文家、诗人，明崇祯元年（1628）进士。著有《易疏》5 卷、《东海集》《庐山集》《瑶光阁集》13 卷。

建德道中[①]

青天霜气迥，匹马立平沙。

远道风千里，寒城月万家。

乱山盘径险，深树引堤斜。

夙昔悲秋意，偏于作客赊。

诗中“平沙”指广阔的沙原。“赊”意为长、远。此诗叙写秋天时节的月夜里诗人单枪匹马行进在建德道中的所见与体验，“远道”“寒城”“乱山”“深树”构成清寒意境，最后发出“夙昔悲秋意，偏于作客赊”的感慨。

5. 陈子龙与《雨中行建德江》

陈子龙（1608 ~ 1647），初名陈介，字人中，改字卧子。南直隶松江华亭（今上海市松江区）。被公认为明代最后一个大诗人、“明诗殿军”，并对清代诗歌与诗学产生较大影响。曾主编《皇明经世文编》。

---

① 政协建德市委员会：《严州诗词》下册，天津古籍出版社，2011年，第314页。

雨中行建德江[1]

寒山千里碧，沧江浩悠悠。
积阴断远壑，微雨洒芳洲。
萧萧送落木，泠泠增伏流。
猿啼峡树暝，雁乱江云秋。
孤帆出杳霭，短棹任夷犹。
药房帝子室，绣被鄂君舟。
北风吹予美，烟波怀百忧。

诗中“夷犹”，犹豫迟疑不前。“鄂君”指子皙，楚王母弟，官令尹，爵为执珪。越人悦其美，因作《越人歌》而赞之（汉刘向《说苑·善说》）。后以“鄂君”为美男的通称。“予美”指自己所爱的人。《诗·陈风·防有鹊巢》:“谁侜予美，心焉忉忉。”朱熹《集传》:“予美，指所与私者也。”诗作叙写秋雨中行进在建德江的观感与体验，全诗内涵集中在最后“北风吹予美，烟波怀百忧”两句，可见诗人情怀之深广。

6. 龚鼎孳与《舟发建德作》

龚鼎孳（1616～1673），字孝升，号芝麓。安徽合肥人。与吴伟业、钱谦益并称为“江左三大家”。明崇祯七年（1634）进士，官兵科给事中。后迁太常寺少卿，累官礼部尚书。

舟发建德作[2]

素濑袅回漪，风急帆更缓。
节险岞崿怒，嶂阻沦涟断。
量壑净可拭，倒景翠交款。
恐泥兆夕佳，叹逝涤中懑。
濯缨既怀新，驰带匪任诞。
讵信鱼鸟心，高沉胜偏纂。

① 政协建德市委员会:《严州诗词》下册，天津古籍出版社，2011年，第314页。
② 政协建德市委员会:《严州诗词》下册，天津古籍出版社，2011年，第331页。

势诡理亦齐，目眩赏翻短。
言采晔晔芝，式叶莜筷竿。
寒岩秀层萝，圭步幻惬暖。
皓发悔宛辔，丹灶企行散。
林涧纷娱悦，忘忧岂弦管。

此诗叙写在舟发建德时的所见与所感，舟行的动态，景物的转化，心情的变化，感想的生发，如此写来，多有起伏。最后的“林涧纷娱悦，忘忧岂弦管”，表现了对舟行过程的愉悦和满足。

7. 王宾与《初至建德口号》

王宾（生卒年不详），初名国宾，字仲光，号光庵。吴郡（今江苏苏州）人，明代画家。

初至建德口号①

二水归朝百雉城，枕山翼塔势峥嵘。
人尊高节民犹古，邑有淳风政易成。
驿近敢辞频负弩，地硗且喜尽勤耕。
携家仿佛江东隐，管领烟霞足此生。

诗题中“口号”为古诗标题用语，表示随口吟成，和“口占”相似，始见于南朝梁简文帝《仰和卫尉新渝侯巡城口号》诗，后为诗人袭用。“百雉”指城墙的长度达三百丈。雉，古代计算城墙面积的单位。长三丈高一丈为一雉。“烟霞”指烟雾和云霞，也指“山水胜景”，引申为红尘俗世。诗作叙写建德的山水形势与民风古淳，并对此赞不绝口：“人尊高节民犹古，邑有淳风政易成。驿近敢辞频负弩，地硗且喜尽勤耕。”以致从心底产生“携家仿佛江东隐，管领烟霞足此生”的愿望，可见其对建德的好感非同寻常。

五、清代“建德”的文学景象与创造

清代以“建德”为题的文学景象与创造，主要有符曾《过建德》、洪亮吉《舟

① [清]吴俊、俞观旭等：《光绪建德县志》卷九《艺文》。

行将抵建德》、焦循《出七里濑行建德道中》等。

1. 符曾与《过建德》

符曾（1688 ~ 1760），字幼鲁，号药林。钱塘（今浙江杭州）人，监生。著有《春凫小稿》《半春唱和诗》。

过建德[①]

桐君山下晚潮生，短棹轻舟狎浪行。

我欲披蓑问烟水，桃花三日雪初晴。

该诗写得轻松自在，意境也显得清新明快，“问”字的使用形成波澜，最后一句自是所答之词：天气晴好，桃花灿烂。答语使诗意增添了几分明丽。

2. 洪亮吉与《舟行将抵建德》

洪亮吉（1746 ~ 1809），初名洪莲，又名礼吉，字君直，号北江。祖籍安徽歙县，江苏阳湖（今江苏常州市）人。清代经学家、文学家，“毗陵七子”之一。乾隆五十五年（1790）榜眼，授翰林院编修。

舟行将抵建德[②]

严江雨气何濛濛，十里五里滩重重。

顺流亦复尽人力，却值五日东南风。

严陵江水清如洗，飞隼影看沉到底。

三层云气护峰棱，五色采文分石理。

严陵江水无一寻，水心清澈同我心。

惜无一客似皋羽，幸有五斗携山阴。

萧晨已觉流光短，如梦红林百千转。

万端我正感茫茫，双桨尚歌归缓缓。

① 政协建德市委员会：《严州诗词》下册，天津古籍出版社，2011年，第365页。

② 政协建德市委员会：《严州诗词》下册，天津古籍出版社，2011年，第365页。

诗中“皋羽”，指谢皋羽，本名谢翱（1249 ~ 1295），字皋羽。福州长溪（今福建霞浦县）人，南宋散文家、诗人。景炎元年（1276）七月，文天祥起兵，他率乡兵数百人投效，署谘议参军。文天祥被俘遇难，他不仕元，漫游两浙以终，著有《晞发集》。诗作叙写舟行将抵建德的种种景象，突出反映了严陵江水的清澈见底的特点：“严陵江水清如洗，飞隼影看沉到底”“严陵江水无一寻，水心清澈同我心”。最后以“万端我正感茫茫，双桨尚歌归缓缓”诗句作结，写出了心绪层面与眼前舟行矛盾而在实质上的一致，富有情趣。

3. 焦循与《出七里濑行建德道中》

焦循（1763 ~ 1820），字理堂，一字里堂。江苏扬州黄珏镇人，清哲学家、数学家、戏曲理论家。嘉庆举乡试，后应礼部试不第。著有《易章句》《易通释》《孟子正义》《剧说》等。

出七里濑行建德道中 [①]

十里出严濑，高宽见地天。
水奔当石立，山远入窗全。
回望但烟雾，遥询得市廛。
黄昏大羊铺，灯火百家连。

此诗叙写出七里濑行建德道中之景象，随着视角转换以写实方法一一呈现，可谓全为“景语”，但“一切景语皆情语”。诗人借“景语”道出了对建德的真情实感，那就是以朴实的情感融入“黄昏大羊铺，灯火百家连”之中。

建德，一个寻常的地名，一旦进入文学的境界就变得不再寻常。在文学景象与创造之中，建德的景象是“野旷天低树，江清月近人”（孟浩然《宿建德江》），是“鸟声青嶂里，人语翠微中。玄圃参差是，桃源想象同”（鲜于枢《建德溪行二首》），是“猿啼峡树暝，雁乱江云秋。孤帆出杳霭，短棹任夷犹”（陈子龙《雨中行建德江》），是“二水归朝百雉城，枕山翼塔势峥嵘”（王宾《初至建德口号》），是“严陵江水清如洗，飞隼影看沉到底”（洪亮吉《舟行将抵建德》）；建德给人的惊奇与快意是“传闻长官好，

① 政协建德市委员会：《严州诗词》下册，天津古籍出版社，2011年，第390页。

小泊亦佳哉”（张孝祥《过建德》),“多情一片吴天月,夜夜相随伴寂寥”（萨都剌《建德道中》),“林涧纷娱悦，忘忧岂弦管”（龚鼎孳《舟发建德作》),“携家仿佛江东隐，管领烟霞足此生”（王宾《初至建德口号》)。

建德，一个寻常的地名，进入文学境界后就变得异乎寻常，变成了富有诗意的文学景象！

第三节 “七里滩”的文学景象与创造

建德境内滩景丰富，各具特色，其中主要有七里滩、乌石滩、方门滩、大浪滩、中渎滩、冻身滩、仓厚滩、扬溪滩、石关滩、马目滩、海濑滩、平壁滩、唐浦滩、王家滩、石壁滩、渔梁滩、颜岸滩、三河滩等，其中对七里滩的文学书写最为集中，也最具影响力。下文重点考察以“七里滩”为代表的文学书写状况。

七里滩，又名七里泷、七里濑，是钱塘江在建德县境内河段的名称。新安江与兰江在梅城东关汇合后，折向东北流 7 公里至乌石滩进入峡谷，下与桐庐县的严陵濑相接，长 20 公里。古谚云“有风七里，无风七十里”。七里滩系常年河，江水澄清，峡谷狭窄，滩浅流急。

以“七里滩”为题的文学景象与创造，南北朝时期有谢灵运《七里濑》，唐代有孟浩然《经七里濑》、刘长卿《却归睦州至七里滩下作》、李嘉佑《至七里滩作》、许浑《晚泊七里滩》、方干《暮发七里滩夜泊严光台下》、胡曾《七里滩》等，宋代有李若谷《七里滩》、梅尧臣《过七里滩》、赵蕃《七里泷》等，明代有潘亨《七里滩》、韩邦奇《七里滩》、袁翼《泊七里泷》、茅坤《过七里泷二首》、徐渭《七里滩》、吴国伦《雨夜挽舟上七里滩》、林尧俞《七里滩作》、谢肇浙《七里滩》，徐熥《七里滩夜泛》等，清代有毛奇龄《赴新安至七里滩作》、吴丹蓴《七里滩》、方士颖《舟上七里滩》等。

一、南北朝“七里滩”的文学景象与创造

南北朝时期，以“七里滩”为题的文学景象与创造，以谢灵运《七里濑》为代表。

谢灵运（385 ~ 433),原名公义,字灵运,以字行于世,世称谢客。陈郡阳夏县（今

河南太康）人。南北朝时期诗人、旅行家。

七里濑[①]

羁心积秋晨，晨积展游眺。
孤客伤逝湍，徒旅苦奔峭。
石浅水潺湲，日落山照耀。
荒林纷沃若，哀禽相叫啸。
遭物悼迁斥，存期得要妙。
既秉上皇心，岂屑末代诮。
目睹严子濑，想属任公钓。
谁谓古今殊，异代可同调。

此诗为最早书写建德七里濑的诗作。诗中既叙写了羁旅孤客的情绪，又刻画了七里濑的风光特点，还反映了诗人的精神追求。其中的“石浅水潺湲，日落山照耀”为书写七里濑的经典名句，“潺湲”又成为严州与建德山水特点的形象概括，到宋范仲淹写出《潇洒桐庐郡》诗作后才被“潇洒”所取代。诗中“目睹严子濑，想属任公钓。谁谓古今殊，异代可同调”四句，既表明作者认同严光的品格与追求，又言明自己与严光具有“同调”，可谓是“夫子自道”。

二、唐代“七里滩”的文学景象与创造

唐代以“七里滩”为题的文学景象与创造，主要有孟浩然《经七里濑》、刘长卿《却归睦州至七里滩下作》、李嘉佑《至七里滩作》、许浑《晚泊七里滩》、方干《暮发七里滩夜泊严光台下》、张伯玉《七里滩》《出七里泷口望桐庐县》、胡曾《七里滩》等。

1. 孟浩然与《经七里濑》

经七里濑[②]

予奉垂堂诫，千金非所轻。

① [宋]董弅:《严陵集》卷一，四库全书本。
② [宋]董弅:《严陵集》卷一，四库全书本。

为多山水乐，频作泛舟行。
五岳追尚子，三湘吊屈平。
湖经洞庭阔，江入新安清。
复闻严陵濑，乃在此川路。
湍嶂数百里，沿洄非一趣。
彩翠相氤氲，别流乱奔注。
钓矶平可坐，苔磴滑难步。
猿饮石下潭，鸟还日边树。
观奇恨来晚，倚棹惜将暮。
挥手弄潺湲，从兹洗尘虑。

诗中“垂堂”，意为靠近堂屋檐下。因檐瓦坠落可能伤人，故以喻危险的境地。《汉书·爰盎传》：“千金之子不垂堂，百金之子不骑衡。”颜师古注：“垂堂，谓坐堂外边，恐坠堕也。”“尚子”，指东汉尚长，后用为不以家事自累的典实。《后汉书》卷八十三《逸民列传·向长》：“……于是遂肆意，与同好北海禽庆俱游五岳名山，竟不知所终。”唐李贤注引《高士传》：“向”字作“尚”。

此一诗作与其《宿建德江》堪称书写睦州山水的姊妹篇，且更为细密深长，可见出作者对山水之乐的取向——“为多山水乐，频作泛舟行”，以及对新安山水特点的总体理解——“湖经洞庭阔，江入新安清”，尤其是对七里濑的情有独钟。且看对七里濑特点的描写：“湍嶂数百里，沿洄非一趣。彩翠相氤氲，别流乱奔注”；且看对七里濑的痴迷与陶醉：“观奇恨来晚，倚棹惜将暮。挥手弄潺湲，从兹洗尘虑”。可见七里濑在诗人心灵深处的特殊位置。

2. 刘长卿与《却归睦州至七里滩下作》

却归睦州至七里滩下作[①]
南归犹谪官，独上子陵滩。
江树临洲晚，沙禽对水寒。

① [唐]刘长卿：《刘随州集》卷一，四库全书本。

山开斜照在，石浅乱流难。

惆怅梅花发，年年此路看。

诗人以谪官的身份来到七里滩，面对滩景，心绪难平。“江树临洲晚，沙禽对水寒。山开斜照在，石浅乱流难”，虽是客观写照，但也从心底透出一个“难”字。最后两句“惆怅梅花发，年年此路看”，可谓点睛之笔，含意丰富，虽然满怀惆怅，但以梅花品格为自况；形成一个美好愿望，那就是年年都要到这里来寻求精神的寄托。可谓意味深长。

3. 李嘉佑与《至七里滩作》

李嘉佑(生卒年不详)，字从一。赵州(今河北赵县)人，唐代诗人。天宝七年(748)进士，授秘书省正字。后出为台州、袁州刺史。著有诗集一卷。

至七里滩作①

迁客投于越，临江泪满衣。

独随流水远，转觉故人稀。

万木迎秋序，千峰驻晚晖。

行舟犹未已，惆怅暮潮归。

该诗作叙写自己以迁客身份行舟来到七里滩，在夕阳西下的秋景中体验孤独的滋味，宣泄惆怅的情感。可谓触景生情，情真意切。

4. 许浑与《晚泊七里滩》

许浑（约 791 ~约 858），字用晦（一作仲晦）。润州丹阳（今江苏丹阳）人，成年后移家京口（今江苏镇江）丁卯涧．以丁卯名其诗集，后人因称“许丁卯”。

晚泊七里滩②

天晚日沉沉，归船系柳阴。

---

① [宋]董弁编：《严陵集》卷一，四库全书本。

② [宋]董弁：《严陵集》卷二，四库全书本。

江村平见寺，山郭远闻砧。
树密猿声响，波澄雁影深。
荣名暂时事，谁识子陵心。

诗作叙写晚泊七里滩的见闻，并在严子陵的品格参照下对荣辱与名声有了进一步理解。诗中对七里滩景的刻画可谓形象生动，自然真切。

5. 方干与《暮发七里滩夜泊严光台下》

方干（836～888），字雄飞，号玄英。睦州青溪（今浙江淳安）人，著有《方干诗集》。

暮发七里滩夜泊严光台下①

一瞬即七里，箭驰犹是难。
樯边走岚翠，枕底失风湍。
但讶猿鸟定，不知霜月寒。
前贤竟何益，此地误垂竿。

此诗叙写诗人暮发七里滩夜泊严光台下的所见与感慨。其中“樯边走岚翠，枕底失风湍。但讶猿鸟定，不知霜月寒”的景象刻画，一方面再现了沿途风光，另一方面体现了诗人观察与体验的细腻。“前贤竟何益，此地误垂竿”两句语意超出意想之外，提出了自己的思考。

6. 胡曾与《七里滩》

胡曾（生卒年不详），福建邵武县人。唐咸通间（860—874）曾官汉南从事。

七里滩②

七里清滩映石层，九天星象感严陵。
钓鱼台上无丝竹，不是高人谁解登。

① [唐]方干：《玄英集》卷二，四库全书本。
② [唐]胡曾：《咏史诗》卷下，四库全书本。

诗作写出了七里滩与严陵的特有气象，并对登临严陵钓台的人们的心志有真切的理解，并对理解登临严陵钓台的人们予以“高人”的肯定。此诗重在抒发对严陵风范的崇敬之情。

三、宋代“七里滩”的文学景象与创造

宋代以“七里滩”为题的文学景象与创造，主要有李若谷《七里滩》、梅尧臣《过七里滩》、赵蕃《七里泷》等。

1. 李若谷与《七里滩》

李若谷（生卒年不详），字子渊。徐州丰（今丰县）人，进士出身。历任宋太宗、宋真宗、宋仁宗三朝，官至资政殿大学士、吏部侍郎，以太子少傅致仕。追赠为太子太傅，谥号康靖。

七里滩①

有客径行感逝波，滩声如何扣舷歌。
云山依旧苍苍在，极目秋林落叶多。

诗作叙写秋日里舟行七里滩所见所感，江流随着舟行向前而不断流逝，滩声与舷歌交相合唱，云山苍苍，秋林叶落，大自然景象生机勃勃，人生岁月不断逝去，对人生追求当有所思考。

2. 梅尧臣《过七里滩》

过七里滩②

舟轻不畏险，逆上子陵滩。
七里夹天翠，千重云水寒。
古祠野鸣鸟，乱石激春湍。
正与高怀惬，宁歌行路难。

① 申屠丹荣：《富春严陵钓台集》，百家出版社，1999年，第71页。
② [宋]董弅：《严陵集》卷五，原题为“送崔主簿赴睦州清溪”，四库全书本。

诗作叙写春天里舟过七里滩的体验与感怀。冒险逆水而上子陵滩，沿途风光尽收眼底。舟行艰难，但为的是前往自己追慕已久的地方，也就不把艰难放在心上，体现了不惧艰险去追求自己的目标的实现。

3. 赵蕃与《七里泷》

赵蕃（1143 ~ 1229），字昌父，号章泉。江西上饶市西北人。南宋著名诗人，为江西诗派殿军人物。卒谥文节。

七里泷[①]

桐江多奔湍，牵挽厌劳止。
旧云七里泷，实乃七十里。
篙师为予言，风便辄易尔。
回思前日惊，留滞固可喜。
溪神果何心，怜我倦行李。
有风西南来，不徐亦不驶。
布帆保无恙，受赐何其侈。
眼中风峦过，天外鸥鸟起。
画图久传貌，诗语费驱使。
生平登临心，于此得自己。
勿叹囊橐空，收将遗妻子。

此诗叙写舟行七里泷的经过，经历了惊险，回归了无恙，感受了美景，顺遂了心愿。于此，甚至有了不再远行的打算。其中“眼中风峦过，天外鸥鸟起”“画图久传貌，诗语费驱使”是该诗的精髓，具有审美意义。

四、明代“七里滩”的文学景象与创造

明代以“七里滩”为题的文学景象与创造，主要有潘亨《七里滩》、韩邦奇《七里滩》、袁翼《泊七里泷》、茅坤《过七里泷二首》、徐渭《七里滩》、吴国伦《雨夜挽舟上七里滩》、林尧俞《七里滩作》、谢肇浙《七里滩》、徐熥《七里滩夜泛》等。

---

①[宋]赵蕃：《淳熙稿》卷四，四库全书本。

1. 潘亨与《七里滩》

潘亨（生卒年不详），字从礼。淮安（今属江苏）人。明景泰七年(1456)，举同知武昌府事。著有《冰壑先生遗稿》。

七里滩[①]

怒涛催远客，帆落钓台阴。
夜雨他乡梦，秋风何处砧。
渚烟笼树杪，涧水入溪深。
中有垂纶者，茫茫不可寻。

诗作叙写在一个秋风夜雨的晚上舟行七里滩的见闻。其中“中有垂纶者，茫茫不可寻”两句，言简义丰，启发他人想象。

2. 韩邦奇与《七里滩》

韩邦奇(1479～1555),字汝节,号苑洛。朝邑(今陕西大荔)人。明正德三年(1508)进士,历吏部员外郎、平阳通判、浙江按察佥事、山西参议、南京兵部尚书。著有《苑洛集》。

七里滩[②]

行路难，春风七里滩。
阴崖暗白日，危石涛惊湍。
挽夫力竭舵师瘠，尽日才能进咫尺。
狭塘水隘忽迸流，满船相顾无魂魄。
君不见，南来箫鼓轻帆舟，一日一夜到杭州。

此诗叙写七里滩逆水行舟的艰险，一是“挽夫力竭舵师瘠，尽日才能进咫尺”；一是“挽夫力竭舵师瘠，尽日才能进咫尺”。由此感叹“行路难”。但看顺流而下的

① 政协建德市委员会:《严州诗词》下册,天津古籍出版社,2011年,第278页。
② 政协建德市委员会:《严州诗词》下册,天津古籍出版社,2011年,第283页。

帆船却异常轻松快捷，反差何其巨大！该诗句式错落，长短不一，带来活泼的意趣，形象生动。

3. 袁翼与《泊七里泷》

袁翼（生卒年不详），字飞卿。苏州（今属江苏）人，明正德间举人。

泊七里泷①

我爱无风七十里，迂回常停钓台前。
江山此地真千古，姊妹同年聚一船。
樵路入云岩腹暝，滩声奔瀑石鳞圆。
天寒欲雪羊裘敝，起酌葡萄独扣舷。

此诗叙写船泊七里泷的惬意与悠闲。由于“无风七十里”，一路畅快。“樵路入云岩腹暝，滩声奔瀑石鳞圆”，通过眼见耳闻写出七里泷气象，最后两句刻画出惬意自得的情态，使读者如见其人、如临其境。

4. 茅坤与《过七里泷二首》

茅坤（1512 ~ 1601），字顺甫，号鹿门。归安（今浙江吴兴）人，明代散文家、藏书家。嘉靖十七年（1538）进士，官广西兵备佥事时。与王慎中、唐顺之、归有光等，被称为“唐宋派”。著有《茅鹿门集》。

过七里泷二首②

江流回绝壁，千里夕阳开。
忽有飞帆出，言从深树来。
山灵解招隐，波色可携杯。
赋草投何处，乘风揖钓台。
鸢站中天挂，乌樯隔岫飞。
鱼龙知避客，薜荔独褰衣。

① 政协建德市委员会：《严州诗词》下册，天津古籍出版社，2011年，第284页。
② 政协建德市委员会：《严州诗词》下册，天津古籍出版社，2011年，第293页。

江贾投青霭，樵歌流翠微。
何当匿姓字，从此卜渔矶。

此二首诗叙写夕阳西下时过七里泷的所见与感怀。其中“山灵解招隐，波色可携杯”“江贾投青霭，樵歌流翠微”，尽写七里泷的神性与美好。“赋草投何处，乘风揖钓台”与“何当匿姓字,从此卜渔矶”,表现了诗人的心性与想法。两诗意蕴丰富，诗笔从容。

5. 徐渭与《七里滩》

徐渭（1521 ~ 1593),初字文清,后改字文长,号青藤老人、青藤道士等,自称“南腔北调人”。绍兴府山阴（今浙江绍兴）人，明代文学家、书画家、戏曲家，与解缙、杨慎并称“明代三才子”。著有《徐文长集》等。

七里滩①

进舟激重滩，修岑夹江阻。
壁峭易孤凌，麓折难直溯。
林疏荒构缘，岭缺层峰护。
遵水无停桡，通山必奇路。
冀访垂纶踪，聊以慰心素。

此诗叙写舟过七里滩所遇景象，描写逼真，刻画生动，将当时情境活化在读者眼前。其中“乍入讶前遮，俄回惊后阻”两句，写出诗人的惊奇体验，“冀访垂纶踪，聊以慰心素”两句，表达了希望前往“严陵钓台”瞻仰，以慰自己的心愿。

6. 吴国伦与《雨夜挽舟上七里滩》

吴国伦(1524 ~ 1593)，字明卿，号川楼子。湖广兴国州(今湖北阳新)人。明嘉靖二十九年(1550)进士，除中书舍人，历兵科给事中、南康府推官，知建宁、邵武、高州，迁贵州提学副使，移河南参政。著有诗文集。

---

① 政协建德市委员会:《严州诗词》下册,天津古籍出版社,2011年,第296页。

雨夜挽舟上七里滩[①]

岸束滩声咽，沙兼石齿横。
岂缘贪利涉，亦复滞王程。
山雨夜逾急，野灯时一明。
客心云雾里，怀古不胜情。

诗作叙写雨夜挽舟上七里滩的经历，在“山雨夜逾急，野灯时一明”的背景下挽舟上七里滩，其感受自是非同寻常。其中“客心云雾里，怀古不胜情”两句，表明心迹，寄托了自己的怀古之情。

7. 林尧俞与《七里滩作》

林尧俞（生卒年不详），字咨伯。莆田（今属福建）人。明万历十七年(1589)进士，除检讨，累官太子太保、礼部尚书。卒谥文简。著有《溪堂集》。

七里滩作[②]

双茄引彩舟，鸣榔下建德。
既经渔浦口，还望定山色。
沿流苦奔峭，入峡惊逼仄。
寓目恣游观，举趾罢登陟。
一酹严陵祠，清风邈难即。
如何谢人徒，于焉解徽纆。

此诗叙写七里滩舟行，诗人所见景象历历在目，所历情感自然流出，其中“苦”“惊”“恣”“罢”写出了对情境的丰富体验。“一酹严陵祠，清风邈难即”两句，既表达了自己对严陵的祭奠，又体现了平常人对先生之风的难以企及的遗憾之情，令人思索。

① 政协建德市委员会:《严州诗词》下册，天津古籍出版社，2011年，第296页。
② 政协建德市委员会:《严州诗词》下册，天津古籍出版社，2011年，第304页。

8. 谢肇浙与《七里滩》

谢肇浙（1567 ~ 1624），字在杭，号武林、小草斋主人，晚号山水老人。福建福州长乐人，明代博物学家、诗人，明万历二十年（1592）进士。著有《五杂俎》。

七里滩①

七里滩头云不开，富春山下半苍苔。
汉家事业成秋草，江月年年上钓台。

诗作叙写由七里滩向富春山行的所见与感慨，最后两句既道出了历史事实，又潜在包含了对严光精神不灭的咏叹，令人深思与怀想。

9. 徐熥与《七里滩夜泛》

徐熥（1580 ~ 1637），字惟和。闽县（今属福建）人，明万历四十六年（1618）举人。著有《慢亭诗集》。

七里滩夜泛②

严滩行未尽，雨气逼黄昏。
峡束天疑小，溪深水不浑。
榜歌何处客，灯影几家村。
最是堪愁绝，三声半夜猿。

诗作抒写从黄昏至半夜舟行七里滩之情景，山峡、溪水、榜歌、灯影、猿声，构成一幅“七里滩夜泛”图，可谓情景再现。

五、清代“七里滩”的文学景象与创造

清代以“七里滩”为题的文学景象与创造，主要有毛奇龄《赴新安至七里滩作》、吴丹荨《七里滩》、方士颖《舟上七里滩》等。

1. 毛奇龄与《赴新安至七里滩作》

① 政协建德市委员会：《严州诗词》下册，天津古籍出版社，2011年，第310页。
② 政协建德市委员会：《严州诗词》下册，天津古籍出版社，2011年，第305页。

毛奇龄（1623～1716），原名甡，又名初晴，字大可，号秋晴等。萧山（今属浙江杭州）人，清初经学家、文学家。康熙时，荐举博学鸿词科，授检讨，充明史馆纂修官。著有《西河合集》400余卷。

赴新安至七里滩作[①]

东归苦行迈，南涉上新安。

水木干云乱，沙禽拂浪寒。

孤吟随荡桨，多难负垂竿。

何日风波静，还来住此滩。

该诗叙写赴新安至七里滩舟中感念，感叹人生多难，难以过上安逸生活。虽如此，此行却产生了“何日风波静，还来住此滩”的心愿。可见，七里滩能慰其心，得其喜爱。

2. 吴丹萼与《七里滩》

吴丹萼（1830年前后在世），字秋岩，号小山。清淳安锦沙村人。郡廪生。门人汇其遗稿为《吴孝子阐孝录》。

七里滩[②]

双塔明秋浦，孤帆度夕滩。

碧苔粘石湿，黄叶打窗寒。

客子情何极，先生去不还。

画眉声里过，怀古泪阑干。

诗中“客子”指旅居异地的人。“先生”此指严子陵。“阑干”意为纵横，汉蔡琰《胡笳十八拍》之十七有句云：“岂知重得兮入长安，叹息欲绝兮泪阑干。”此诗叙写秋日傍晚舟行七里滩的经历。前四句写七里滩所见之景，后四句以“客子”自指，抒发对严子陵的怀想之情。

---

① 政协建德市委员会：《严州诗词》下册，天津古籍出版社，2011年，第310页。

② [清]潘衍桐：《两浙輶轩续录》卷十九。

2. 方士颖与《舟上七里滩》

方士颖(生卒年不详),字伯阳。淳安人。工诗,尤善楷法。著有偶存诗、骈俪杂文。

舟上七里滩[①]

日暮风逾迅，舟乘逐浪洄。
岸移村互出，帆转岫争开。
乱草参军墓，寒松隐客台。
名泉须品试，记此碧滩隈。

诗中“参军墓”指谢翱墓。谢翱曾为文天祥谘事参军。宋亡文天祥被俘不屈死，谢翱悲恸不已，行至浙水东，设天祥神主于子陵钓台以祭，并作楚歌以招之。谢翱卒后，葬于子陵台附近。“隐客”指严子陵。“名泉”，原注 :“十九泉在此。”此诗叙写秋天日暮时分舟上七里滩所见景象，其中“岸移村互出，帆转岫争开。乱草参军墓，寒松隐客台”四句，极写视力所及景致，凝练精警，生动传神。

“七里滩”是建德境内滩景的典型代表，对其文学书写最为集中，影响也最大。通过对“七里滩”文学景象与创造的考察，可看出有以下特点 :

一是诗作数量众多。从总体数量上看不下百首，这里所选的 23 首只是其中的代表性作品。这些作品，从南北朝时期谢灵运《七里濑》开始，历经各个时代，没有出现断代的情况，可见其影响之大。

二是名人热情参与。有南北朝诗人谢灵运,唐代诗人孟浩然、刘长卿、许浑、方干,宋代诗人梅尧臣等，明代文学家茅坤、徐渭、谢肇浙等，清代诗人毛奇龄等。其中有的情有独钟，留下多首诗作。

三是上乘之作频现。在对其文学书写中，可谓精彩纷呈，诸如“石浅水潺湲，日落山照耀”“谁谓古今殊，异代可同调”（谢灵运《七里濑》），“湖经洞庭阔，江入新安清”“挥手弄潺湲，从兹洗尘虑”（孟浩然《经七里濑》），“万木迎秋序，千峰驻晚晖”（李嘉佑《至七里滩作》），“树密猿声响，波澄雁影深”（许浑《晚泊七里滩》），“画图久传貌，诗语费驱使”（赵蕃《七里泷》），“樵路入云岩腹暝，滩声奔瀑石鳞圆”

① [清]阮元 :《两浙輶轩录》卷七。

(袁翼《泊七里泷》),"汉家事业成秋草,江月年年上钓台"(谢肇浙《七里滩》),"岸移村互出,帆转岫争开"(方士颖《舟上七里滩》)等。

"七里滩"作为建德山水的亮点,成为历朝历代诗人的青睐对象,在新安山水文学中留下了具有深远影响的优美诗篇。

从本章中的文学景象与创造可以看出,"新安江""建德""七里滩"是建德文学的"诗眼""文眼",把这些作品集中起来加以研究,就可以见出建德山水文学的概貌,并据此见出建德文学的特点与价值。

建德段"新安江"地处新安江下游,但它却是新安江的出口和连接钱塘江的"枢纽",乃至是钱塘江的直接上游。因其一方面汇聚新安江的所有灵气,另一方面又接收了钱塘江的"回望",使其成了新安山水文学最早开垦的处女地。南朝谢灵运《初往新安至桐庐口》、沈约《新安江水至清浅深见底贻京邑游好》这一山水诗双璧,就是在这样的特殊气候中产生的,成为新安山水文学的第一声咏叹,并由此向中上游影响开去,从而推动和激发了整个新安山水文学的产生与发展。这是建德段"新安江"山水文学的最大贡献。它的最大特点在于它以新安江自身的清澈见底的特质,吸引诗人的"眼球",从"江山共开旷,云日相照媚""洞澈随深浅,皎镜无冬春",到"愿以潺湲水,沾君缨上尘",成为人们情感洗涤、人格陶冶、心灵净化的美好天地。这既是诗人的艺术发现,也是诗人的自然发现。由此可见,新安江及其诗歌的巨大魅力。

以"建德"为题的文学景象与创造,使建德这样一个寻常地名变得不寻常,使它成为一种文学景象,使它具有诗意,具有文学意义。它具有"野旷天低树,江清月近人""玄圃参差是,桃源想像同"的特点,它拥有"多情一片吴天月,夜夜相随伴寂寥""林涧纷娱悦,忘忧岂弦管""携家仿佛江东隐,管领烟霞足此生",给人惊奇与快意的力量。以"建德"为题的文学书写,增强和强化了建德作为睦州、严州州治的美誉度和文化影响力。

七里滩峡谷狭窄,滩浅流急,是建德境内最重要的滩景,许多诗人给予它以特别的关注,从南北朝时期的谢灵运《七里濑》开始,历经各个时代大量诗歌作品对其文学书写,可谓精彩纷呈,诸如"石浅水潺湲,日落山照耀"(谢灵运《七里濑》),"湖经洞庭阔,江入新安清"(孟浩然《经七里濑》),"树密猿声响,波澄雁影深"(许浑《晚泊七里滩》),"画图久传貌,诗语费驱使"(赵蕃《七里泷》),"樵路入云岩腹暝,滩声奔瀑石鳞圆”（袁翼《泊七里泷》），“岸移村互出，帆转岫争开”（方士颖《舟上七里滩》）等，成为建德山水文学的亮点，具有深远影响。

总之，以“新安江”“建德”“七里滩”为题的文学景象与创造共同构成了建德文学的主体，成为新安文学中耀眼的明珠。

第八章　新安文学的重点视域阐释(上)

——徽州文学

本章新安文学的重点视域，包括：一南北朝徽州散文的初创与格局，二李白寻访许宣平传说及其文化意义，三徽州民谣呈现的地域文化观念，阐述其对于徽州文学的形成与发展的作用和影响。

第一节　南北朝徽州散文的初创与格局

南北朝是新安文学的发轫期，是新安文学在新安期的第一道曙光。

这一时期新安江上游的代表性作家，有新安籍在外地任职的齐时的程茂和梁时的程詧，有外籍在新安任职后定居新安的吕文达。

一、程茂、程詧及其散文

程茂和程詧为父子，他们的生平与作品均见于明代程敏政编纂的《新安文献志》。

(一)程茂与《责萧衍犯顺书》

程茂（生卒年不详)，休宁篁墩人。齐永元(499 ~ 501)年间，为郢州长史。《新安文献志》卷八收有程茂所写的《责萧衍犯顺书》一文。这是目前见到的有史记载的新安籍作家所写的第一篇议论性散文作品。

责萧衍犯顺书[①]

假中郎将征虏长史程茂顿首顿首，死罪死罪。将军学擅文武，权兼中外，

① [明]程敏政：《新安文献志》卷八，黄山书社，2004年，第239页。

国家之寄悬于将军。主上春秋方富，令德未震，茂愚懵，意谓将军当外护戎垒，乃心本朝，旁招俊乂，在帝左右。不识高明，过计误听，反旆内向，甘为戎首。若事之济否，虽在彼苍，脱或不自旌识，当如之何？茂实不爱死，敢献腹心，惟将军图之。南郢城小而坚，张将军忠贯金石，将士虽不武，然众寡力倍，愿节下勿以为念。风马相异，契阔死生，将军永终令闻，当以伊霍为得失之监。不具。茂死罪。

程敏政在《新安文献志》"先贤事略上（本郡）"中记载：程茂"齐永元中为郢州长史，会萧衍起兵襄阳，分兵围郢城，与守将张冲协力据守，移书责衍反正。诏以茂都督郢司二州，辅国将军，郢州刺史。会援绝城降，义不受梁官。"① 这对于我们正确理解程茂此文的写作背景与文意具有积极作用。

这一议论性散文作品，在内容上，为责萧衍犯顺，程茂不顾个人安危而冒死进谏。仅此一点，即把作者的人格形象刻画得跃然纸上，可以看出作者性格的刚强。他在表面上顾萧衍之脸面，"顿首顿首，死罪死罪""实不爱死"，骨子里却是大义凛然、视死如归。不然的话，他就不会如此"犯上"。他从正文的立场出发，勇于提出自己的见解，表现出鲜明的思想态度，是一个有血性的人。在艺术处理上，注重情理的驾驭与调配，显得迫不得已而又合情合理，语言委婉之中又透射出咄咄逼人的锋芒，篇幅不长，可在内容上有斤有两，掷地有声，令人不忘。虽然是属于议论散文，可是感情激动而饱满，在体现强烈思想感情之外，具有很强的可读性。虽属于日常应用文体，但它具有一定的思想价值和文学价值，是一篇非常成功的议论散文。

(二)程詧与《东天竺赋》

程詧（生卒年不详），郢州茂之子。程詧"幼能文，以诸生选为司徒左长史，累迁散骑侍郎，大同中（535 ~ 546）为秘书少监。与柳恽齐名。尝作《东天竺赋》以自况，为文士所传"。②

柳恽（465 ~ 517）为南朝梁诗人，字文畅。河东解（今山西运城西）人。以诗文琴棋出仕齐、梁两朝，历任秘书监、吴兴太守。有《江南曲》《赠吴均》等诗歌作品。

---

① [明]程敏政：《新安文献志》·先贤事略》上，黄山书社，2004年，第6页。
② [明]程敏政：《新安文献志》·先贤事略》上，黄山书社，2004年，第6页。

其诗情感亲切，韵调俊美。从将程詧与柳恽的对举中，可看出程詧在当时文坛上的地位和影响。

程詧《东天竺赋》一文，今存《新安文献志》卷四十八《赋》。

东天竺赋①

中大同二年秋，河东柳恽为秘书监，詧以散骑为之贰，雠校之暇，情甚相狎。

监署西芜，有异草数本，绿茎疏节，叶青如剪，朱实离离，炳如渥丹。恽为詧言，西真书号此为“东天竺”。其说曰：轩辕帝铸鼎南湖，百神受职，东海少君，以是为献。且白帝云：“女娲用以炼石补天，试以拂水，水为中断；试以御风，风为之息。金石水火，洞达无阂。”帝异焉，命植于蓬壶之圃。此其遗状也，然不复如向时之验矣。

詧验，怪斯言诞而不经。因窃叹曰：物固有弱而刚，微而彰。当其时也，雷轰而骑翔；非其时也，穴蟠而泥藏。岂特斯草也，感而作赋云。

程敏政认为程詧“尝作《东天竺赋》以自况”。那么,作者“自况”了些什么呢?一是表明了他与柳恽的深厚友情，二是叙写了与友人共同赏鉴东天竺的情景，三是对传说的质疑，四是写了自己对世情物理的感悟。通过此篇，可以看出，程詧为人坦率，对人对事情感态度分明；不囿旧说，有自己的独到见解。他与程茂虽为父子，但个性并不相同。程茂在文中是剑拔弩张，程詧则显得从容含蓄，这自然与他们所写的题材与文体不同有关。虽如此，还是可以看出，前者的军人身份和作风，后者的文人身份与气质。作为文人的程詧，是自然而然地选取了抒情散文的文体来抒发自己的感情。此篇在内容上，叙的是友人之情，赏的是花草之景，感的是物理世情，显得脉络分明，摇曳多姿。语言上，有叙述，有描写，有议论，活泼细腻，耐人咀嚼；篇幅不长，但铺写从容，文笔婉致，极具才情，为新安有史记载以来的第一篇新安籍文学家所创作的抒情性作品，殊为可贵。

(三)程茂与程詧的影响

程茂、程詧父子为官在外，除了在本职上竭尽心力外，也为新安文学的创造作

---

① [明]程敏政：《新安文献志》卷四十八，黄山书社，2004年，第1011页。

出了贡献。当然这种贡献对程茂来说是不自觉的，因他的《责萧衍犯顺书》直接体现出来的是尽自己军人的本职，无意中却使他的书信成了新安文学中流传下来的第一篇议论散文。程督倒是进行着自觉的文学创作，因而文学价值更高。正由于他们的自觉与不自觉的着力，使得新安文学在初创之时，即显出成熟的面貌与格调，客观上成了新安文学初创时期的代表。

同时，程茂、程督对新安程氏家族的发展产生了不可低估的重要影响，无论是在尚武精神上还是崇文影响上都是如此，为后来作为"新安八大姓"之一的程姓的发展起到了重要作用。

在尚武精神方面，程茂曾孙、程督孙程灵洗是新安程姓供奉的宗族显祖，甚至被推上"保佑一方"的地方神来供奉。程灵洗 (514 ~ 568)，字元涤。海宁黄墩（今黄山市屯溪区篁墩）人。梁"侯景之乱"，灵洗集黟、歙乡勇保卫地方，抗拒景军，梁元帝授谯州刺史，领新安太守。归陈后，武帝嘉其义，授兰陵太守，封遂安县侯。后以功授都督南豫州刺史、左骑将军。天嘉四年 (563)，灵洗率部击败周迪兵寇，迁中护军，都督郢州刺史。废帝即位，封灵洗为云麾将军。后又以平叛有功，封重安县公、安西将军。灵洗治军严明，与部众同甘苦，颇受将士拥戴。性好播植，精于耕耘，常亲临田间劳动，且"妻妾无游手，并督之纺绩"。可以看出，程灵洗受曾祖父程茂影响很深，不但经历相仿，并且都曾出任郢州刺史。

在崇文方面，程茂、程督父子也对程氏宗族起到了人文引导作用，产生了像明代程敏政这样在全国具有影响的文学家。正因如此，才有程敏政所编纂的《新安文献志》，才有在其中收录程茂、程督的记载，体现了程敏政的家族自豪感和认同感。这一现象本身，正体现了程茂、程督对新安程姓的影响，体现了对徽州文学发展的影响。

二、吕文达与《吕堨记》

吕文达（465 ~ 541 在世），河南南阳人，出生于世袭贵族家庭。于南北朝齐永明年间（483 ~ 493），任新安内史，后定居歙县城西堨田村。

据记载，歙县堨田村素有"竹林清幽地""芦阳绿野田""汪塘夜月皎""吕冢朝云烟""古圣斋堂铎""竺溪禅寺泉""蓉菰段牧笛""菖蒲滩钓川"等"堨田八景"之说，可见这里自然山水与人文之美。虽然这"堨田八景"不一定出现在吕文达在此定居的时期，但其中与他来此定居和主持吕堨建设带来的发展不无关系。宋代汪硕儒对堨田写有《八景总题》诗云："把钓蒲滩胜渭滨，蓉菰牧笛芦阳耕。竺溪禅寺甘泉出，古圣斋堂宝铎鸣。云封吕冢三台秀，月照汪塘一鉴清。竹林唐代书楼隐，翰苑遗芳世业深。"① 其诗情画意，令人向往。"堨田八景"中的"吕冢朝云烟"，其中的"吕冢"即吕文达及郑夫人墓。该墓建筑宏伟，除有巨碑外，另设有石桌、石凳、石人、石马，其地临田野，云烟在望。

吕文达所写的《吕堨记》一文，就是写他定居吕堨后的有关生活。

吕堨记②

文达家世南阳，父安国，事宋为直阁将军。母袁氏，以明帝泰始元年乙巳六月十八日生文达于台先，直阁将军酷爱之，以为类己，凡有征伐，必携之以从。未几，齐受宋禅，魏师攻寿阳，敕先将军救之，因援朐山，殁于阵，时建元二年九月十二日也。长兄文度承父荫掌兵权，次兄文显为中书舍人，得幸用事。文达菲才，叨蒙圣恩，擢为侍中，出入禁门，屡蒙推奖。永明十一年，武皇帝封次子昭文为新安王，迁文达为新安内史，代王之郡治事。隆昌元年七月，郁林废黜，新安即真改元延兴，达以字犯主讳，改名明远。寻受勅命以为藩地根本，宜守，免朝十月。高宗自立，废主上为海陵王，已而弑之。高宗既得志，宰戮诸王，斥逐朝士。二兄解职，失势家居，始予至新安。洎主被弑，甫周寒暑，不幸家人接踵云亡。夫人王氏亦殒，继娶歙西湖田郑思公女仲娘，生昇明二年戊午二月十五日未时。先是余闻主上被弑，即欲讷职归朝，妻父王晏为尚书令，贻书止予曰："且勿轻动，待其宁息，然后上进。"又三年，外父被杀，父友沈文季复书语予："宜深韬晦，潜迹俟恩。"于是问舍求田，无意朝廷事，乃于继室郑氏所居之右，筑室而家焉。

然新安之为郡，山多田少，惟湖田一坂，首尾约十里左右。半之中有湖名吕，莫知何人所浚，潴水以浇湖下之田，岁得有秋。而湖上之田则引各涧之水为之灌溉，一或亢阳为虐，则桔槔连阡，湖之利及人广矣。天监初，此湖倏然堙塞，向之深渊处所，悉为阻洳，古称沧海变桑田，信不诬哉！然所仰湖上涧水，

① [宋]汪硕儒：《竹林诗集》。先生别号竹林，堨田人。据"堨田村简介"，http://newwcwy.ahxf.gov.cn/Skin1/Content/?VillageID=2965&NewsID=162076.

② 何警吾：《徽州地区简志》，黄山书社，1989年，第326～328页。

所溉愈难种莳，又况连年旱暵，莽苍丛生，民为叹息，至有洒泪者。予因忆往年侍先将军救寿阳时，豫州刺史恒崇祖堰淝以灌魏师，可为法则。于是同妻兄孟公窃相地形高下，流派得宜，率四民畚插疏凿一十余里，上通深渊洄洑之所，横绝中流，筑而捍之，约高五丈有奇，横阔二十余丈，引水入渠。南渠地势差高，灌田一万余亩，北渠地势差低，田则倍之。经始于大通元年丁未八月十五日，成通于十一月二十日。次年戊申二月十六日，山水骤发，流入二渠，滔滔滮滮，上下浸溉，南北有余。数年之间，荒郊断陇，复见扶犁秉耒，老稚在田；禾稼青青，被满阡陌。由春抵夏，由夏抵秋，不动桔槔，而年书大有，远近相庆，椎牛炮羔，烹鲜载醪，鼓吹喧号，达于衡茅。有礼有文，斯乐陶陶。酒既毕，举盏请曰："今者工事告完，稼穑有登，愿请厥名，俾远传流。"予曰："天道有盈亏，水道有通塞，昔之湖水，功被万民，岂知一旦填塞乎？膏腴变作硗确，苗稼化为草莱，又知今日复通乎？此皆天地之数，诸人疏沦之功，岂可独推于予哉！"众固请予曰："昔湖以吕名，今堨亦以吕名，何如？"众谓予不矜不伐，咸乐从之。既以吕名堨，又以堨名村，遂改湖田为堨田。诸君子更欲俎豆我于堨上之滨也，予亦何德，足当此乎？

顾予老景寻侵，传宗乏嗣，乃谋诸阴阳家，得吉地于所居之北，于大同元年乙卯十一月十九日丑时，营寿藏以为吾夫妇他日归真之所。刻像于堨上之亭。且予生北居南，平生练事及开浚颠末，苟不记录付诸岳氏之子孙以传永久，后人罔知。况予后嗣既绝，则拜吾墓，装吾像，亦在岳氏之子孙焉。后之览者，亦将感于斯云。

大梁大同六年庚申春三月，南阳吕文达明远记。

吕文达在新安任职与定居生活47年后回顾既往，既有家族的兴旺与不幸，又有自己的波折与所幸；既有凿渠灌溉的辛劳，又有造福于民的功德；既有对有生之年的眷念，又有对没有子嗣的无奈。其事实，其情真，其文朴，让人在不知不觉中受到感染和感动，为其一生的艰辛和沧桑而扼腕。

作品第一部分表面上看好像与文题无关，其实写的是他之所以定居吕堨和治理吕堨水利的背景，让人对他的身世与经历有所了解，加强了本文的厚重感，让人感到动乱不居的时代的可怕和安居乐业的美好。也正是作者的特殊背景与经历（官场生活的险恶与家庭生活的重建），使他毅然决然地选择了乡村生活并投身乡村生活，从而在客观上造就了乡村人们的美好生活的同时，也赢得了自己的美好晚年生活。

第二部分是文章的主体。在这一部分，作者细叙了治理吕堨的经过，既有客观叙述又有生动描写，文笔朴素自然、简洁流畅。特别是写到由于吕堨治理成功、造福村民的一段描写，令人感动和鼓舞："数年之间，荒郊断陇，复见扶犁秉耒，老稚在田；禾稼青青，被满阡陌。由春抵夏，由夏抵秋，不动桔槔，而年书大有，远近相庆，椎牛炮羔，烹鲜载醪，鼓吹喧号，达于衡茅。有礼有文，斯乐陶陶。"此情此景，让人感到无忧无虑的乡间生活的无限美好，而这种生活正好与第一部分所叙述的官场生活形成鲜明对照，反差巨大。而这种美好生活正是他一手缔造的，对他来说，没有什么比这更满足的了。因为昔日的官场生活没有找到的幸福感和成就感，在淡出官场以后，他却找到了自己事业和人生的归宿。这一散文包含的语意非常丰富，值得我们细细咀嚼与品味。

这一散文文笔简练，层次清晰，不仅具有史料价值，而且具有较高的文学价值，是现存徽州文学的第一篇记叙性散文作品。其具体价值在于：

一是具有重要的历史价值。通过对自己家庭的不幸遭遇和对南北朝时期动荡社会的揭示，展现了当时历史时代的本来面目，为我们正确认识那个时代提供了实例；在通过治理吕堨水利的同时，对当时新安民间生活实态进行了形象揭示，为我们正确认识南北朝时期新安乡村生活提供了真实图景；为我们认识当时新安水利建设提供了一个典型范例；民众对安定富足生活的向往，对功德之人的纯朴感念与纪念，体现了南北朝时期新安百姓的真挚而朴实的美好心态，为我们认识当时时代人们的精神世界提供了条件。它鲜活地记录了新安人早期生活的一段宝贵历史，具有重要的认识价值。

二是具有重要的艺术价值。它是新安文学中第一篇成熟的记叙散文。艺术上其内容处理具有很大的现实与历史的跨度，结构上具有一定的对称性，语言上具有特有的鲜活性，具有政治生活与民间生活、个人生活与群体生活、个人不幸生活与幸福生活的对比性，由此造成巨大的反差性，包藏着丰富的社会与人生要义，令人体味不尽。

三是具有重要的教育价值。它告诉人们：人只要为社会、为他人作出贡献，就会得到社会与他人的承认与崇敬；只有在为他人创造了幸福的时候，才会找到自己的欢乐和幸福。启迪新安后人用自己的智慧与汗水回报父老乡亲、回报社会，在实现自己人生价值的过程中无憾于自己的人生。

在新安文学的起始阶段，诗歌与散文这两种在早期文学中普遍出现的主要体裁都有了展现，特别是散文的主要文学体裁类型都成熟显现出来。有第一篇议论散文——程茂的《责萧衍犯顺书》，有第一篇抒情散文——程督的《东天竺赋》，有第一篇记叙散文——吕文达的《吕堨记》，并且这些散文全是新安籍作家创作的，体现了新安文学起始阶段散文创作的格局特点。

第二节　李白寻访许宣平传说及其文化意义

李白寻访许宣平的传说是徽州最著名的传说之一，在南唐以后的众多著作中有较广泛的反映。对其传播过程与特点进行梳理分析，具有重要的传播学认识价值。需要着重指出的是，这一传说最早出现在南唐沈玢所著的《续仙传》中，是以《许宣平》为题和以许宣平为主体的。但从其意义内涵和后来的传播走向看，或许由于李白声名显著的原因，形成了“李白寻访许宣平”的流传格局。基此，本节以“李白寻访许宣平传说”作为主题叙述语。

一、李白寻访许宣平传说的出处与背景

从目前所能见到的资料看，李白寻访许宣平的传说最早源于南唐沈玢《续仙传》。《续仙传》是继汉代刘向《列仙传》、晋代葛洪《神仙传》之后的仙传著作，距今已有千余年历史。

沈玢，五代人，居于南唐（937 ~ 975），生平不详。据《续仙传》自序等记述可知，他生而慕道，周游寰宇，仕南唐为溧水县令，兼监察侍御史。从沈玢《〈续仙传〉序》①中，可了解其撰《续仙传》的大致意图。录文如下：

古今神仙，举世知之。然飞腾隐化，俗稀可睹。先贤有言曰：“人间得仙

① [五代]沈玢：《续仙传》，四库全书子部十四。

之人，且十不闻其一。”况史书不载神仙之事，故多不传于世。详其史意，以君臣父子理乱忠孝之道激励终古也。若敦尚虚无自然之迹，则人无所拘制矣。《史记》言三神山在海中，仙人居金银宫阙，不死之药生其上。人有欲近山者，则风引船而去，终莫能到。斯亦激励拘制之意也。大哉神仙之事，灵异罕测。述云，初之修也，守一炼气，拘谨法度。孜孜辛勤，恐失于纤微。及其成也，千变万化，混迹人间。或藏山林，或游城市。其飞升者，多往海上诸山。积功已高，便为仙官，卑者犹为仙民。何者？十洲间动有仙家数十万，耕植芝田，课计顷亩，如种稻焉。是有仙官分理仙民及人间仙凡也。其隐化者如蝉蜕，留皮换骨，保气固形于岩洞，然后飞升，成于真仙，信非虚矣。玢生而慕道，常愧积习。自幼及长，游历宦途，周游寰宇。凡接高尚所说，或览传记，兼复闻见，皆铭于心，而书于牍。又以国史不书，事散于野。矧当中和兵火之后，坟籍犹阙。讵有秉笔记而述作者，处世斯久，人渐稀传。惜哉！他时寂无遗声，今故编录其事，分为三卷，冀资好事君子学道之人谈柄，用显真仙者哉。朝请郎前行溧水县令兼监察御史赐绯鱼袋。

由此可见，其撰《续仙传》目的是多方面的：一是有感于“史书不载神仙之事，故多不传于世”，为“国史不书，事散于野”“处世斯久，人渐稀传”感到惋惜，故编录其书以传；二是沈玢“生而慕道”，对隐化者飞升成仙“信非虚”，编录此书“冀资好事君子学道之人谈柄，用显真仙”；三是“敦尚虚无自然之迹”，劝勉人生“孜孜辛勤”，不“失于纤微”和“拯人悬危”“救人疾苦”。对此，乔象锺、陈铁民认为，“沈玢的小说每在仙界与世间、仙人与凡人的鲜明比衬中，表露自己的去取好恶。作品中称颂仙道所用的‘拯人悬危’‘救人疾苦’和‘性高尚’等，无不表明作者着眼于现实的创作动机和思想品格”。[①]

李白寻访许宣平的传说，见于《续仙传》中隐化一十二人之二《许宣平》：[②]

许宣平，新安歙人也。唐睿宗景云中，隐于城阳山南坞，结庵以居。不知

① 乔象锺、陈铁民：《唐代文学史》(下)第31章《五代十国文学(上)》，http://www.du8.com.

② [五代]沈汾：《续仙传·许宣平》，《历代志怪大观》，上海三联书店，1996年，第500页。

其服饵，但见不食。颜色若四十许人，行如奔马。时或负薪以卖，担常挂一花瓠及曲竹杖，每醉腾腾拄之以归。独吟曰：“负薪朝出卖，沽酒日西归。路人莫问归何处，穿入白云行翠微。”尔来三十余年，或拯人悬危，或救人疾苦。城市人多访之，不见，但览庵壁题诗云：“隐居三十载，石室南山巅。静夜玩明月，明朝饮碧泉。樵人歌垄上，谷鸟戏岩前。乐矣不知老，都忘甲子年。”好事者多咏其诗。有时行长叹曰：“此仙诗也。”及诘之于人，得宣平之实。白于是游及新安，涉溪登山，累访之不得，乃题其庵壁曰：“我吟传舍诗，来访真人居。烟岭迷高迹，云林隔太虚。窥庭但萧索，倚柱空踌躇。应化辽天鹤，归当千岁余。”是冬野火燎其庵，莫知宣平踪迹。百余年后，咸通七年，郡人许明奴家有妪，常逐伴入山采樵，独于南山中见一人坐石上，方食桃，甚大。问妪曰：“汝许明奴家人也？我明奴之祖宣平。”妪言：“常闻已得仙矣！”曰：“汝归，为我语明奴，言我在此山中。与汝一桃食之，不可将出。山虎狼甚多，山神惜此桃。”妪乃食桃，甚美，顷之而尽。宣平遣妪随樵人归家言之，明奴之族甚异之，传闻于郡人。其后妪却食，日渐童颜，轻健愈常。中和年以后，兵荒相继，居人不安，明奴徙家避难，妪入山不归。今人采樵，或有见其妪，身衣藤叶，行疾如飞。逐之，升林木而去。

这一文本，成为此后这一传说传播的最早文本。那么，这一文本最早是由哪位写成的呢？

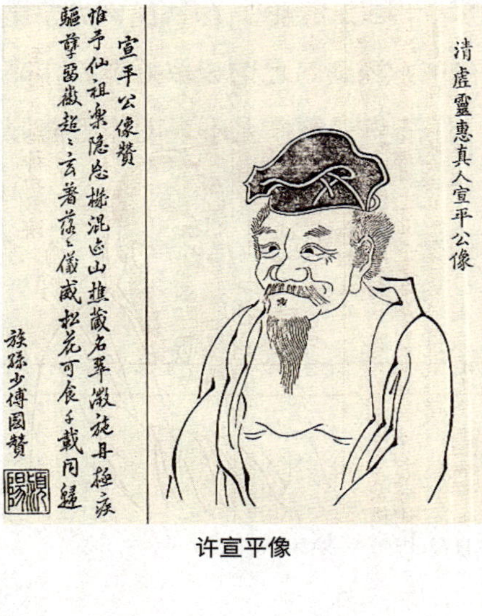

许宣平像

从发生学角度说，一般要写此类人物传记或传说，首先是熟知此类人物或传说的人。从常理说，熟知许宣平者无疑是歙州本土的人。是本土的什么人向沈玢提供了这一素材，还是熟知这一素材的人直接写了这个传说而被沈玢所阅览呢？

从传说本身提供的信息看，有关许宣平的最早传播是许宣平的族人，因《许宣平》中有“宣平遣妪随樵人归家言之，明奴之族甚异之，传闻于郡人”的记载，而这也符合常理。从此可知，是许宣平族人首先传闻于郡人，郡人才将许宣平的故事一传十、十传百，以至于“好事者多咏其诗。有时行长安，于驿路洛阳同华间传舍是处题之”，才有人来写后来的整个许宣平的传说故事，才被沈玢改编收入《续仙传》。

从沈玢本人在《〈续仙传〉序》中提供的信息看，他自己所说的“凡接高尚所说，或览传记，兼复闻见，皆铭于心，而书于牍”，加上“今故编录其事”中的“编录”之意。据此判定，这一传说极有可能是在他人所写文本基础上，由沈玢改编而成。

无论怎样，沈玢对许宣平传说的传播起到至关重要的作用，因其在《续仙传》中最先保存了这一传说，为后世的广泛传播提供了可能性。从这一文本形式看，许宣平传说的最早传播形式就是“传说”这一形式本身。

二、作为多个身份结合体的许宣平

作为徽州历史上最重要的传说人物之一的许宣平，由于在南唐沈汾《续仙传》中的被仙化，以至于后人难以相信他是现实中的人物。那么，许宣平究竟是不是现实中存在的人物？许宣平及其传说在徽州具有怎样的文化意义？

许宣平的现存资料，主要见于沈汾《续仙传》中的《许宣平》。或者说，首先是《续仙传》让我们知道了徽州历史上有个许宣平。因为是从《续仙传》后，徽州的地方史志才有了许宣平的记录。既然如此，能否把《续仙传》中的《许宣平》当作历史人物资料来看呢？通过分析，我们还是能从中找到一些作为历史人物的许宣平的蛛丝马迹的。这可以从以下方面得到说明：

首先，从沈汾《续仙传》中的《许宣平》所写内容看，许宣平具有人所存在的自然和社会条件：一是有人物生活的地域环境，即歙县城阳山南坞。二是有人物生活的时代和年龄，即生活的时代为唐代景云、咸通时期；年龄为景云60岁，咸通百余岁。虽然年龄上的时间跨度有些不真实，但这是为了体现其仙化特点所做的夸大处理。三是有人物的生活方式和条件，卖柴为生、食山中桃和结庵以居等。四是人物有名有姓有家族，许宣平和他的家族介绍“许明努祖上”等。五是有人物身份，隐者、诗人和仙人。六是有人物完整的事件，许宣平过着独立自足的山中生活；历史上的真实人物李白读其诗并寻访。

从以上多方面条件看，我们有理由认为许宣平是徽州历史上真实存在的人物，而不完全是传说中的人物。

其次，从文本的性质特点看，《续仙传》中的《许宣平》基本上是一种“传”的性质，并且题目就是人的姓名，可以说写实性很强，有一定的现实生活基础。即使是小说创作，也有一个生活真实的问题，但我们读后的感觉是小说的特点不充分，而“传”的特点却很充分。当然，其中也有作为《续仙传》中“仙”的附会成分。如果我们剔除其附会的成分，充分注意它的现实性，就可以看到一个基本可信的许宣平，一个与事实真相接近的许宣平。

再次，从《续仙传》以后的一系列书籍记载看，也基本上是一种类似于实有其人的记载。如宋代乐史所撰的《太平寰宇记》中记载："城阳山，即许宣平得道之所，亦为李白寻之不遇，今山上有遗迹存。"① 元代方回所撰《桐江续集》记载："行七里曰南山，许宣平老仙故居在山上。"② 明代李贤等所撰《明一统志》记载："紫阳观，在城阳山，唐许宣平得道之所，元毁，洪武初重建。"③《江南通志》记载："许仙宫，在府南山，许宣平修真处，即南山道院，宋建炎中改今名。"④

据以上三方面判断，许宣平是徽州历史上一个真实存在的人物。

也许有人会说，既是真实人物，为何正史中无记载？正如南怀瑾《论语别裁·微子第十八》（上）中所说："因为正史是儒家的人编的，他们觉得这些人太神奇了，这些资料都不写在正史中。"⑤ 儒家的人不把道家的人列入正史，道家的人就只好进入《列仙传》一类的书中了。但有一点是毫无疑问的，那就是道家作为群体是现实中存在的人。不然，哪来什么道家呢？

在许宣平是真实的历史人物的认识基础上，我们应怎样来全面认识和评价许宣平？从对《许宣平》进一步的分析研究中，我们发现许宣平是多个身份的结合体。正是这多个身份的结合，铸就了许宣平的特有魅力，形成了历史上的“许宣平现象”。具体说来，许宣平具有诗人、隐士和仙人三种身份。要真正认识和评价许宣平，就必须从这三种身份的结合中来进行。而这种认识和评价反过来有助于形成和说明许宣平是一个真实存在的人物的判断。只有这样，才能真正认识和评价许宣平，才能认识和评价许宣平在徽州历史和文化上的意义。

---

① [宋]乐史：《太平寰宇记》卷一百四，四库全书本。
② [元]方回：《桐江续集》卷十七，四库全书本。
③ [明]李贤等：《明一统志》卷十六，四库全书本。
④ [清]赵宏恩等：《江南通志》卷四十七《舆地志》。
⑤ 南怀瑾：《论语别裁·微子第十八》，复旦大学出版社，1996年，第835页。

(一)诗人许宣平

可以说,在李白寻访之前,许宣平在当地就已经是一个有影响的诗人。否则,“好事者”就不可能把他的诗题写到洛阳传舍壁上。当然，从历史上看，许宣平的声名最终主要是通过李白寻访而得以扩大的。李白之所以要寻访许宣平，是由于他在洛阳传舍读到了许宣平的《庵壁题诗》[①]，并由此而仰慕许宣平，寻访许宣平。要了解诗人许宣平，首先就要来看看被诗仙李白叹为“仙诗”的诗作：

题庵壁

隐居三十载，筑室南山巅。
静夜玩明月，闲朝饮碧泉。
樵人歌垄上，谷鸟戏岩前。
乐矣不知老，都忘甲子年。

此一诗篇高度形象地传达了许宣平自身的隐居之乐。它既写了视觉体验的快乐,又写了味觉体验的快乐,还写了听觉体验的快乐,以及与大自然亲近之乐。正是这些,使他乐得忘记了岁月，乐得忘记了步入老境，乐得似天仙一般。作品充满一种不食人间烟火的仙界生活的气息，具有一种飘逸之美。这样的诗美，也是李白自身所追求的，与他是有共同性的。再加上此时的李白，正是对自己只被作为陪侍皇帝游戏诗文的“翰林待诏”而满怀失望地离开翰林院之际，不期然而然地读到了许宣平的“仙诗”，自是怦然为之心动。因为“仙诗”中所写的，正是他时下所需要的、所向往的。他渴望有许宣平这样的生活来使自己从现实的烦恼中解脱出来，甚至走一条像许宣平这样的归隐乃至求仙之路。再加上李白狂傲不羁的性格和飘逸洒脱的气质所固有的仙风道骨,正与许宣平相契合。正因如此,他油然赞叹许宣平的诗是“仙诗”,并情不自禁地做出寻访许宣平的“诗意”选择。

要进一步了解许宣平的诗人情怀，还可以看他的《负薪行》。[②] 此一作品同样是许宣平豁达生活的真实写照。

---

①[五代]沈汾:《续仙传》,《历代志怪大观》,上海三联书店,1996年,第500页。
②[五代]沈汾:《续仙传》,《历代志怪大观》,上海三联书店,1996年,第500页。

负薪行

负薪朝出卖，沽酒日西归。
借问家何处，穿云入翠微。

诗中既表现了诗人的日常生活，又刻画了自己家居的环境特点，同样显出飘逸和洒脱，具有超凡脱俗的格调，在高度的艺术概括中蕴藏着特殊的张力，体现了作者的审美力和创造力。倘若李白读到了这一诗篇，同样会给予认同和赞美。

而李白在寻访许宣平不遇后，在其庵壁上所题写的《题许宣平庵壁》[①]诗，也从一个侧面写出了许宣平的真实生活环境特点，为理解许宣平提供了一种独有条件。因为李白虽然寻访许宣平不遇，但毕竟亲眼见到了他的居所。

题许宣平庵壁

我吟传舍诗，来访真人居。
烟岭迷高迹，云林隔太虚。
窥庭但萧索，倚柱空踌躇。
应化辽天鹤，归当千岁余。

诗中既有对“真人”的向往和对“真人居”实感的真切描绘，又有对自己寻访不遇的情感流露，还有对“真人”归来的悬想，包含了丰富的思想意味。

李白寻访许宣平不遇是这样，那么，许宣平在见了李诗后又如何呢？这可从《见李白诗又吟》[②]中看出他的真实心迹：

见李白诗又吟

一池荷叶衣无尽，两亩黄精食有余。
又被人来寻讨着，移庵不免更深居。

---

①[五代]沈汾：《续仙传》，《历代志怪大观》，上海三联书店，1996年，第500页。
②[清]彭定求等：《全唐诗》卷八百六十，四库全书本。

从这一诗篇中，可以看出许宣平对自己的自然生活的进一步写照。他已经完全摆脱了世俗生活的纠缠，进入了一个亦人亦仙的境界，不再与世俗中人相往来，自然是“移庵不免更深居”，表明了对李白寻访的态度。李白寻访不遇自是一种遗憾，一种不完满。但从许宣平的诗篇中，却可以完整地看出许宣平的心态轨迹和人生追求。李白寻访许宣平不遇与其说他们之间缺少一种机缘，不如说是作为诗仙的李白与许宣平之间还客观地存在着一种距离。正是这种距离阻隔了他们的相见。

从上述许宣平的诗篇看，许宣平无疑是一位优秀的诗人，是有案可查的生活在徽州本土的最早的优秀诗人，并且是新安诗人中受到诗仙李白特别关注的唯一一位优秀诗人。

(二)隐士许宣平

许宣平的隐士身份，一方面可以从《续仙传》中的“唐睿宗景云中，隐于城阳山南坞，结庵以居”看出，另一方面还可以从许宣平在自题庵壁诗“隐居三十载，筑室南山巅”的诗句中看出，它们清楚地告诉我们：许宣平是一个地地道道的隐者。

至于许宣平为什么隐居，虽然没有交代，但无疑与他的人格个性和价值取向密切相关。历史上大凡作为隐士的，并不是不关心天下大事，只是所采取的方法与一般人不同，他们希望国家安宁，百姓幸福，但他们不愿自己站出来去从事相关活动。有时他们明知道时代不能挽救时，他们选择了逃避，但这种逃避是为了保留文化的精神，寄希望于后人。[①] 尽管如此，许宣平还是做了他力所能及的事，正如《续仙传》中所说：“迩来三十余年，或拯人悬危，或救人疾苦，城市人多访之。”由此可见他的处世之道。从他的“一池荷叶衣无尽”的诗句中，也可以约略见出他的人格情操。

作为隐士的许宣平，他既在“城市人多访之”时“不见”，又在知道进山打柴的是许明奴家人后，只告诉“我明奴之祖宣平”和“汝归，为我语明奴，言我在此山中”，却不愿回家探访；还有不与远道寻访而来的李白相见；所有这一切都充分说明作为隐士的许宣平，已经无意与世俗生活中的人往来，按照歙县本土至今还流行的话说就是“仙人不搭凡人”了。

试想，如果李白寻访许宣平而许宣平又与他相见的话，那反而没有什么特别的体味不尽的文化意义了，就连李白《题许宣平庵壁》的诗也不会有了。若那样，只

① 南怀瑾：《论语别裁·微子第十八》，复旦大学出版社，1996年，第835页。

能说明许宣平还不是真正的隐者。而李白寻访许宣平不遇的结局却正有一种深刻的文化意义在其中，值得好好寻味。

(三)仙人许宣平

许宣平的仙人身份，《续仙传》中是通过以下三个方面来体现的：一是写他所食非同寻常："不知其服饵，但见不食""闲朝饮碧泉""方食桃，甚大"。二是写他行动轻飘如仙："颜色若四十许人，行如奔马。"而其中写妪的成仙，也是在间接写许宣平的成仙。因为只偶尔食了许宣平所给的桃的妪，"日渐童颜，轻健愈常"和"今人采樵，或有见其妪，身衣藤叶，行疾如飞。逐之，升林木而去"。那么，终日在山中生活的许宣平的轻飘如仙自可想见。三是写他寿命之长。百余年后，郡人许明奴家有妪，常逐伴入山采樵，独于南山中见一人坐石上。按照《续仙传》中所写，他在景云年间（710 ~ 712）就已经是 60 岁了（诗云"都忘甲子年"），再到咸通年间（860 ~ 875）就是 200 多岁了。这正是按照成仙的需要来写的。

李白”问津“处(歙县渔梁)

得道成仙是当时时代和社会的普遍追求。许宣平的得道成仙，寄予了当时人们对长生不死的美好愿望。这也多少体现了对人生的热爱，对生命的留恋和珍惜。而在当时的歙州，人们的这一愿望是通过许宣平这一人物来实现的。这仿佛在告诉人们：只要像许宣平这样生活与做人，就可以得道成仙。当然，成仙以后又怎样呢？是为活着而活着吗？是像许宣平这样不食人间烟火、过着独往独来的生活吗？这些且无须考虑的，因为在人们的意念中只要成仙就是实现了最终的理想。

通过以上探讨，我们发现了许宣平具有诗人、隐者和仙人三种身份。这就告诉我们，如果只是从一个方面来看许宣平，那是不完整的。特别是我们习惯上只把他当作仙人来看，那看到的有可能只是荒诞，甚至看到的是连许宣平这个人物都不存在。我们只有从三种身份的结合来看许宣平，才能看得全面和彻底，才能还许宣平本来的历史面目。

三、李白寻访许宣平传说及其文化意义

李白由于在歙州寻访许宣平不遇，后来只得以游览州内的黄山、黟县等地来作为对自己此行的补偿。李白对徽州的1200多年的历史影响，已经成为一种抹杀不去的事实影响，已经客观地赋予了丰富的地域文化意义。

首先，李白在徽州的一系列游踪，成了后人追踪、缅怀和纪念的胜迹，成为徽州人发思古之幽情之所在，滋养了徽州人的诗意情怀。在歙县渔梁，有李白当年问寻许宣平的“李白问津处”，太平桥头有相传李白曾在此饮酒的“太白楼”，桥下练江有以李白“槛外一条溪，几回流碎月”诗句得名的“碎月滩”。在黄山，有相传因李白饮酒听泉、酒酣醉卧石旁而得名的“醉石”，“醉石”上方有李白手书的“鸣弦泉”和“洗杯泉”；有李白访问的温处士的隐居之处“白鹅岭”；有李白梦见黄山美景、无法以诗表达而掷笔山谷之中，长出如花盛开的黄山松的“梦笔生花”。在黄山区碧山乡石亭村，有根据李白在此所作《答山中人》诗句中的“问余”而命名的“问余亭”。在黟县，有相传李白曾垂钓于浔阳台的“李白钓台”，等等；如此众多的李白游踪成了后人凭吊诗仙、发思古之幽情的场所，焕发了徽州人的诗情。

其次，李白在徽州留下的一批诗作，鼓荡起徽州诗风，使这“尚武”的山越之地潜藏进了“崇文”的因子。生活在唐代歙州的主要是山越人，而山越人具有一种为人诟病的“尚武”之风。只是因诗仙李白的到来，这一“尚武”之地才渐次吹进了“崇文”之风。人们年复一年、日复一日地品味着诗仙李白的寻访故事和他所写的《题许宣平庵》《太平兴国寺》《送温处士归黄山白鹅峰旧居》《赠黄山胡公睴求白鹇》《答山中人》和《石墨岭》等徽州风情的美好诗篇，被一种特有的剀切和亲切所深深吸引和感动，深受李白诗情熏染和陶醉，沉浸在诗仙所创造的无尽遐思之中，领略着诗意世界的美好，从而培育和形成了徽州人的诗化情怀。李白徽州行诗篇早已化作了徽州人的诗魂和血液，成了继南朝梁沈约《新安江水至清浅深见底贻京邑游好》

歙县"太白楼"

后，对徽州文化影响最为深切广大的历史性作品，对徽州文风的形成产生了重要的熏染影响。它作为文化因子，对徽州文化的兴盛和发展给予了一种根本性的内在激发。这种激发不但表现在直接催生了一批赞颂吟咏李白徽州行的诗篇，如清孙光启的《寻李白钓台》等，而且还鼓舞了一代又一代徽州人对于文化事业的孜孜以求，提升了徽州文化的发展品位，催生了后来徽州时代的文风昌盛。

第三，李白徽州行在徽州由美好的传说变成日常美谈，口耳之间传播着诗仙的风神，成为一种口头文化而影响着人们的思想情感，对人们的灵魂起着洗涤、净化和美化的作用，从而衍化生成独特的人格力量。文化是人所创造的，而人是有品格追求的。唐代以后，徽州人特别注重自我人格的涵养沉潜，在各领域特立独行，体现了前所未有的创造才情，出现了世人瞩目的名人辈出的大好局面，创造了灿烂辉煌的徽州文化。徽州人的这种特性，自是与对李白非同寻常的人格魅力和光华四射的创造才情的追慕和认同联系在一起的。

第四，李白以“诗仙”的高度敏锐，发现了作为创造了“仙诗”的徽州人许宣平的魅力，从而叩开了徽州道教文化的大门，使“养在深闺人未识”的道教仙山——黄山北宋景祐《黄山图经》载：唐玄宗信奉道教，因传说黄帝在这里得道升天，于天宝六年六月十七日敕改黟山为黄山。自此，黄山向世人撩开其神秘的面纱。李白以倾慕创造“仙诗”的许宣平而来，最终以领略黄山仙境之美而去。许宣平是得道成仙的仙人，黄山是黄帝炼丹的仙山，李白是一代诗仙；李白仰慕许宣平，寻访许宣平，说到底是仰慕和寻访徽州兴盛的道教文化！而徽州道教文化的盛行，正是唐代社会对道教文化的强烈追捧和推行的典型反映。徽州因李白的到来，客观上宣告了对徽州昌盛的道教文化的发现和肯定，也宣告了徽州从此为更多的世人所认知和瞩目。

地域文化的形成和发展，与它的历史文化传统具有血肉般的紧密联系。李白寻访许宣平的文化影响早已化作徽州历史文化传统中熠熠闪光的部分，因而它对后来的徽州文化在其源头上的发展影响是必然的。

第三节 徽州民谣呈现的地域文化观念

徽州民谣是在古徽州“一府六县”范围内产生的，反映徽州人劳动、生活、习俗、时政和思想感情，由徽州人民创作，并用徽州各地方言吟诵而口传心记代代传承的原生态民间口头艺术。徽州民谣是博大精深的徽州文化和中国民间文学独具特色的珍宝。

徽州民谣的产生区域，主要分布在历史上“一府六县”徽州属地。从县域上，徽州民谣又可分为歙县民谣、绩溪民谣、休宁民谣、黟县民谣、祁门民谣和婺源民谣等。它们因各县方言的不同而有自己的特点，但共同反映了徽州人生活的方方面面，是研究徽州文化的活化石。

众多广泛流传的徽州民谣蕴含着徽州人的一系列的思想文化观念，对它们加以品鉴，可以从中获取解读徽州人的一把钥匙。徽州民谣，徽州人的一个独特观念世界。

一、追求艰苦创业而又自足自乐的人生观念

自古以来，由于徽州地处山区，人多地少，生活困窘，迫使生活其间的徽州人不得不考虑生计问题。而徽州人通过自己的摸索和实践终于领悟到，只有走出山门才能求得生存和发展。这在客观上使走出山门、寄命于商成了徽州人普遍的求生观念，以至经过时空的历练而最终成为一种乡土风俗。徽州人把尚未真正成人的子弟提早放飞，虽然有些不合常情，虽然是不得已的，但与其在家苦熬，不如走出山门换个活法、争个前程的观念无疑是积极的，是一种不失开拓性的观念。由于这种观念的先进性，也就使徽州人不可避免地对徽州本土乃至全国的经济和社会的发展产生重大的历史影响。

徽州民谣这种艰苦创业的观念，主要从反映徽商创业生活的民谣中见出，如《徽馆学生意》《学徒苦》和《写封信啊到徽州》等。在流传于绩溪的民谣《徽馆学生意》[①]如是说：

> 前世不修，生在徽州。十三四岁，往外一丢。
>
> 吃碗面饭，好不简单。一双破鞋，踢踢踏踏。一块围裙，像块纥褙。

① 绩溪县地方志编纂委员会：《绩溪县志》第34章《艺文·歌谣》，黄山书社，1998年，第1019页。

前世不曾修，出世在徽州。年到十三四，便多往外遛。

雨伞挑冷饭，背着甩溜秋。过山又过岭，一脚到杭州。

有生意，就停留；没生意，去苏州。转来转去到上海，求亲求友寻路头。

同乡多顾爱，答应肯收留。两个月一过，办得新被头。

半来年一过，身命都不愁。逢年过时节，寄钱回徽州。爹娘高兴煞，笑得眼泪流。

从中看出，在古徽州经商是一种习尚，成了徽州人求生存图发展的基本理念；徽商的起步和发展充满了艰辛，以及义无反顾的决心和坚忍不拔的意志；徽商重视乡谊，经常网开一面，互相照顾关爱，提携后生共同发展；徽州人有强烈的乡土和孝的理念，一有收获即回报乡里。所有这些都体现出徽商之所以能走向成功，实在是一种历史的必然。

作为徽商的创业生活是异常艰苦的，而学徒生活尤其如此，流传在休宁一带的《学徒苦》① 的民谣道出了其中甘苦：

学徒苦，学徒愁，头上带“栗包”，背脊驮拳头。三餐白米饭，两个咸鱼头。

从此可知，学徒生活既有生活上的艰苦，又有学艺的辛苦，还有难以免除的肉体和精神上的痛苦。而他们无疑是吃得“苦中苦”的，到后来终于成了“人上人”——成了称雄一方、人所称羡的徽商中的一员。流传于绩溪的《写封信啊到徽州》② 的民谣，更是全面而深入地体现了这一群体的心路历程：

青竹叶，青纠纠，写封信啊上徽州。

叫爷不要急，叫娘不要愁，儿在苏州做伙头。

一日三顿锅巴饭，一餐两个咸鱼头。

儿的那双手像乌鸡爪，儿的那双脚像炭柴头。

---

① 休宁县地方志编纂委员会：《休宁县志》卷三十一，安徽教育出版社，1990年，第561页。

② 季家宏：《黄山旅游文化大辞典》“民歌谣谚”，中国科技大学出版社，1994年，第591页。

天啊地啊老子娘啊，儿在外面吃苦头。
青竹叶，青纠纠，写封信啊上徽州。
叫爷不要急，叫娘不要愁，儿在苏州做伙头。
儿今在外学生意，心中记住爹娘的话：
"茴香豆腐干，不能自己端；吃得苦中苦，方为人上人。"
学好了生意我再上徽州。
天啊地啊老子娘啊，没有出息我就不回头。

在外学手艺的徽州子弟，虽然自己在外面吃尽了苦头，可还不忘爹娘所叮嘱的"茴香豆腐干，不能自己端"，其中的"茴香"实乃"回乡"的谐音。此句意是千万不能因为吃不了苦而中途打道回府，让邻里乡亲耻笑。虽然吃尽苦头，却反复安慰自己的爷娘"不要急""不要愁"。之所以能如此，一是他们不敢也不愿违背乡俗，招人耻笑；二是由于自己心中满怀着理想，那就是能出人头地，能过上梦寐以求的好生活。而事实上，也往往正是在外面做伙头的这些人，后来成了在全国经营徽菜馆的著名徽商。再如，同是流传于绩溪的民谣《焰火虫》：[①]

火焰虫，低低飞，写封信，到徽州。
一劝爷娘别挂念，二劝哥嫂不要愁。
一日三碗锅焦饭，一餐两个腌菜头。
面孔烟抹黑，两手乌溜溜。
今朝吃得苦中苦，好的日子在后头。
火焰虫，节节红。
公公挑担卖胡葱，婆婆绢糊灯笼，
儿子开店做郎中，新妇织布做裁缝，
一担米桶吃不空。

此一民谣，可与《写封信啊到徽州》相互映照，但在理想的表现上更具体，即"公

① 绩溪县地方志编纂委员会：《绩溪县志》第34章《艺文·歌谣》，黄山书社，1998年，第1018页。

公挑担卖胡葱，婆婆织绢糊灯笼，儿子开店做郎中，新妇织布做裁缝，一担米桶吃不空”。这种理想图景对于当时缺吃少穿的徽州人来说，无疑是很诱人的。正是这种理想的鼓舞，他们才能以苦为乐，乐此不疲。此中不但反映出这一类从商者的普遍内心世界，而且也折射出徽商的心路历程。

在“前世不修，生在徽州。十二三岁，往外一丢”的著名民谣中，细细品味，其中不无哀怨之意。但同时可以看出，徽州人的坚毅果决、义无反顾的决心和勇气。外出经商，徽州人最大的事业追求。在事业为重的思想驱使下，随之而来的吃苦耐劳、万难不拔的“徽骆驼”精神就成了徽州人艰苦创业的基本品格。徽商的成功实在是苦尽甘来的一种真理性实现。

与外出经商的徽州人略有不同，生活在本土的徽州人在观念上则流露出另一种情怀，那就是流传于休宁的《山里好》和流传在绩溪的《手捏苞芦粿》的儿歌中所表现的。《山里好》[①] 中说道：

手捧苞芦粿，脚踏硬炭火，除开皇帝就是我。

《手捏苞芦粿》云：

手捏苞芦粿，脚踏树桩火。
无忧又无虑，皇帝不抵我。

这两首民谣体现了一个共同的思想，那就是对那种无忧无虑的生活的满足，但这种满足又完全是自足自乐式的，是那种简单的温饱式生活，且是最大的满足。当然，这种观念有保守狭隘的一面。其中，自然也多少包含了对统治阶级的某些鄙视的意味，但主要还是表现了自足自乐的生活观念。这也表现出走出去的徽州人之所以大多能取得成功，就在于他们具有开阔的眼界和拓宽的胸襟!

作为徽州人的人生观念是走出山门的徽州人艰苦创业的观念，与立足本土的徽州人自足自乐的观念胶合在一起的。走出去者通常具有与时俱进、永不满足的观念，

① 休宁县地方志编纂委员会：《休宁县志》卷三十一，安徽教育出版社，1990年，第560页。

而在本土者的观念却相对保守，即使是当下黄山人的观念也仍然如是。

二、追求自由幸福而又从一而终的婚姻观念

追求自由幸福的美好婚姻生活是人的基本心愿，这同样在徽州民谣中得到了表现。如流传于歙县的《早日找个男子汉》：①

红萝卜根，白萝卜根，跟着爹娘误终身。
早日找个男子汉，喝茶吃水也宽心。

再如，流传于绩溪的《许个好婆家》：②

柏枝树，柏枝丫，柏枝树下好人家。
生个男，会当家。生个女，会绣花。
等到十八岁，许个好婆家。

就是在美好的婚姻求而不得的情况下，有的就采取非正常的方式来实现，如流传在黟县的《抢亲谣》：③

东山站着姑，西河蹲着哥。
姑儿红着脸，哥儿打哆嗦。
你爹心肠狠，彩礼要得多，
可我穷哥没奈何！
姑儿开了口，说你是傻哥，
农家老规矩，穷汉无钱抢老婆。

这里表现的就是以抢亲的方式来实现对自由幸福的婚姻生活的向往和追求，并且这一方式在民间得到了合法化，成了一种风俗，就是官府对此也只能是睁一只眼闭一

① 歙县文化局编纂委员会：《歙县民间艺术》第2章《口传艺术》，安徽人民出版社，2006年，第55页。
② 绩溪县地方志编纂委员会：《绩溪县志》第34章《艺文·歌谣》，黄山书社，1998年，第1019页。
③ 季家宏：《黄山旅游文化大辞典》“民歌谣谚”，中国科技大学出版社，1994年，第588页。

只眼。这为一部分为客观原因所制约的两情相悦者的自由幸福生活的实现扫除了障碍。

而像流传于绩溪的《蜘蛛吊水》和《蜘蛛吊水过难关》民谣，则表现了对媳妇在婆家小心做人而没有自由和幸福的生活的哀叹，从反面传达出对希求自由幸福生活的合理的肯定，对限制和剥夺其自由和幸福的对象予以否定。如《蜘蛛吊水》：[①]

蜘蛛吊水过栏杆，暴做新妇三年难。
晨早挑水十八担，一夜推磨到天光。
公婆进来吓一跳，小姑进来心一慌。
服侍大来服侍小，闲言闲语听多少。
上床来细细想，翻来覆去无处讲。

又如《蜘蛛吊水过难关》：[②]

蜘蛛吊水过难关，初做媳妇实艰难。
灯盏量米大锅饭，指甲蘸盐当三餐。
堂前来把公婆问，走到堂前开口难。
今朝有米何消问，明朝无米靠何人。
锣靠鼓，鼓靠锣，山上树木靠石塔，年轻媳妇靠公婆。

这两首民谣均以“蜘蛛吊水”的意象来比况封建时代新媳妇的不平等地位。所谓“蜘蛛吊水”，即指蜘蛛结网挂丝，以此来形容新媳妇在婆家的诚惶诚恐、小心翼翼的特殊情形，是入木三分的。

有的民谣则表现了童养媳的悲苦而不幸的婚姻生活，她们追求幸福生活而不得，只能忍辱负重，在空耗生命中实现从一而终。如流传于休宁的《等郎媳》：

娘啊娘，做事真荒唐！

---

① 绩溪县地方志编纂委员会：《绩溪县志》第34章《艺文·歌谣》，黄山书社，1998年，第1019页。
② 歙县文化局编纂委员会：《歙县民间艺术》第2章《口传艺术》，安徽人民出版社，2006年，第502页。

把我嫁到人家去，童养媳等童年郎。
我大他十岁何样讲？不像老婆不像娘。
驮着要拉尿，哭着要吃糖。
日间带他嬉，夜间驮上床，清早帮他着衣裳。
等到郎大我又老，等到有儿又同样。
天下多少违心事，命里注定没法想。

一个青春女子在陪伴、侍候“童年郎”中打发自己的青春，这是极其不幸的。但这里把造成不幸的原因归结为自己的亲娘，这是不正确的，其实在根本上是封建婚姻制度对妇女的摧残。还有流传于绩溪的《十八岁大姐三岁郎》：①

喜鹊哥哥尾巴长，十八岁大姐三岁郎。
半夜三更要奶吃。“我是你的老婆不是你的娘！
不看公婆待我好，一脚踢你见阎王！”

与前首不同处在于将无尽的哀怨转化成了诙谐。在这诙谐中暴露了封建婚姻生活习俗的荒诞，当然作为当事者的内心深处仍然是充满了无可奈何。

特别是作为徽州妇女还存在着物质生活幸福而婚姻生活不幸福的一个特殊群体，那就是徽商妇。徽州男子在出外经商时，一般都要提前完成婚配，这种习俗也就决定了徽商妇的痛苦命运。他们婚后相聚无多，一般都是数年相聚一次，大多夫妻一辈子团聚的时间加在一起也不过三年多，“一世夫妻三年半”的俗语说的就是这种情况。这要忍受多少煎熬！所以，徽商妇充满了辛酸和哀怨的情感是很正常的。像流传于歙县的《十送郎》②这首民谣里表现的徽商妇在送别时的依依难舍的情怀是可以理解的，真是聚时不易别时难，此次分别后就再也不知何时能够相聚了，有的甚至成为永诀：

一送郎，送到枕头边，拍拍枕头睡睡添。

---

① 方静：《徽州民谣》，合肥工业大学出版社，2007年，第154页。
② 季家宏：《黄山旅游文化大辞典》“民歌谣谚”，中国科技大学出版社，1994年，第590页。

二送郎，送到床面前，拍拍床沿坐坐添。

三送郎，送到槛闼（窗）边，开开槛闼看看天。有风有雨快点落，留我的郎哥歇夜添。

四送郎，送到房门边，左手摸门闩，右手摸门闩，不晓得门闩往哪边。

五送郎，送到阁桥（楼梯）头，左手搭栏杆，眼泪往那流；右手提起罗裙揩眼泪；放下罗裙透地拖。

六送郎，送到厅堂上，左手帮哥哥撑雨伞，右手帮哥哥拔门闩。

七送郎，送到后门头，望望后门一棵好石榴。心想摘个石榴给郎吃，吃着味道好回头。

八送郎，送到荷花塘，摘些荷叶拼张床。生男叫个荷花宝，生女就叫宝荷花。

九送郎，送到灯笼店。别做灯笼千个眼，要学蜡烛一条心。

十送郎，送到渡船头。叫一声撑船哥、摇橹哥，帮我哥哥撑得稳端端。

在这里既有对远行的丈夫的百般依恋，又有对早日返回团聚的美好期盼，还有对生育后代的美好希望，更有对丈夫的深情告诫和祝愿，一个贤惠的徽商妇形象跃然纸上。

流传于屯溪的《送夫出门》[①]的民谣，表现了徽商妇在怀有身孕而万般无奈情况下乞求丈夫照顾而不得的悲苦心境。作为经商的丈夫自是身不由己，不得不做出超出常情的决定（当然那种傲慢而冷漠的大男子主义是应该否定的），而妻子也只能在心底深喊几声悲苦外只得认命：

十指尖尖奉一杯，夫白：摆到桌上。

敢问夫君几时回？夫白：不曾走，就想我回来？

十月初上要分娩。夫白：生呗！

分娩之时靠何人？夫白：叫你妈来！

由于徽商离乡背井的特殊性，客观上给徽商妇造成了精神上的莫大痛苦，并产生了消极的后果，使得一些妇女都不敢嫁与徽商为妻。在流传于歙县的《宁愿嫁给

① 季家宏：《黄山旅游文化大辞典》“民歌谣谚”，中国科技大学出版社，1994年，第591页。

种田郎》[①]的民谣里，我们深切体味到了徽商妇辛酸的婚姻生活，也深切理解了她们追求幸福婚姻生活而不得的失望和悔恨的感情：

悔呀悔，悔不该嫁给出门郎，
三年两头守空房。图什么高楼房，
贪什么大厅堂，夜夜孤身睡空床。
早知今日千般苦，宁愿嫁给种田郎。
日在田里夜坐房，日陪公婆堂前坐，夜伴郎哥上花床。

这一民谣通过徽商妇反悔的情感宣泄，典型地反映了她们饱尝情感生活痛苦折磨的内心世界。徽商的巨大成功背后，是徽商妇的沉痛血泪和巨大牺牲。虽然如此，但她们从一而终的婚姻观念却始终没有动摇，表现了她们在爱情上的坚贞。至于因殉夫而死而成为节烈者，在今日的徽州大地上仍可从现存的众多贞节牌坊中见出。但那是封建礼教以礼杀人的鲜活见证，我们今天对于那些牌坊的鉴赏，万不能忘记了这种残酷性质而做出加害于死去魂灵的错误评判。

三、追求孝敬父母而又家庭和睦的生活观念

徽州人孝敬父母而又家庭和睦的生活观念在民谣中有直接体现的，但更多的是间接体现的。之所以如此，是因为在徽州人看来以孝敬父母为中心的家庭和睦的生活观念是本该如此的，而没有这种观念则是极不正常的，是理应受到唾弃的。因而在一些民谣中就主要对不孝敬父母的人和事进行嘲讽和否定，以此来张扬孝亲的思想观念。

直接体现徽州人孝敬父母观念的民谣，主要有流传于休宁的《望娘亲》：[②]

一
甜菜开花齐地乌，红嘴绿鹦哥。
鹦哥囡，爱梳头，开开楼门摘石榴。
栀子花，“乒乓乒”；茉莉花，上刀心；

① 方有正：《古歙谭概》“民谚民谣”，群言出版社，2005年，第341页。
② 季家宏：《黄山旅游文化大辞典》“民歌谣谚”，中国科技大学出版社，1994年，第591页。

做双花鞋望娘亲。

娘亲怀我十个月，月月辛苦到如今。

二

一只鸟，绿茵茵；买花线，穿花针，

做双花鞋看娘亲。

娘亲带我十个月，月月都耽心。

生男犹自可，生女冷冰冰。

这两首民谣真切传达了出嫁女子不忘娘亲的美好感情，表现了对娘亲历尽艰辛的深切理解，以及对娘亲养育之恩的由衷感激，其情异常感人。

间接体现徽州人追求孝敬父母而又家庭和睦生活观念的民谣，主要有《对面山上一只鸡》《喜鹊哥哥尾巴长》和《世上事颠倒颠》。如流传于绩溪的《喜鹊哥哥尾巴长》：①

喜鹊哥哥尾巴长，讨了媳妇忘了娘。

日朝日夜挑丈夫，挑得丈夫狠心肠，

日打爷，夜骂娘。

不曾讨亲真孝子，讨了亲，实该死。

这里对夫妻两人不孝顺父母的恶行进行了揭露和批判，促人警醒。流传于绩溪的《世上事颠倒颠》② 如是说：

世上事来颠倒颠，媳妇骑马公来牵。

叔叔伯伯撑雨伞，无用男人捏马鞭。

捏得好，打三鞭；捏不好，三脚颠。

① 绩溪县地方志编纂委员会：《绩溪县志》第34章《艺文·歌谣》，黄山书社，1998年，第1019页。

② 方静：《徽州民谣》，合肥工业大学出版社，2007年，第67页。

此中对一个蛮横无理的泼妇进行了形象写照，在“世上事来颠倒颠”的评价中加以否定和批判。

除此以外，在徽州的民谣中还对影响家庭和睦的姑嫂之间的不良关系进行了戏谑式批评，以期建立起正常的姑嫂关系而使家庭关系和谐，如《嫂嫂看见姑娘来》《姑嫂莫顶真》等。如《嫂嫂看见姑娘来》：[①]

青竹蛇，骑白马，骑到娘家门槛下。
娘亲看见女儿来，喜笑颜开迎出来。
爹爹看见女儿来，买酒买肉端上来。
哥哥看见妹妹来，放下文章下楼来。
弟弟看见姐姐来，泡茶端水敬上来。
嫂嫂看见姑娘来，躲在房里不出来。
“嫂呀嫂，别小气，今朝有爷有娘来嬉嬉，
无爷无娘不来看尔那个臭面皮。”

这里对“看见姑娘来，躲在房里不出来”的嫂嫂的无礼加以批评，一个如何正确做人和如何使家庭生活和谐的问题摆在了我们面前。

在徽州民谣中，我们还可看到对不重家族情义的行为进行漫画式的嘲讽批评，具有积极的教育效果。如流传在休宁和屯溪的《接外甥》：[②]

一只鸟，叫咩咩，叫到棱塘接外甥。
外甥堂前坐，舅母灶下走马灯。
一碗茶，冷冰冰；一碗面，没三根；
一双筷，水淋淋；一碗鸡，没竹翼；
一碗鱼，没眼睛；一碗青菜没油星。

---

① 绩溪县地方志编纂委员会:《绩溪县志》第34章《艺文·歌谣》，黄山书社，1998年，第1019～1020页。
② 季家宏:《黄山旅游文化大辞典》“民歌谣谚”，中国科技大学出版社，1994年，第587页。

此一民谣讽刺了舅母在接待外甥时的吝啬，对其虚情假意加以嘲笑，其人情价值取向是非常明确的。徽州人的孝敬父母而又家庭和睦的生活观念是根深蒂固的，也是符合民族文化传统的，即使在今天也还是应该积极发扬的。

四、追求重视读书而又博取功名的教育观念

历史上徽州人的出路不外两条：一是经商，一是读书。读书读好了，可以入仕，既解决了生计问题，又可光宗耀祖，可谓一举两得，因而成了徽州人的最大向往和追求。就是经商，也要做一个儒商，那就是亦贾亦儒，或先贾后儒，或先儒后贾。而经商成功了就投资教育，是徽商的一种最基本和最普遍的投资。徽州多才人，与徽州重视教育的美好传统是密切相关的。这种重视教育的传统，也从民谣中表现出来，或者说徽州人追求重视读书而又博取功名的传统思想，在一定程度上是通过民谣的形式来广泛传播，并使之深入人心的。

首先，在徽州，把读书和功名的思想加以灌输，早在孩童时代就开始了。而对孩童的这种灌输是通过民谣的形式在自觉与不自觉中进行的。如流传于歙县的一首摇篮曲《来家做个状元郎》：①

推索钩，慢索落，我家因儿进学堂。
念了不到三年书，来家做个状元郎。

尚在摇篮中的婴儿的耳边，就有了“进学堂”“念书”和“状元郎”的词语不断地回响，这种潜移默化的灌输不可谓不早。由此也可以想见，这种影响会是根深蒂固的。又如，流传于黟县的《扁荚藤》：②

扁荚藤，随地生，外公外婆接外孙。
外公接得哈哈笑，外婆接得笑哈哈。
舅舅接得忙打转，舅母接得苦巴巴。
实劝舅母别叫苦，同是一树好桃花。

① 歙县文化局编纂委员会：《歙县民间艺术》第二章《口传艺术》，安徽人民出版社2006年版，第72页。
② 陆红旗：《桃花源里古村落——西递》，知识出版社，2001年，第135页。

外公给团一包糕，外婆给团一包糖。
舅舅买了几本书，舅母送团进学堂。
读了三年书，中个状元郎。
前街竖旗杆，后街做祠堂。

这种"读了三年书，中个状元郎。前街竖旗杆，后街做祠堂"的理想鼓舞不可谓不诱人，使受其影响和熏陶的人无不充满向往之心。还有流传于绩溪的童谣《哥哥考个秀才郎》：[①]

推车哥，磨车郎，打发哥哥上学堂。
哥哥学了三年书，一考考着个秀才郎。
先拜爹，后拜娘，再拜拜进老婆房。
金打锁匙开银箱，老婆房里一片光。

这里描画了读书人在科场取胜后，又迎来洞房花烛的美好生活情景，让人充满无限憧憬。又如，流传于屯溪的《读书郎》（又题《牵三哥》）：[②]

牵三哥，卖三郎，
打发团，进学堂。
读得三年书，中个状元郎。
前门竖旗杆，后门开学堂。
金屋柱，银屋梁；
珍珠被，象牙床，
枕上一对好鸳鸯。

这里把读书人的理想描绘得更加具体生动，在荣耀的里面添加进了"黄金屋"

① 绩溪县地方志编纂委员会：《绩溪县志》第34章《艺文·歌谣》，黄山书社，1998年，第1018页。
② 屯溪市地方志编纂委员会：《屯溪市志》第24章《民谣、谚语、掌故》，安徽教育出版社，1990年，第416页。

与“颜如玉”的思想。这样一些民谣里裹藏着的虽然不外是诸如“书中自有千钟粟”“书中自有黄金屋”“书中自有颜如玉”等封建社会中广泛流行的读书观，但所有这些在徽州人眼中更显得灿烂一片。因为徽州人不但是这种理想的传播者和鼓舞者，而且经常是这种理想的实践者和享有者。如中国第一状元县就在徽州的休宁县，正是这一现象的形象写照。理想和现实在徽州人的生活中达到了高度统一，因而这些民谣就更有陶醉人心的作用。

其次，徽州人的这种重视读书而又博取功名的教育观念，经常在新婚礼仪时把它作为一种人生理想加以张扬，这从一些礼仪民谣中可见出。如流传于歙县的一首《开面歌》[①]中唱道：

一线金，二线银，
三线做夫人，四线事事如意，
五线五子登科，六线六六大顺，
七线七仙美貌，八线八仙重寿，
九线九子十三孙，十线十足俱好。
好、好、好，白头偕老，
喜、喜、喜，夫妇齐眉。

在将要成婚的徽州姑娘进行开面的仪式时中，就包含了“五子登科”的美好祝愿。在流传于歙县的《接房歌》[②]中，有一节这样唱道：

手拿红灯亮厅堂，相请新娘新郎出（啊）洞房。
辉煌花烛堂前亮（啊），大家出来个来贺房。
大登科名标金榜，小登科那就花烛（啊）洞房。
甘罗十二（格）为丞相，戴忠十四状元郎。
朱买臣五十当富贵（啊），姜太公八十遇文王。

---

① 季家宏：《黄山旅游文化大辞典》“民情风俗”，中国科技大学出版社，1994年，第503页。
② 方有正：《古歙谭概》“民谚民谣”，群言出版社，2005年，第336～337页。

老彭祖八百多年福寿长，猕猴精长生不老万年青。

这里把“大登科名标金榜，小登科那就花烛洞房”与历史上的人物相映衬，以揭示其中的某种必然性，从而把它作为一种符合事物发展规律的对象来追求。同是流传于歙县的《送新人进房》[①]中的一节云：

好男生五个，好女生一双。
五男并二女，七子共团圆，
三个做宰相，两个中状元。

这里的“三个做宰相，两个中状元”看来是不无夸张的游戏之词，但在徽州本土却是可以找到现实根据的，如“一门八进士”“同胞翰林”“一镇四状元”等，就是做丞相的也代不乏人。所以，这是对理想的一种升华和概括，具有鼓舞人心的重要作用。还有流传于歙县的《撒帐东南西北中》：[②]

撒帐撒向东，东边一点太阳红。
昔日有个周文武，去访全才姜太公。
文王接去定天下，保定武王坐九龙。
今晚洞房花烛夜，生下孩儿做国公。
撒帐撒向南，南边五老已临凡。
凤阳有个朱洪武，打擂才收众将官，
遇春大海多奇勇，保定太祖坐江山。
今晚洞房花烛后，生下孩童做高官。
撒帐撒向西，玉兔东升笑嘻嘻。
唐室世民真天子，忠臣叔宝与尉迟，
咬金本是真福将，保了唐王登帝基。

① 江巧珍、孙承平：《歙县南乡婚嫁撒帐歌》，《黄山学院学报》2004年第2期，第15页。
② 江巧珍、孙承平：《歙县南乡婚嫁撒帐歌》，《黄山学院学报》2004年第2期，第13～14页。

今晚洞房花烛夜，产下孩儿穿紫衣。
撒帐撒向北，紫微真帝天喜出。
立即难得柴王父，借头金殿功劳得，
子将接拜为弟兄，坐定江南布大德。
今晚洞房花烛夜，产下孩儿做相国。
撒帐撒向中，月里嫦娥好娇容。
顺治八旗分左右，天下一刻会成功，
大清圣主登龙位，一十八省唱年丰。
今晚洞房花烛夜，产下孩儿立大功。
撒帐撒得奇，夫妻恩爱两齐眉，
生下五男并二女，赛过唐朝郭子仪。
撒帐撒得高，八仙今夜共来朝，
仙姑敬上长生酒，采和仙菜献蟠桃。
撒帐撒得低，张仙送子笑嘻嘻，
自从今夜成亲后，产下儿女做同知。

其中的“生下孩儿做国公”“生下孩童做高官”“产下孩儿穿紫衣”“产下孩儿做相国”“产下孩儿立大功”“生下五男并二女，赛过唐朝郭子仪”“产下儿女做同知”，典型生动地传达了徽州人对于下一代的殷殷期盼。如此强烈的美好愿望，又怎能不激发后人去努力拼搏呢？还有流传于歙县的《传代》：①

一代长命富贵，二代金玉满堂，
三代三元及第，四代事事如意，
五代五子登科，六代六国丞相，
七代七子团圆，八代八仙庆寿，
九代九子十三孙，十代荣华富贵万万年，
十一代当朝拜相，十二代两国封王，

① 江巧珍、孙承平：《歙县南乡婚嫁撒帐歌》，《黄山学院学报》2004年第2期，第13页。

十三代三星拱照，十四代四海名扬，
十五代五枝丹桂，十六代六部佳丞，
十七代七夕相会，十八代荀叔八龙，
十九代九世同居，二十代果是文王，
二十一代前有高头双星进宝，二十二代得职双榜状元郎，
二十三代甘罗十三为丞相，二十四代太公八十遇文王，
二十五代相送月里嫦娥女，二十六代平贵里外两封王，
二十七代彭祖公公八百岁，二十八代杨老婆婆万万春，
二十九代多福多寿多贵子，三十代全这家福禄大团圆。
传代传进房，百子千孙闹洋洋，
双产麒麟来送子，多生贵子状元郎。
百代百子千孙闹洋洋，千代发脉多开族，
万代各支各派赏英豪。

人生代代无穷已，徽州人把对读书博取功名的追求作为一个长远的事业来追求，即使一代不行，还有下一代，永远不得放弃。正是在这种追求重视读书而又博取功名的教育观念的鼓荡下，徽州大地上才出现了“十户之村，不废诵读”的良好读书风气，才出现了“一门八进士”“两朝十举人”“连科三殿撰，十里四翰林”等科举佳话，才出现了各类人才雨后春笋般地涌现的群星璀璨的局面，从而铸就了徽州文化的勃兴，成为华夏传统文化的一道光彩夺目的风景线。

当然，在徽州不只是民谣具有追求重视读书而又博取功名的教育观念，如流传着的“娇子不娇书，娇书变养猪”“三代不读书，好比一窝猪”“穷不丢猪，富不丢书”等俗语，以及在当下西递古民居仍能见到的“几百年人家无非积善，第一等好事只是读书”“欲高门第须为善，要好儿孙必读书”“二字箴言惟勤惟俭，两条正路曰读曰耕”和“读书好营商好效好便好，创业难守成难知难不难”等对联，也同样具有这种美好的思想观念和积极的教育作用。但所有这些，无疑以民谣的影响力为最大。因为民谣在思想的传播上往往赋予一种情境，使它更具体，也更形象，因而也更具魅力。民谣对徽州人的重视读书而又博取功名的观念的形成、强化与实践，起到了最直接的激发和推动作用。

五、追求崇尚正义而又反对邪恶的是非观念

在徽州的不少民谣中，还表现了一种崇尚正义而又反对邪恶的是非观念。在此之中，有的是表现对人世间人与人之间不公平现象的不满。如通过抬轿与坐轿的对比，喊出“世道真是不公平”的愤然之声的流传于绩溪的《轿夫叹》：①

坐轿是人，抬轿是人。
坐在轿中乐融融，抬着轿子汗淋淋。
有福之人人服侍，无福之人服侍人。
世道真是不公平。

流传在休宁的《点点脚》② 的民谣则表现了对徽州妇女身体的摧残和由此带来的痛苦，揭露了封建陋俗对妇女犯下的罪恶：

点点脚，绕啊绕，绕上田塍摘羊角。
羊角不曾生，上山摘黄樱。
黄樱不曾红，下城买灯笼。
灯笼红彤彤，照我嫁老公。
嫁个洋学生，讲我有眼不识丁，一双小脚得人憎。
公婆犹自可，丈夫要离婚。
我怨娘亲心肠狠，娘讲裹脚是正经。
我想读书识个字，娘亲骂我囡儿精。
只讲娘亲千般苦，害着做囡的一生。

有的揭露了不合理制度给徽州家庭带来的灾难，传达了一种不满和反抗的思想。如流传于绩溪的《抓壮丁》：③

① 绩溪县地方志编纂委员会：《绩溪县志》第34章《艺文·歌谣》，黄山书社，1998年，第1020页。
② 季家宏：《黄山旅游文化大辞典》“民歌谣谚”，中国科技大学出版社，1994年，第586页。
③ 绩溪县地方志编纂委员：《绩溪县志》第34章《艺文·歌谣》，黄山书社，1998年，第1020页。

听到村边狗叫声，忙推哥郎走出门。
抓丁拉夫谁不怕？壮丁抓去活不成。

再如，流传于休宁的《抓壮丁》：[①]

正月新春正月正，国民政府抽壮丁；
十八抽到四十五，独子也服国民兵。
二月杏花满山岗，到处壮丁都抓光；
农忙田地无人种，三年少收两年荒。
三月桃花是清明，抓到壮丁送进城；
一路押送新兵站，想要回家万不能。
四月初夏蔷薇花，铁壁营里过生涯；
天气燠燥肚又饿，四肢无力汗不干。
五月石榴是端阳，新兵日日上操场；
教官拳打脚尖踢，下操还要上讲堂。
六月伏天开荷花，盐水汤恰老南瓜；
肚肠饿得咕咕叫，心想不如开小差。
七月凤仙颜色多，兵卒生活真难过；
日间吃的糙子米，夜间钻的稻秆窝。
八月桂花过中秋，敌机来把炸弹丢；
横下心来想逃溜，跑掉和尚跑不掉庙。
九月重阳菊花黄，秋风一起天气凉；
一床破絮盖不住，身着短裤单衣裳。
十月初冬花芙蓉，老娘床上病呻吟；
吃着上餐无下顿，身在兵营难救贫。
冬月雨雪到冬至，心想写信往家寄；
借得笔来又没纸，欲哭无泪空叹气。

① 休宁县地方志编纂委员：《休宁县志》卷三十一，安徽教育出版社，1990年，第560页。

腊月梅花过年忙，乡镇保长喜洋洋；
别人家里团圆聚，我的家里哭断肠。

此民谣把抓壮丁给徽州百姓带来的不幸和痛苦进行了全面深入的揭露和批判，表现了徽州百姓对不合理制度的深切痛恨。就是今天的人读来也是一股悲凉之气透底而生。那样残害人民的制度不加以推翻，人民就永无出头之日！

有的传达了对官府的以势压人必将导致人民反抗的思想情绪，如流传于绩溪的《城里有官府》：①

城里有官府，乡下有山坞；
城里有铁索狩狩，山里有红藤葛藤！

这里的红藤、葛藤为蔓生植物，农民通常用于缚物，十分牢固。此处意为官府可以用“铁索”束缚百姓，但如果把百姓逼反了，野藤也可用来捆绑官员，表现了传统社会中百姓与官府的对立，以及对统治者的蔑视和反抗。

有的表现了一种朴素的反迷信思想，如流传于绩溪的《算命》，② 通过对瞎子算命的明显错误的揭示，在笑骂声中表达了对迷信思想的彻底否定：

嫂在房中绣花巾，耳听门外叮当声。
开开门来请先生，报个八字给你听。
先生掐指算一算，还有三年再动婚。
嫂嫂一听抿嘴笑，骂声瞎子滚出门。
头胎生过了，二胎要临盆。

有的表现了对残害生命健康的吸毒行为的揭露和批判，强烈呼唤人人走健康生活之路的思想，如流传于绩溪的《鸦片害人真不轻》：③

---

① 季家宏:《黄山旅游文化大辞典》“民歌谣谚”，中国科技大学出版社，1994年，第585页。
② 绩溪县地方志编纂委员会:《绩溪县志》第34章《艺文·歌谣》，黄山书社，1998年，第1020页。
③ 绩溪县地方志编纂委员会:《绩溪县志》第34章《艺文·歌谣》，黄山书社，1998年，第1020页。

初吸鸦片好威风，烟馆欢迎献殷勤：
碗头茶，是毛峰，桂圆、玉条当点心。
日子长，烟瘾深，一日一元银，
吸得倾家又荡产，走进烟馆无人迎。
回家东借又西寻，卖田卖地卖妻卖子孙。
虱子成堆捉不清，眼泪鼻涕滴淋淋。
肚肠吱吱叫，头发乱蓬蓬。
牙齿漆黑，面色乌青，像个鬼精。
债主到，做贼偷点东西还老兄。
衙门差役到，一根铁索锁进监牢门。
鸦片害人真不轻，劝君别进烟馆门。

还有流传于休宁的《劝戒乌烟歌》：①

石榴开花杨柳青，劝人不要吃乌烟。
吃着乌烟犹自可，驼起背来又叉肩。
乌烟本是外国生，外国人家害人精。
不知害着人家多少好子弟。

这两首民谣流传于20世纪30年代，对吸毒的危害进行了形象揭示，对外国殖民主义者毒害我国同胞的罪行表示了强烈愤慨，对乡亲后生充满了善良恳切的劝诫。

从以上徽州民谣的解读中，可看出徽州人追求艰苦创业而又自足自乐的人生观念，追求自由幸福而又从一而终的婚姻观念，孝敬父母而又家庭和睦的生活观念，重视读书而又博取功名的教育观念和崇尚正义而又反对邪恶的是非观念。诸如此类，它们构成了徽州人的观念世界。可以从中看出徽州人的观念世界总体上是符合儒家礼义规范的，而又具有自己的地域特点，同时又是极其本真的，这对于我们认识徽州人的内在本质特征具有无可替代的作用。

① 季家宏：《黄山旅游文化大辞典》“民歌谣谚”，中国科技大学出版社，1994年，第589页。

南北朝时期，新安江上游的代表性作家有齐时的程茂、梁时的程詧和齐时的吕文达。与新安江下游的建德文学以山水诗成为新安文学的开篇不同的是，在新安江上游的徽州文学却以散文成为新安文学的开篇，程茂的《责萧衍犯顺书》、程詧的《东天竺赋》和吕文达的《吕竭记》分别成为新安文学史上第一篇议论性散文、第一篇抒情性散文和第一篇记叙性散文，体现出新安文学起始阶段散文创作的格局特点。

唐代伟大诗人李白寻访许宣平的传说是徽州最著名的传说之一，在南唐以后的众多著作中有较广泛的反映。这一传说最早出现在南唐沈玢所著《续仙传》中是以《许宣平》为题和以许宣平为主体的，但从其意义内涵和后来的传播走向看，主要形成了"李白寻访许宣平"的流传格局。李白在寻访许宣平不遇后对歙县、黄山、黟县的探访与诗歌创作，对新安文化的发展产生了重要影响。一是李白在徽州的一系列游踪，成了后人追踪、缅怀和纪念的胜迹，成为徽州人发思古之幽情之所在，滋养了徽州人的诗意情怀。二是李白在徽州留下的一批诗作，鼓荡起徽州诗风，使这"尚武"的山越之地潜藏进了"崇文"的因子。三是李白徽州行在徽州由美好的传说变成日常美谈，口耳之间传播着诗仙的风神，成为一种口头文化而影响着人们的思想情感，对人们的灵魂起着洗涤、净化和美化的作用，从而衍化生成独特的人格力量。四是李白以"诗仙"的高度敏锐，发现了作为创造了"仙诗"的徽州人许宣平的魅力，从而叩开了徽州道教文化的大门，使"养在深闺人未识"的道教仙山——黄山，开始向世人撩开神秘的面纱。李白寻访许宣平之行的文化影响已然化作新安历史文化传统中熠熠闪光的部分。

徽州民谣反映了徽州"一府六县"人民生活的方方面面，是博大精深的徽州文化和中国民间文学独具特色的珍宝。众多广泛流传的徽州民谣中蕴含着徽州人的追求艰苦创业而又自足自乐的人生观念，追求自由幸福而又从一而终的婚姻观念，孝敬父母而又家庭和睦的生活观念，重视读书而又博取功名的教育观念和崇尚正义而又反对邪恶的是非观念。对它们加以解读，对于认识徽州人的内在本质特征具有重要作用。

第九章　新安文学的重点视域阐释(中)

——淳安文学

本章主要内容包括朱熹以《咏方塘》诗为代表的有关淳安的创作，徐楚编纂的《青溪诗集》的体例、内容与价值，书写海青天——海瑞诗文的特点与价值等三部分，并论述三者对于淳安文学的发展与影响。

第一节　朱熹以《咏方塘》诗为代表的有关淳安的创作

据记载，宋代理学之集大成者朱熹（1130 ~ 1200）曾先后四次专程赴淳安，分别是乾道七年（1171)，即《朱子年谱》中自福建崇安五夫里至遂安瀛山詹仪之故里；乾道九年（1173)，见朱熹《三瑞堂记》“岁在辛卯，余访友遂安”；淳熙元年（1174)，见朱熹《三瑞堂记》“淳熙甲午新安朱熹记”）；淳熙十六年（1189)，见朱熹《康塘洪氏旧谱引》。同时，他写下了《咏方塘》《青溪》《过许由山》《康塘三瑞堂记》《康塘百琴楼歌》《康塘洪氏旧谱引》等诗文作品。

一、朱熹与瀛山书院讲学

据明万历《遂安县志》[①] 载：“瀛山书院，在县西北四十里。宋熙宁间，邑人詹安劈建于山之冈，凿方塘于麓，其孙仪之与朱晦翁往来论学于此。”瀛山书院位于现淳安县西北之姜家镇郭村瀛山山麓。

北宋熙宁间，中宣大夫、邑人詹安创建双桂书堂于银峰之麓，收詹氏家族子弟入学就读。詹安“躬教五子，皆登科第”，其孙詹仪之为绍兴二十一年（1151）进士。

---

① [明]韩晟、毛一鹭：《万历遂安县志》卷五《书院》，万历四十年刻本。

淳熙二年(1175)，因詹骙殿试第一(状元)，取“登瀛”之义，遂将银峰改名为瀛山；双桂书堂改名为瀛山书院。外地士子也慕名而“负笈往学焉”。据记载，两宋时期从瀛山书院走出詹氏进士25人，举人18人，时称“两宋科举，詹氏为最”。

詹安像

乾道七年（1171)，朱熹第一次应詹仪之之邀来瀛山书院讲学，陪同的有严州府知州张栻，府学教授吕祖谦。

乾道九年（1173)，詹仪之再邀朱熹来瀛山书院讲学。朱熹但见方塘之水，清澈如镜，对半亩方塘有了新的感悟，于是创作了《咏方塘》诗。

淳熙二年（1175)，詹仪之任信州知府，时值朱熹、吕祖谦、陆九渊等人在鹅湖论学，詹仪之往复问辩无虚日，对朱子理论崇敬有加，空闲返回乡梓，大力弘扬，成为朱子理学的忠实门生。

詹仪之像

淳熙十六年（1189）二月，詹仪之归退故里。朱熹第三次来郭村看望詹仪之。七月，詹仪之逝世。次年朱熹第四次到瀛山书院，撰写了《祭詹侍郎文》，祭奠詹仪之。

瀛山书院，虽未跻身于白鹿洞、嵩阳、睢阳、岳麓四大书院之列。但凭借詹氏家族科第蝉联、人才辈出，以及朱熹、詹仪之的魅力，在淳安县以至于严州府产生久远影响，在整个“严州理学”体系中占有极为重要的地位。它的声名远播，也与列入《千家诗》之首的《咏方塘》一诗的广泛流传有关。

二、朱熹《咏方塘》诗及其影响

(一)朱熹《咏方塘》诗的写作背景

乾道五年（1169）秋，朱熹来严州访张栻，詹仪之邀请朱熹到瀛山书院讲学。于是，朱熹在张栻、吕祖谦等陪同下，随詹仪之来到遂安马凹里（今淳安姜家镇郭村）的瀛山书院。一路上，朱熹为青溪（新安江）和武强溪的美景所陶醉。船过铜官峡，他触景生情作《清溪》诗一首：“清溪流过碧山头，空水澄鲜一色秋。隔断红尘三十里，白云黄叶两悠悠。”[①] 当航船来到武强溪畔的许由山下时，詹仪之向朱熹讲述了当年许由为逃避做官而南遁此山隐居之事，朱熹遂停船登上岸边小山头赏景，并赋诗《过许由山》：“许由山下过，川水映明珠。洗耳怀高洁，抛筇墩上娱。”[②] 到瀛山书院后，朱熹被这里的美景和詹氏家族浓郁的文化气息和半亩方塘所吸引。

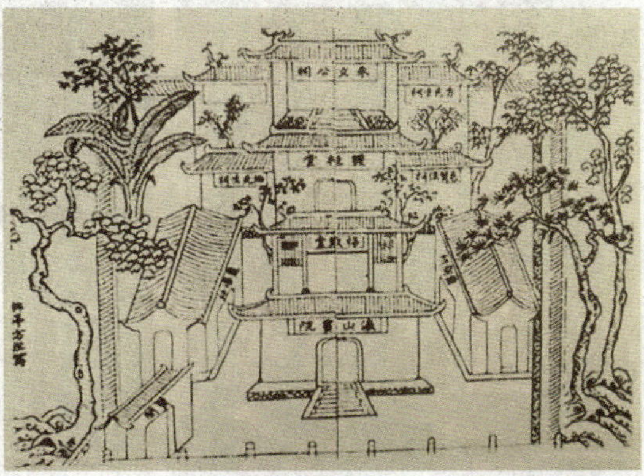
瀛山书院

“半亩方塘”塘壁用青石砌成，南北长 15.6 米，东宽 16.8 米，面积约半亩。姜家镇源头村现仍有一溪流曲折蜿蜒十余里，水极清澈，酷暑严冬不涸，旧有“方塘源”之称。因源头活水流经瀛山脚下，又称瀛溪。据《瀛山书院志》称：“瀛溪，自方塘源东南流十里许，抵瀛山析为二，一沿古道注方塘绕山前转北而东，一注今渠缠山后由西而南。”[③] 现有大观亭、得源亭和半亩方塘等遗址。“得源亭”内墙壁嵌有明方应时《得清（源）亭歌》、毛一瓒《和文公咏方塘诗》，清方世敏《和咏方塘二绝》、闵鉴《方塘诗》，以及姚桓《修建瀛山书院记》等碑刻。

朱熹在《康塘百琴楼歌》中自述：“余尝习静于瀛峰之半亩方塘……”《瀛山书院志》载：“宋熙宁间有詹安者构堂于山岗为书院，群宗戚子弟教之。凿方塘注源头活水以便游息。……虚舟詹仪之公，举绍兴间进士，累官吏部侍郎。淳熙中，朱晦翁与商格致，尝馆瀛山，题方塘诗以见志。”[④]《咏方塘》[⑤] 一诗正是朱熹于瀛山书院时所作。其诗曰：

半亩方塘一鉴开，天光云影共徘徊。
问渠那得清如许，惟有源头活水来。

① [清]李诗、陈中元：《续纂淳安县志》卷三《津梁》，清光绪十年刻本。
② 罗柏麓、周树美、姚桓：《遂安县志》卷十《艺文》，民国十九年印本。
③ [清]方宏绶：《瀛山书院志》卷一《形胜》。
④ [明]方应时：《瀛山书院行状》，见(清)方宏绶：《瀛山书院志》卷六《行状》。
⑤ [清]方宏绶：《瀛山书院志》卷五《朱子诗》。

这一诗作因诸家版本多有不同，且多以“观书有感”为题（《千家诗》题为《观书有感》），据《五刻瀛山书院志》（道光十六年版，卷五）所收该诗题为《咏方塘》。《咏方塘》诗，清新活泼，富有哲理，脍炙人口。此诗实是朱熹被眼前自然景物所触发而作。

瀛山书院朱熹《咏方塘》诗石刻

“半亩方塘”与“得源亭”

诗中“半亩方塘”“源头活水”均为实指，末句“惟”字具有排他性，它强调了“源头活水”的重要性。方塘水清、透澈、明净，如“一鉴开”，本是“惟有源头活水来”之故。“惟”字和“咏方塘”诗题互相映衬，明显突出了这种客观因素。朱熹巧妙地把方塘水和源头活水这两种事物有机地联系一起，从极寻常的自然现象中悟出带有普遍意义的生活哲理。将《咏方塘》这首诗加以实地还原，有助于该诗内涵与意境的正确理解与把握，不再落入以“观书有感”为诗题的语义误导，以及硬把此诗说成是朱熹“因观书而见文理之高明”，使之真正回到诗作的原意上。

（二）朱熹《咏方塘》诗的影响

朱熹《咏方塘》诗的影响，可从流传的有关诗文略见一斑。

现方塘边“得源亭”内南面墙壁中嵌有碑刻五通，分别为明方应时《得清（源）亭歌》、毛一瓒《和文公咏方塘诗》，清方世敏《和咏方塘二绝》、闵鉴《方塘诗》，民国姚桓《修建瀛山书院记》，可直接见出朱熹《咏方塘》诗的影响。

有关诗作评论主要有方象瑛《谒瀛山书院》、方湳《登瀛山书院谒先贤》《再赋瀛山书院》、余联翘《登瀛山》、陈学孔《瀛山书院》、周光启《秋日谒朱夫子祠并祀詹仪之先生叔高祖少峰公》、詹诠吉《阅瀛山书院缘起事迹及诗记等篇感而有作》

《与郭林同宗有怀瀛山书院》等。

——清代康熙六年进士、遂安方象瑛（1667 年前后在世），在其《谒瀛山书院》诗中曰：“半亩渟渟俯碧池，当年格致远相资。座分鹿洞云来处，幽胜鹅湖月到时。自有水能清客梦，谁言山不感人思？大观亭下频瞻拜，松竹横窗绿满祠。”[①] 诗中“半亩”指半亩方塘。“格致”为“格物致知”的省称，谓穷究事物的原理而获得知识。“相资”指互相探讨。“鹿洞”指庐山白鹿洞书院，朱熹曾在此讲学。“鹅湖”为江西铅山鹅湖书院。南宋淳熙二年（1175）詹仪之为信州太守时，常与朱熹、吕祖谦、陆九渊等在此探讨理学。“大观亭”在瀛山书院后山巅，明隆庆年间建造。“祠”指瀛山书院后的“二先生祠”。

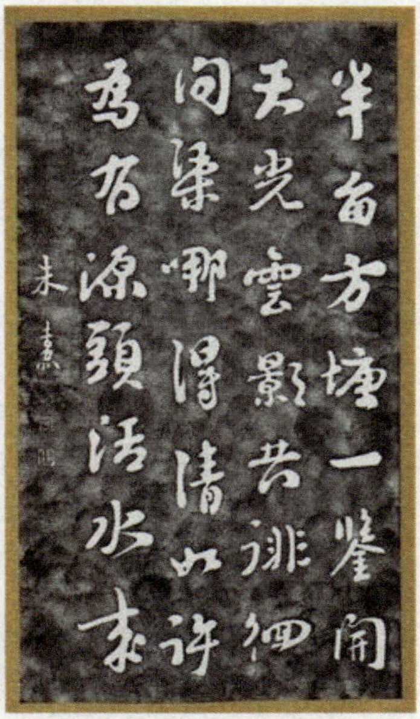

朱熹《咏方塘》诗手迹

清代方湳《登瀛山书院谒先贤》：“沿溪尚有半亩塘，荡漾云影涵天光。便欲下山寻源去，满眼活水流汤汤。”[②]《再赋瀛山书院》：“活水一渠穿石磴，碧筠万个映烟扉。致知功若虚舟少，讲学人如缮部稀。”[③] 诗中“缮部”指朱熹，曾任秘阁修撰。

清代余联翘《登瀛山》诗：“白云来遐岫，明月上疏林。此理岂支离，应悟夫子吟。方塘终古开，流水潺到今。前踪邈难匹，空山听至音。”[④]

清康熙间知县陈学孔在其《瀛山书院》诗：“洪源濬洙泗，余波扬洛闽。紫阳绍绝学，千载得其真。瀛山一抔土，虚舟数问津。方塘会心处，恬吟旨自新。”[⑤]

清代遂安知县周光启在其《秋日谒朱夫子祠并祀詹仪之先生叔高祖少峰公》：“一鉴方塘岁月深，渊源洙泗此中寻。我来力辟蓁芜路，仿佛当年活水吟。”[⑥]

清代淳安人詹诠吉在其《阅瀛山书院缘起事迹及诗记等篇感而有作》：“云影天

① 罗柏麓、周树美、姚桓：《遂安县志》卷十《艺文》，民国十九年印本。
② [清]宗源瀚：《国朝严州诗录》卷七，清光绪二年刻本。
③ [清]宗源瀚：《国朝严州诗录》卷七，清光绪二年刻本。
④ [清]宗源瀚：《国朝严州诗录》卷四，清光绪二年刻本。
⑤ 罗柏麓、周树美、姚桓：《遂安县志》卷十《艺文》，民国十九年印本。
⑥ 罗柏麓、周树美、姚桓：《遂安县志》卷十《艺文》，民国十九年印本。

光迷水镜，芦花浅渚失渔矶。”[①]《与郭林同宗有怀瀛山书院》:“方塘只半亩，犹自映天光。”[②]

有关文章评论，主要有钱德洪《瀛山三贤祠记》、王畿《瀛山书院记》、姚桓《修建瀛山书院记》、陆登龙《瀛山书院记辩》等。

明代儒家重要代表人物之一的钱德洪（1496 ~ 1574），在其《瀛山三贤祠记》[③]中曰 ：“余读晦庵朱先生《方塘诗》，乃叹曰 ：此朱子悟道之言乎。其所以上承千圣之绪，下启后学之端，尽见于是诗矣。”又说 ：“观其方塘之咏，一鉴澄清，云影天光，上下掩映，想见其胸中空洞，万象森列。噫！亦何自而得此哉？源头活水，流而不息，言有本也。夫学莫贵于自得，斯逢源资深，道义之出无穷。”

明代哲学家王畿（1498 ~ 1583）在其《瀛山书院记》中写道 ：“宋熙宁时，有詹安者，构书院于其冈，群族戚子弟而教之。淳熙中，与朱晦翁相友善，常往来山中，论格致之学，因为《题方塘》诗以见志。”[④]

清代江西知事、遂安姚桓《修建瀛山书院记》[⑤]记载 ：“重建得源亭，开浚方塘，俾复睹活水源头云影天光之盛”“昔朱詹讲学，豁然一旦悟道此间，是若何境界。”

清代淳安陆登龙在《瀛山书院记辩》[⑥]一文记载 ：“吾遂有瀛山书院，宋詹虚舟先生读书处也。朱子自婺至遂相访，与之论道于此，咏方塘以见志”“且方塘一咏由平日悟道功深临流触发，自有指归。何以伪学不知自量，挟私附会，以致一泓清水混于浊流。”

三、朱熹的《康塘三瑞堂记》《康塘百琴楼歌》

朱熹前往瀛山书院讲学，除了创作《咏方塘》《青溪》《过许由山》等诗之外，还创作了《康塘三瑞堂记》《康塘百琴楼歌》《康塘洪氏旧谱引》等作品。下文主要介绍《康塘三瑞堂记》《康塘百琴楼歌》。

---

① 罗柏麓、周树美、姚桓 :《遂安县志》卷十《艺文》，民国十九年印本。
② 罗柏麓、周树美、姚桓 :《遂安县志》卷十《艺文》，民国十九年印本。
③ 罗柏麓、周树美、姚桓 :《遂安县志》卷十《艺文》，民国十九年印本。
④ 罗柏麓、周树美、姚桓 :《遂安县志》卷十《艺文》，民国十九年印本。
⑤ 罗柏麓、周树美、姚桓 :《遂安县志》卷十《艺文》，民国十九年印本。
⑥ 罗柏麓、周树美、姚桓 :《遂安县志》卷十《艺文》，民国十九年印本。

朱熹书“三瑞堂”

康塘在原遂安县城北20里的十七都一图，今淳安县姜家镇霞社村康塘自然村，是旧时过往瀛山书院的必经之地。这里的环境特点，正如朱熹《康塘三瑞堂记》所记：“山川佳胜，木石鹿豕，可纵居游，诚高蹈之墟，君子之居也。”

朱熹每次到瀛山书院会友讲学，都到康塘做客和讲学会文。据记载，朱熹至少有三次到过康塘，并先后为康塘作了《康塘百琴楼歌》《康塘三瑞堂记》。

朱熹于乾道辛卯年（1171）抵瀛山书院詹仪之故里第一次途经康塘，结识了村中隐士洪志曾，彼此相见恨晚，诗词唱和，结下不解之缘。朱熹在《康塘三瑞堂记》中赞赏“百琴楼”“环翠池”之美好：“宅傍建一楼，高十余丈。楼置瑶琴百具，每当风晨月夕，幽致飘然。按弦而抚，百琴应响，如出一律。所谓啸虎闻而不吼，哀猿听而不啼。惜子期不再，空负此高山流水也，楼后竹千竿，楼之左右，百卉备举。前一池，广可二十余亩，中有鲤鲶、菱莲、蒲藻、无不悉具。两岸桃李繁饶，池内置设画舫，凡宾朋交错，皆游赏其中。”

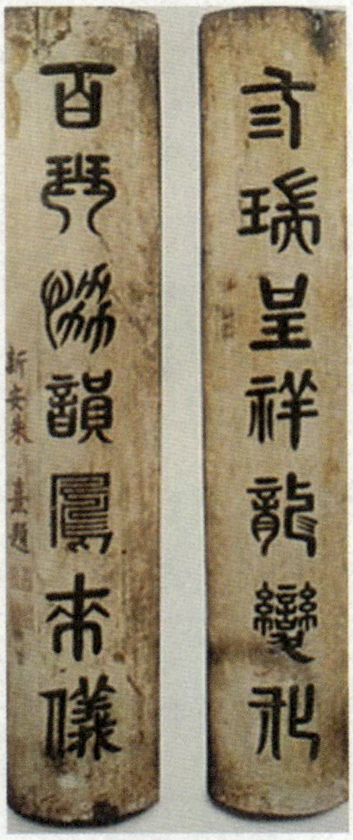

朱熹书“三瑞堂”楹联

朱熹于乾道癸巳年（1173）第二次到康塘。其年“春笋怒发，亭亭直上数丈余，峭直无节；池内莲实，每枚体大如盏，清芬逼人；荷下之菱，其大如枕，水溢味甘”。对此三异，洪志曾就此询问朱熹这是否为花木之妖？朱熹曰：

"草木得气之先者也，和气致祥，则动植之物先应焉！"是年大比，洪氏三子一榜同登。当年洪氏新其祠宇，朱熹题匾为"三瑞堂"，并附之联："三瑞呈祥龙变化，百琴协韵凤来仪。"正是这一次到访，他撰写了《康塘三瑞堂记》。

康塘三瑞堂记①

余素耽山水之趣，凡有名山大川，无不悉至。则一石一木，可寄游览而助吟咏者，悉皆留情。岁在辛卯，余访友遂安。城北十里余许，有名康塘者，山川佳胜，木石鹿豕，可纵居游，诚高蹈之墟、君子之居也。中有隐君子，号志曾者，爱泉石，乐琴书，迹不履城市，交不接浮夸，其逃世之君子欤！令允三：长字守成、次守引、三守泽，皆文标骥足，中原旗鼓。余每造其宅，与三君子商榷古今，匪朝伊夕。宅傍建一楼，高十余丈。楼置瑶琴百具，每当风晨月夕，幽致飘然。按弦而抚，百琴应响，如出一律。所谓啸虎闻而不吼，衰猿听而不啼。惜子期不再，空负此高山流水也。楼后竹千竿，楼之左右，百卉备举。前一池，广可二十余亩，中有鲤鲙、菱莲、蒲藻，无不悉具。两岸桃李繁饶，池内置设画舫，凡宾朋交错，皆游赏其中，即曲水流觞，何多让焉！其年春笋怒发，亭亭直上数丈余，峭直无节，此一异也；池内莲实，每枚体大如盏，清芬逼人，此二异也；荷下之菱，其大如枕，水溢味甘，其琼浆耶其醴泉耶？此三异也。洪公颦蹙告余曰："有此三异，花木之妖也，不禳且有祸。"余曰："否！否！草木得气之先者也，和气致祥，则动植之物先应焉，此休征也。兆当在三嗣男矣！"是岁，三子举于乡，果并与选，奏名礼部。所谓必有祯祥者，信不诬也。噫！斯皆天意所钟，岂人力所能为哉！以洪公平昔律身端严，行己有耻，居家笃厚，伦理待人，不亢不阿，恭顺尊长，轸恤孤寡，种种德范，难以笔罄。斯殆天诞德裔，以张大其门，为善人积德光裕之报也。后二岁，洪公新其祠宇。祠成而余再至，因颜其堂曰三瑞。附之以联曰："三瑞呈祥龙变化，百琴协韵凤来仪。"而并述其事，以志不朽云。

朱熹于淳熙已酉年（1189）二月第三次到康塘。逗留期间，他为《康塘洪氏宗谱》

① 淳安县姜家镇康塘村：《康塘洪氏宗谱》卷十。

撰写《旧谱引》，还为会文聚社的“百琴楼”写了《百琴楼歌》，字里行间，洋溢着与康塘洪氏之间的真挚情谊。

康塘百琴楼为宋代乾道年间隐君子洪志曾所建。洪志曾，字延佑。为瀛山吏部侍郎詹仪之外甥，自小在瀛山书院求学。他“爰泉石，乐琴书，迹不履城市，交不接浮夸”（朱熹《康塘三瑞堂记》），曾建有育英堂和锄花别墅，前者为教化子戚之所，后者被朱熹易名为“百琴楼”，为会文、琴棋娱乐之所。据朱熹《康塘三瑞堂记》记载：“宅傍建一楼，高十余丈。”指的就是百琴楼。清咸丰年间，遂安训导丁樾曾写过《百琴楼志》，描述百琴楼概貌：“上则玉轸牙签，犁然备具；下则山房书舍，风雅宜人。一曰育英堂，盖取得天下英才而教之之意，门额有‘天光云影’四字。一曰锄花别墅，以及回栏曲槛，鱼池花砌，层次井然。”现康塘百琴楼仅存遗址，不过在《康塘洪氏宗谱》中有原图。朱熹撰写的《康塘百琴楼歌》，[1]一文如下。

余尝习静于银峰之半亩方塘时，与洪子守成、昆仲会文百琴楼中，故作歌以志之。歌曰：

武强洪氏有康塘，山崔嵬兮水飞湍。卓哉硕人生其间，作德日休心自闲。崇楼广置百琴张，兴来鼓操乐且耽。其声高，萧萧静夜鹤鸣皋；其声古，洞洞金徽传太初；其声洪，冗冗铁骑响刀弓；其声幽，溶溶花落咽泉流。琴宜春，春日霭，东风应声律，肺腑春满怀；琴宜夏，夏景长，披襟奏南薰，夏阁生微凉；琴宜秋，秋思爽，金飙助宫商，万壑秋声朗；琴宜冬，冬令寒，呵手弄冰弦，和风解冬霜。书虞倦，琴满案，玉轸常与牙签伴，任教披吟历万卷，终是心恬神亦健。棋虞喧，琴满轩，焦桐常置烂柯边，任教当局猛争先，终是心和形也捐。画虞癖，琴满壁，朱弦常与丹青匹，任教骨髓

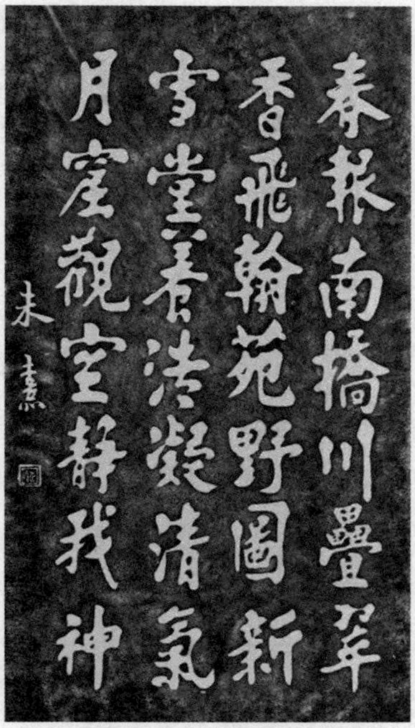

朱熹“春报南桥川叠翠”诗作手迹

① 罗柏麓、周树美、姚桓：《遂安县志》卷十《艺文》，民国十九年印本。

爱奇笔，终是心融情自适。有时风，竹松送响和丝桐，飘扬午夜号长空，余音袅袅拟鸣钟；拟鸣钟，百琴之乐乐融融。有时月，清辉异影声疏越，嫦娥亲自云端阅，大笑人间音妙绝；音妙绝，百琴之乐乐泄泄。有时雪，琼树瑶台音韵别，一团和气满腔彻，顿觉寒威忘凛冽；忘凛冽，百乐之乐乐习习。昔有琴台传至今，今见琴台擅其名，矧是楼头鼓百琴，猗与休哉孰与群。噫嘻，振振绳绳深有庆，于洪氏之后允！噫嘻，振振绳绳深有庆，于洪氏之后允！

文中“洪子守成昆仲”，是指洪志曾的儿子洪守成、洪守泽、洪守引三兄弟。洪法（长子），字守成。乾道辛卯年（1171）进士，官至校书郎。次子洪汲，字守引。三子洪沐，字守泽。皆淳熙甲午年（1174）进士。朱熹称他们为“文坛骥足，中原旗鼓”。《百琴楼歌》中“卓哉硕人生其间”的“硕人”，指的就是洪氏三兄弟。

对康塘百琴楼的琴声之美，朱熹在《康塘三瑞堂记》中曾加以概写：“楼置瑶琴百具，每当风晨月夕，幽致飘然，按弦而抚，百琴应响，如出一律。所谓啸虎闻而不吼，哀猿听而不啼，昔期子不再空负此高山流水也。”在《康塘百琴楼歌》中，朱熹更是以生花妙笔浓墨重彩地极写百琴楼的美好与美妙，主要从以下方面加以描写：一是生动描绘了琴声及琴声变化之美：“其声高，萧萧静夜鹤鸣皋；其声古，洞洞金徽传太初；其声洪，冗冗铁骑响刀弓；其声幽，溶溶花落咽泉流。”二是描绘了园林四时之景与琴声的对应，表现了景因时借、琴由景配的和谐美：“琴宜春，春日蔼，春风应声律，肺腑春满怀；琴宜夏，夏景长，披襟奏南薰，夏阁生微凉：琴宜秋，秋思爽，金飙助宫商，万壑秋声朗；琴宜冬，冬令寒，呵乎弄冰弦，和风解冬霜。”反映了四时园中之景的呼应对比的活泼生机，也显示出审美主体对于审美客体的亲和感和天时地利人和所构成的境界之美。三是琴与书、琴与棋、琴与画的协和之美。“书虞卷，琴满案”句，指在琴声中读书，“任教披吟历万卷”；“棋虞喧，琴满轩”句，指在琴声中下棋，“任教当局猛争先”；“画虞癖，琴满壁”句，指在琴声中画画，“任教骨髓爱奇笔”。四是描绘在“有时风”“有时月”“有时雪”情景之下的“拟鸣钟”“音妙绝”“忘凛冽”的“百琴之乐乐融融”“百琴之乐乐泄泄”和“百琴之乐乐习习”，真是“振振绳绳，深有庆于洪氏之后允”！

朱熹的《康塘三瑞堂记》《康塘百琴楼歌》无疑是继《咏方塘》诗之后的两篇精品力作，是朱熹留给淳安的最好纪念，无疑是淳安文学史上的代表作。

由于朱熹多次来淳安讲学和创作，在淳安产生了重要影响，淳安百姓为了感念朱熹对淳安教育文化的贡献，除了在瀛山书院设祠供奉外，还曾专门建有朱文公祠堂，这在元代王仪《新建朱文公祠堂记》①中有记载：

延祐六年十二月，郑君为尉于建德之淳安，首谒庙学而朱子则未有祠也。乃相学之东偏饬隙，宇而新之，载廓载严，像高睟穆，瞻者企敬。既成，告于邑之长令率僚吏，卜日舍菜以奠焉。俾其子玉以书来，曰：淳安古歙之东乡，今虽属旁郡，然距新安不二百里，朱子之没仅百余年。所谓去圣人之世，若此其未远；近圣人之居，若此其甚者。矧今先生之学大明于天下，邑之人士所以朝夕讲求，将自其身推之人而措诸事业，皆先生之道也。其可不致所思慕乎。此家君建祠之意，幸得文以记之。

朱熹对中国的思想教育文化的影响是永远的，对淳安的思想教育文化的影响更是永远的。

第二节 徐楚编纂《青溪诗集》的体例、内容与价值

徐楚编纂的《青溪诗集》是淳安文学史上的第一部诗歌总集。

对于《青溪诗集》，《四库全书》“总目提要”作了如下介绍：“《青溪诗集》七卷，明徐楚编，李高续辑。楚号青溪，淳安人。官至四川布政司参政。高字抑中，云南人，官至严州府通判。青溪在浙之淳安县，即所谓新安江也。楚生于其地，因采前人题咏，编为一集，成于嘉靖丙寅。后高官于其地，又增广之，成于崇祯乙亥。”

从这一“提要”中可明确以下几点：一是官至四川布政司参政的明代淳安人徐楚采前人题咏，编为《青溪诗集》，成于嘉靖丙寅（1566）；二是官至严州府通判的云南人李高续编《青溪诗集》，成于崇祯乙亥（1635）。由此可知，原编与续编相隔

① [清]李诗、陈中元：《续纂淳安县志》卷十三，清光绪十年刻本。

69年。郑振铎所藏徐楚编《青溪诗集》有6卷，当知李高续编《青溪诗集》一卷，现难以见到此卷内容。

郑振铎所藏明嘉靖间刻本徐楚编《青溪诗集》，共6卷，其中卷一为五言古诗，卷二为七言古诗并歌行，卷三为乐府宫词，卷四为五言律诗，卷五为七言律诗，卷六为五七言绝句。前有徐楚序文一篇，有部分内容字迹模糊，难以辨认。由于现存版本稀少，加上这是淳安历史上第一部诗集，具有重要的认识价值，本节专门对其展开初步研究，以见出其概貌，为今后进一步的研究奠定基础。

一、徐楚及其文学创作

徐楚（1499～1589），字世望。淳安蜀阜人。明嘉靖戊戌（1538）进士，授工部主事。转郎中，升广西副使，复补云南屯田副使。迁四川参政。归里后，急公好义，热心乡梓事业，主持修筑虹桥、三渡桥、恒济桥等，并倡募兴建徐氏宗祠，在明月楼旁建吾溪书院，在县城西隅修建雉峰书院，修筑万花草堂。他关心民间疾苦，写了《织妇叹》《歉岁叹》《淫雨叹》《忧旱三章》《田间杂咏》等诗篇，著有《吾溪集》《蜀阜小志》。《光绪淳安县志》收录徐楚有关淳安诗歌《苍虬峰》《牛石歌》《龟滩》《南山潭》《风潭夜月》《海公祠》《龟石庵》《蓬山庵》《春日郊行回舟长潭经赤石抵白沙而返》《蜀阜十景赋》等，赞美淳安山水，体现了深厚的家乡情怀。

徐楚编纂的《青溪诗集》是淳安第一部诗歌总集，辑录历代名家歌咏淳安锦山秀水的佳作名篇，于明嘉靖四十五年（1566）刊行，为淳安文献名邦增光添彩，是淳安宝贵的文化遗产。

二、《青溪诗集》的编选目的与原则

徐楚在《青溪诗集·序》[①]中就诗集的编选目的与原则作了介绍说明。原文如下：

青溪者，本歙县东乡永平新定里地，淳安之旧名也。建安之世，吴将贺齐平定山越，乃置始新之县，隶郡新都。暨晋平吴，郡改新安，而县仍旧治。隋开皇间，郡废，而县以新安名。仁寿三年，郡称睦州。大业之初，改邑雉山之下。唐武德后，郡复为睦。文明元年，州号新安。厥后州治徙于建德，县名还淳，或名青溪，或名淳化，而后改为淳安矣。

① [清]李诗、陈中元：《续纂淳安县志》卷十四《艺文》，清光绪十年刻本。

盖歙、睦二州，昔尝并建，既乃歙属徽州，并于直隶。而睦更为严，淳属如故。虽建置沿革时代不同，然江山人物见于名贤赋咏，如刘长卿之为司马，杜牧之为刺史，罗江东之登县楼，刑歙州之寄长卿，皆睦州新安，而实淳安之故地。第文翰事类志多阔略，观者不察，徒知今之歙郡为新安，而不知睦州之在新定，青溪一带之为新安江也。夫淳西界街口，遂名黄江，直达青溪，接桐庐，皆所谓新安江。李白诗称“青溪胜桐庐”者，是已。

窃观淳志凡例，谓诗文不关于淳者，一切削去。然沈约渡新安江诗，《一统志》载在淳安之下，县志果何所据，而竟削之？昔程篁墩志《新安文献》，恐未免有彼此牵制处。今姑以今昔名贤篇什及其人其事，凡有关于淳者，则采录类分以纪其实；其志中不可存者，亦稍删之。间有所得，敢窃附于诸篇之末，用志遗忘，以备采择。集名“青溪”，存旧史也。於乎！

孔子观夏商之礼，而叹杞宋之无征，以文献不足故尔。愚生文献之邦，而不能存十一于千百，可不为深惧乎？尚冀我同志精择而嗣葺之，庶前辈流风余韵为不泯！

此序文内容包括：简述青溪的来历与县名更替历史；厘清读者“徒知今之歙郡为新安，而不知睦州之在新定、青溪一带之为新安江”的实情，并提出“李白诗称‘青溪胜桐庐’者”的问题，实指出《青溪诗集》的历史地理背景；提出编选《青溪诗集》的目的、原则和标准。

对于编选《青溪诗集》的目的、原则和标准，徐楚指出“今姑以今昔名贤篇什及其人其事，凡有关于淳者，则采录类分以纪其实；其志中不可存者，亦稍删之。间有所得，敢窃附于诸篇之末，用志遗忘，以备采择。集名‘青溪’，存旧史也。”最后，强调自己生于文献之邦要为留存前辈流风余韵做出努力的心愿。

三、《青溪诗集》的体例与内容

在体例上，《青溪诗集》主要包括序文、目录、作者姓氏爵里和诗歌作品。共分 6 卷。卷一五言古诗，卷二七言古诗并歌行，卷三乐府宫词，卷四五言律诗，卷五七言律诗，卷六五言七言绝句。

集中“作者姓氏爵里”简介，主要包括姓名、字号、籍贯、职位等。这部分共收录 152 人，其中：

六朝梁（1人）：沈约。

唐（35人）：吴少微、李白、陶翰、王维、崔颢、谈戭、张旭、秦系、刘长卿、严维、李穆、皇甫冉、郎士元、章八元、戴叔伦、耿泽、权德舆、吴巩、韩愈、裴度、皇甫湜、李贺、马异、崔备、徐凝、皇甫松、杜牧、邢群、许浑、方干、李山甫、吴融、高骈、罗隐、僧灵一。

其中本籍作者5人：皇甫湜、徐凝、皇甫松、许浑、方干。

地方官员2人：刘长卿（睦州司马）、杜牧（睦州刺史）。

宋（50人）：理宗皇帝、杨太后、范仲淹、梅尧臣、苏轼、邵晃、钱时、汪师旦、吕人龙、方有开、钱大椿、方一夔（一作方夔）、陈轩、杨彝、赵汉宗、胡朝颖、钱默、钱槱、方仲谋、邵桂、陈晔、张景修、陆宗亮、周遇圣、方逢辰、方逢振、何昭德、何洪、何梦桂、卢登父、洪渐、卢会龙、姜兼、徐仲孺、汪云留、方道叡、夏□中、张复、夏□、何景福、汪汝懋、洪震老、徐道宁、卢中仲、鲁渊、徐昵、郑玉、俞溥、洪本益、周惟旨。

其中本籍作者39人：杨太后、邵晃、钱时、汪师旦、吕人龙、方有开、钱大椿、方一夔（一作方夔）、胡朝颖、钱默、钱槱、方仲谋、邵桂、陆宗亮、方逢辰、方逢振、何昭德、何洪、何梦桂、卢登父、洪渐、卢会龙、姜兼、徐仲孺、汪云留、方道叡、夏□中、张复、夏□、何景福、汪汝懋、洪震老、徐道宁、卢中仲、鲁渊、徐昵、俞溥、洪本益、周惟旨。

地方官员3人：范仲淹（睦州刺史）、陈晔（淳安县令）、周遇圣（淳安县令）。

明（75人）：汪一初、任斗南、徐宗显、徐持敬、杨载、余郁、汪广洋、洪玙、卢义、徐尊生、余爨父、周瑄、姚夔、邓□、商辂、方汉、胡拱辰、项文曜、徐鉴、许□、方中、□□、程敏政、吴福、□东□、应颢、吴宽、罗明、邓廷赞、何孟春、王宾、邵猷、邵新、吴祚、吴倬、王宥、程愈、汪绅、李梦阳、胡拱璧、张弼、何绍正、王子言、吴钦、王子谟、沈周、王子谨、陈选、商□

南宋 杨桂枝《蔷薇》诗手迹

熙、徐宪、方天雨、蒋惶、程文楷、高鹏、顾舜、林壆、□瀚、江□、洪澄、闵如霖、徐缉、张景贤、徐朴、吴三乐、汪一源、万虞龙、王辅、徐廷绶、余寅、沈一贯、周绍稷、郑茂、刘珍、詹玄象、吴天洪。

其中本籍作者约30人：汪一初、任斗南、徐宗显、徐持敬、余郁、洪玙、卢义、徐尊生、余夔父、周瑄、商辂、方中、吴福、应颢、王宾、邵猷、邵新、吴倬、程愈、汪绅、何绍正、王子言、王子谟、王子谨、商□熙、徐宪、汪一源、徐廷绶、刘珍、詹玄象。

地方官员5人：邓廷赞（淳安县令）、高鹏（淳安县令）、林壆（淳安县令）、王辅（严州府同知）、吴天洪（淳安知县）。

卷一五言古诗（22人38首）：沈约《渡新安江贻京邑游好》，吴少微《和崔侍御日用游开元寺》，李白《青溪二首》《宿青溪主人》《独酌青溪石上寄权昭夷》，陶翰《赠房侍御》（时房在新安），王维《过青溪水》，皇甫湜《浯溪诗》（洪容斋曰持正为元次山作），韩愈《读皇甫湜公安园池诗书其后二首》《寄皇甫湜》，马异《送皇甫湜赴举》，皇甫松《古松感兴》，周遇圣《咏瑞粟》，钱时《方唐二氏》《山禽啄海棠》《四月十日卢季澄率弟若子八人会予上善观置月秋游南山石刻因漫步南山庵从容新安江上越明日诗以纪》《蜀阜精庐外无风自凉方欣然出户见竹鸡将雏砌外》，汪师旦《义役》，徐仲孺《修青溪志留县斋半月临行书怀奉别伯英敏学明善行仲一初邦俊诸君子》，何梦桂《和何逢原寄韵》，方逢辰《送潘翠谷》，徐尊生《游上善观》，杨仲弘《送淳安徐教谕之任》，徐贯《赠王如行进士荣还》《赠程节之》《赠邵廷茂》，应颢《平胡篇奉少保干公》，何孟春《书程守夫便面》，程敏政《宿和尚岭入夜风大作》《味道轩为宗人节之少参题》，吴三乐《赠徐吾溪太守四首》。

卷二七言古诗并歌行（17人24首）：吴少微《古意》《怨歌行》，皇甫湜《出世篇》，李贺《高轩过》，詹玄象《送吴望江北上计偕舟泊青溪》，刘长卿《送杜越江佐觐省往新安江》，韩愈《陆浑山火用皇甫湜韵》，钱时《方门花鸟喧丽有感而赋》，徐仲孺《感旧吟》，方逢辰《田父吟》《题卢文峰十二知丞文集》《茶具一赞鲜于伯机》，夏溥《沧江钓雪》，徐尊生《玄同生游黄山还过始新源赠予竹杖酬以长歌》，洪震老《东泉山》《邓俣》，洪玙《送胡存润致政归淳安》，应颢《寄□斋刘学士用□□韵二首》，徐贯《钓台》《赠相士蒲珩》《题华阳寺石洞》，程愈《溪山秋霁图为陈克忠题》，王子谨《黄雀行》。

卷三乐府宫词（7人42首）：皇甫松《杨柳枝》《浪涛（淘）沙》《抛毬乐》《怨

回纥歌》《采莲子》《天仙子》《摘得新》《梦江南》，徐凝《汉宫仙》，宋恭圣仁烈、杨太后《宫词三十首》①，徐尊生《闺中词》，汪广洋《淳安棹歌》，徐贯《武夷櫂歌次朱文公韵》。

卷四五言律诗（33 人 52 首）：崔颢《入青溪》《发锦沙村》，谈戭《青溪馆作》，刘长卿《赴新安别梁侍郎》《题元录事开元所居》《新安江送穆德裕归朝》《对酒寄严维》（附严维答长卿）《送张栩扶侍之睦州》《寄刘长卿员外》，皇甫冉《送康判官往新安赋得江路西南永》《送顾苌往新安》，郎士元《送奚贾归新安》《送孙頠》，章八元《新安江行》，权德舆《新安江路》，戴叔伦《集梁耿开元寺所居院》，吴巩《白云溪》，崔备《青溪路中寄韦十三侍御》，皇甫松《江上送别》，方干《与青溪赵明府》，许浑《泛溪》，罗隐《早登新安县楼》，梅尧臣《青溪行》《送崔主簿赴青溪》，陈晔《我爱淳安好（原十一首止存二首）》，钱时《晚晴即事》《野梅》，杨彝《过青溪》，徐仲孺《五月杨花效南朝体》《□□》，徐持敬《怀春姪蕃甥》，俞溥《秋尽》，徐尊生《山行》《梅雨》，胡拱辰《题文昭画菜》《元夕青溪宅感怀寄弟拱璧》，徐贯《邵武经高坡岭》《归化道中》《送玉融刘处士》《福建道中偶成》《沧波书屋为江浦韩瓛作》，程敏政《未至茶园梅水横发泊舟三日》，方天雨《题郑居士尚志斋》，沈周《青溪图诗》，蒋恺《游石峡书院》，江晖《赠程克光南行》，林垐《访环水五大参公咏成律》，徐朴《五峰叔父预卜寿茔赋此寓贺》，王畿《登小金山》《吾溪徐宪使重登小金山韵》，沈一贯《送龙岗郑先生之任淳安》。

卷五七言律诗（约 77 人 108 首）：戴叔伦《青溪村居》《青溪兰若》，刘长卿《青溪口送人归岳州》，秦系《耶溪书怀寄刘长卿员外》，耿湋《赠别刘长卿员外》，邢群《郡中有怀上睦州员外》，杜牧《正初奉酬邢歙州见寄》，许浑《村舍》，吴融《新安道中玩流水》，方干《题法华寺绝顶禅家壁》《书法华寺》，李山甫《迁居青溪和刘书记见示》，宋理宗《闻喜宴诗赐状元方逢辰》，苏轼《寄李陶通直赴清溪》，张景修《宿安乐山下》，方仲谋《南峰亭》，方有开《方仙翁祠》，钱大椿《江村春夜》，胡朝颖《小金山》，钱时《溪南遇雨》，方一夔《静乐先生祠》，方逢辰《樵隐》《石峡山茶盛开》《被召

---

① 该词藏仁和郎瑛家，后有洪武已未（1379）凌云翰跋，跋云："宫词五十首，乃宁宗后所撰，理宗所书，有'幸未坤宁秘玩'六字，与臣杜思忠摹刻六字。今亡二十首，他日得其全补之。"按《宋史》：杨氏，淳安人，宁宗后，理宗母也。涉书史，知古今。此词为后所作无疑，但理宗子书母诗，不应用秘玩图书；而"幸"字或是"辛"字，理宗或是宁宗也。后人录讹，凌氏亦欠跋明耳。今并录之。凌云翰，字颜翀，钱塘人，元贡士也。

不赴》,何昭德《方蛟峰得宣命》,何孟桂《和方耜岩》《春日过湖上》《贺蛟峰入宅》《送留梦炎》,邵桂《次方虚谷迁居韵》,方逢振《茅屋偶成》《次庐月山贺建造韵》,卢钰《天边风露楼漫题》《天边风露楼次岳文二公韵》,汪云留《钱塘怀古》,何景福《柳絮》,徐持敬《□□□》(查与《拜观先师蛟峰先生历任岁月与平生著述有感诗》同),余爨父《贺迁居》,徐道宁《送洪遂良东归锦沙》,姜兼《同前题(洪遂良自京师东归赠以诗)》,方道睿《和以敬兄韵》,任斗南《送以敬之丹阳》,郑玉《尹山庵》,徐尊生《次前韵》《闻方道睿被召》《新年》,□□《□□□》《元效县衙预宴简刘思学丞张士廉主簿时退绢再征甚急》,洪本益《本楚弟举贤良授广西桂林府同知》,俞溥《和郑狮山游尹山韵》,徐畇《烈女俞童传》,汪广洋《过云屯滩》,余郁《洪都送友》《寓居图》(在夔门作),洪屿《送卢太守希正》,卢义《送周弘京》,周瑄《送邑宰洪侯北上》,商辂《送梁医》《题牧隐图》,项文曜《题方紫孟峰图》,胡拱辰《三月燕子来》《和拱璧第九日口占韵》《题恒上人松涛轩》,罗明《题上善观》,邓廷瓒《次韵》,徐鉴《寺游闲咏》,徐贯《尹山庵和胡司空韵》《游凉坑仙洞》《闻胡司空青溪新居成赋此以寄》《赤石忆别寄长兄廷杰》《寄吴天》《寄胡司空》,应颢《送张仲约湖广乡试》,程愈《题应广文古城书屋》,程敏政《召石渡古佛庵》《商茂霖主事请饮魁星楼喜情》《留别淳安刘尹仲和兼呈大司空胡敬翁应大参诸公》《黄阁清风诗送素庵商老先生归淳安》,李东阳《题同前》,□□《归淳安》,《送□州归青溪》,《送徐司空致政归淳安》,李梦阳《题同前》,王宾《赠进士邵陈之》,林翰《同甲会诗为王韶州静庵邵大参复初文三路公韵》,王宥《题同前》;陈选《送方庸庵登第归娶》,汪绅《游乳洞庵值雪》,程文楷《闻蝉》,方天雨《兰室》,徐頣《寓金台寄从兄子肃》,王子言《蛟池书院成示诸孙》,商汝顺《南村观澜阁为徐居敬上舍题》,王子谟《题同前》,江晖《赠徐国华参军》《赠霁轩处士》,洪澄《送徐甥世望会试》,闵如霖《送辰阳太守徐吾溪丈》,张景贤《题万花草堂》《送青溪》,王辅《奉台院檄提兵逐寇宿山人唐栋家》,江一源《和胡朝颖小金山韵》,徐廷绶《赠马生可宗兄弟》,周绍稷《送龙冈郑明府之任淳安》,郑茂《赠叔祖之四明二首》,刘珍《青溪□次徐大参韵》《魁星楼》,吴天洪《游小金山》。

卷六五言绝句(11 人 19 首):李白《歌吟》,张旭《青溪泛舟》,刘长卿《新安送李穆三首》,裴度《皇甫判官溪居》,徐凝《江中对月》,皇甫松《劝僧酒》,徐尊生《画梅一支》《马图》,汪广洋《滩行五首》,徐贯《苍岭樵歌》《花坞余晖》,高鹏《登小金山》、徐缉《流萤》。

七言绝句（33 人 44 首）：严维《别新安刘员外》《重送新发刘员外》《接花》，赵汉宗《凭远亭》（亭在县后），赵不群《南峰庵》，陈轩《泛青溪》，何洪《溪居冬夜》，吕人龙《春归》《野望》，陆宗亮《题方仙翁点易图》，钱默《登书楼有感和秋思韵》，钱槱《溪上》，洪渐《舟泊港口》，卢（珏）登父《江村夜归》，方逢辰《题天边风露楼》《寄梅月》，方回《小金山》，卢会龙《横舟》，卢中仲《秋晚荷花》，方道叡《题白雉山图》，张复《同前》（题白雉山图），夏严中《题白雉山图》，徐尊生《天历间夏大之先生为湖州安定院长时求唐子华作松石图寄乡友周子高为寿子高之子仲思藏之六十年请予题其二》，徐宗显《上太祖高皇帝》，汪一初《观书应制》，余郁《览镜有感》，汪广洋《过茶园三首》《过三百六十滩》，杨仲弘《青溪》，徐持敬《送胡国先赴东流谕》，姚夔《送徐生克明原一兄归淳安》，商辂《梅花》，胡拱辰《野菜荐新》，徐贯《赠友人归杭州》《功德寺沐浴口号》《寄少参兄明》，胡拱璧《病起》《□隐》《□□□》，江晖《夜渡》，顾璘《赠兄城》，余寅《送龙岗郑先生之任淳安》。

根据不完全统计，集中“作者姓氏爵里”载明诗歌作者共 166 人，其中淳安籍作者 74 人，地方官员 10 人；诗歌共 327 首，其中五言古诗 38 首，七言古诗并歌行 24 首，乐府宫词 42 首，五言律诗 52 首，七言律诗 108 首，五言绝句 19 首，七言绝句 44 首。现所见《青溪诗集》，由于版本原因，有的字迹模糊，有的页面缺失，保存资料信息不够完整全面，只能从中了解其大概面貌。

四、《青溪诗集》的特点与价值

《青溪诗集》的特点与价值是非常突出的。其特点主要有以下几方面：

（一）《青溪诗集》所选入的诗作均与青溪有关，具有一定的地理标志的代表性

徐楚曾对淳安县志中随意删削的问题质疑：“窃观淳志凡例，谓诗文不关于淳者，一切削去。然沈约渡新安江诗，《一统志》载在淳安之下，县志果何所据，而竟削之？”这就告诉人们，对于历史上已经归属淳安的作品不宜随意删削。所以，他把已被《一统志》载在淳安之下的沈约《渡新安江》，即《新安江至清浅深见底贻京邑同好》一诗，收入《青溪诗集》中。

清《光绪淳安县志》[①] 指出：“通都大邑有献必有文。献则其生于斯长于斯者也，文不必其生于斯长于斯者也。不必其生于斯长于斯，而舐笔和墨，亦必其涉吾地与

① [清]李诗、陈中元：《续纂淳安县志》卷十二《艺文》，清光绪十年刻本。

吾地之人之事。博而存之，用相引重。若人之生于斯长于斯者，虽在文章巨公，而苟舐笔和墨于桑梓本无所关，则自听单行，不敢阑入。盖以文经，以人纬，因文而及人，非因人而及文，自乱其例不可也。”这一观点也符合徐楚编选《青溪诗集》的取向与观点。

集中不少诗篇以“新安江”“新安”“青溪”“淳安”为题，直接体现地域性。以“新安江”为题，如沈约《渡新安江贻京邑游好》，刘长卿《送杜越江佐觐省往新安江》《新安江送穆德裕归朝》，章八元《新安江行》，权德舆《新安江路》；以“新安”为题，如刘长卿《赴新安别梁侍郎》，皇甫冉《送康判官往新安赋得江路西南永》《送顾长往新安》，郎士元《送奚贾归新安》，罗隐《早登新安县楼》，沈一贯《送龙冈郑先生之任淳安》，吴融《新安道中玩流水》，程敏政《黄阁清风诗送素庵商老先生归淳安》，周绍稷《送龙冈郑明府之任淳安》，刘长卿《新安送李穆三首》，严维《别新安刘员外》《重送新发刘员外》，余寅《送龙岗郑先生之任淳安》；以“青溪”为题：李白《青溪二首》《宿青溪主人》《独酌青溪石上寄权昭夷》，王维《过青溪水》，詹玄象《送吴望江北上计偕舟泊青溪》，崔颢《入青溪》，谈戭《青溪馆作》，崔备《青溪路中寄韦十三侍御》，方干《与青溪赵明府》，梅尧臣《青溪行》《送崔主簿赴青溪》，杨彝《过青溪》，沈周《青溪图诗》，戴叔伦《青溪村居》《青溪兰若》，刘长卿《青溪口送人归岳州》，李山甫《迁居青溪和刘书记见示》，苏轼《寄李陶通直赴清溪》，徐贯《闻胡司空青溪新居成赋此以寄》，张旭《青溪泛舟》，陈轩《泛青溪》，杨仲弘《青溪》；以“淳安”为题：杨仲弘《送淳安徐教谕之任》，洪玙《送胡存润致政归淳安》，汪广洋《淳安棹歌》，陈晔《我爱淳安好》。

另外，还有不少以小金山、白雉山等地方名胜为题的诗作也体现了地域性，具有地理标志意义。

（二）选取较多淳安本地作者作品，在体现本土诗人的乡土情怀的同时又体现了地域文风昌盛的特点

在《青溪诗集》中，其作者可分为三类：一是本地作者（含淳安籍在外地任职官员），二是外籍在州府和淳安任职的官员作者，三是外地游历作者。本地作者占有相当比例，大约 74 人，连同地方官员 10 人，共有 84 人，占总数 166 人的 51%。所选作品为总数的一半以上。这可看出编选者重视本土作者的立足点和取向，同时也可看到更多本真地反映淳安风情的总体面貌。

较多地方作者的出现，正体现出地域文风的昌盛。在这些作者中，不少是家族诗人，如祖孙诗人有宋代方逢辰与方道叡，明代商辂与商熙；如父子诗人有唐代皇甫湜、皇甫松，宋代钱时与钱默、钱槱等；如兄弟诗人有宋代方逢辰、方逢振，明代王子言、王子谟等。这无疑体现了深厚的家学渊源，这些家族诗人的出现正是地域文风馥郁状况的典型体现。正如民国《遂安县志》指出："文章者，经世之大猷，不朽之盛业，故贤哲虽往，文存则人存。遂志灿然厘备，使艺文无载，是摭实而刘华也。夫理学经济之文，皇哉尚矣。其或为序记，或为碑铭，或为诗赋书牍，吉光片羽，不必其人之尽。锺于遂而人咸借文以传，固亦取精多而用物宏，藏渊润玉，韫山辉不可掩也。"[①]

《青溪诗集》的价值在于以下三方面：

一是编选的开创性。《青溪诗集》是淳安历史上第一部全面反映淳安历史文化的诗歌总集。

二是资料的可贵性。保留了截至嘉靖丙寅年（1566）前的淳安有代表性的诗歌文献资料，保证了"前辈流风余韵不泯"，尽了一代文人的历史责任，为后来的淳安文学研究提供了难得的第一手资料。

三是为后来的淳安诗集编选开了一个好头，树立了样板和标杆，激励后人接续完成淳安诗歌的编选。由于这种影响，直接导致了明崇祯年间李高续编《青溪诗集》和清康熙年间鲍楹选编《青溪先正诗集》。

我们先来看看明崇祯年间李高续编《青溪诗集》的有关情况。

李高（1636年前后在世），明崇祯间，任淳安县令。曾主持《续镌青溪诗集》汇编工作，并为之作序。写有七律《海忠介公祠》，表达了他对一代清官海瑞的崇敬之情。李高在《续镌青溪诗集序》[②] 中写道：

> 顷余不佞莅睦郡，久慕青溪文献之盛，乃摄寿后，旋复摄淳。簿书暇即取诸先达集读之。先代如同馆联及第方蛟峰、黄谨斋、何潜斋三公集，嗣近者如商文毅公《三元集》，徐康懿公《馀力藁》，胡庄懿公《仕优录》，下逮累累名家，

① 罗柏麓、周树美、姚桓：《遂安县志》卷十《艺文》，民国十九年印本。
② [清]李诗、陈中元：《续纂淳安县志》卷十四《艺文》，清光绪十年刻本。

率斌斌乎质有其文矣。至阅《青诗集》，秃没者几半，且自嘉靖丙寅，七十余年以来，及今不续，后将何考？爰属汪生献图汇订成帙，捐俸镌刻。工竣，周生人瑞，徐生绍官，偕汪生请余叙弁首。夫古者，诸侯采诗，贡于天子，列于乐官，于以考俗尚而知政治，至用之闺门乡党邦国而化天下，其风厉岂鲜小哉！则诗教所从来已追传，汉唐宋，或藉词赋晋用，或颛词赋试士，或易词赋以经义，总之不遗乎诗教。比入国朝，明经取士，大约如宋制。肆发榜锡宴，文举则歌《鹿鸣》，武举亦歌《彤弓》，功令之重，诗教若此。它如宇内诸郡邑学士家，各摭其部内赋咏，并外郡之有关地方者，用表文献，岂不嚣然争雄。第秉笔纂辑者，夸侈则涉浮，徇情则妨直，即孔氏删诗仅仅三百余篇。讵今日我为政而可温无取裁乎？惟是参知徐吾溪公所辑旧集，一字不敢增减，其余后贤诸名家，则广为搜而严为选，宁简毋繁，宁质毋饰，或庶几哉参知公慎重遗意耶。矧汪生者修文砥行，斤斤醇谨，更以余力善诗。余因敦琢属之耳。抑余文忆吾乡先达杨文襄公马上口占，奉旨恭和诸集，至今海内传诵。督学关陕躬授经传，一时人文遂盛。愧予不韵，爰敢窃比杨公。傥此集一行，淳士之能兴于诗者必多，安知畴昔之文献不可复振，即余不佞且藉以不朽也已。

这篇序文交代了以下内容：1. 编选原因：一是有感淳安“累累名家，率斌斌乎质有其文”，为淳安文学名家辈出殊感自豪；二是有感徐楚所编《青溪诗集》已残缺不全，且时距已 70 余年；三是有感自古采诗传统，以及“以考俗尚而知政治，至用之闺门乡党邦国而化天下”的意义；四是有感诗教传统及“或藉词赋晋用，或颛词赋试士，或易词赋以经义”诸多作用；五是“用表文献”以争地域文献之雄。2. 编选的标准：一是时间上为嘉靖丙寅（1566）后迄今的 70 余年间；二是“贤诸名家”所写作品；三是“广为搜而严为选，宁简毋繁，宁质毋饰。”3. 目的意义：“傥此集一行，淳士之能兴于诗者必多，安知畴昔之文献不可复振，即余不佞且藉以不朽也已”。遗憾的是，目前难以见到这部《续镌青溪诗集》。

我们再来看看清康熙年间鲍楹编选《青溪先正诗集》的情况。

对于鲍楹的生平，《四库全书总目提要》介绍：“《青溪先正诗集》（无卷数，浙江巡抚采进本），国朝鲍楹编。楹字觉庭，余杭人。康熙丙子举人，官知县。”

有关鲍楹的仕履介绍不够准确。据光绪《淳安县志》卷六《职官表》记载，鲍楹，康熙三十四年（1695）任训导。后附“治行”记载云：“鲍楹，字觉庭。余杭人。由康熙乙卯副车司淳安训，振兴文学，善书法，于诗教尤深。淳邑故多诗人，自唐皇甫后不下百余家，然无专汇者。公力事搜罗，得不传者三十九人，辑其诗，总题曰《青溪诗集》，复次小传，以冠篇端，捐薪刊布。秀水朱太史竹垞先生亟称之，其选《明诗综》多采焉。康丙子举于乡，后为江南宜兴令，卒于官。有集若干卷。”

据此，《提要》应更正为：“鲍楹官淳安训导，或官至宜兴知县。”①

对于《青溪先正诗集》，《四库全书总目提要》介绍说：“是编采淳安之诗，合为一编。以淳安古青溪地，故以为名。凡唐一人，宋六人，元五人，明十人，国朝二人。其总目所列宋之方一夔，元之方道坚、夏溥、洪震老、徐贯，国朝之徐士讷等七人，《总目补遗》又有宋方有开等六人，元汪云等二人，明余溥等七人，皆有录无书。非完本也。”②

李坚怀认为：解题载方道坚应为“方道壑”之误，应属字形形近而讹。据嘉靖《淳安县志》卷十一记载：“方道壑，字以愚，号愚泉。蛟峰先生曾孙也。从同里吴朝阳先生游，以《春秋》名当世，登至顺二年进士，授翰林编修官，所撰《后妃》《功臣》诸列传，笔削大义，独断于心，无能议者。调嘉兴推官。……再调杭州判官，遂引疾归。累转奉政大夫、江西行省员外郎。洪武初被召，俱不赴。著有《春秋集传》十卷、《愚泉诗稿》十卷、《诗说》一卷、《文说》一卷、《选唐诗》一卷见于世。”卷十七收录有邑人徐尊生赠诗云《贺方道壑被召》一诗。《浙江通志》卷一百七十七记载与《淳安县志》同，黄虞稷《千顷堂书目》卷二十九“别集类”集传：“方道壑《愚泉诗稿》十卷。字以愚，方逢辰曾孙。至顺二年进士，江西行省员外郎，洪武初两被召，皆不起。”此名亦不确。③

《青溪先正诗集》中的“先正”指“前代贤人”。此书收集淳安县唐至清24位诗人的诗歌作品，故名之曰《青溪先正诗集》。昔有如下评论：“虽编次杂芜，所列总目亦有有录无书之情况，但对研究淳安一地之历史，仍有所裨益。”对于《青溪先正诗集》的编选目的与原则，鲍楹在其《青溪先正诗集序》④中写道：

---

① 李坚怀：《〈四库全书总目提要〉集部勘误八则》，《湖州师范学院学报》2016年第3期，第67页。

② [清]纪昀等：《四库全书总目提要》。

③ 李坚怀：《〈四库全书总目提要〉集部勘误八则》，《湖州师范学院学报》，2016年第3期，第67页。

④ [清]李诗、陈中元：《续纂淳安县志》卷十四《艺文》，清光绪十年刻本。

青溪邑为浙上游，其地崇山邃岭，千溪万隧，蓄泄云雨，故多瑰伟之士出乎其间。盖自皇甫持正以韩门弟子导其源，沿宋迨明，于时沉酣道术，枕漱经籍，崇先而启后，则融堂、蛟峰为之魁；词宗册府，含章吐藻，秀发而挺生，则警斋、潜斋、山房、玄同、介夫之属为之长。至于脱屣荣利，违俗高蹈，则道原、愚潜、仲由诸公，气节狷洁固罕及也；奋蹑风云，争光日月，则素庵、敬所、原一、许村、吾溪诸公，勋猷炳烂，尤难跂也。楹司训是邑，景仰前哲，兴千载之思，而其遗文旧集多半不存，又或传刻失真，移易面目，几令风流顿尽，仆甚惜焉。课读之余，勤心采辑，大抵覆酱瓿、障纬萧之余，漆污油渍，编绝纸弊，不可竟读，为手自写录正，其为谬不可意解者，则仍之以阙疑。汇集所得，总为一部，题曰《青溪先正诗集》。或者后生小子取是集读之，鸿文骏业，昔之声施不朽者，吾之高曾族澡鄙姻戚也；某水某邱，昔人之所赋咏，钓游出入杖屦者，吾之里居巷陌也；岁时风物，禽鱼花木，昔人之所俯仰寄托者，吾之寝沐宴嬉、耳萦目击也。诗可以兴而教人之法，必自近而与竞者始，毋亦有读而思感而奋者乎。前哲令德，继序不忘，或以兹为嚆矢也夫。

鲍楹在序中先概述淳安自唐以来的文学发展状况，并指出其代表人物，很有见地。因深感“其遗文旧集多半不存，又或传刻失真，移易面目，几令风流顿尽”的局面，便有了编选《青溪先正诗集》的动议。此后对“大抵覆酱瓿、障纬萧之余，漆污油渍，编绝纸弊，不可竟读”之作加以“自写录正”，最终得以编竟。由此提出该诗集刊行后可能产生的种种作用，并得出结论：“前哲令德，继序不忘，或以兹为嚆矢也夫。”但同样遗憾的是，这部诗集现在已不可见。

总之，徐楚编选的《青溪诗集》作为淳安历史上第一部诗歌总集，不但具有重要的历史价值，而且具有重要的文献价值，对淳安地域文学的发展具有积极影响。

第三节　书写“海青天”——海瑞的诗文特点与价值

我国历史上，曾涌现出一大批敢于为民请命，刚正不阿，不惜丢官罢职的直臣廉吏，影响最大的莫过于包拯和海瑞以及抗旨斩杀弄臣的袁可立。人们把他们誉为“青天”，海瑞被誉为“海青天”。

海瑞像

海瑞（1514 ~ 1587），字汝贤，号刚峰。海南琼山（今海口市）人。明朝著名清官，有“海青天”之誉。1549 年乡试中举，初任福建南平教谕，后升浙江淳安和江西兴国知县，历任州判官、户部主事、兵部主事、尚宝丞、两京左右通政、右佥都御史等职。经历正德、嘉靖、隆庆、万历四朝。任上推行清丈、平赋税，并屡平冤假错案，打击贪官污吏，修筑水利工程，推行一条鞭法，深得民心。获赠太子太保，谥号忠介。

一、书写“海青天”——有关海瑞诗文的传播过程

海瑞于嘉靖三十七年（1558）五月任淳安县令，于嘉靖四十一年（1562）六月离任。离任后，淳安百姓立生祠以祀。诗文中的海瑞形象传播，主要集中在明清时期。海瑞离任不久，嘉靖四十一年进士、刑部郎中徐廷绶“适余奉简书，便道归省，乡士大夫及耆老辈，属余记之。余雅辱侯教泽，又淳民中被德尤深者，曷敢以不文辞”。他的《海刚峰先生去思碑记》一文，是最早全面反映海瑞在淳安的政绩的散文作品，具有重要的认识价值。

明代诗文中的海瑞形象传播，主要有徐楚《海公祠》、李高《海忠介公祠》、房循矱《题海忠介公祠》等诗歌，徐廷绶《海刚峰先生去思碑记》、翁恕《忠介海公祠碑记》等散文。

1. 徐楚的《海公祠》。

徐楚，字世望。淳安蜀阜人，以进士授工部主事。著有《吾溪集》《青溪集》《蜀阜小志》《杜律解》。曾于嘉靖四十五年（1566）辑录淳安历代名家诗篇为《青溪诗集》，并作序，对淳安的文学发展作出重要贡献。

徐楚写有《海公祠》[①] 一诗：

垣屋萧萧锦水涯，舟人指点海公祠。

① [清]吴世荣、邹伯森：《光绪严州府志·艺文》，清光绪九年刻本。

风波自不惊三黜，暮夜谁能枉四知。
虎口脱离濒死日，龙颜回顾再生时。
百年借寇天阍远，惟有棠阴系去思。

《淳安县志》记载：海公祠“在淳安县西察院左，邑民钱德贞、余元恭捐地建。万历间，邑令吴天洪改建于南山之麓”。

首联中的“锦水”，指淳安县城濒临的一段新安江，又名锦溪。此联写海公祠所在的位置，由于地处偏僻，显得有些冷落凄清。颔联与颈联写海瑞在嘉靖四十五年（1566）任户部主事时，上疏批评明世宗迷信道教，不理朝政等事，被逮入狱、险遭杀害一事。“三黜”指三次被罢官，“四知”指天知，神知，我知，子知。写海瑞光明磊落、敢于直谏、无所畏惧的勇气与品格。尾联中的“借寇”意指地方上挽留官吏，含有对政绩的称美之意。

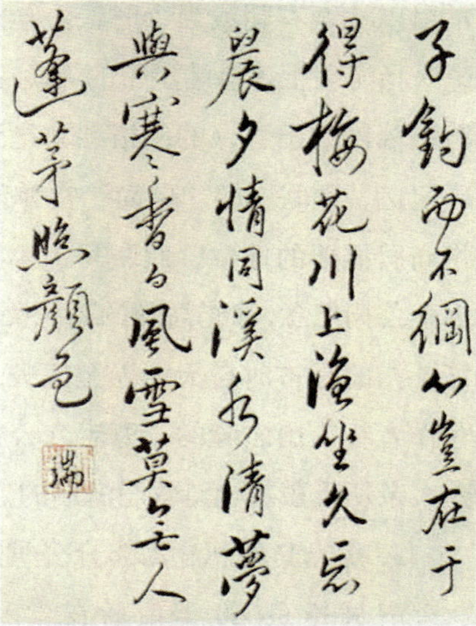

海瑞自作诗手迹

“寇”，指汉朝寇恂，典出《后汉书》卷十六《邓寇列传·寇恂》。光武帝南征，寇恂跟随，直至颍川，盗贼见寇恂到来，全部投降。光武所经之处，百姓们纷纷遮道（拦路）请求，说：“愿从陛下复借寇君一年”。光武帝只好命寇恂暂驻长社县，镇抚吏民，受纳余降。“棠阴”出自传说周代召公巡行南国，在棠树下听讼断案，后人思之，不忍罚其树，后以喻惠政。“去思”指“海公去思碑”。写百姓挽留海瑞继续留任淳安不果，只能以立“去思碑”的方式表示怀念和纪念，说明海瑞在百姓心中有崇高的威望。本诗从眼前海公祠起笔概写海瑞的传奇人生，以及百姓对他的崇敬与缅怀。

2. 李高的《海忠介公祠》。

李高（1636 年前后在世），明崇祯间任淳安县令。曾主持《续镌青溪诗集》汇编工作，并为之作序。他写有《海忠介公祠》①：

① [清]李诗、陈中元：《续纂淳安县志》卷三《方舆志三》，清光绪十年刻本。

嶙峋忠介冠群伦，昭代如公有几人。
一疏回天曾格帝，两期勤政尚留春。
当年白简悬霄汉，此日清风彻水滨。
遗像仰瞻南巘麓，凛然袍笏喜相亲。

首联中的“嶙峋”为高耸矗立貌，“忠介”意指忠诚耿介。“昭代”指政治清明的时代，常用以称颂本朝或当今时代。写海瑞的忠诚耿介超越常人，难能可贵。颔联中“一疏”指海瑞批评嘉靖皇帝的奏疏；“格”为感通意；“两期”指海瑞罢官前后两次从政。写海瑞以敢于直谏的品格感动皇帝，以及罢官前后两次从政的特殊经历给人留下美好记忆。颈联中的“白简”指弹劾官员的奏章；“霄汉”为云霄和天河，指天空，喻指高居显要的地位。此联写当年海瑞地位崇高，现被百姓建在“清风彻水滨”的海忠介公祠纪念，喻指海瑞的高风亮节为后人景仰。尾联中的“南巘”指淳安南山；“袍笏”指的是古时自天子以至大夫、士人，朝会时皆穿朝服执笏，后泛指官服。此联写作者在南山之麓的“海忠介公祠”瞻仰海瑞遗像，一身官服的海瑞既令人敬畏又令人亲切爱戴。全诗叙写海瑞的“嶙峋忠介”对世人及作者的深刻影响。

3．房循矱的《题海忠介公祠》。

房循矱（1660 年前后在世），号扩园。清代安州人。顺治十五年至十七年（1658 ~ 1660）任淳安县令。他写有《题海忠介公祠》：①

萧然一箧半肩书，坐拥南山曳敝裾。
前辈丰神犹在昔，清风江上近何如。

首句中的“萧然”为简陋貌，次句中的“敝裾”指破旧衣服。这两句写作者自己当时衣装携带情形。后两句写海瑞昔日的风貌神情犹在眼前，对处在清风江边上的“海忠介公祠”充满向往之情。全诗表现了作者对海瑞的怀念与思索。

4．徐廷绶的《海刚峰先生去思碑记》。

徐廷绶（1515 ~ ?），字受之，号锦泉。明淳安河村人。嘉靖四十一年（1562）进士。

① [清]胡就臣、陈棐：《康熙淳安县志·文翰》，康熙二十二年刻本。

《光绪淳安县志》："为诸生时，海忠介公令淳，深器重之。登嘉靖壬戌进士，授刑部主事，升郎中。时忠介以直谏廷杖下狱，病危死。廷绶侍左右调药饵扶持之，得以苏苏。每断狱，必展转求其可生者释之。会冯珰主东厂，势炽甚，以盗诬抵无罪十余人，下部覆审，廷绶为豁省无辜者八人。同事咸缩颈。廷绶曰：'祖宗法在，不可挠也。杀人以媚人，如天理何？'详定律注以行，擢守辰州，广学址，捍水患，赈饥民，百务俱举。遇事明决，吏不敢欺。旋副陕西按察使，致仕。"荣归故里时，适逢海瑞调任离淳，廷绶受乡亲父老之嘱，为海瑞写了《海刚峰先生去思碑记》。[①] 原文如下：

遗爱之思，昉于召南棠茇。迨汉史称何武，所居无赫赫名，去后常见思。维不徇名，所以思弗谖。君子于武，可以观政矣。今郡邑以去思碑者林立，求无愧于碑文所载者几何人？若我海侯，殆古之遗爱欤！其永孚民心去思有以也。侯讳瑞，号刚峰，南粤琼人。易直子谅，所志皆古圣贤德业。以名魁署教南平，丕著师范。戊午夏来令我淳，清修劲节，与民更始，移风易俗，厘弊肃纪。民初焉疑，既而翕然信；期年政通人和，颂声洋溢。至是移判嘉兴府，诸士民攀辕卧毂，垂泣拥留，而侯之驾不可延矣。佥谋镂石，备悉德政，以志无穷之思。

适余奉简书，便道归省，乡士大夫及耆老辈，属余记之。余雅辱侯教泽，又淳民中被德尤深者，曷敢以不文辞。按余严所辖为邑六，淳据上游，为里八十有四，计境内山陵川谷居其半，为田者又十之三，有司百凡支应，取给于里甲。迩今倭变，差役派敛较昔数倍，小民每充役，至有倾产者。侯始至，愀然曰："东南民力竭矣。盍苏诸！"嘉意经理，斟酌区画，皆有成法：谓使客络绎，冲疲不堪也，损夫役，节馈赠，以省送迎之烦。谓科课征人，吏私羡赢也，革分例，禁加耗，以杜侵渔之弊。谓催科严迫，困穷靡给也，舒期限，缓督责，以免称贷之累。岁节贺庆，用侈繁仪，于是严交际之防，却馈遗，遏苞苴，而请托无所乘。播越流离，民罔攸底，于是溥怀徕之惠，蠲负逋，申播告，而逃亡有所定。告讦纷争，民罹刑宪，于是宏钦恤之仁，轻箠扑，减纸赎，而冤蠢有所控。文献自昔，科第蝉联，时丁靡敝，是以有振作之典，精课试，优激赏，而士儒为之竞劝。棂星创始，兑面允宜，南易否乘，是以有修复之举，崇规制，

① [清]李诗、陈中元：《续纂淳安县志》卷十三《艺文》，清光绪十年刻本。

设官墙，而文运为之挽回。教场亭榭，湫隘倾颓，武备就弛，是以有创筑之工，辟区宇，时练训，而缓急为之有备。至于建社学以教子弟，浚濠渠以通水利，编保甲以备不虞，罢访察以安良善，发廪储以赈饥乏，凡设施措置，如《政事录》所志，更仆不能悉记。

若夫时之弗便，有志而未行，势之所拘，将为而见挠者，则当于侯之心求之。盖侯以仁爱忠诚之心，而励清介节省之行，布平易岂弟之政，舒徐优裕，若慈父母之育赤子焉，煦煦然不忍伤。故民于侯之未去也，若赤子之慕慈父母焉，依依然不能舍；既去也，若赤子之远慈父母焉，皇皇然无所归。学者思其作养，赋者思其均平，役者思其简便，讼狱者思其矜恕，困乏者思其缓抚，流移者思其安集。利有当兴，害有当除者，思其干济之才；困于奸宄，屈于豪武者，思其御辑之威。君子曰：于海侯可以观政矣。

虽然，侯之政在吾淳者，百代而为范；侯之泽在吾民者，百年而未艾。侯之心在民所未尽谅、众所不及知者，足以表天日，质鬼神而无愧。是故有孚惠德，有孚惠心，不市名而名垂不朽。百姓永受其福，而绎思勿谖。甘棠所说，何武有光哉。佥曰然。遂命剞劂，以昭令德，以风有位。

徐廷绶对于海瑞在淳安的政绩和品格以及影响的叙写很全面，也很感人，因为作者是怀着“雅辱侯教泽，又淳民中被德尤深者，曷敢以不文辞”的态度来写的。本文的主要内容与特点在于以下三点：

首先，全文先总写海瑞为政特点与影响。其为政特点是“清修劲节，与民更始，移风易俗，厘弊肃纪”“期年政通人和，颂声洋溢”，以至于“移判嘉兴府，诸士民攀辕卧毂，垂泣拥留，而侯之驾不可延矣”。

其次，对海瑞政绩以排比的方式条分缕析地加以陈述，使之醒目地彰显在世人面前。如“以省送迎之烦”“以杜侵渔之弊”“以免称贷之累”和“请托无所乘”“逃亡有所定”“冤蠹有所控”，以及“士儒为之竞劝”“文运为之挽回”“缓急为之有备”，还有“建社学以教子弟，浚濠渠以通水利，编保甲以备不虞，罢访察以安良善，发廪储以赈饥乏”等，充分展现了海瑞勤政爱民、清正刚直的特点。由此可见，海瑞在淳安的政绩极其显赫，为民所爱戴势所必然。

再次，揭示海瑞为淳安百姓拥戴的原因，在于“盖侯以仁爱忠诚之心，而励清介节省之行，布平易岂弟之政，舒徐优裕，若慈父母之育赤子焉，煦煦然不忍伤。故民于侯之未去也，若赤子之慕慈父母焉，依依然不能舍；既去也，若赤子之远慈父母焉，皇皇然无所归。学者思其作养，赋者思其均平，役者思其简便，讼狱者思其矜恕，困乏者思其缓抚，流移者思其安集。利有当兴，害有当除者，思其干济之才；困于奸宄，屈于豪武者，思其御辑之威。君子曰：于海侯可以观政矣”。

徐廷绶与海瑞有深厚交谊，他在刑部任职时正值海瑞“以直谏廷杖下狱，病危死”，便“侍左右调药饵扶持之，得以苏苏”。他的《海刚峰先生去思碑记》一文是在海瑞去职、淳安百姓挽留不果的背景下写的，具有重要的认识价值，是研究海瑞必读的文献。

5. 翁恕的《忠介海公祠碑记》。

翁恕，湖北黄陂人。明万历三十四年（1606）淳安县令。他以海瑞为楷模，对海瑞推崇备至，写有《忠介海公祠碑记》，[①] 详介海瑞在淳为政四年的德政善举，并说：“如我忠介海先生者。先生治淳，高厚如天地，震迅如霆雷，明烛如日月。……遇孱弱贫瘠则抚，遇势豪强暴则摧。而直己守道如一辙，是在朝为社稷臣。而邑为慈父母也。论者概性甘淡泊，有采薇之风；天挺忠贞，有叩马之节。”原文如下：

慨自光岳气分，士多特行。忠肝义赡者，或矜气节而鲜呴呕；桑肠慈肺者，或狃姑息而少扬激；肩巨任重者，或急大体而略细务；循涂守辙者，或拘名位而寡建明；繁弦促节者，或恃锋颖而伤朴雅；解纲弛纽者，或挛缩蓄而乏撑持。

孰有恩断兼持，大小各得，缓急张弛并运，在朝为社稷臣，在邑为慈父母，慷慨论列则回天而转日，优游致理则露浸而膏濡，如我忠介海先生者。先生治淳，高厚如天地，震迅如霆雷，明烛如日月。却征输之利金，绝馈送之交际，薄词讼之赎锾，裁里甲之冗费，此廉吏事也。清干没之利弊，摘隐伏之奸顽，革不经之淫祠，正田亩之疆界，此哲吏事也。苏里甲之困疲，而赋外之征输一切报罢，复流民之故业，而赋内之逋负曲为代完，至仁也。饰僚属之簠簋，而苴不敢沔，裁使客之骚罢，而数不敢轶，至义也。修校阅之武场，禁矿山之盗贼，而韩范驰名，申圣论之条约，严保甲之规格，而风俗还淳，盗贼息响，至毅旦武也。

① [清]李诗、陈中元：《续纂淳安县志》卷十三《艺文》，清光绪十年刻本。

然此亦皆循吏事，载在《淳安政事录》中，甚备，不足为先生记也。

惟是申饬所行而先自明其意，若曰人秉天地理气而生，各备万物之理，各有万物之责。若谓止可洁己，不可洁人，洁人生谤，谓凡所行不可认真，认真生怨，以乡原之道待其身，又以乡原之道待其人，浮沉市名，窃取官爵，非夫也。其自奉俸薪外，丝毫不取，家僮亦令樵采，庭甚清闲，吏农无事，亦听从农从商。抚按查盘，旧例阴遗，其吏书谓："无此，则祸且立至。"先生独曰："充军死罪，宁甘受可为此穿窬举动耶。"津要知厚有馈，问外官入计，有交际谓："要做官不得不如是。"先生独曰："尽天下而不为上官之赂也，岂尽不迁？又尽天下而皆为上官之赂也，岂尽不黜？安可自以其身甘沟壑也。"

维时都御史鄢公，恃权相，总制八省盐政，威焰赫甚，其子过淳安，索夫马不与，非理凌虐。先生悉捕，按如法。大率有司，皆穷极□□，以媚之，动费千百。时当至严，严属相戒，盛供具以待。先生独上禀帖，曰："传闻所至与宪牌迥异，欲从宪牌则惧招尤，欲从传闻则恐违宪。"又曰："都院出理盐政亦今希阔事，事出希阔，令百姓获希阔之遇，可也。乃今府县恐以不周，致戾百姓不沾希阔之恩，反苦希阔之费，无乃官属承奉台下，乐为谀，不乐为直，误认台下之意与。"遂迁道去，不过严。先生之惠洽淳安而不畏权势若此，此一大奇也。

他如学博南平时，参谒礼仪，遵据会典宪纲，力以其身为标准，俨然以师道自重，明伦堂与道旁不跪，迎送上官不出郭门。上官至，一见后，不复偕有司磬折。三日，上台视学，升堂，各教职左右跪，先生居中挺立，诸大夫艴然曰：安所得山字笔架来？若院道诸君皆叹服，谓当于古人中求之。

其官户部主事时，见世庙惑于元修，大小臣工率道服将事。先生慷慨上言：天下第一事，以正君道，明臣职，大略在挽回君臣父子夫妇之伦，而禁止斋醮天桃天药之谬。夫元修以求长生也，尧舜禹汤未有至今存者。陛下师事陶仲文，而仲文已死，彼且不能自寿其身，陛下何犹神其术乎？侃侃数千余言，国史详载是疏，出直声震，海内无不知海刚峰者。上怒，诏狱论死，中外骇愕。独尚宝何公为司务时，上疏力救。逮世庙上宾穆宗践阼，诏释先生狱，改兵部武库主事。丁卯，晋丞尚宝，四月丞大理，七月转左。适有暹罗之役，奉使回乡。己巳春正月，改通政提督誊黄，六月，升右佥都御史，敕总督粮储，巡抚应天。

先生乃以教南平，令淳安、兴国者，稍加润色扩充，为督抚宪约。盖主于斥黜贪墨，搏击豪强，矫革浮淫，厘正夙弊，令既布，俨乎烈日秋霜，风物顿易。郡邑吏廉饬赇者，望风解绶，而权豪世宦屏息，至移他方避之。若别省有冤枉不伸者，悉就谳决。有显者赭其门第以居，闻先生至，遂易而黝。监造中贵素骄纵，亦内愧贬损，服御各减其半。吴有松江汇震泽入海，濒江田亩，灌溉弘多已枕潮，啮淤为陆，议浚者屡，迄无成绩。民有谣：惟海龙王始开耳。先生适应民谣而议开，不旬月报竣，计费甚省，役成而民不劳。此万世利也。至今姑苏民德之。江以南，贫富相倾，弱者率授献田亩，豪强施谋兼并。先生下令，令受献者退还，或许赎，而势豪乘此中先生矣。舒戴给事交章弹论，而先生解抚事，专督粮储。旋裁革以计去先生也。庚午四月，归籍家食，未几，荐者踵至，都谏顾泾坡等会荐有"忠贯日月，望重华裔"之语，吏部具覆：屡奉上命推补。御史若詹，若龚，若梅，若王，都御史若郭，给事中若王，各具疏荐。不逾月，推左通政。逾年又推南台佥都御史。未至，又改南吏部侍郎。举朝无不荐先生特达之才。先生应命而起，自琼至蚬蜩，家僮皆徒步。又自五羊至上新，惟乘一小舟，寂寂无知者。五月，抵任。陈治安要机，顾独愤贪残，论劾不止。因及国初剥皮囊草之律，而梅房御史遂肆抵击惟是。彭君遵古，诸君寿贤，顾君允成三进士，疏为足以发舒正气而维持老成耳。先生拜命右都御史，而有归志，屡疏乞骸骨，不允，竟以丁亥孟冬几望日，捐馆留都。检箧止俸金一百五十一两，绫绢葛各一。端微都御史王公麟泉率诸御史捐金治具，恐旅榇亦无资矣。

夫先生微而学博邑令，显而巡抚都台，而莅官行法如一职，遇孱弱贫瘠则抚，遇势豪强暴则摧，而直己守道如一辙，是在朝为社稷臣而邑为慈父母也。论者概其性甘淡泊，有采薇之风，天挺忠贞，有叩马之节。谓道似伯夷，信在矣。然其视斯民由己饥渴，耻厥辟，不为尧舜，即伊尹奚让焉。先生所至为轵道瞻望，所莅皆丰碑尸祝。留都时，有远方不知姓名者，求供帚除三月而去；又有率貌先生像以去者。学士大夫亦有焚香虔事，每事必卜，如罗浮叶絅斋者。矧先生德泽浃淳，士民商贾戴慕弥久，构祠而祝，宜也。恕自髫年景慕，聿今幸获踵后尘，敢扬先徽以示来轫是后也。

始事于署印郡丞黄公淳，督工于主簿谢天伦，襄其成则署篆司马王公文炜，暨恕与县丞宋守愚，典吏孙应麒，学博桂联奎、王同祖、陈大成也。先生姓海，名瑞，字以贤，号刚峰，赠太子太保，谥忠介，广之琼山人。

翁恕的《忠介海公祠碑记》给人的主要印象在于：

一是作者身份具有特殊性。翁恕与海瑞同为淳安县令，他自是站在县令的角度来审视海瑞，又站在自身作为县令的对照角度来认识海瑞，这就避免了一般人“隔靴搔痒”似地写海瑞，也避免使海瑞成为一个流于一般概念的形象。而是对海瑞具有深切的认同感，甚至把自己摆进去与海瑞形成对照，即文中所说：“恕自髫年景慕，聿今幸获踵后尘，敢扬先徽以示来轫是后也。”这是不能不关注的本文的一大特色。

二是对海瑞的评价深刻全面，认为海瑞是“三吏”，即廉吏、哲吏、循吏。廉吏：“先生治淳，高厚如天地，震迅如霆雷，明烛如日月。却征输之利金，绝馈送之交际，薄词讼之赎锾，裁里甲之冗费，此廉吏事也。”哲吏：“清干没之利弊，摘隐伏之奸顽，革不经之淫祠，正田亩之疆界，此哲吏事也。”循吏：“苏里甲之困疲，而赋外之征输一切报罢，复流民之故业，而赋内之逋负曲为代完，至仁也。饰僚属之簠簋，而苴不敢沔，裁使客之骚罢，而数不敢轶，至义也。修校阅之武场，禁矿山之盗贼，而韩范驰名，申圣论之条约，严保甲之规格，而风俗还淳，盗贼息响，至毅旦武也。然此亦皆循吏事。”

三是彰显海瑞的敢作敢为、不畏权势的气概。以对话形式使一个敢作敢为的海瑞形象跃然纸上：“抚按查盘，旧例阴遗，其吏书谓：‘无此，则祸且立至。’先生独曰：‘充军死罪，宁甘受可为此穿窬举动耶。’津要知厚有馈，问外官入计，有交际谓：‘要做官不得不如是。’先生独曰：‘尽天下而不为上官之赂也，岂尽不迁？又尽天下而皆为上官之赂也，岂尽不黜？安可自以其身甘沟壑也。’”通过记载拒都御史鄢公过淳安一事，使海瑞不畏权势的形象跃然纸上，并认为“先生之惠洽淳安而不畏权势若此，此一大奇也”。

四是由衷钦佩和赞美海瑞，引为榜样。以“如天地”“如霆雷”“如日月”比喻海瑞治淳政绩，以“在朝为社稷臣而邑为慈父母”肯定海瑞的才能与品格，以“今幸获踵后尘，敢扬先徽以示来轫是后”张扬海瑞治淳德泽。

综观明代诗文中的海瑞形象的传播特点：一是诗文写作者与海瑞同属于一个朝代，没有距离感和陌生感，所体现的海瑞形象都很亲切。二是有的作者同为淳安县令，他们在刻画海瑞形象时通常情不自禁地有代入感，体现出海瑞对自身的影响。三是在诗文中的海瑞形象特点各有特色：诗歌中对海瑞形象的刻画大多是概括性的，点睛式的；散文中的海瑞形象刻画则更全面、更生动，更有史学价值。这些诗文为后世海瑞形象的传播提供了近距离的第一手资料，其中的意义是显而易见的。

清代诗文中的海瑞形象传播，主要有查慎行《淳安谒海忠介祠》、张三让《读海刚峰政事录》、闵圻申《题海公祠》、徐士讷《拜海忠介公祠》、成廷楫《重修海公祠》、应融吉《谒海忠介公祠》、刘世宁《六先生咏·海刚峰》、马文炳《六先生咏》、方士颖《谒海忠介公祠》等诗歌。

1. 清诗人、文学家查慎行《淳安谒海忠介祠》：[①]

桐乡遗爱在，民自不忘公。
一邑清名著，三朝直节同。
衣冠瞻古貌，俎豆感村翁。
此日流离意，谁怜在野鸿。

首联中的“桐乡”当指淳安；“遗爱”指留与后世而被人追怀的德行、恩惠、贡献等。颔联中的“直节”谓守正不阿的操守。此联意为海瑞一生清名始于淳安，守正不阿的操守贯穿于他整个为官生涯。颈联中的“古貌”指古朴的形貌；“俎豆”指俎和豆，都是盛放祭祀食物的器具，代指祭祀，引申为祭祀和崇奉之意。此联写作者谒海忠介祠对所见景象的观感。尾联慨叹自己的人生遭遇。全诗通过自己流离在野的感触书写海瑞的清名与影响，昭示自己的人生取向的选择，那就是要像海瑞那样为官才会赢得世人的怀念与尊重。

2. 清淳安知县张三让写有《读海刚峰政事录》：[②]

先生伟略炳丹青，小试牛刀续圣经。
锦政芬芬栽宿草，霜毫凛凛发新硎。
不难西睦停盐使，犹是南平架笔形。

① 政协建德市委员会：《严州诗词》下册，天津古籍出版社，2011年，第355页。
② [清]胡就臣、陈棐：《康熙淳安县志·文翰》，康熙二十二年刻本。

流览古今循吏传，三百年来一福星。

首联中的“炳丹青”，意指使历史生辉；“小试牛刀”比喻有很大本领，先在小事情上显一下身手。颔联中的“锦政芬芬”意指德政流芳，锦政即美政、德政；“宿草”指隔年生草；“发新硎”意为刚从磨刀石上出锋刃，喻初展才华。颈联中的“西睦”指睦州西部的淳安；“停盐使”见《严州府志》海瑞小传：“时有都御史鄢懋卿，督理盐政由严过淳，供亿甚侈，瑞为书谏止之，竟迁道他往”。“南平架笔形”意指海瑞任淳安知县前，曾任南平教谕，明翁恕《忠介海公祠碑记》说他：“学博南平时，参谒礼仪，遵据会典宪纲，力以其身为标准，俨然以师道自重，明伦堂与道旁不跪，迎送上官不出郭门。上官至，一见后，不复偕有司磬折。三日，上台视学，升堂，各教职左右跪，先生居中挺立，诸大夫艴然曰：安所得山字笔架来？若院道诸君皆叹服，谓当于古人中求之。”尾联中的“循吏”指守法循理的官吏；“福星”指能给大家带来幸福、希望的人。全诗赞美海瑞的伟略和政绩，是彪炳史册、造福一方的一代循吏。

3. 清淳安教谕闵圻申《题海公祠》：[①]

前代名臣肮脏俦，棠阴特重海琼州。
流芳白下千秋业，发迹青溪百里侯。
俯睇几筵思借箸，仰瞻冠带倍凝眸。
音容渺矣虽难即，凛凛英风亘古留。

首联中的“肮脏俦”取意于北宋词人李之仪《次韵思》：“肮脏从来不易俦，低徊身世亦悠悠。离群断雁虽难偶，得两明珠岂待求。”“俦”为终身伴侣之意；“棠阴”喻惠政；“海琼州”是对海瑞的敬称，海瑞为琼州人。颔联中的“白下”指南京，“百里侯”指县令。此联意为海瑞后半生在南京为官，建立了流芳千秋的功业，但名声始于淳安。颈联中的“几筵”犹几席，几席是祭祀的席位，也称灵座；“借箸”：据《史记·留侯世家》张良曾于汉王食时借箸（筷子）为汉王筹划，后以“借箸”指为人谋划，

① [清]胡就臣、陈棐：《康熙淳安县志·文翰》，康熙二十二年刻本。

这里似是“借寇”（地方上挽留官吏）之误。尾联意为声音容貌虽已远去，但海瑞令人敬畏的英名永远流传。全诗书写对海瑞的仰慕与敬意。

4. 清康熙十五年（1676）进士徐士讷《拜海忠介公祠》：[1]

南山突兀青溪浒，溪碧山寒谁与伍。
浩气磅礴阴崖间，遗殿巍峨此终古。
叹息前朝嘉靖年，奸谀噬人猛于虎。
上下相蒙不畏天，区区县主那自主。
公以南平司铎来，芒鞋一到天地开。
官与此躯了勿顾，恻恻穷黎心所哀。
尺书顿使权奸避，父老争传砥柱材。
其他异政不胜纪，总如慈母护婴孩。
入朝抗疏正君身，字字血忱泣鬼神。
直令吾道日星朗，千载昌黎又一人。
杖血淋漓随诏狱，龙性由来不肯驯。
余生得出更慷慨，秉钺陪京肃秋旻。
孤忠耿耿廷难立，卒老淮阳社稷臣。
气塞苍旻神塞地，而淳尤荷公抚字。
庙食年年俎豆新，千村万户公之嗣。
我来瞻拜仰前徽，霜风日落从空至。

此诗中的“南平司铎”指海瑞曾任福建南平县教谕，古以木铎宣教令，称为“司铎”。“芒鞋”指草鞋，相传海瑞生活俭朴，穿布衣芒鞋到淳安上任。“尺书顿使权奸避”，见张三让《读海刚峰政事录》注。“抗疏正君身”指海端上疏批评嘉靖皇帝迷信道教、专意斋醮、不理朝政一事。“昌黎”即韩愈，唐宪宗遣使迎佛骨，韩愈上表极谏，被贬潮州刺史。“诏狱”指海瑞被嘉靖帝诏令廷杖，并拘入狱。“秉钺陪京肃秋旻”指隆庆帝即位后，海瑞获释，迁南京右佥都御史，巡抚应天十府，锐意兴革，打击豪强，

① [清]李诗、陈中元：《续纂淳安县志》卷十五《艺文》，清光绪十年刻本。

有如肃杀的秋气降临，使之畏服，不敢胡作非为。“淮阳社稷臣”原指汉汲黯为淮阳太守，政绩清明，这里用以喻海瑞。“抚字”意为抚育爱护。“庙食”指死后受人奉祀，在庙中享受祭食。全诗历数海瑞非凡经历与政绩，书写百姓对其的怀念与拥戴，体现作者的膜拜与敬仰之情。

5. 清淳安县教谕成廷楫《重修海公祠》：[①]

公非百里才，小试青溪尹。
大名灌耳闻，清高肃堪引。
珠树接重岩，疏烟披绣畛。
憩石挹涧泉，探幽摘松菌。
赤舄留人思，甘棠系民诊。
碧草满晴阶，春色无乎隐。
残碑剔藓看，记事或未尽。
坚白不涅靡，显晦异朝冥。
丹青落翠微，榛芜集孤岭。
轮奂在今时，结构藉绳准。
秩秩咏斯干，嗣葺谢不敏。
鸟鼠稍攸除，风雨锢深迥。
向由膏泽敷，鸠工集趋紧。
保赤同饥溺，如伤侔疾疢。
治理以诚求，弹琴坐调轸。
台谏难端倪，作宰睹真境。
仰止百炼刚，化成惟不忍。
励实焉可几，学制虑贻哂。
临风怀晋贤，慨然发深省。

诗中的“珠树”，通常指神话、传说中的仙树，喻积雪之树，也为树的美称。“赤

① [清]李诗、陈中元：《续纂淳安县志》卷十五《艺文》，清光绪十年刻本。

舄”指古代天子、诸侯所穿的鞋，赤色，重底。全诗通过重修海公祠，回想海瑞德业，以“临风怀晋贤，慨然发深省”，进一步弘扬感悟海瑞的风范与精神。

6. 清雍正二年（1724）贡生应融吉《谒海忠介公祠》：[①]

谁比青溪溪水清，明公千载合留名。
暖回霜草由慈霭，疾奋江雷是直声。
肝胆已闻昭北阙，衣冠何啻架南平。
只今遗像浮梁岸，父老碑传尚写生。

首联中以“明公”尊称海瑞，此联意为海瑞的清官之清比淳安的青溪溪水还要清，一方面写出清官之美好，另一方面写出清官为世代人民所赞颂。颔联意为海公对百姓的慈恩就像以温暖使霜草复苏的春光，海公刚直之声就像迅猛振响的江雷声。颈联意指嘉靖四十五年（1566），海瑞上书批评皇帝，被廷杖下狱，耿耿忠心终于在穆宗隆庆三年（1569）获得昭雪。海瑞此前曾在嘉靖三十二年（1553）任南平县教谕时即有难得风范，为人所重。尾联中的“浮梁”即浮桥，当时架在原淳安县城南门与南山之间的新安江上，海公祠就建在南山。意为海瑞在淳安虽只存“遗像”，但风范长存。全诗以“青溪溪水清”作比，写出海瑞的清官名声必将流传千古。

7. 清淳安知县刘世宁《六先生咏·海刚峰》：[②]

宣圣未见刚，申枨非所及。
性以欲而绵，安能坚自立。
论事或风生，操下如束湿。
仓猝遇非常，手板乃倒执。
猗欤海琼州，出宰莅淳邑。
其忠非色取，其介非义袭。
其用若有殊，其趋本合一。

① [清]吴世荣、邹伯森：《光绪严州府志·艺文》，清光绪九年刻本。
② [清]李诗、陈中元：《续纂淳安县志》卷十五《艺文》，清光绪十年刻本。

保赤以诚求，四野哀鸿集。
齐云禁佚游，政谱自编辑。
上疏切批鳞，壮烈鬼神泣。
十渐不克终，堪与元成匹。
廷杖严谴呵，霜稜未肯戢。
南方建节来，畏爱并深入。
还朝已暮年，尚欲破积习。
直道固难容，淮阳终卧汲。
棠荫系淳思，庙貌勤修葺。
浮桥显寒烟，远峰当户屹。
仰止孰无情，学海珠难缉。

诗中前两句中的“宣圣”指汉平帝元始元年（公元1年）谥孔子为褒成宣公，此后历代王朝皆尊孔子为圣人，诗文中多称为“宣圣”;“申枨”，字周，春秋时鲁国人，精通六艺，孔子七十二贤之一，唐开元二十七年（739）追封为“鲁伯”，宋大中祥符二年（1009）封为“文登侯”,明嘉靖九年（1530）封为先贤。子曰：“吾未见刚者。”或对曰：“申枨。”子曰：“枨也欲，焉得刚？”孔子不普遍地反对人们的欲望，但如果想成为有崇高理想的君子，那就要舍弃各种欲望，一心向道。“束湿”意指吏治太急。“手板乃倒执”意为倒执手板，指惊惶失态。“猗欤休哉”意为多么美好呀。“佚游”即逸游，放纵游荡而无节制。“批鳞”即逆鳞，古人以龙比喻君主，传说龙喉下有逆鳞径尺，有触之必怒而杀人，后遂以“批鳞”指敢于直言犯上。“十渐不克终”，指唐代魏徵写的《十渐不克终疏》一文，文章列举唐太宗为政态度的十个变化，以此警醒统治者居安思危。此处“元成”当为“玄成”之误（魏徵，字玄成）。“建节”意为执持符节，古代使臣受命，必建节以为凭信。全诗叙写海瑞“其忠非色取，其介非义袭。其用若有殊，其趋本合一”的本质特点，以及后人的“仰止孰无情，学海珠难缉”的追慕之情。

8．清淳安知县马文炳《六先生咏》，[①] 其中有四句写到海瑞：

---

①[清]李诗、陈中元：《续纂淳安县志》卷十五《艺文》，清光绪十年刻本。

刚峰议论遭坎坷，浩然正气终无累。
批鳞一疏振朝野，昌黎之后赖有是。

诗中“六先生”是指唐皇甫湜，宋钱时（融堂）、方逢辰（蛟峰），明商辂（素庵）、海瑞（刚峰），清史可证（印心）。前四人为淳安籍，后二人为淳安县令。此四句主要赞颂海瑞的浩然正气。

9. 清淳安方士颖《谒海忠介公祠》：①

曾编治谱泽斯民，劲烈风追古太臣。
抗疏枫宸还折槛，持纲柏府尚埋轮。
衣冠座凛威仪旧，俎豆坛昭典制新。
一曲空潭寒贮月，澄光永照骨嶙峋。

首联写海瑞治理淳安政绩显著，任职后期曾著《淳安政事录》一书，具有劲烈之风。颔联中的“枫宸”实指宫殿，宸，北辰所居，指帝王的殿庭。汉代宫廷多植枫树，故有此称。“折槛”典出《汉书》卷六十七《杨胡朱梅云列传 · 朱云》：汉槐里令朱云朝见成帝时，请赐剑以斩佞臣安昌侯张禹。成帝大怒，命将朱云拉下斩首。朱云攀殿槛，抗声不止，槛为之折。经大臣劝解，朱云始得免。后修槛时，成帝命保留折槛原貌，以表彰直谏之臣。后用为直言谏诤的典故。“柏府”，御史府的别称。“埋轮”，埋车轮于地，以示坚守。颈联叙写日月如梭，但海瑞威名和影响依旧在。尾联通过海忠介公祠所见的月夜景象，来昭示海瑞留在世人心中的形象永不磨灭。

清代诗歌中的海瑞形象，承接明代书写海瑞诗歌的影响，继续刻画海瑞的清名气节，如查慎行的“一邑清名著，三朝直节同”；刻画其忠介，如刘世宁的“其忠非色取，其介非义袭。其用若有殊，其趋本合一”；刻画其敢于直谏，如徐士讷的“直令吾道日星朗，千载昌黎又一人”、马文炳的“批鳞一疏振朝野，昌黎之后赖有是”；赞其美好影响，如张三让的“流览古今循吏传，三百年来一福星”、闵圻申的“音容渺矣虽难即，凛凛英风亘古留”、徐士讷的“其他异政不胜纪，总如慈母护婴孩”等。

① [清]李诗、陈中元：《续纂淳安县志》卷三《方舆志三》，清光绪十年刻本。

明清时期有关海瑞形象的文学书写，是淳安文学中的典型篇章，对于传播清官形象、弘扬海瑞精神具有重要影响和作用。

二、书写“海青天”——海瑞诗文的特点与价值

《光绪淳安县志·治行》中这样记载海瑞的影响：“海忠介峭耸霜崖，磊磊轩天地，儿童走卒皆知姓名，而发闻自为淳令始。”海瑞的深远影响，首先是海瑞自身的“介峭耸霜崖，磊磊轩天地”的品格魅力所致。其次也与史书、志书的记载，以及大量诗文的赞颂传播有关。但诗文的记述传播，在对海瑞政绩的记述上要比史书志书更翔实、更全面，对海瑞清官形象的再现和刻画上也比史书志书更生动、更丰满，在传播与影响上比史书志书更广泛、更深远。

(一)对海瑞政绩的记述比史书志书更翔实、更全面

对海瑞政绩的记述，《明史·海瑞传》《光绪淳安县志·海瑞传》和海瑞《政事录·序》中均有记载。

《明史·海瑞传》中所记海瑞：“迁淳安知县。布袍脱粟，令老仆艺蔬自给。总督胡宗宪尝语人曰：‘昨闻海令为母寿，市肉二斤矣。’宗宪子过淳安，怒驿吏，倒悬之。瑞曰：‘曩胡公按部，令所过毋供张。今其行装盛，必非胡公子。’发橐金数千，纳之库，驰告宗宪，宗宪无以罪。”[①] 这里主要反映海瑞的清廉自律，以及不畏强权的品格。

《光绪淳安县志》所记海瑞：“迁淳令，革去常例之无名者，俸薪外不取丝粟。僮仆出县舍刈楚中林。吏胥公事毕各还家，为农治生，从其本业。其治县精详，凡凌杂烦屑无不明晰。至于丈量之则，兵阵之法，救饥之物，草木之实，悉家喻户晓之。总督胡宗宪子还自父任，索驿夫不给，悬亭吏鞭之。瑞曰：‘胡大人廉洁，当其行县，豫饬属官不得侈帐具。今其装甚盛，必非胡大人子。’发其装，得金数千，纳之库。驰告宗宪，宗宪无以罪也。都御史鄢懋卿，以总理盐法行部，携妾，装五彩舆，以十二女舁令长跪上食，厕饰文锦，溺器用白金。至淳，瑞供帐甚疏，自言邑贫不能容轩盖。懋卿怒甚，闻其发胡公子装，敛威去。尝曰：‘加派增赋，取民财以奉过客，悦卿士大夫，吾不为也。夫绢出于桑，粮出田亩，朝廷取民不为厉也。加派增赋，

① [清]万斯同等：《明史》卷二二六《列传》第一百十四。

动以朝廷为口实，为欺与谤抑何甚焉。'"[①] 反映了海瑞为官清正、爱民如子，以及刚正不阿的气节，比明史更为翔实全面。

海瑞在《淳安县政事序》中自述淳安政绩："瑞自滨海入中州知淳安县事，初阅册籍，民之逃亡者过半。问之，则曰疲困不能堪赋役，朴直不能胜奸强使之。而予之心恻然痛矣！剥人以媚人，多科而厚费使之。可为民忿、可为民慨之事日临于目，日闻于耳。而吾不平之气愤然生矣！问识者以所处之方，则曰在今日不可能也，在今日又不可为也。宁可刻民不可取怒于上，宁薄下不可不厚于过往。彼自为一说而不能当于予心也。"[②]"尝欲自为一编，以记钱粮、以节财费、以酌事使节文，昭国制日月之明，扩吾心体备万物之理，使淳得户晓焉。吏不能缘为奸弊，民得安业乐生，而予亦得以常目在之，俨有师法。而又私念秀才发轫仕途，知识有几，将笔复辍迟疑，三年有奇矣。壬戌入觐归，缘道咏思，恍如有得，因取故籍，参考博访，以订所思。自信或可以究竟利弊，粹乎圣贤中正之道，公己公人之理，我祖宗朝颁行画一之制，一毫世俗之论不与焉。民风士习，借此发明，回心而向道，或有在也。夫彼上司、彼过客，万物之理，赋予于造化，犹之我也。独无为民哀忿之心哉！时乎为己，见己不见人。一觉悟焉，而同归于道矣。"这段文字主要记载了海瑞体察民情、革除弊端、爱民惠民种种，是海瑞勤政爱民的自画像，具有重要的认识价值。

在有关海瑞的文学书写中，对海瑞政绩的记述从总体上说应比志书、史书和海瑞自述更翔实、更全面。当然，这种情况主要出现在散文一类文体中，诗歌由于其体裁限制只能做概括和点睛式反映。所以，下文主要以徐廷绶《海刚峰先生去思碑记》和翁恕《忠介海公祠碑记》为例。

徐廷绶《海刚峰先生去思碑记》和翁恕《忠介海公祠碑记》，除了以写实的方式增强对海瑞政绩与形象的表现外，还以文学方法——以排比手法来凸显海瑞的政绩与形象。

徐廷绶《海刚峰先生去思碑记》细数海瑞在淳安任上政绩，对存在弊端一一革除，用排比句式加以陈述，使海瑞政绩在治理有序、富有成效方面得到较好体现，举例如下：

---

① [清]李诗、陈中元：《续纂淳安县志》卷六《治行》，清光绪十年刻本。

② [明]海瑞：《海瑞集》上册，中华书局，1962年，第37～38页。

(1)“嘉意经理，斟酌区画，皆有成法：谓使客络绎，冲疲不堪也，损夫役，节馈赠，以省送迎之烦。谓科课征人，吏私羡赢也，革分例，禁加耗，以杜侵渔之弊。谓催科严迫，困穷靡给也，舒期限，缓督责，以免称贷之累。”这里以“谓……以……”的排比句式，充分体现了海瑞在治理淳安乱象上的“嘉意经理，斟酌区画，皆有成法。”

(2)“岁节贺庆，用侈繁仪，于是严交际之防，却馈遗，遏苞苴，而请托无所乘。播越流离，民罔攸底，于是溥怀徕之惠，蠲负逋，申播告，而逃亡有所定。告讦纷争，民罹刑宪，于是宏钦恤之仁，轻箠扑，减纸赎，而冤蠹有所控。”此中用“于是……而……”的排比句式，对海瑞就现实中存在的“岁节贺庆，用侈繁仪”“播越流离，民罔攸底”“告讦纷争，民罹刑宪”问题如何解决加以陈述，以见出海瑞的治理方略。

(3)“文献自昔，科第蝉联，时丁靡敝，是以有振作之典，精课试，优激赏，而士儒为之竞劝。棂星创始，兑面允宜，南易否乘，是以有修复之举，崇规制，设宫墙，而文运为之挽回。教场亭榭，湫隘倾颓，武备就弛，是以有创筑之工，辟区宇，时练训，而缓急为之有备。”用以“是以……而……”的排比句式，就海瑞针对“文献自昔，科第蝉联，时丁靡敝”“棂星创始，兑面允宜，南易否乘”“教场亭榭，湫隘倾颓，武备就弛”等问题巧加解决，从而出现了“士儒为之竞劝”“文运为之挽回”“缓急为之有备”的局面。

此外，“至于建社学以教子弟，浚濠渠以通水利，编保甲以备不虞，罢访察以安良善，发廪储以赈饥乏，凡设施措置，如《政事录》所志，更仆不能悉记”，又以排比句式简要追补概述所做其他事项，以增其政绩的丰富全面。

翁恕在《忠介海公祠碑记》一文中高度评价海瑞在淳安任上的治理政绩，以“……至仁也；……至义也；……至毅旦武也”的排比句式加以记述：“苏里甲之困疲，而赋外之征输一切报罢，复流民之故业，而赋内之逋负曲为代完，至仁也；饰僚属之簠簋，而苴不敢汚，裁使客之骚罢，而数不敢轶，至义也；修校阅之武场，禁矿山之盗贼，而韩范驰名，申圣论之条约，严保甲之规格，而风俗还淳，盗贼息响，至毅旦武也。”这在客观上使海瑞的治理政绩得到突出和强调，从而也显得更翔实全面。

这种接二连三的排比句式的出现，表面上看是为了写作效果的需要，事实上这正是体现了海瑞在治理淳安的政绩是全方位的，体现了海瑞卓越的地方治理方略与才能。

(二)对海瑞清官形象的再现和刻画比史书志书更生动、更丰满

清官一般指公正廉洁的官吏，又称循吏、良吏、廉吏，民间对好官的称呼皆为

清官。诗文中反映的海瑞的清官形象与影响,与《明史·海瑞传》《光绪淳安县志·海瑞传》中所记载相吻合，但更全面、更生动。

徐廷绶在《海刚峰先生去思碑记》中，对作为清官的海瑞的总体评价在于“清修劲节,与民更始,移风易俗,厘弊肃纪”。他又从不同群体的感知中对海瑞作出评价：“学者思其作养，赋者思其均平，役者思其简便，讼狱者思其矜恕，困乏者思其缓抚，流移者思其安集。利有当兴，害有当除者，思其干济之才；困于奸宄，屈于豪武者，思其御辑之威。君子曰，于海侯可以观政矣。”

有的以“嶙峋忠介”写海瑞的清官形象,如李高《海忠介公祠》“嶙峋忠介冠群伦,昭代如公有几人”。写海瑞的忠诚耿介超越常人，难能可贵。

有的以守正不阿来写海瑞的清官形象，如查慎行的《淳安谒海忠介祠》:“一邑清名著，三朝直节同。”海瑞一生清名始于淳安，守正不阿的操守贯穿于他整个为官生涯。

更为集中的是，以慈父母比况海瑞的亲民情怀所显示的清官形象。举例如下：

徐士讷在《拜海忠介公祠》中以“其他异政不胜纪，总如慈母护婴孩”诗句写出海瑞的“慈母护婴孩”特质；

翁恕在《忠介海公祠碑记》中云：“夫先生微而学博邑令，显而巡抚都台，而莅官行法如一职，遇孱弱贫瘠则抚，遇势豪强暴则摧，而直己守道如一辙，是在朝为社稷臣而邑为慈父母也。”以“在朝为社稷臣,在邑为慈父母”揭示海瑞的“慈父母”情怀。

徐廷绶在《海刚峰先生去思碑记》中更为深切地写道：“盖侯以仁爱忠诚之心，而励清介节省之行，布平易岂弟之政，舒徐优裕，若慈父母之育赤子焉，煦煦然不忍伤。故民于侯之未去也，若赤子之慕慈父母焉，依依然不能舍；既去也，若赤子之远慈父母焉，皇皇然无所归。”以“慈父母”作比，揭示海瑞爱民如子与淳安百姓爱戴海瑞的深厚感情，进一步彰显海瑞的人格魅力。

徐楚在《海公祠》一诗中以“百年借寇天阊远，惟有棠阴系去思”，写百姓挽留海瑞继续留任不果，只能以立“去思碑”的方式表示怀念和纪念，说明海瑞在百姓心中有崇高的威望。

以上所述，都以慈父母比况海瑞的为民情怀，形象生动，真切感人。有的直接以“福星”来写海瑞的清官形象，如张三让的《读海刚峰政事录》:“流览古今循吏传，三百年来一福星。”海瑞作为守法循理的官吏，给淳安百姓带来幸福和希望。正如翁恕在《忠介海公祠碑记》中所说：“先生治淳，高厚如天地，震迅如霆雷，明烛如日月。”

总之，诗文中对海瑞清官形象的认识与评价是全面的，立体的，真切的，生动形象的，海瑞像一座丰碑永远屹立在世人的心中！

(三)对海瑞清官形象的传播与影响比史书志书更广泛、更深远

诗文因其文学性和受众性，无疑在涵盖面和影响力方面远超历史类著作，大量有关海瑞的生平事迹的传播自然比史书志书更广泛、更深远。

海瑞为后任者树立了标杆，后任者对海瑞崇敬有加，以海瑞为风范，使海瑞精神发扬光大，在地方治理上作出新的贡献，同样受到淳安百姓的拥戴。他们中不少人以诗文彰显海瑞对他们直接而深刻的影响，为海瑞清官形象的传播做出了努力，使得海瑞清官形象更加深入人心。

明万历三十四年（1606）淳安县令翁恕，在《忠介海公祠碑记》一文中直言：“矧先生德泽浃淳，士民商贾戴慕弥久，构祠而祝，宜也。恕自髫年景慕，聿今幸获踵后尘，敢扬先徽以示来轫是后也。”

明崇祯间，淳安县令李高，在《海忠介公祠》诗中以“遗像仰瞻南巘麓，凛然袍笏喜相亲”的诗句，表达与海瑞的崇高精神品格相亲相守。

清顺治十五年至十七年（1658 ~ 1660）淳安县令房循矱，在所作《题海忠介公祠》诗中以“前辈丰神犹在昔，清风江上近何如”诗句，反躬自问，由衷追寻。

清康熙十年（1671）淳安知县张三让，在《读海刚峰政事录》诗作中认为海瑞是“流览古今循吏传，三百年来一福星”。他在任上，岁饥赈给有方，兄弟争财多相告讦又为歌以劝之，受到邑建“惠政亭”纪念。

清乾隆二十年（1755）淳安知县马文炳，在《六先生咏》诗中写道：“刚峰议论遭坎坷，浩然正气终无累。批鳞一疏振朝野，昌黎之后赖有是。”赞颂海瑞的“浩然正气”，认为是韩愈之后又一“疏振朝野”的历史人物，堪为世范，由衷钦佩。

正因后世地方官员不断以海瑞为崇高风范，身体力行，为淳安社会树立起一道道标杆，使得淳安社会一代代沐浴在清风朗月中，永享人文昌盛之美好。正如徐廷绶在《海刚峰先生去思碑记》文中所说：“虽然，侯之政在吾淳者，百代而为范；侯之泽在吾民者，百年而未艾。侯之心在民所未尽谅、众所不及知者，足以表天日，质鬼神而无愧。是故有孚惠德，有孚惠心，不市名而名垂不朽。百姓永受其福，而

绎思勿谖。”正如闵圻申在《题海公祠》诗中所谓：“音容渺矣虽难即，凛凛英风亘古留。”

本章中的“朱熹以《咏方塘》诗为代表的有关淳安的创作”“徐楚编纂的《青溪诗集》的体例、内容与价值”“书写‘海青天’——海瑞诗文的特点与价值”等三个论题,是淳安文学研究绕不过去的问题。朱熹的《咏方塘》诗及其有关淳安的创作，无疑是淳安文学的最具神采的篇章，由此让我们深切感悟到淳安文学之所以有历史的厚重感，正是由于有朱熹这样的大儒以其作品身处其中；徐楚编纂的《青溪诗集》作为淳安历史上的第一部诗歌总集，让我们深切感悟到淳安文学的发展是其来有自的，必将激励后人开创新篇；“海青天”——海瑞是淳安政治文化发展的“魂”，作为精神灯火照亮着一路走来的淳安百姓的心灵日益充实而纯粹。通过对这些重点视域的阐释，淳安文学的总体特点与面貌也就昭然若揭了。

第十章　新安文学的重点视域阐释(下)

——建德文学

本章包括“南北朝新安山水诗与文学的开篇”“‘睦州诗派’的形成与影响”“‘严陵钓台’现象与董弅《严陵集》的反映”三部分，分别论述其对于建德文学产生与发展的推动作用。

第一节　南北朝新安山水诗与文学的开篇

从新安文学的历史发展来看，新安文学起步于南北朝时期。在这个时期，从整个新安江流域来说，作为上游的徽州地区主要在散文领域得到萌发，出现了程茂的《责萧衍犯顺书》、程督的《东天竺赋》和吕文达的《吕堨记》等散文，而作为下游的建德地区则在山水诗方面得风气之先，拉开了新安山水文学的序幕，并且在时间上早于上游徽州地区散文的初兴。可以说，新安文学发端于新安江下游的山水诗，并形成逆流而上的推衍与折射的发展趋势，最终形成全流域以山水文学为主体的总格局。而新安江下游的这一发端得益于游历新安的谢灵运、沈约和任职新安的文学家萧几、任昉、徐摛。新安文学的发端时期，正好与中国进入文学的自觉时代的魏晋南北朝时期相吻合。

中国文学进入自觉时代，起步的标志就是魏时曹丕《典论·论文》的诞生。曹丕不但提出了“盖文章经国之大业，不朽之盛事”，把文章的地位推到了极致．还提出了“盖奏议宜雅，书论宜理，铭诔善实，诗赋尚丽”，把文学与论说文、应用文作了本质区分，突出了文学的独立性；还提出了“文以气为主”，强调表现个体灵魂这一文学的重要功能。鲁迅在《魏晋风度及文章与药及酒之关系》一文中，对曹丕推动文学走向自觉的功绩加以高度评价：“他说诗赋不必寓教训，反对那些寓训勉于诗赋的见解，用近代的文学眼光看来，曹丕的一个时代可说是文学的自觉时代，或如近代所说为艺术而艺术的一派。”① 什么是文学自觉？罗宗强在《魏晋南北朝文学思想史》中指出：“文学自觉，是指它自身意识到它应该是一个什么样子，是它追求自身的完美，是它自身特质的充分发展。魏晋南北朝文学思想的几个重要内容：重文学的抒情特质，重文体的表达功能，重视创作过程的独特性，重视文辞的美学特征，重视表现技巧的丰富与完善，都是文学追求自我完美的反映。”② 正是文学自觉，迎来了此后文学的繁荣和发展。

在这样的大背景下，新安文学也随之一脚跨入文学的自觉时代。而这个“一脚跨入”是通过游历新安和任职新安的文学家来实现的。当时游历新安的谢灵运、沈约和任职新安的任昉、徐摛。

一、游历新安的谢灵运、沈约与新安山水诗

(一)谢灵运与《初往新安至桐庐口》《七里濑》

谢灵运（385 ~ 433），陈郡阳夏（今河南太康）人，移籍会稽。幼时寄养于外，族人名为客儿，世称谢客。谢玄之孙。晋时袭封康乐公，故称谢康乐。曾任永嘉太守，侍中，临川内史等职。其诗大都描写会稽、永嘉、庐山等地的山水名胜，善于刻画自然景物，开文学史上山水诗一派。明人辑有《谢康乐集》。

谢灵运开创了中国文学史上的山水诗派，其诗与颜延之齐名，并称“颜谢”。谢灵运是第一位全力创作山水诗的诗人，山水诗在晋宋勃然而兴，其功首推谢灵运。

谢灵运像

谢灵运山水诗的特点在于对自然的细致拟态，又在拟态过程中加入自身的主观色彩，使山水景物呈现出源自现实真实而又不同于现实真实的独特面貌。同时又呈现出自然的风貌，具有真切自然的特点。他在既往写景经验的基础之

① 《鲁迅全集》第三卷，人民文学出版社，1981年，第504页。
② 罗宗强：《魏晋南北朝文学思想史》，中华书局，2006年，第338页。

上，创造性地将多重艺术表现手法运用在其山水诗创作中，追求景物描摹的细致入微，语言表现的富丽精工，追求骈偶对仗的特点，直接影响了后来的齐梁文学，促进永明体的出现，又间接推动了近体诗的出现，为初盛唐山水诗走向律化起了应有作用。沈约在《谢灵运传》中指出："爰逮宋氏，颜、谢腾声。灵运之兴会标举，延年之体裁明密，并方轨前秀，垂范后昆。"[①] 就是说，到了南朝宋代，颜延之、谢灵运的文声腾跃有名，谢灵运的情兴意会昂扬高亢，颜延之的体裁清晰细密，他们都与前代优秀的作家并驾齐驱，为后人传下作文的法式。

谢灵运的《初往新安至桐庐口》《七里濑》五言古诗，是迄今为止留存下的最早有关新安山水的诗篇，也是新安文学史上最早吟咏新安山水的诗歌作品。

初往新安至桐庐口[②]

絺绤虽凄其，授衣尚未至。
感节良以深，怀古亦云思。
不有千里棹，孰申百代意。
远协向子心，遥得许生计。
既及冷风善，又即秋水使。
江山共开旷，云日相照媚。
景夕群物清，对玩咸可喜。

此诗为最早书写新安江下游江景的诗作，属于新安山水的开篇之作。诗中"江山共开旷，云日相照媚"，体现了谢灵运对自然景物的独特赏悟，鲜明地展现出水天辉映、空明澄澈的美景，再现了新安江山水的客观美，表现了高超的描摹技巧，语言精练，境界自然清新。谢灵运对自然景物所采取的静观默察的态度，使他诗中对自然景物的表现显现出鲜活的大自然生态意趣。从此以后，新安江之美开始为后来文人所瞩目，开启了新安文学以新安山水为重要表现题材的特有领域。

① [梁]沈约：《宋书》卷六十七《列传》第二十七，四库全书本。
② [东晋]谢灵运著，李运富编：《谢灵运集》，岳麓书社，1999年，第34页。

七里濑[1]

羁心积秋晨，晨积展游眺。
孤客伤逝湍，徒旅苦奔峭。
石浅水潺湲，日落山照耀。
荒林纷沃若，哀禽相叫啸。
遭物悼迁斥，存期得要妙。
既秉上皇心，岂屑末代诮。
目睹严子濑，想属任公钓。
谁谓古今殊，异代可同调。

此诗为最早书写建德七里濑的诗作。诗中既叙写了羁旅孤客的情绪，又刻画了七里濑的风光特点，还反映了诗人的精神追求。其中的“石浅水潺湲，日落山照耀”为书写七里濑的经典名句，“潺湲”又成为严州与建德山水特点的形象概括，直到宋范仲淹写出《潇洒桐庐郡》诗作后才被“潇洒”所取代。诗中“目睹严子濑，想属任公钓。谁谓古今殊，异代可同调”四句，既表明作者认同严光的品格与追求，又言明自己与严光具有“同调”，可谓是“夫子自道”。

其中“石浅水潺湲，日落山照耀”对新安江水的“潺湲”特点的描写，对后来诗作产生影响，如沈约《新安江水至清浅深见底贻京邑游好》“愿以潺湲水，沾君缨上尘”，孟浩然《经七里濑》“挥手弄潺湲，从兹洗尘虑”，刘长卿《新安江奉送穆谕德归朝赋得行字》“离别寒江上，潺湲若有情”。可见，谢灵运对新安江水的“潺湲”特点的认识和发现，得到沈约、孟浩然、刘长卿等诗人的认可和继承。

二、沈约与《新安江至清浅深见底贻京邑游好》

沈约（441 ~ 513），字休文，吴兴武康人。梁文学家。历任宋、齐二代，后官至尚书令。其诗浮靡，着意雕饰，因与谢朓、王融诸人之作皆注重声律，时号“永明体”。著有《四声谱》《齐记》《沈约集》等，已佚。

沈约是“永明体”的倡导者之一，其文学主张和创作实践领导了时代的风气。沈约诗，题材广泛，数量众多，手法高超，别具特色。其中感情真挚、婉转动人，

① [宋]董弅:《严陵集》卷一,四库全书本。

沈约像

是沈约诗歌最显著的特色。钟嵘评其诗“不闲于经纶，而长于清怨。”[①] 清初诗论家陈祚明评其诗："休文诗体，全宗康乐，以命意为先，以炼气为主；辞随意远，态以气流，故华而不浮，隽而不靡。大抵多发天怀，取自然为诣极；骤而咏之，沨沨可爱；细而味之，悠悠不穷。他人虽丽不华，休文虽淡有旨，故应高出时手，卓然大家。”[②] 这是对沈约诗歌创作的最全面的评价。

据《梁书·沈约传》记载，南齐隆昌元年（494），沈约除吏部郎，出为东阳太守。新安江是自建康赴东阳的必由之路，沈约在途经新安江时写下《新安江水至清浅深见底贻京邑游好》诗作。此为今存最早的明确以新安江为题的山水诗篇，开创了以“新安江”为题的诗歌创作的先河。

新安江水至清浅深见底贻京邑游好[③]

眷言访舟客，兹川信可珍。
洞澈随深浅，皎镜无冬春。
千仞写乔树，百丈见游鳞。
沧浪有时浊，清济涸无津。
岂若乘斯去，俯映石磷磷。
纷吾隔嚣滓，宁假濯衣巾。
愿以潺湲水，沾君缨上尘。

诗中“眷言访舟客，兹川信可珍”两句说在回顾既往出访舟行所见过的河川中，只有新安江值得珍爱。“洞澈随深浅，皎镜无冬春”意为无论水深处还是水浅处，也无论是冬天还是春天，新安江水都清澈明净。“千仞写乔树，百丈见游鳞”意为乔木的影子从千仞之上的高山可以直射到水底，在百丈深的地方也能见到游鱼。“总

①[南朝梁]钟嵘：《诗品》卷中。
②[清]陈祚明：《采菽堂古诗选》，续修四库全书本。
③[清]陈梦雷：《古今图书集成》，《方舆汇编·山川典》第二百七十二卷《江部艺文二》。

此四句，诗人通过绘写江水之‘深’，衬写出江水之‘清’，以致使人感到虽深犹浅。这就是诗题中点出的‘新安江水至清浅深见底’的韵致”。①

“沧浪有时浊，清济涸无津”两句，意为沧浪之水有浊时，济水有涸时，而新安江水则不浊不涸。“岂若乘斯去，俯映石磷磷”，这两句说如果乘新安江上之舟船前往，俯首可见江石在水中很清澈的样子。“纷吾隔嚣滓，宁假濯衣中”是说我离开了京邑，已与尘嚣相隔，难道还要假此水来洗濯衣巾吗？意为自己已经离开尘嚣了，不需要这样做了，还在尘嚣中的友人倒是需要的，所以又说“愿以潺湲水，沾君缨上尘”。本篇借写新安江的清澈洁净，劝告友人不要恋于尘嚣。

有人在评析此作时说：“他以极平静的心情，欣赏新安江的清绮风光，描绘新安江水的清浅透澈，从而折射出诗人的清思洁想。而只是在游览的观想和反思之中，才逐渐流露出了身世之感和隐退之意，并由此反映出由苦闷沉郁到解脱、轻松的复杂的思想历程。”②

于此可见，沈约对新安江水之美发现之特，体味之深，表现之切，影响之大。其中的“洞澈随深浅，皎镜无冬春。千仞写乔树，百丈见游鳞”四句，几乎是对新安江水之美的定评，对后世写新安江的文学作品影响很大。

《新安江水至清浅深见底贻京邑游好》诗作影响深远，这种影响表现在两个方面：一是沈约对新安江“清澈”特点的发现的影响，成为新安江特点的定评；二是“愿以潺湲水，沾君缨上尘”的意义和内涵的影响，成为后来书写新安江的主题之一。

前者的影响主要以李白《清溪行》为代表，其中“借问新安江，见底何如此”诗句，意谓新安江为何能够这样清澈见底？后又运用比喻手法正面描写清溪的清澈。可见，沈约“新安江水至清浅深见底”对李白的影响。

后者的影响主要有唐孟浩然《经七里濑》“挥手弄潺湲，从兹洗尘虑”，宋梅尧臣《寄新安通判钱学士》“昔人言访舟，江水赋清泚。冬春常一色，深浅皆见底”，明余敷中《新安山水歌》“沧浪有清还有浊，何如此水常澄清。青溪得名本应此，时时取涤缨上尘”，明张弼《送王韶州致政归淳安》“从此唤醒尘土梦，笑将缨绂濯沧浪”等，这些诗人在接受沈约影响的同时，也显出了自己的创新特色。但这种影响却构

① 吴小如等：《汉魏六朝诗鉴赏词典》，上海辞书出版社，1992年，第999页。
② 吴小如等：《汉魏六朝诗鉴赏词典》，上海辞书出版社，1992年，第999～1000页。

成了这些作品的底色，体现了传承与发展的关系。

沈约《新安江水至清浅深见底贻京邑游好》是历代抒写新安江诗歌的代表作。从此以后，新安江之美被长久地表现，使有关新安江的文学作品，成为新安文学中的一个特点和亮点。

可以说，谢灵运《初往新安至桐庐口》《七里濑》和沈约《新安江水至清浅深见底贻京邑游好》，是对新安山水题材的新发现与新开掘，是对新安文学的第一声歌唱。就像自从梁元帝对徐摛说了“新安大好山水”以后，新安就从此有了以“大好山水”称誉世界一样，谢灵运和沈约两人的作品是对梁元帝“新安大好山水”最形象生动的注解，从此开启了描绘新安山水之美的序幕。而且此一领域显出了特别的成绩，成为新安文学中最充满神采的篇章，所有这些都与这一发端的导引密不可分。

三、任职新安的任昉、徐摛与新安山水文学

时代社会进入南北朝时期，新安出现一个特殊的现象，那就是朝廷任命了一批文学家来治理新安，使得新安在这一时期显出了特别的人文性质。这时期任职新安的文学家主要有萧几、任昉、徐摛等。

(一)徐摛与“新安大好山水”

徐摛（472 ~ 549），字示秀。东海郯（山东郯城）人。南朝梁文学家。与庾肩吾齐名，有“徐庾体”之称。官太子左卫率。当时太子宫中都学他浮靡浮艳的文风，为宫廷诗代表作家之一。《梁书》列传第二十四有传，曰 :“属文好为新变，不拘旧体。”又曰 :“遂承间白，高祖曰 :摛年老，又爱泉石，意在一郡，以自怡养。”高祖谓摛欲之，乃诏摛曰 :“新安大好山水，任昉等并经为之，卿为我卧治此郡。”① 中大通三年（531），遂出为新安太守。至郡为治清静，教民礼仪，劝课农桑，期月之中，风俗便改。秩满还为中庶子，加戎昭将军。

徐摛任职新安后，有关新安的文学作品没有留存下来，但高祖梁武帝对他慰藉时所说的“新安大好山水”一语，却成了新安历史上影响最为深远的赞美新安山水的誉称。从此以后，新安就以“大好山水”的美好名声为世人所瞩目，并引来了无数骚人墨客痴迷其间，发出无尽赞叹。即如唐代权德舆在《送歙州陆使君员外赴任

① [唐]姚察、姚思廉 :《梁书·列传》第二十四。

序》一文中所说："新安有佳山水，以资胜饯。"[①] 在表达对友人祝愿的同时，热情赞美新安景色，不能不说是受了梁武帝萧衍话语的影响。还有明余敷中《新安山水歌》"当年摛老此盘桓，雅好此中好山水"，[②] 直言徐摛与"大好山水"之关系，更可看出其中影响。可见，"新安大好山水"的美好誉称成了新安山水的历史定评，给新安人带来了一笔莫大的精神财富。

(二)任昉与《严陵濑》《赠郭桐庐山溪口见候余既未至郭仍进村维舟久之郭生方至诗》

任昉像

任昉（460 ~ 508），字彦升。乐安博昌（今山东寿光）人，南朝梁文学家，"竟陵八友"之一。仕宋、齐、梁三代。当时以表奏书启诸体散文擅名，而沈约以诗著称，时人号曰"任笔沈诗"。梁时，历任义兴、新安太守。原有集，已散佚。明人辑有《任彦升集》。他于天监六年（507）春出为宁朔将军、新安太守。天监七年（508）在任上去世。追赠太常卿，谥号敬子。《梁书》记曰："在郡不修边幅，率然曳杖，徒行邑郭，民通词讼者，就路决焉。为政清省，吏民便之。视事期岁，卒于官舍，时年四十九。阖境痛惜，百姓共立祠堂于城南。高祖闻问，即日举哀，哭之甚恸。……昉撰《杂传》二百四十七卷，《地记》二百五十二卷，文章三十三卷。"[③]

任昉文学成就主要在骈文与诗歌。他写的骈文大多是一些骈体公牍文章，但他融入故典旧实，使骈体公文形式与内容达到较好统一，并把用典这一骈文文体要求推向繁密、工整、妥帖的极致，于继承拓新中达到相当高度。在诗歌创作上，他以学问为诗，善用事义，且多有直率明达的语句，其诗歌呈现出质朴风貌。唐李商隐有《读任彦升碑》诗赞曰："任昉当年有美名，可怜才调最纵横。梁台初建应惆怅，不得萧公作骑兵。"[④]

任昉天监七年（508）出任新安太守时，从富春江逆流而上赴任途中，写下《严

① [清]董诰等：《全唐文》第五部卷四百九十一。
② [清]吴世荣、邹伯森：《光绪严州府志》卷十五《艺文志》，清光绪九年刻本。
③ [唐]姚察、姚思廉：《梁书》卷十四《列传》第八。
④ [唐]李商隐：《李义山诗集》卷上，四库全书本。

陵濑》《赠郭桐庐出溪口见候余既未至郭仍进村维舟久之郭生方至》等诗作。

严陵濑[①]

群峰此峻极，参差百重嶂。
清浅既涟漪，激石复奔壮。
神物徒有造，终然莫能状。

《严陵濑》诗作从两岸群峰入笔，写出严陵重峦叠嶂的“峻极”“参差”特点。水因山秀，严陵濑的平缓处清澈泛着“涟漪”，险滩上飞流激石，水势“奔壮”。最后面对严陵濑自然风光感慨万千：天地造化，大自然鬼斧神工，难以描摹穷尽。

赠郭桐庐出溪口见候余既未至郭仍进村维舟久之郭生方至[②]

朝发富春渚，蓄意忍相思。
涿令行春返，冠盖溢川坻。
望久方来萃，悲欢不自持。
沧江路穷此，湍险方自兹。
叠嶂易成响，重以夜猿悲。
客心幸自弭，中道遇心期。
亲好自斯绝，孤游从此辞。

此诗叙写在新安江下游与亲友相见之情景，以及对所见新安山水的刻画与写照，借此寄托诗人“亲好自斯绝，孤游从此辞”的深厚感情。这是任昉任职新安途经新安江下游的感怀之作，感情深切，令人动容。

任昉在新安任职从天监六年（507）到任至次年离世，为新安人长久怀念。宋代罗彦济（四库本作“罗愿”）曾撰有《梁新安太守任公祠堂记》一文。由此可见，任昉在新安功德之高、影响之大。任昉任职新安虽然时间不长，但以他的著名文学

① [宋]董弅：《严陵集》卷一，四库全书本。
② [宋]董弅：《严陵集》卷一，四库全书本。

家地位，对新安文学发展的积极影响应是无可怀疑的。

总之，新安文学从一开始就一脚跨入文学的自觉时代，这与中国文学当时所处的现状是高度吻合的，使得新安文学没有从头来过，而由时代发展直接把新安文学带进了文学发展的新时代。这说明一定地方文学的发展，由于时代与社会发展的影响，可能会超越文学发展的阶段性规律。也就是说，当一个地方接受了外来文化的影响的同时，与文化相伴随的文学也随之而来，并从一个新的起点上开始发展。这也符合经济基础与上层建筑之间的特殊规律。

新安山水文学开端特点的形成与游历新安的谢灵运、沈约和任职新安的文学家萧几、任昉、徐摛密切相关。开局主要依靠游历文学家和任职文学家的外来力量的推动，并形成了新安文学以山水诗歌为主体的创作传统、以山水文学为代表的发展格局，使得山水文学（尤其是山水诗）特别发达，产生了以新安江为主线，以黄山、齐云山为中心的蔚为壮观的山水文学作品，在中国山水文学中具有重要地位。

第二节 “睦州诗派”的形成与影响

“睦州诗派”在睦州文学历史乃至新安文学发展史上都是一个重要的地域文学现象，已成为睦州诗歌创作发展的传统，影响着后继文学的发展，成为睦州乃至新安文学发展不可磨灭的印记。目前，学术界对“睦州诗派”的研究成果主要以尹占华《评睦州诗派》[①]和阮堂明《睦州诗人群体的形成与创作》[②]两文为代表，笔者在介绍“睦州诗派”时主要参阅了他们的研究成果。下文主要就“睦州诗派”的提出与成因、睦州诗派的题材与风格特点，以及历史影响等问题加以探讨。

一、“睦州诗派”的提出与创作群体构成

（一）“睦州诗派”的提出

“睦州诗派”的提出，首见于宋末元初谢翱《睦州诗派·序》一文：“惟新定自

① 尹占华：《评睦州诗派》，《贵阳学院学报》2010年第1期。

② 阮堂明：《睦州诗人群体的形成与创作》，《天津师范大学学报》2001年第1期。

元和至咸通间，以诗名凡十人，视他郡为最。施处士肩吾、方先生干、李建州频、喻校书凫，世并有集。翁征君洮，有集，藏于家。章协律八元、徐处士凝、周生朴、喻生坦之，并有诗，见唐《间气》及《文苑》诸书。皇甫推官以文章受业韩门。翱客睦，与学为诗者，推唐人以至魏汉，或解或否，无以答。友人翁衡取十先生编为集，名曰《睦州诗派》，以示翱。翱曰：'子，睦人也，请归而求之，毋贻皇甫氏。所云舍近而寻远，则诗或在是矣。'癸巳夏五书双袝精舍。"①

谢翱像

谢翱（1249 ~ 1295），字皋羽，一字皋父，号宋累，又号晞发子。原籍长溪人，徙建宁府浦城县（今属南平市浦城县）。南宋爱国诗人。度宗咸淳间应进士举，不第。恭宗德祐二年(1276)，文天祥开府延平，任谘议参军。文天祥兵败，谢翱避地浙东，往来于永嘉、括苍、鄞、越、婺、睦州等地，与方凤、吴思齐、邓牧等结"月泉吟社"。后文天祥就义后，谢翱特地到严子陵钓台去祭奠，写下《西台恸哭记》一文。谢翱对睦州一带非常熟悉，因而为翁衡《睦州诗派》一书写序。

谢翱《睦州诗派 · 序》作于元至元三十年(1293)。所谓"睦州诗派"，即指唐代自元和至咸通年间，睦州籍诗人所形成的诗歌创作群体。从谢翱序文可知，"睦州诗派"最初由谢翱门生翁衡提出，并得到谢翱认同，故为之作序推介。这一称谓在后世也得到一些文人认同，如元代柳贯、明代宋濂等。柳贯在《马仲珍墓志铭并序》一文中说："睦州诗在唐中季，有章协律、方处士、李建州；在宋渡江后，有高师鲁、滕元秀。皆清峻简远，各自名家。"② 宋濂在《故诗人徐方舟墓铭》一文中说："先是睦多诗人，唐有皇甫湜、方干、徐凝、李频、施肩吾，宋有高师鲁、滕元秀，世号为'睦州诗派'。"③ 柳贯和宋濂在翁衡所认定的唐代十人基础上又增加了宋代的高师鲁、滕元秀，这样一来"睦州诗派"创作群体从唐延续到宋，共有 12 人。这就形成了自宋末元初以来以睦州地域为依据的将章八元等 12 人视作一个诗人群体的认识，也即"睦州诗派"。在此所论，我们还是把"睦州诗派"的构成人员以最初

① [元]谢翱：《晞发集》卷一〇，影印文渊阁四库全书本。
② [元]柳贯：《待制集》卷十一，影印文渊阁四库全书本。
③ [元]宋濂：《文宪集》，影印文渊阁四库全书本。

提出的唐代十人为限，以便集中考察在唐代出现在睦州的这一诗歌现象。

翁衡、谢翱之所以倡导“睦州诗派”，主要基于唐代形成了规模较大的睦州籍诗人创作群体这一事实本身。这是他们在经过对一些地域诗人数量上的比较后提出的看法。谢翱在《睦州诗派·序》中说过：“唐代言诗在江东者，戴发运叔伦、许刺史浑，润人丘员外丹、丘庶子为，庶士为顾著作况、陆处士龟蒙；姑苏人孟先生郊、严处士恽、释子皎然；吴兴人骆少府宾王、张处士志和、僧贯休；金华人贺宾客知章；四明人严长史维、秦征君系、吴舍人融、僧澈；越人张处士祜；金陵人吴韵州武陵；广信人罗给事隐；新城人项少府斯；天台人薛补阙令之；欧阳生詹，闽人。其他虽遗逸，不可概举。率郡不过一二人，多者三四人。唯新定（即睦州）自元和至咸通间以诗鸣凡十人，视他郡为最。”谢翱以地域所属诗人多少为标准，把从宪宗元和到懿宗咸通年间的十位睦州诗人形成的创作群体，称以“睦州诗派”。

在“睦州诗派”的研究方面，尹占华的《评睦州诗派》、阮堂明的《睦州诗人群体的形成与创作》两文做了较为深入全面的研究，提出了富有学术价值的见解，为后续研究提供了方向与借鉴。

（二）“睦州诗派”创作群体的构成

翁衡编定的《睦州诗派集》现已不存，从《全唐诗》中还可窥其大概。《全唐诗》收录方干诗 6 卷 348 首、李频诗 3 卷 208 首、施肩吾诗 1 卷 197 首、喻凫诗 1 卷 65 首、翁洮诗 1 卷 13 首、章八元诗 6 首、徐凝诗 1 卷 92 首、周朴诗 1 卷 15 首、喻坦之诗 1 卷 18 首、皇甫湜 3 首。据此统计，“睦州诗派”群体的诗歌流传至今共约 965 首，其中以方干存诗最多。

章八元（743 ~ 829），字虞贤。桐庐常乐乡章邑里人。少年时喜作诗，偶在邮亭题诗数行，严维见后甚感惊奇，收为弟子。大历六年（771）进士。贞元中调句容主簿，后升迁协律郎。八元与郡司马刘长卿相友善，相互唱和。其诗写景状物，功夫独到。《新安江行》诗有“雪晴山脊露，沙浅浪痕交”之句，高仲武《中兴间气集》卷上评之“得江山之状貌矣”。《全唐诗》存诗 6 首。

皇甫湜像

皇甫湜（777 ~ 835），字持正。睦州新安（今浙江淳安）人。擢进士第。唐敬宗宝历二年（826），应山南东道节度使李逢吉之召为幕僚，至襄阳视事。唐文宗大和六年至七年(832～833)，任工部郎中。八年，因酒后失言求分司东都至洛阳。东都留守裴度召为留守府从事。次年，裴度重修福先寺，欲请白居易作碑文。湜闻讯大怒，说："近舍湜而远取居易，请从此辞！"裴度谢请之，湜援笔立就。皇甫湜从韩愈学古文，为文奇僻险奥。有《皇甫持正文集》6卷，《全唐诗》收其诗3首。

施肩吾像

施肩吾（780～861），字东斋，号栖真子。睦州分水人。唐穆宗元和十五年（820）进士（一说宪宗"元和十年进士"）。淡于名利，不待授官即东归。临行前，张籍等文士为之赋诗饯行。后在洪州西山（今江西新建县）筑室隐居，潜心修道炼丹。青年时期与同乡诗友结成东林诗社（东林位于新登城西35里处），施肩吾《游东林》诗中写道："火输烈烈采云浮，才到东林便是秋。有客可人来未暮，松风几沸碧山头。"晚年率族人渡海避乱，至台湾澎湖列岛定居。著有《西山集》10卷。《全唐诗》编其诗1卷，收录197首。

徐凝（约813年前后在世）。睦州分水人。至长安，不善干谒。为白居易赏识，元稹亦为奖掖，诗名遂振于元和间（806～820）。与施肩吾同里友善，方干曾从之学诗。凝诗风朴实。《全唐诗》存诗1卷、《全唐诗外编》及《全唐诗续拾》补诗3首，断句2。

李频像

李频（818～876），字德新。寿昌长汀源（今浙江建德李家镇）人。唐大中八年（854）进士。幼读诗书，博览强记。杭州刺史姚合爱其才，曾把爱女嫁他。先任武功令，后升侍御史，调都官员外郎。乾符年间，上表自荐，请任建州刺史。宋嘉熙三年（1239），金华人王野任建州太守，于京城书肆得李诗195篇，辑为《梨岳诗集》，并为之序。《全唐诗》录其诗208首。

方干像

方干（836～888），字雄飞，号玄英。睦州青溪（今浙江淳安）人。大中中举进士，不第。懿宗咸通中，隐居会稽镜湖。爱吟咏，深得师长徐凝器重，授以诗律。一次，因偶得佳句欢喜雀跃，不慎跌破嘴唇，人呼"缺唇先生"。章八元爱其才，招为过门女婿，遂居家桐江白云源。方干擅长律诗，清润小巧，且多警句。著有《玄英先生诗集》,《全唐诗》存诗6卷348篇。

喻凫（生卒年不详），毗陵人。开成五年（840）进士，曾为长城、德清、乌程县令，皆为湖州属县。徙家睦州，尝与方干赋诗往还。《全唐诗》收诗1卷65首。

周朴(？～878),字见素,一作太朴。睦州桐庐人。唐末避乱福州,福建观察使杨发、李晦先后欲召至幕中，不赴。无功名之念，隐居嵩山，寄食寺庙中，常与山僧钓叟相往还。与诗僧贯休、方干、李频为诗友，尤其喜欢苦涩的诗风。唐乾符五年(878)，黄巢陷闽，欲用之。他推辞曰："我为处士，尚不屈天子，安能从贼？"遂为巢所杀。《全唐诗》编其诗1卷。

翁洮(约830～约910在世),字子平,号青山。睦州寿昌人。僖宗光启三年(887)进士，官授礼部主客司员外郎兼殿中侍御史。登第后，初选开封府，任满受左丞所荐入朝，加升礼部主客司员外郎，继封殿中侍御史。大顺初，参与上朝议事，旋而解官自谪，从此归隐航川乡里。其时里人李频任都官员外郎，因京宦昏暗遂请外放，赴任建州刺史。素与洮诗书甚密，惜其才干，遂上奏唐昭宗力荐。翁洮明志山川，无意宦海，并答以枯木诗一首。《全唐诗》收诗1卷13首。

喻坦之（约874年前后在世）。睦州人。咸通十年（869）应试不第，后久居长安。与许棠、张乔、郑谷等，合称"咸通十哲"。与建州刺史李频为友，与严维、徐凝、章八元唱和。喻诗风格明净疏朗。《全唐诗》编其诗1卷，今存诗18首。

睦州之所以会出现"睦州诗派"，最重要的原因在于地域山水与文化的浸染和影响。对此，阮堂明在《睦州诗人群体的形成与创作》一文中认为，睦州诗人群体的产生与睦州的地域环境、背景紧密联系在一起。睦州不仅风光秀美，且历代名贤辈出，人物山川，交相辉映。著名的子陵钓台就位于睦州七里濑。它是唐代许多诗人朝拜的胜地，留下过无数的题咏。辛文房《唐才子传》中指出："余昔经桐庐古邑，山水苍翠，严先生钓石，居然无恙。忽自星沉，千载廖邈，后之学者，往往继踵芳尘，文华伟杰，义逼云天，产秀毓奇，此时为冠。至今有长吟高蹈之风。古碑石刻题名等，相传不废。揽辔徨彷，不忍去之。胜地以一人兴，先贤为来者重，固当相勉无倦也。"①可以说，"胜地以一人兴，先贤为来者重，固当相勉无倦"，道出了人文胜地对文风承续的决定性影响和作用。

①[元]辛文房:《唐才子传》卷六，四库全书本。

二、“睦州诗派”的题材与风格特点

“睦州诗派”的题材特点主要表现在叙写睦州山水风情、叙写社会现实和叙写诗友情谊三方面。

(一)抒写睦州山水风情,体现沉醉山水人文情怀

“睦州诗派”诗人通过描摹再现睦州山水人文之美，体现出沉醉山水人文的情怀。

方干描写睦州风情的诗作，主要有《暮发七里滩夜泊严光台下》《题严子陵祠》《桐庐江阁》《题睦州乌龙山禅居》《归睦州中路寄侯郎中》《送睦州侯郎中赴阙》《题睦州郡中千峰榭》《德政上睦州胡中丞》等。李频描写睦州风情的诗作，主要有《富春赠孙璐》《送张郎中赴睦州》《自黔中归新安》《题钓台障子》《送侯郎中任新定二首》《送新安少府》《峡州送清彻上人归浙西》等。章八元描写睦州风情的诗作，主要有《归桐庐旧居寄严长史》《新安江行》。其中《新安江行》:“江源南去永，野渡暂维梢。古戍悬鱼网，空林露鸟巢。雪晴山脊见，沙浅浪痕交。自笑无媒者，逢人作解嘲。”反映出作者观察细致入微的特点,其中的“空林露鸟巢”写出冬天森林里的树叶掉光，连树上的鸟巢也露了出来。“雪晴山脊见”写大雪厚厚地覆盖着山的脊梁，雪停日出冰消雪化脊梁露出来,写出冬天景色变化过程；被后人称为“此得江山之壮貌矣”。①徐凝描写睦州风情的诗作，主要有《回施先辈见寄新诗二首》《观浙江涛》。喻坦之描写睦州风情的诗作，主要有《晚泊富春寄友人》《发浙江》《归江南》等。

可以说，在他们的诗中构筑了一个清远宁静的山水世界，使睦州山水风情得到了典型表现。

(二)叙写社会现实,排遣个人遭际的思想情绪

“睦州诗派”作者叙写现实主要集中在：通过写边塞战乱体现忧国之思，通过思古之幽情表达对现实的关切，以及通过科举之路表现个人对现实的情绪等三方面。

一是通过写边塞战乱体现忧国之思。由于当时战乱频繁，边塞不安，对于心忧天下的读书人来说，边塞战乱这类题材均在他们的诗作中有较多反映。

施肩吾身为读书人，心系天下安危。《赠边将》诗写道：“轻生奉国不为难，战苦身多旧箭瘢。玉匣锁龙鳞甲冷，金铃衬鹘羽毛寒。皂貂拥出花当背，白马骑来月在鞍。犹恐犬戎临虏塞，柳营时把阵图看。”诗人笔下的将军是一个身经百战，轻

① [唐]高仲武:《中兴间气集》。

生奉国的将军。二、三两联写出了守边将士生活的艰苦，第四联写出了守边将军的担忧与尽心尽职。其《归将吟》："百战放归成老翁，余生得出死人中。今朝授敕三回舞，两赐青娥又拜公。"诗中叙写年老的将军受到朝廷奖赏的思想情感。

章碣写有《赠边将》："千千铁骑拥红尘，去去平吞万里空。宛转龙蟠金剑雪，连钱豹躩绣旗风。行收部落归天阙，旋进封疆入帝聪。只有河源与辽海，如今全属指麾中。"这首诗充分体现自我张扬的个性，气势恢宏而豪迈，大有气吞万里如虎的壮阔勇猛，洋溢着乐观昂扬的激情，对未来满怀着必胜的信心。

皇甫湜《出世篇》直指现实社会"下顾人间，溷粪蝇蛆"，并号召要"生当为大丈夫，断羁罗，出泥涂。"周朴的《边思》等诗描写了战争的残酷和戍边将士的艰苦生活，对统治者穷兵黩武、民不聊生的现实有一定程度的揭露。

二是通过思古之幽情表达对现实的关切。唐末咏史诗比较发达，这是由于唐代的统治者重视以史为鉴，这在睦州诗派诗作中也有较多反映。何焯在评价左思的《咏史》诗时指出："咏史者不过美其事而咏叹之，隐栝本传，不加藻饰，此正体也。太冲多直抒胸臆，乃又其变。"①

章碣的《焚书坑》："竹帛烟销帝业虚，关河空锁祖龙居。坑灰未冷山东乱，刘项原来不读书。"这首诗将秦始皇焚书坑儒事件与刘项揭竿造反，推翻秦朝统治有机结合起来，提出暴政不得人心的问题。

咏史诗写得最多的是徐凝，有《汉宫曲》《长洲览古》《金谷览古》《汴河览古》等。其中《汉宫曲》："水色帘前流玉霜，赵家飞燕侍昭阳。掌中舞罢箫声绝，三十六宫秋夜长。"皇帝宠幸赵飞燕，昭阳宫中歌舞兴盛热闹，另三十六宫期盼有那么一天能得到皇帝的宠幸。这一强烈反差与对比，从一侧面揭露了皇帝穷奢极欲的糜烂生活。《长洲览古》中有"吴王上国长洲奢"，一"奢"字写出了吴王失败的根本原因。《金谷览古》"绿珠歌舞天下绝"，则对历史上的美人绿珠寄予无限同情。《汴河览古》"炀帝龙舟向此行""为是杨家怨思声"诗句，批评了隋炀帝下江南劳民伤财，给百姓带来巨大的痛苦。

方干写过关于严子陵的诗，其中《暮发七里滩夜泊严光台下》，前三联写七里滩一带优美风光，最后一联写出带有批评意味的诗句："前贤竟何益，此地误垂竿。"

---

①［清］何焯：《义门读书记》卷四十六，四库全书本。

在《题严子陵祠二首》中，第一联写出汉光武帝对同学严子陵的友谊与赏识，第二联写严子陵不肯接受汉武帝刘秀的邀请进城做官，名气从此大增。篇末点题："惟将道业为芳饵，钓得高名直到今。"，给人以思考与启迪。

施肩吾则写过关于古时美人王昭君与西施的诗《昭君怨》《越溪怀古》。

三是通过科举之路表现个人对现实的情绪。"睦州诗派"诗人基本上都处于社会下层，出身贫寒，热衷功名，追逐科举，以中举及第为唯一出路。许多人屡试不第，屡败屡考，这种颠簸生活在诗中有较多反映。

喻坦之《陈情献中丞》："孤拙竞何营，徒希折桂名。始终谁肯荐，得失自难明。贡乏雄文献，归无瘠土耕。沧江长发梦，紫陌久惭行。意纵求知切，才惟惧鉴精。五言非琢玉，伤嗟骨每惊。尘襟痕积泪，客鬓白新茎。顾盼身堪教，吹嘘羽觉生。依门情转切，荷德力须倾。奖善犹怜贡，垂恩必不轻。从兹便提挈，云路自生荣。"写自己希望得到推荐，早日考取功名的迫切心情。从"十载看迁莺"一句，可见他多次名落孙山，希望及第的心情就越迫切，"依门情转切"就是写照。

"睦州诗派"中的部分诗人由于科场、官场失意，转向消极遁世。如方干与施肩吾。

方干几次考进士不中，隐居于绍兴镜湖，纵情山水，吟诗作文。《寄李频》："众木又摇落，望君还不还。轩车在何处，雨雪满前山。思苦文星动，乡遥钓渚闲。明年见名姓，唯我独何颜。"此诗写诗人与李频赴京赶考，担心赴考失败无颜见家乡父老。他在《送喻坦之下第还江东》中劝喻坦之"文战偶未胜，无令移壮心"。虽是劝慰别人，也是自己当时心情的真实写照。后在《自艾原客》诗中"闲言说知己，半是学禅人"，写他皈依佛教，专事学禅，并从此专心作诗，"才吟五字句，又白几茎髭"（《赠喻凫》）。吟成五字句，用破一生心"（《贻钱塘县路明府》）。

施肩吾考取功名，怕官场险恶，又离京回乡："九重城里无亲识，八百人中独姓施。弱羽飞时攒箭险，蹇驴行处薄冰危"（《上礼部侍郎陈情》）。在道教神仙之术中寻找乐趣，悠闲度日。

唐末社会动荡，许多正直的诗人对现实社会都感到非常失望。周朴有不少诗写道观寺庙，其中的"我问师心处，师言无处心"（《赠大沩和尚》），"又登尘路去，难与老僧期"（《宿玉泉寺》），"初日长廊下，高僧正坐禅"（《玉泉寺》），可看出诗人已完全皈依佛教，愿与古佛青灯下的老僧交友，了此残生。皇甫湜在《出世篇》中以"生当为大丈夫，断羁罗，出泥涂。……上括天之门，直指帝所居。……与天地相始终，浩漫为欢娱。下顾人间，溷粪蝇蛆”。直接抨击当时浑浊肮脏的社会现实，表现出积极的批判思想。

（三）注重交往唱和，凝结诗友情谊与情怀

“睦州诗派”诗人相互之间的交往唱和，体现出深切的认同与深厚的交谊。

方干与李频唱和，曾写有《寄李频》《途中逢孙辂因得李频消息》。方干写有多篇与喻凫有关的诗作，如《中路寄喻凫先辈》《别喻凫》《赠喻凫》《哭喻凫先辈》，可看出方干与喻凫的深厚情谊。方干还写有与喻坦之有关的诗作《送喻坦之下第还江东》。

翁洮早年与李频、方干等诗友交往笃深，有《和方干题李频庄》《赠方干先生》。周朴写有《寄处士方干》诗作。

李频写有与喻坦之的诗作，如《贻友人喻坦之》《送友人喻坦之归睦州》。

徐凝曾写有与施肩吾的诗作《回施先辈见寄新诗二首》。喻坦之还曾与徐凝、章八元、李频唱和。

章八元与方干甚至还有密切的亲缘关系。孙郃《玄英先生传》云：“（干）父曰肃，举进士。章协律八元美其诗，以其子妻之。八元即先生外王父也。”徐凝失意而归后，曾授方干以诗法，与方干有师生之谊。据《郡斋读书志》载：“徐凝有诗名，一见干，器之，授以格律。”[①] 据孙郃《玄英先生传》，李频也与方干为“益友”。周朴也“与李建州频、方处士干为诗友”。[②] 他们相互之间诗歌往还非常频繁，如方干给喻凫的诗有六首，给李频的也有三首。可以说是相互间联系较为密切的诗人群体。

“睦州诗派”的风格特点，主要体现在以“苦吟”精神追求奇绝傲岸的风格。其“苦吟”精神，一方面受贾岛等的影响，一方面源于自觉追求。阮堂明《睦州诗人群体的形成与创作》一文指出，他们为了能够“句入大荒思”（喻凫《龙翔寺居夏日寄献王尚书》），用思深苦，刻意摆脱蹊径，从而表现出“苦吟”为诗的创作取向。

“睦州诗派”群体以“苦吟”为诗，是为了摆脱因语言陈俗化、程式化倾向对表现事物的新感知所造成的妨碍，力求以生新避俗的语言构筑狭僻深细的诗境。他们在诗中屡有对“苦吟”的表白。方干有《赠喻凫》诗，极写喻凫苦吟之状：“所得非众语，众人哪得知。才吟五字句，又白几茎髭。月阁敧眠夜，霜轩正坐时。沉

① [宋]晁公武：《郡斋读书志》卷十八。

② [唐]林嵩：《周朴诗集序》，见[清]董诰、阮元、徐松等：《全唐文》卷八二九。

思心更苦，恐作满头丝。”方干云：“吟成五字句，用破一生心。”

可以说，“苦吟”成了“睦州诗派”创作群体的精神与追求，形成他们的奇绝傲岸的共同风格特征。

三、“睦州诗派”的影响

“睦州诗派”的影响，主要体现在作为创作群体的诗歌成就深受赞誉和对地域诗歌创作发展的历史影响两方面。

(一)作为创作群体的诗歌成就深受赞誉

施肩吾的诗歌创作，计有功《唐诗纪事》：“为诗奇丽，著《百韵山居诗》，才情富赡。”① 何光远《鉴诫录》：“施肩吾先辈为诗奇严，冠于当时。”② 后人评论他的诗作“新奇瑰丽，格高似陶，韵胜似谢，其品格当不在李杜下”。其描写人物颇有情致，如《幼女词》。正如明代周珽所评：“幼女无知，学人拜月，天然景趣，自觉悦人。于鹄有《古词》俱述小儿女行径，语似古，殊不如此词浅而有致。”③ 其《夜宴曲》“含蓄情思”，令人叹赏。前四句写夜宴，“欲笑不笑”之侍女情态，娇柔而又妩媚；后四句写侍女因昨夜眠迟而晚起，被郎罚酒，其可怜之状鲜活毕现。《鉴诫录》称方干、李宣古、李群玉、卢延让、章孝标酒筵所作之诗，“虽绮靡香艳，而含蓄情思，皆不及施肩吾《夜宴曲》”。④

对于方干的诗歌创作，孙郃《玄英先生传》谓：“广明、中和间，为律诗，江之南未有及者。”⑤ 王赞《玄英先生诗集序》：“吴越故多诗人，未有新定方干擅名于杭越，流声于京洛。夫干之为诗，镘肌涤骨，冰莹霞绚，嘉肴自将，不吮余隽，丽不葩纷，苦不棘癯，当其得志，倏与与会，词若未至，意已独往。”⑥ 对方干诗可谓推崇。

对于李频，《唐才子传》赞其“于诗特工”“清新警拔”“清逸精深”，⑦ 是对他诗歌特点的点评。严羽《沧浪诗话》云：“李频不全是晚唐，间有似刘随州处。”⑧ 胡震亨《唐音癸签》云：“李建州（频）诗松活似姚监，其不全似者，意思少更，率于选

---

① [宋]计有功：《唐诗纪事》“施肩吾”。
② [五代]何光远：《鉴诫录》卷八《走山魈》。
③ [明]周珽：《唐诗选脉会通评林》。
④ [五代]何光远：《鉴诫录》卷八《屈名儒》。
⑤ [唐]杨弇、孙郃：《玄英先生诗集》，四库全书本。
⑥ [清]董诰、阮元、徐松等：《全唐文》卷八“六五”。
⑦ [元]辛文房：《唐才子传》“李频”。
⑧ [宋]严羽：《沧浪诗话》“诗评”。

琢也，然亦可谓才倩矣。”[①]《湘口送友人》是李频的代表作之一，受到历代诗家的好评。

对于喻凫，辛文房《唐才子传》云：“（喻凫）有诗名，晚岁变雅。凫亦风靡，专工小巧，高古之气扫地，所畏者务陈言之是去耳。”[②]胡震亨《唐音癸签》云：“喻凫五言闲远朗秀，选句功深，自称无罗绮铅粉，殆亦实语。”[③]

翁洮注重字句的推敲锤炼，主题上多表达友谊之情、思念家乡和亲人之意、归隐山林、歌颂山川江河等大自然之趣，体裁上主要选取五七言近体形式，尤其是五七律和七绝，偶也作古体诗，审美特点上体现求“小”求“实”的趋向，风格古朴、清新、抒情。《枯木诗辞召命作》：“枯木傍溪崖，由来岁月赊。有根盘水石，无叶接烟霞。二月苔为色，三冬雪作花。不因星使至，谁识是灵槎。”此诗借枯树以寓意，寄托了隐居不仕之志。

章八元曾在长安慈恩寺浮图前留有《题慈恩寺塔》诗，为此曾得到白居易“名下无虚士”之称赏。何光远《鉴诫录》云：“会元、白因传香于慈恩寺塔下，忽视章先辈八元所留诗句，命僧拂去埃尘，二公移时吟咏，尽日不厌，悉令除去诸家之诗，惟留章公一首而已。乐天曰：‘不谓严维出此弟子。’”[④]八元的诗写景状物，功夫独到，在《新安江行》诗有“雪晴山脊露，沙浅浪痕交”之句，高仲武《中兴间气集》评之“得江山之状貌矣”。

对于徐凝，杨基《眉庵集》“长短句体”赋诗云：“李白雄豪妙绝诗，同与徐凝传不朽。”[⑤]洪迈《容斋随笔》云：“徐凝以瀑布‘界破青山’之句，东坡指为恶诗，故不为诗人所称说。予家有凝集，观其余篇，亦自有佳处。”[⑥]并举《汉宫曲》《忆扬州》《相思林》《玩花》《将归江外辞别侍郎》诸诗。徐凝诗写得最好的当推《古树》，其云：“古树欹斜临古道，枝不生花腹生草。行人不见树少时，树见行人几番老。”含蓄蕴藉，意味无穷。总的来看，徐凝诗风平易浅近，与元白近似。

对于周朴，《唐诗纪事》云：“性喜吟诗，尤尚苦涩。每遇景物，搜奇抉思，日

---

① [明]胡震亨：《唐音癸签》卷八。
② [元]辛文房：《唐才子传》卷七。
③ [明]胡震亨：《唐音癸签》卷八。
④ [五代]何光远：《鉴诫录》卷七《四公会》。
⑤ [明]杨基：《眉庵集》卷五。
⑥ [宋]洪迈：《容斋随笔》卷十云。

盱忘返，苟得一联一句，则忻然自快。”[①] 林嵩《周朴诗集序》:“先生为诗思迟，盈月方得一联一句，得必惊人，未暇全篇，已布人口。”[②] 欧阳修《六一诗话》说 :“唐之晚年，诗人无复李杜豪放之格，然亦务以精意相高。如周朴者构思尤艰，每有所得，必极其雕琢，故时人称朴诗月锻季炼，未及成篇，已播人口，其名重当时如此，而今不复传矣。”[③]

对于“睦州诗派”创作群体的特色与成就，在历代一系列诗评著作中得到精细分析和评论，其影响可以想见。

(二)对地域诗歌创作发展的历史影响

“睦州诗派”群体的诗歌作品流传至今者，共 900 余首。在历史上产生过积极的影响。这种影响首先反映在对宋绍兴年间董弅编选的地域诗文总集《严陵集》的影响。

董弅在《严陵集序》:“盖以子陵钓台为是邦重，故以名州。州境山水清绝著称，自古历考前代朱太守以文学备应对之臣于西京，后世则有皇甫持正、方雄飞、李德新、施肩吾、徐凝，咸以词章名世，文为世传，而纪咏其乡里为多。”[④] 其中就提及睦州诗派中的五人，并在集中选录施肩吾诗 8 首，徐凝诗 1 首，方干诗 36 首，章八元诗 1 首，皇甫湜文 1 篇，共计诗 46 首文 1 篇，足见董弅对睦州诗派作者与作品的重视。

此外，“睦州诗派”参与到唐代这一诗歌黄金时代的大合唱中去，成为这个黄金时代的一部分。同时成为睦州诗歌创作发展的一个传统，影响着后继文学的发展，成为睦州乃至新安文学发展不可磨灭的印记。

第三节 “严陵钓台”现象与董弅《严陵集》的反映

中国历史上以钓台垂名之名迹甚多，但“其间得诸传记、形诸歌咏者，惟吕尚、韩信、任旷诸钓台较为著称，而终不若浙江桐庐富春山严子陵钓台卓著”(《富春严

① [宋]计有功 :《唐诗纪事》卷七一。
② [清]董诰、阮元、徐松等 :《全唐文》卷八二九。
③ [宋]欧阳修 :《六一诗话》。
④ [宋]董弅 :《严陵集序》, 四库全书本。

严子陵钓台

陵钓台集》“前言”)。为什么如此?

对此,《富春严陵钓台集》中的前言加以解释 :“一是严子陵先生‘不事王侯’的‘高风亮节,独绝千古’;二是这位光武帝故人的耕钓地‘富春山水,东南独绝’。加以南宋著名抗元民族英雄、爱国诗人谢皋羽,闻文天祥丞相为国殉难,悲不能已,冒着生命危险,登严子陵钓台之西台设主哭祭,史家谓之‘西台之哭,爱国之音,振声千古’。千百年来,两个‘独绝’、一个‘振声千古’吸引了众多名人雅士,来此探山访古,搜奇览胜。他们中许多人,对严先生、谢义士凭吊有文、登临有赋,或石刻碑铭,或载之它书,年积月累,难以计数。”[①] 这一分析较为全面,从一侧面揭示了文学上的“严陵钓台”现象。

“严陵钓台”现象的出现,首先是基于严子陵的“不事王侯”的“高风亮节”,能使“贪夫廉,懦夫立”的“大有功与名教”的精神影响。

① 申屠丹荣 :《富春严陵钓台集》,百家出版社,1999年,第1～2页。

一、严光的初始记载与祭祀

对严光的初始完整记载，见于范晔《后汉书》：[①]

严光，字子陵，一名遵，会稽余姚人也。少有高名，与光武同游学。及光武即位，乃变名姓，隐身不见。帝思其贤，乃令以物色访之。后齐国上言："有一男子，披羊裘钓泽中。"帝疑其光，乃备安车玄纁，遣使聘之。三反而后至。舍于北军，给床褥，太官朝夕进膳。司徒侯霸与光素旧，遣使奉书。使人因谓光曰："公闻先生至，区区欲即诣造，迫于典司，是以不获。愿因日暮，自屈语言。"光不答，乃投札与之，口授曰："君房足下：位至鼎足，甚善。怀仁辅义天下悦，阿谀顺旨要领绝。"霸得书，封奏之。帝笑曰："狂奴故态也。"车驾即日幸其馆。光卧不起，帝即其卧所，抚光腹曰："咄咄，子陵，不可相助为理邪？"光又眠不应，良久，乃张目熟视，曰："昔唐尧著德，巢父洗耳。士故有志，何至相迫乎！"帝曰："子陵，我竟不能下汝邪？"于是升舆叹息而去。复引光入，论道旧故，相对累日。帝从容问光曰："朕何如昔时？"对曰："陛下差增于往。"因共偃卧，光以足加帝腹上。明日，太史奏客星犯御坐甚急。帝笑曰："朕故人严子陵共卧耳。"除为谏议大夫，不屈，乃耕于富春山，后人名其钓处为严陵濑焉。建武十七年，复特征，不至。年八十，终于家。帝伤惜之，诏下郡县赐钱百万、谷千斛。

《后汉书》中这一"严光传"形象而又完整地记载了严光"不事王侯"的高风亮节的事迹，为后人对严子陵的理解、传播提供了依据。

后人为敬仰严先生之高风亮节，早在唐朝前期即在钓台下建祠堂祭祀。如唐睿宗皇帝李旦时期(684 ～ 712)侍御史洪子舆曾写有《严陵祠》[②]诗：

汉主召子陵，归宿洛阳殿。
客星今安在，隐迹犹可见。

---

① [宋]范晔：《后汉书》卷八十三《逸民列传》第七十三。
② [清]彭定求等：《全唐诗》第一百一十卷，四库全书本。

幽径滋芜没，荒祠幕霜霰。
垂钓想遗芳，报苹羞野荐。
高风终激古，语理忘荣贱。
方验道可尊，山林静不变。

自618年高祖李渊建唐，至睿宗朝已近百年，故诗中有“荒祠幂霜霰”之句。可见当时的“严子陵祠”已历尽沧桑，也可见出当时对严子陵的祭祀已濒临停滞。宋景祐元年（1034），范仲淹出知睦州，基于对严子陵品格的敬仰，便对严先生祠做了较大规模的重建修复，还撰写了《严先生祠堂记》，赞颂严子陵先生“不事王侯”的高风亮节，能使“贪夫廉，懦夫立”，是“大有功与名教”。后，祠宇屡圮屡修。“在宋以前，严子陵钓台就小有名气，南北朝时的谢灵运、沈约、任昉，唐时的李白、孟浩然、白居易等都曾涉足此地，并留有诗文。但是严子陵钓台真正被人熟知，则是在北宋范仲淹建严先生祠堂之后。因为范仲淹的关系，严子陵钓台的知名度一下提高了。慕名前往的文人墨客络绎不绝，并留下了大量的诗文”。①

据《富春严陵钓台集》“前言”所记：“先人尝编辑成书，且代有其人。自宋元祐年间郑伮编成第一本《严陵集》（笔者注：应为《钓台集》）始，至民国初年汪竹云编《严陵钓台志》止，各种咏严陵钓台之专集不下十种。”② 以当代编纂出版的《富春严陵钓台集》为例，收入上自汉晋南北朝，下至唐宋元明清，以及民国迄今之各界人士，计1252人所撰写的严子陵钓台文172篇、诗1351篇、词100篇、曲24篇、赋21篇、戏剧2本。当为《钓台集》之集大成者。可见，撰写队伍之庞大、撰写作品之众多、撰写类型之多样，足以见出“严陵钓台”影响之深远。

严子陵像

而以“严陵钓台”为主题编纂的地域文学总集，则有北宋元祐八年（1093）郑琡《钓台集》（南宋开禧年间王敷《钓台新集》、嘉定年间郡守谢德舆《钓台续集》），绍兴年

① 章利成：《“严陵钓台集”的兴盛与文献价值》，《浙江树人大学学报》2013年第1期，第69页。
② 申屠丹荣：《富春严陵钓台集》，百家出版社，1999年，第1～2页。

间董弅《严陵集》9 卷；明万历四年（1576）陈文焕《钓台集》6 卷、万历十四年（1586）杨束《钓台集》2 卷，弘治年间邝才《钓台集》10 卷，正德年间童琥《钓台拾遗》4 卷，嘉靖十四年（1535）吴希孟《钓台集》8 卷；清光绪年间严懋功《桐江钓台集》12 卷，清末汪光沛《严陵钓台志》8 卷，清胡凤丹续刻《严濑志》。共计 12 种，其中以董弅编纂的《严陵集》最有代表性，影响也最大。清人刘文淇《海陵文征后序》有云："萃一郡一邑之诗文以为集者，六朝以来已有之。而其书多不传。其传者，北宋孔延之《会稽掇英总集》，南宋董弅之《严陵集》。"① 其中，郑俶《钓台集》、王敷《钓台新集》、谢德舆《钓台集续》，龚弘、越瑛、邝才《严先生钓台集》均已散佚。

董弅编纂的《严陵集》9 卷，被收入《文渊阁四库全书》，② 后被收入《丛书集成初编》，③ 成为通行本。

二、《严陵集》的编纂与特点

对于董弅的简介，《钦定四库全书》集部八《严陵集》"提要"："弅，东平人，逌之子也。自著曰广川，盖欲附仲舒裔耳。绍兴间知严州。"又据《严陵集》序文，自署"知军州事，广川董弅"。"军州"，古行政区划的名称，多指战略上的军事要地。可见董弅曾在军事要地任职。又查其父董逌，字彦远，东平（今山东东平县）人，北宋藏书家、书画鉴定家。靖康末，官至司业，迁徽猷阁待制，以精于鉴赏考据擅名。依其藏书撰《广川藏书志》26 卷，已佚。另著有《广川画跋》6 卷、《广川书跋》10 卷、《广川诗故》40 卷。

董弅编纂《严陵集》的具体时间，当在他写序文的绍兴九年（1139）夏前。与其同时编纂的《严州图经》8 卷，已佚。

要了解《严陵集》编纂的背景、体例特点和编纂过程，可从董弅所写的"序"和《四库全书》《严陵集 · 提要》④ 中得到其中答案：

董弅《严陵集 · 提要》：

诗三百篇，大抵多本其土风而有作。圣人删取，各系其国，如二南皆正风

---

① [清]刘文淇：《青溪旧屋集》卷六，清光绪九年刻本。
② [清]永瑢、纪昀等：《文渊阁四库全书》第1348册，台湾商务印书馆，1983年。
③ 王运五等：《丛书集成初编》，中华书局，1985年。
④ [清]永瑢、纪昀等：《钦定四库全书》集部八《严陵集 · 提要》。

也。周召既分陕而治，则系诗有不得而同。三国当变风之始，邶鄘既并于卫，邶居卫北，而诗有北门以兴，出门而北，归于邶也。鄘居卫东，而诗有载驰以兴，东徙渡河而庐于漕也。卫在河之北，而诗有河广以兴，杭苇而南适于宋也。是三者，皆卫诗而以所收之异，随其国系之，其他盖可类见。使夫后世观诗者，因土风而知国俗，则秦勇，豳俭，郑淫，魏褊皆自乎此而得之矣。近代有裒类一州古今文章叙次以传者，其亦得圣人之遗意欤。

自东汉之末，孙氏据有吴粤之墟，始分歙县之地，建为新安郡。逮隋而更郡名，新定大业改为睦州。唐初即桐庐县别置严州，寻废州以县来隶。至国朝宣和中始复今名。盖以子陵钓台为是邦重故以名州，州境山水清绝著称。自古历考前代，朱太守以文学备，应对之臣于西京。后世则有皇甫持正、方雄飞、李德新、施肩吾、徐凝，咸以词章名世，文为世传，而纪咏其乡里为多。今代如江民表全名直节见推于时，文采盖其余事。至于骚人名士过焉而赋者，在晋则谢康乐，梁则沈隐侯，唐则李太白、孟浩然、白乐天、罗隐，国朝则梅圣俞、苏子美、庞庄敏公、王文公。其牧守之有文，在梁则任彦升，唐则杜紫防，国朝则范文正公，赵清献公，以至吕子进、蔡天启，又如张伯玉、钱穆父，皆尝官于此者，率多赋咏。邦人传讽，迨今不绝，而独未有裒类而为集者。虽有桐江集止载桐庐一邑之文，而又繁冗不伦，人不甚传兹者。

弅与僚属修是州图经，搜访境内断残碑版及脱遗简编，稽考订正既成书矣。因得逸文甚多，复得郡人喻君彦先，悉家所藏书讨阅相示，又属州学教授沈君傃，与诸生广求备录，时以见遗乃为整比而详择。凡自隋以上在新安郡者，自唐以后迄国朝宣和以前在睦州者取之，其未尝至而赋咏实及此土，如唐韩文公，近世司马温公，苏东坡，黄鲁直，盖不得而不录也。其有名非甚显，尝过而赋焉，一篇一咏，脍炙人口者，盖亦不得而遗也。呜呼！其亦庶几诗人本其土风之作，而圣人各系其国之遗意乎！乃若钓台双峙高风绝企，古今歌诗铭记居多编之此集，有不容略，故总以州名而为之标目云。绍兴九年夏四月壬申，知军州事广川董弅序。

《钦定四库全书》集部八《严陵集·提要》：

宋董弅编。弅东平人，逌之子也。自著曰广川，盖欲附仲舒裔耳。绍兴间知严州，因辑严州诗文，自谢灵运、沈约以下，迄于南宋之初。前五卷皆诗，第六卷诗后附赋二篇，七卷至九卷则皆碑铭题记等杂文。弅《自序》谓，尝与僚属修是州《图经》，蒐求碑版，稽考载籍，所得逸文甚多，又得郡人喻彦先家所藏书，与教授沈傃广求备录而成。是集中如司马光《独乐园钓鱼菴诗》，本作于洛中，以首句用严子陵事，因牵而入于此集，未免假借附会，沿《地志》之陋习。然所录诗文，唐以前人虽尚多习见，至于宋人诸作，自有专集者数人外，他如曹辅、吕希纯、陈瓘、朱彦、江公望、江公著、蔡肇、张伯玉、钱勰、李昉、扈蒙、刘昌言、丁谓、范师道、张保雝、章岷、阮逸、关咏、李师中、庞籍、孙沔、王存、冯京、刁约、元绛、张景修、岑象求、邵亢、马存、陈轩、吴可几、叶棐恭、刘泾、贾青、王达、张绶、余辟、刁衎、倪天隐、周邦彦、罗汝楫、詹亢宗、陈公亮、钱闻诗诸人，今有不知其名者，有知名而不见其集者，藉弅是编，尚存梗概，是亦谈艺者，所取资矣。惟弅《序》作于绍兴九年，而第九卷中，有钱闻诗《浚西湖记》，作于淳熙十六年，上距绍兴九年凡五十一年；又有陈公亮《重修严先生祠堂记》及《书瑞粟图》二篇，作于淳熙乙巳；《重修贡院记》一篇，作于淳熙丙午；亦上距弅作《序》之时，凡四十七八年。则后人又有所附益。已非弅之本书，要亦宋人所续也。

从董弅所写的“序”和《钦定四库全书》集部八《严陵集》“提要”中，我们可以明确董弅编纂《严陵集》的原因、编纂过程与体例特点。

董弅为什么编《严陵集》？原因有二：

一是“邦人传讽，迨今不绝，而独未有裒类而为集者”“自古历考前代，朱太守以文学备，应对之臣于西京。后世则有皇甫持正、方雄飞、李德新、施肩吾、徐凝，咸以词章名世，文为世传，而纪咏其乡里为多。今代如江民表全名直节见推于时，文采盖其余事。至于骚人名士过焉而赋者，在晋则谢康乐，梁则沈隐侯，唐则李太白、孟浩然、白乐天、罗隐，国朝则梅圣俞、苏子美、庞庄敏公、王文公。其牧守之有文，在梁则任彦升，唐则杜紫防，国朝则范文正公，赵清献公，以至吕子进、蔡天启，又如张伯玉、钱穆父，皆尝官于此者，率多赋咏。邦人传讽，迨今不绝，而独未有裒类而为集者”。

二是编修《严州图经》之外的新想法。“弅与僚属修是州图经，搜访境内断残碑版及脱遗简编，稽考订正既成书矣。因得逸文甚多，复得郡人喻君彦先，悉家所藏书讨阅相示，又属州学教授沈君傃，与诸生广求备录，时以见遗乃为整比而详择”。可见，董弅因修撰《严州图经》而无意间收获了许多严州逸文，随后有意识地借阅郡人喻彦先家所藏之书为编辑《严陵集》主动寻找材料，在教授沈君傃与诸生的共同努力下完成了《严陵集》的编纂工作。

基于以上两个原因，《严陵集》应运而生。

《严陵集》收录作品内容范围，“凡自隋以上在新安郡者，自唐以后迄国朝宣和以前在睦州者取之，其未尝至而赋咏实及此土，如唐韩文公，近世司马温公，苏东坡，黄鲁直，盖不得而不录也。其有名非甚显，尝过而赋焉，一篇一咏，脍炙人口者，盖亦不得而遗也。呜呼！其亦庶几诗人本其土风之作，而圣人各系其国之遗意乎”！时间范围上自南北朝自谢灵运、沈约以下，迄于南宋绍兴九年（1139）。因谢灵运《七里濑》一诗作于422年任永嘉太守期间，故《严陵集》收录作品时间跨度约有717年。现传《严陵集》中，因有少数几篇为后人补入。正如《钦定四库全书》集部八《严陵集》“提要”中所说：“惟弅《序》作于绍兴九年，而第九卷中，有钱闻诗《浚西湖记》，作于淳熙十六年，上距绍兴九年凡五十一年；又有陈公亮《重修严先生祠堂记》及《书瑞粟图》二篇，作于淳熙乙巳；《重修贡院记》一篇，作于淳熙丙午；亦上距弅作《序》之时，凡四十七八年。则后人又有所附益。已非弅之本书，要亦宋人所续也。”

《严陵集》在体例上按诗、赋、碑、铭、题记编排，前5卷皆诗，第6卷诗后附赋2篇，7～9卷则皆碑铭题记等杂文。共收录96人诗歌377首，2人赋2篇，25人散文37篇。

之所以取书名《严陵集》，“乃若钓台双峙高风绝企，古今歌诗铭记居多编之此集，有不容略，故总以州名而为之标目云。”

三、《严陵集》的题材与特点

要了解《严陵集》的地域特色，必须从其所收录作品的题材特点来分析判断。从所收录作品的题材看，主要有风物景色、亲朋迎送、咏史吊古、题写杂咏等。

(一)风物景色

以睦州山水为主体，重点写七里濑、严陵濑、新安江、清溪的山光水色。如谢灵运《七里濑》、沈约《新安江水至清浅深见底贻京邑游好》、任昉《严陵濑》、李白《清溪二首》、孟浩然《经七里濑》、李嘉祐《至七里滩作》、刘长卿《却归睦州至七里滩下作》、徐凝《新定途中》、杜牧《睦州四韵》、权德舆《严陵钓台下作》、许浑《晚泊七里滩》、张伯玉《至睦州泊新安江口》、康仲熊《陪遂安封明府游灵岩瀑布记》等。

(二)亲朋迎送

以睦州山水为背景，重点写离情别绪、友爱亲情。如李嘉祐《入睦州分水路忆刘长卿》、刘长卿《送张十八归桐庐》《新安江送陆沣归江阴》《新安江奉送穆谕德归朝赋得行字》《严陵钓台送李康成赴江东使》、皇甫曾《寄刘员外》、李穆《发桐庐先寄刘八丈员外》、秦系《耶溪书怀寄刘长卿员外寓睦州》、韩愈《寄皇甫湜》、马异《送皇甫湜赴举》、张籍《送施肩吾东归》、施肩吾《秋日桐江送裴秀才归淮南》、杜牧《寄内兄和州崔员外十二韵》《除官归京睦州雨霁》、白居易《李睦州访徐凝山人凝即睦州之民也》等。

(三)咏史吊古

以严陵钓台为中心，重点写对严子陵的景仰、缅怀，发思古之幽情。如任昉《严陵濑》、刘长卿《严陵钓台送李康成赴江东使》、权德舆《严陵钓台下作》、方干《暮发七里滩夜泊严光台下》、刘驾《钓台》、杜荀鹤《钓台》、贯休《游严陵钓台》、鲁有开《留题钓台》、范师道《钓台》、章岷《钓台》、蔡襄《留题子陵钓台》、李师中《子陵二首》、张伯玉《舟次子陵钓台》、邵炳《题钓台》、庞籍《经严子陵钓台作四首》、王安石《钓台》、梅尧臣《咏严子陵》、沈括《钓台》、杨杰《子陵钓台》、张景修《钓台》、马存《题钓台》、贾青《钓台》、王逵《钓台》、张绶《钓台》、余辟《钓台》、苏辙《舟过严陵滩将谒祠登台舟人夜解及明已远至桐庐望桐君山寺缥缈可爱遂以小舟游之作二绝》、黄庭坚《题伯时所画严子陵钓滩》、杨时《严陵钓台》、朱彦《题严子陵钓台》、江公望《题钓台》、张伯玉《钓台赋》、钱勰《钓台赋》、梁肃《汉高士严君钓台碑铭》、崔儒《严先生钓台记》、罗隐《刻严陵钓台》、范仲淹《严先生祠堂记》、叶棐恭《题严先生钓台》、吕祖谦《重修严先生祠堂记》、陈公亮《重建严先生祠堂记》等。

(四)题写杂咏

以所见事物为对象，写一时之感兴。如刘长卿《题元录事开元寺所居》、施肩吾《题钓台兰若》、白居易《宿桐庐馆同崔存度醉后作》、李频《春日旅舍言怀》、方干《题桐庐谢逸人江居》《题乌龙山禅居》《题睦州郡中千峰榭》《山中即事》、高骈《题清溪方仙翁庙》、田锡《悯旱》、范仲淹《桐庐郡斋书事》《题方先辈山居》《留题江先辈旧居》、张伯玉《乌龙寺祈雨回马上口占》《玉泉祈雨》《读范桐庐述严先生祠堂碑》等。

通过风物景色、亲朋迎送、咏史吊古、题写杂咏等题材内容，集中反映了严州的山水风情与人文内涵，典型地展现了严州文学的风貌与特色，体现了严州文学的特点与价值。

四、以《严陵集》为代表的地域文学总集的价值与影响

“严陵钓台集”既是一种特殊的文学现象，也是一种典型的文化现象，这种现象具有以下价值与影响。

(一)严子陵作为严州文化的代表性符号,影响深远

严子陵是中国的隐士代表，他傲骨铮铮，不肯做官，在富春江上隐居而终，体现了甘于淡泊名利的高风亮节，对世人“廉贪立懦”有所裨益，成为严州的地域名片与符号，成为严州文化的代表性符号。在范仲淹修建严子陵祠之后，这种文化的符号性就更加凸显出来。范仲淹谪守睦州期间，在钓台脚下重建严先生祠堂供奉严先生，并撰写了《严先生祠堂记》，赞颂严子陵“先生之心，出乎日月之上”，其高风亮节“能使贪夫廉，懦夫立，是大有功于名教也”。并歌之曰“云山苍苍，江水泱泱；先生之风，山高水长。”从此，钓台声誉更隆，慕名登钓台、入祠拜谒严先生的人大增。宋元祐年间，知桐庐郡事的福建延平人叶棐恭，在《严先生钓台记》中就此写道：“景祐中，文正公谪守是郡，始即台下构堂，以祀先生。亲记其事，属丹阳隐者邵疏书之刻成碑石，又命会稽僧悦躬画古衣冠供先生于堂中。自是过祠下往来人，鲜有不登堂致礼者，廉贪立懦非曰小补。”严州山水成为严光精神的最好载体，祠堂不断地修葺、文人不绝地探访、诗文不倦地抒写、心中不息地怀想，使严光精神成为严州文化的标志性符号。由此出现的历代“严陵钓台集”，不仅是严州的宝贵文化财富，也是中国文化的宝贵财富。

(二)《严陵集》作为严州“文章之衡鉴，著作之渊薮”，价值特殊

对于地域文学总集的功用，《四库全书总目提要》“总集类”序中曰：“文籍日兴，散无统纪，于是总集作焉。一则网罗放佚，使零章残什，并有所归。一则删汰繁芜，使莠稗咸除，菁华毕出。是固文章之衡鉴，著作之渊薮矣。”① 作为地域文学总集之一的《严陵集》，其价值与影响也在于它是严州“文章之衡鉴，著作之渊薮”。

一是“网罗放佚，使零章残什，并有所归”

① [清]永瑢等：《四库全书总目》卷一八六，中华书局，1965年，第1685页；第1696页。

总集的一大价值在于使原本散落的文章得以规整，省却了研究者资料整理的工作。《严陵集》作为地方性总集亦具有这样的功用，后人研究严州文学可直接查找这一现存版本，并以此为研究基础。

《严陵集》作为地域性总集保存了当时当地的一些作家作品，不少人的集子已经失传，他们的部分诗文全赖总集得以流传。《四库全书总目提要》充分肯定了《严陵集》这一文献价值，其云："然所录诗文，唐以前人虽尚多习见。至于宋人诸作，自有专集者数人外，他如曹辅、吕希纯、陈瓘、朱彦、江公望、江公著、蔡肇、张伯玉、钱勰、李昉、扈蒙、刘昌言、丁谓、范师道、张保雝、章岷、阮逸、关咏、李师中、庞籍、孙沔、王存、冯京、刁约、元绛、张景修、岑象求、邵亢、马存、陈轩、吴可几、叶棐恭、刘泾、贾青、王达、张绶、余辟、刁衎、倪天隐、周邦彦、罗汝楫、詹亢宗、陈公亮、钱闻诗诸人，今有不知其名者，有知名而不见其集者。借弁是编，尚存梗概，是亦谈艺者所取资矣。"①

《严陵集》以此保存了大量地方性文献，对于严州地域文学的研究具有重要的文献价值。

二是"删汰繁芜，使莠稗咸除，菁华毕出"

董弅在《严陵集》的序文中曾提及："虽有《桐江集》止载桐庐一邑之文，而又繁冗不伦，人不甚传兹者。"看来"繁冗不伦"是"人不甚传"的一大原因。由此看来，只有"删汰繁芜"，才能"使莠稗咸除，菁华毕出"，才能传之久远。

董弅在编选《严陵集》时，就坚持了"删汰繁芜"的工作，从而"使莠稗咸除，菁华毕出"，从而成为地域文学总集之佼佼者。董弅在《严陵集》序文中说："凡自隋以上在新安郡者，自唐以后迄国朝宣和以前在睦州者取之，其未尝至而赋咏实及此土，如唐韩文公，近世司马温公，苏东坡，黄鲁直，盖不得而不录也。其有名非甚显，尝过而赋焉，一篇一咏，脍炙人口者，盖亦不得而遗也。"以"脍炙人口"为标准，自是一种"删汰繁芜，使莠稗咸除，菁华毕出"的有效方法。

正由于做到了"网罗放佚，使零章残什，并有所归""删汰繁芜，使莠稗咸除，菁华毕出"，董弅所编的《严陵集》与孔延之的《会稽掇英总集》、袁说友的《成都文类》、李庚的《天台前集》，以及郑虎臣的《吴都文粹》一起代表了宋代地方性总

① [清]永瑢等：《四库全书总目》卷一八六，中华书局，1965年，第1685页；第1696页。

集编撰的最高成就，为严州地域文学的传播与发展作出了重要贡献。

(三)“严陵钓台集”作为“严陵钓台”的文学反映,作用显著

历史上严陵钓台题咏的大量出现，为历代编辑“严陵钓台集”提供了素材；“严陵钓台集”的不断编辑刊刻，又扩大了严陵钓台的影响力。在今天编纂出版和研究“严陵钓台集”“还能使天下独绝的富春山水、历史悠久的潇洒桐庐，引起更多世人的关注和向往；能使严先生‘淡泊名利’的高风亮节,对世人‘廉贪立懦’有所裨益；使谢义士忠贞不贰的爱国精神，对激发人们的爱国热情有所帮助”。[①]

“严陵钓台集”既是一种特殊的文学现象，也是一种典型的文化现象，值得我们深入研究和总结。

新安文学起步于南北朝时期。这一时期作为新安江上游的徽州文学在散文领域得到萌发，而作为下游的建德文学则在山水诗方面开风气之先。新安江下游的这一发端得益于游历新安的谢灵运、沈约和任职新安的文学家萧几、任昉、徐摛。谢灵运开创了中国文学史上的山水诗派，他的《初往新安至桐庐口》《七里濑》是新安文学史上最早吟咏新安山水的诗歌作品。沈约的《新安江水至清浅深见底贻京邑游好》诗作，开创了以“新安江”为题的诗歌创作先河，并从此形成新安文学以山水文学为代表的发展格局，使得山水文学（尤其是山水诗）特别发达，产生了以新安江为主线，以黄山、齐云山为中心的蔚为壮观的山水文学作品，在中国山水文学中具有重要地位。

唐代出现的“睦州诗派”是睦州文学史乃至新安文学发展史上一个重要地域文学现象，它成为睦州诗歌创作的传统，影响着后继文学的发展，成为新安文学发展不可磨灭的印记。

严子陵是中国隐士的代表,体现了甘于淡泊名利的高风亮节,对世人“廉贪立懦”有所裨益，成为严州地域文化的代表性符号。由此出现的历代“严陵钓台集”既是一种特殊的文学现象，也是一种典型的文化现象。董弅编纂的《严陵集》这部严州地域文学总集，起着“网罗放佚，使零章残什，并有所归”和“删汰繁芜，使莠稗咸除，菁华毕出”的作用，不仅是严州的宝贵文化财富，也是中国文化的宝贵财富。

本章的“南北朝新安山水诗与文学的开篇”“‘睦州诗派’的形成与影响”“‘严陵钓台’现象与董弅《严陵集》的反映”,体现了对于建德文学产生与发展的推动作用。

---

① 申屠丹荣：《富春严陵钓台集·前言》，百家出版社，1999年，第3页。

余论：新安文学的地位和价值

新安文学研究的一番“巡礼”到此就要结束了，但无论从哪个方面说，新安文学的研究远不是一部书稿所能穷尽的，目前的研究应该说还是初步的，只是揭开了新安文学的面纱而已，更多更深更广的研究还有待于同道的进一步跟进、拓展和提升。这也是要写“余论”的原因。现就以下问题再加探讨。

一、关于新安文学的体系建构问题

新安文学的研究无疑是能够自成体系的。这一方面基于新安文学与新安文化一样的博大精深，为新安文学研究的体系建构提供了可能性；另一方面基于新安文学本身的丰富性、历史性、独立性，为新安文学研究的体系建构提供了基础条件。

从本书目前完成的情况来看，主要包含了新安文学的特质与属性、新安文学的历史演变与横向考论、新安山水的文学景象与创造、新安文学的重点视域阐释、新安文学的价值与地位等，这种体系安排是在撰写时间和个人精力受限情况下的一种选择，与本人原先所确定的体系建构目标要求还存有一定距离。

依据目前搜集到的资料与线索，新安文学研究还有更多层面的内容可以涉及，诸如新安村落文学研究、新安民俗文学研究、新安民间故事与传说研究、新安教育文化景观的文学书写研究、新安文学家诗文集的整理与研究、新安地域诗文集研究、新安外来文学家创作与影响研究、新安作家群研究、新安家族文学研究、新安现当代文学研究等，可谓林林总总、异常丰富。可见，未来新安文学研究空间依然很大，成果也有很好预期。在更广阔的视野上来拓展新安文学研究、建构新安文学研究体系，是未来新安文学研究的重点与目标。

文学研究的体系建构一般遵循这样几种模式：一是意识形态本体论的文学研究，即坚持文学是反映社会存在的社会意识形态之一，突出文学的社会本质和社会认识功能；二是形式主义的文学研究，将文学作为一个独立审美和语言活动的领域加以考察；三是传播学影响的文学研究，研究受众、研究读者心理，如接受美学、读者反映批评；四是以文学活动中的“基本问题”为中心的文学研究，强调文学的建构性、历史性和地方性，强调与社会历史环境之间复杂而具体的联系；五是文化论的文学研究，即把文学看作一个随一定时代文化观念的改变而不断改变的过程，认为文学是一定文化、一定社会、一定时代的产物，文学应当与其他文化领域相联系，成为一项跨学科、跨领域的研究。

如此看来，新安文学研究的体系建构面临多种多样的选择。

美国当代文艺学家M.H.艾布拉姆斯在《镜与灯——浪漫主义文论及批评传统》[①]一书中，提出了文学作为一种活动总是由世界、作者、作品和读者等四个要素组成的著名观点。“文学四要素”观点对建构新安文学研究体系确有实际意义。

“文学四要素”在文学活动中，既具有各自独立的价值，又具有相互依存和相互作用的关系。对此，童庆炳主编的《文学理论教程》指出：“文学活动是由世界、作者、作品、读者构成的一个交往结构。其中人类的生活世界是文学活动产生、形成和发展的客观基础，它不仅是作品的反映对象，也是作者与读者的基本生存环境，是它们能通过作品产生对话的基础；作者则是文学生产的主体，他不单是写作作品的人，更是创作文学规范并把自己对世界的独特审美体验通过作品传达给读者的主体；至于读者，作为文学接受的主体，不仅是阅读作品的人，而且是与作者生活于同一世界的主体，双方通过作品进行潜在的精神沟通；而作品，作为显示客观世界的‘镜’和表现主观世界的‘灯’，作为作者的创造对象和读者的阅读对象，是使上述一切环节成为可能的中介。作品既是作者本质力量对象化的显现，也是读者本质力量对象化的显现。”[②]

依据以上理解，新安文学研究可以世界、作者、作品、读者为主要着眼点来构建，从而形成以新安文学活动本质论、新安文学创作论、新安文学作品论和新安文学接受论为框架的研究体系，并在此基础上引入地域文学研究的调查方法、归纳方法、描述方法及统计学方法展开全方位研究，势必取得前所未有的成果。不过这是一个大工程，不是一朝一夕和一己之力所能完成，需要以待来日更多的文学研究者的积极参与及付出。

---

① [美]M.H.艾布拉姆斯：《镜与灯——浪漫主义文论及批评传统》，北京大学出版社，2004年。

② 童庆炳：《文学理论教程》，高等教育出版社，2018年，第46～47页。

二、关于新安文学的地域特色问题

关于新安文学的地域特色问题，与此相关的是通行的“越是民族的，也越是世界的”观点，对这一观点的正确认识有助于我们对新安文学地域特色问题的认识和理解。

“越是民族的,也越是世界的”这一观点雏形,最早始于鲁迅 1934 年 4 月 19 日《致陈烟桥》的谈木刻艺术发展的信中：“现在的文学也一样，有地方色彩的，倒容易成为世界的，即为别国所注意。打出世界上去，即于中国之活动有利。”[①] 从鲁迅的原话看，并非“越是民族的，也越是世界的”，而是“越是地方的，越是世界的”。严格来说，鲁迅原话更接近问题本质，因为民族是建立在地方之上的，只有“有地方色彩的”，才能成为民族的，才能成为世界的。所以，只有越是地方的，才能越是民族的。可见，文学的地方色彩对于其地位与影响何等重要。

“有地方色彩的，倒容易成为世界的。”这对于我们理解新安文学的地域特色问题具有重要的启迪。

首先是“有地方色彩的”，也就是地域特色的。作为新安文学，无疑是“有地方色彩的”的地域文学。这种特色主要体现在地域的精神、风情和气象上。具体体现在以下方面：

一是以新安地理为题，直接体现地域特性。这正是构成本书中“新安山水的文学景象与创造”的客观原因。徽州文学中“一江两山”（新安江；黄山和齐云山）的文学书写，直接体现了徽州山水的主体特点；淳安文学中以“新安”“青溪”“淳安”为题的文学书写，画龙点睛地体现了淳安山水风貌；建德文学中以“新安江”“建德”“七里滩”为题的文学书写，典型再现了建德山水的精髓。可以说，通过对新安地理标志的文学景象的创造，显示了新安山水的地域特色。因为“在这些标志性地域因素中，可能隐含着此一地域文学或文化的最突出的特点和最重要的内涵”。[②]

二是由于中国山水诗派的开创者谢灵运在任永嘉太守期间所写《初往新安至桐庐口》等诗篇的横空出世的起点定位与惯性，先入为主地使得新安山水成为文学创作的首要题材，并使诗歌成为文学体裁的首选。再加上，梁武帝萧衍提出“新安大

① 《鲁迅全集》第十三卷，人民文学出版社，2005年，第81页。

② 王祥：《地域文学性质、特点及其他》，《沈阳师范大学学报》2013年第3期。

好山水”誉称的重大影响与推动，导致新安山水诗的主题集中于“大好山水”的刻画与开掘，形成了地域审美取向与文学审美实践的合一，形成了新安山水诗的发达局面。

三是博大精深的地域文化对新安文学产生重要影响，出现了对地域主要历史文化景观的集中书写倾向。“景观文学大多是伴着文化景观而一同出现的，随着景观文化的不断累积，景观文学也在不断累积、扩散和流衍，成为中国文学史中一道靓丽的风景”。[①] 新安文学也是如此，出现了对地域主要历史、教育、文化景观题材的大量书写的情况。如徽州文学中有对历史传说人物许宣平的集中文学书写，如宋代陈允平《许宣平祠》、元代方回《题许宣平南山故居》诗歌，明代程敏政《游紫阳山寻许宣平金野仙二真遗迹次旧韵二首（其一）》、汪道昆《登南山过李太白访许宣平故址》、程诰《南山寻许宣平故居》、程伯阳《过南山怀许宣平》等诗歌；淳安文学中对于瀛山书院的集中文学书写，如明代王畿《瀛山书院记》、钱德洪《瀛山三贤祠记》等散文，清代方象瑛《谒瀛山书院》、詹铨吉《瀛山怀古》、方湳《登瀛山书院谒先贤》、余联翘《登瀛山》、陈学孔《瀛山书院》、毛国籍《游瀛山步》、詹诠吉《瀛山书院四绝句》等诗歌；建德文学中对“严陵”的集中文学书写，如南北朝任昉《严陵濑》、唐代吴筠《严子陵》、张继《题严子陵钓台》、顾况《严公钓台作》、方干《严子陵祠二首》等诗歌，宋代范仲淹《严先生祠堂记》等散文、范成大《钓台二首》、杨万里《题钓台二绝句》等诗歌，元代方回《过钓台》、赵孟頫《过严陵钓台二首》等诗歌，明代张以宁《严子陵钓台》、徐贯《题钓台二首》、程敏政《严先生祠》、茅坤《吊严陵祠》等诗歌，清代吴伟业《钓台》、李渔《严陵纪事八首》等诗歌。这些对历史文化景观的集中书写，既体现了地域文化的影响力，又体现了地域文学的着力点和关键处，值得我们加以深入研究。

由此可见，新安地域对新安文学的影响是显而易见的，也是非常全面的。正如何志云在《谈文学的地域性：地域文化决定族群的精神和品格》一文中指出：“地域性对文学的影响有时隐蔽、有时显著，总体上说是非常深刻的：在影响甚至潜在决定了作家的性格气质、审美情趣、艺术特征，以及作品内容、风格、叙述方式的

① 王祥：《地域文学性质、特点及其他》，《沈阳师范大学学报》2013年第3期。

基础上，甚至孕育出特定的文学流派和作家群体。”① 新安文学也是如此。

其次“成为世界的”。要成为世界的，只有那些以自己的独有性，同时又具有人类普遍性，给人类心灵世界带来愉悦与崇高的文学，才会“为别国所注意”“成为世界的”。

新安文学的地域特色问题是新安文学的最大价值所在，也是新安文学研究的最大价值所在。

三、关于新安江流域文学的一体化问题

新安江流域文学是新安文学中最为典型、最为亮眼的部分。新安江流域文学的一体化问题是新安文学的认识与发展问题，对新安江流域文学的一体化的研究必须建立在其同一性的基础之上。

一是新安江流域的同一性。新安江流域贯穿上游、中游和下游，成为联系徽州、淳安、建德三地的纽带，“一江三地”都共同把新安江视为自己的母亲河。“同饮一江水”“一方水土养一方人”的文化理念和地缘情结，在文化上起着血脉相连的作用。只是到了 1960 年新安江水库建成后，这种连通才发生重大变化——保留了新安江水的贯通与同一，隔断了新安江流域水运的连通与文化往来。虽然如此，这种水相连、地相近的地缘关系并没有彻底隔断，还有着千丝万缕的联系。

二是历史上新安版图的同一性。西晋太康元年（280）改原新都郡为新安郡，辖始新、黟、歙、遂安、黎阳、海宁县，郡治始新县（今浙江淳安）。这是新安郡历史上第一次亮相，也第一次把新安江流域的上中游地区通过政区形式联系在一起。至今已有 1700 余年的历史。

到了南朝（梁）普通三年（522）划吴郡寿昌县入新安郡，辖歙、黟、海宁、始新、遂安、寿昌 6 县，郡治始新。第一次明确把新安江下游地区纳入新安郡版图，使新安江全流域地区成为完整统一的政区版图，至今 1498 年。

隋文帝开皇九年（589）改新安郡为歙州，领海宁、黟、歙县，州治黟县，管辖范围不再包含新安江中下游地区，从此各按不同政区路径发生演化，使新安江流域一体化的历史文脉戛然而止。这种新安版图与文化的同一性持续了 309 年。

虽然新安江中下游仍保持着水域交通往来，但文化上的断脉已经形成，即如明

① 何志云：《谈文学的地域性：地域文化决定族群的精神和品格》，《人民日报》2011年12月28日。

代程敏政编纂的《新安文献志》这一地域文献巨著，虽保留了“新安”名目，其中淳安、建德的重要文献没有得到反映，只有徽州人涉及新安江中下游地区的文献得到少量反映。可以看出，早在明代程敏政那里已经形成了观念固化——随着政区的分割，历史已经得到切割，观念也就形成了割裂。这在客观上造成了新安文化断脉的问题，这种影响与伤害是极其巨大的。目前，依旧有观点认为自婺源、绩溪从徽州分离出去后，对徽州版图与文化的影响与伤害极大。其实淳安、建德历史上从新安分离出去，同样对新安版图与文化的影响与伤害极大，甚至更大。因为它是一种比徽州更早的具有源头意义的版图与文化的割裂性，是一种地域和流域文化生命的割裂。

试想，如果历史上的新安版图与文化存续至今，哪会有现今所谓徽州文化、睦州文化、严州文化以及之间的区分呢？它们同属于新安版图与文化，它们是同根、同脉、同源的文化，都只有一种文化，那就是新安文化。从文化同根同脉同源方面说，目前新安江流域文化唯一的不同在于分属不同政区。为了这种流域文化的同一性，我们要打破政区的割裂与限制，回到流域文化的“一亩三分地”上来。新安文学也同样是如此。

在今天，为什么要实现新安江流域文学的一体化？首先，它本身就具有一体化性质，实现一体化正是一种历史回归和生态回归。这种历史回归和生态回归，是新安江流域文明的回归。其次，目前的新安江流域文学还没有实现一体化，还处在上、中、下游各自分离的状态，没有形成合力，也就没有形成流域文学应有的影响力和软实力。第三，实现新安江流域文学的一体化，有利于对新安江流域文学做整体性研究与分析，更能彰显流域文学的整体性价值与流域文学的典型价值。第四，实现新安江流域文学的一体化，是对文学生态和文化生态的呵护和保护，是一种流域文化生命共同体的维护与保全。

那么，如何实现新安江流域文学的一体化？一是要把现在分属于徽州文学、淳安文学和建德文学的研究摆到新安江流域文学的大背景下来加以考察、研究，以形成流域文学共同体。二是要加强徽州文学、淳安文学和建德文学的同一性研究，寻找其中的同一性、共同性，以发现它们的共同特征、共同价值，为新安文学寻找合流的共同基础。三要加强徽州文学、淳安文学和建德文学之间的同一性、整体性、系统性研究，形成新安文学的整体观念、整体格局。四是地方政府要为新安江流域文学的一体化建设提供重点扶持，形成新安江流域文学一体化活动态势，打造新安江流域文学品牌，营造以新安江流域文学为中心的地域文化氛围，提升新安江流域文化软实力，为新安文化的复兴与发展形成推动力。

如此，新安文学才能在学术上安身立命，才能在流域文化中安身立命，才能在中国文学中安身立命！

以上所述，依次回答了关于新安文学的体系建构、新安文学的地域特色和新安江流域文学的一体化等三个问题，其实也同时回答了新安文学的地位和价值问题。因为这一问题就包含在对以上三个问题的认识、剖析和回答之中，属题中应有之义。

“旧学商量加邃密，新知培养转深沉。”对于新安文学的性质、特点、规律的认识，对于新安文学研究的体系、对象、范围、架构的分析，对于新安文学研究的理论与方法的探讨，这些问题是新安文学研究的基本问题，但又是有待进一步研究和解决的重要问题，需要我们在今后的研究中不断深化、细化和精化，以为新安文学研究的长足发展奠定基础，为新安文化的推广与普及添砖加瓦，为新安江流域的建设和发展作出应有贡献。

参考文献

一、史志谱牒

[宋]计有功：《唐诗纪事》，四库全书本。

[梁]沈约：《宋书》，四库全书本。

[宋]郑瑶、方仁荣：《景定严州续志》。

[宋]潜说友：《咸淳临安志》。

[明]程敏政辑撰，何庆善、于石点校：《新安文献志》，黄山书社，2004年。

[明]傅岩编，陈春秀点校：《歙纪》，黄山书社，20007年。

[明]姚鸣銮：《嘉靖淳安县志》，明嘉靖三年刻本。

[明]韩晟、毛一鹭：《万历遂安县志》，明万历四十年刻本。

[清]赵宏恩等：《江南通志》。

[清]廖腾煃、汪晋徵：《康熙休宁县志》，清康熙三十二年刻本。

[清]清恺、席存泰：《嘉庆绩溪县志》，徐子超等点校，黄山书社，2010年。

[清]闵麟嗣：《黄山志定本》，黄山书社，1990年。

[清]吴士进：《严州府志》，清乾隆二十一年刻本。

[清]吴世荣、邹伯森：《光绪严州府志》，清光绪九年刻本。

[清]李诗、陈中元：《续纂淳安县志》，清光绪十年刻本。

[清]胡就臣、陈棐：《康熙淳安县志》，清康熙二十二年刻本。

[清]吴俊、俞观旭等：《光绪建德县志》。

[清]方宏绶：《瀛山书院志》。

陈公亮、刘文富：《淳熙严州图经》，中华书局，1990年。

罗柏麓、周树美、姚桓：《遂安县志》，民国十九年印本。

吴克俊、许复、程寿保：《黟县四志》，民国十二年刻本。

建德县地方志编委会：《建德县志》，浙江人民出版社，1986年。

何警吾：《徽州地区简志》，黄山书社，1989年。

休宁县地方志编委会：《休宁县志》，安徽教育出版社，1990 年。
淳安县地方志编委会：《淳安县志》，汉语大辞典出版社，1990 年。
绩溪县地方志编委会：《绩溪县志》，黄山书社，1998 年。
屯溪区地方志编委会：《黄山市屯溪区志》，方志出版社，2012 年。
政协建德市委员会：《严州古城—梅城》，中华书局，2004 年。
政协建德市委员会：《严州史话》（严州文化丛书），天津古籍出版社，2008 年。
章百成：《淳安宗谱》（淳安新安文化系列丛书），中国文史出版社，2017 年。
万正中：《徽州人物志》，黄山书社，2009 年。
翟屯建：《徽州文化史》（上卷），安徽人民出版社，2014 年。

二、论　著

[晋]陶渊明：《陶渊明集》，四库全书本。
[唐]杜牧：《樊川文集》，四库全书本。
[唐]杨弇、孙郃：《玄英先生诗集》，四库全书本。
[唐]皇甫湜：《皇甫持正集》，四库全书本。
[唐]孟浩然：《孟浩然集》，四库全书本。
[唐]刘长卿：《刘随州集》，四库全书本。
[唐]方干：《玄英集》，四库全书本。
[宋]范仲淹：《范仲淹全集》，凤凰出版社，2004 年。
[宋]董弅：《严陵集》，四库全书本。
[宋]范成大：《石湖诗集》，四库全书本。
[元]谢翱：《晞发集》，影印文渊阁四库全书本。
[元]柳贯：《待制集》，影印文渊阁四库全书本。
[元]赵汸：《东山存稿》，四库全书本。
[元]方回：《桐江续集》，四库全书本。
[明]李流芳：《李流芳集》，浙江人民美术出版社，2012 年。

[明]程敏政：《篁墩文集》，上海古籍出版社，1991年。
[明]商辂：《商文毅公文集》，《四库全书存目丛书》。
[明]汪道昆：《太函集》，黄山书社，2004年12月。
陈有守、汪淮、李敏：《徽郡诗》，明嘉靖三十九年（1560）汪氏刻本。
[清]汪士鋐：《新都风雅三种》，清康熙年间刻本。
[清]吴熊：《徽城竹枝词》，歙县博物馆藏手抄本。
[清]王琦注：《李太白集注》，四库全书本。
[清]吴楚材、吴调侯：《古文观止》。
[清]彭定求等：《全唐诗》，四库全书本。
[清]赵吉士：《寄园寄所寄》，黄山书社，2008年。
许承尧：《歙事闲谭》，黄山书社，2014年。
[清]宗源瀚：《国朝严州诗录》，清光绪二年刻本。
人民教育出版社：《古代散文选》，人民教育出版社，1980年。
鲁迅：《鲁迅全集》，人民文学出版社，1981年。
褚绍唐、吴应寿：《徐霞客游记》，上海古籍出版社，1987年。
吴小如、王云熙、章培恒等：《汉魏六朝诗鉴赏词典》，上海辞书出版社，1992年。
钱仲联等：《中国文学大词典》，上海辞书出版社，1995年。
卢润祥、沈伟麟：《历代志怪大观》，上海三联书店，1996年。
申屠丹荣：《富春严陵钓台集》，百家出版社，1999年。
李运富：《谢灵运集》，岳麓书社，1999年。
郁达夫：《郁达夫全集》，时代文艺出版社，2000年。
郁达夫：《中国新文学大系·散文二集》，上海文艺出版社，2003年。
罗宗强：《魏晋南北朝文学思想史》，中华书局，2006年。
乔清举：《河流的文化生命》，黄河水利出版社，2007年。
马茂军：《宋代散文史论》，中华书局，2008年。
刘新征：《皇甫湜研究》，华中科技大学出版社，2012年。
童庆炳：《文学理论教程》，高等教育出版社，2018年。
季家宏：《黄山旅游文化词典》，中国科技大学出版社，1994年。
方有正：《古歙谭概》，群言出版社，2005年。

歙县文化局编委会：《歙县民间艺术》，安徽人民出版社，2006 年。

徽州文化大辞典编委会：《徽州文化大词典》，中国科学技术大学出版社，2015 年。

倪国华：《徽州诗选》，安徽人民出版社，2017 年。

倪国华：《徽州文选》，安徽人民出版社，2017 年。

吴兆民：《徽州文学概论》，合肥工业大学出版社，2017 年。

杨永生、翟屯建：《新安江诗词选注》，中国科学技术大学出版社，2020 年。

浙江省淳安县文联：《淳安古诗词选》，汉语大词典出版社，1995 年。

罗嘉许等：《新安江历代诗选》，中国文史出版社，1999 年。

戴荣芳：《建德姓氏》（严州文化丛书），天津古籍出版社，2008 年。

淳安县“三大”纪念活动编委会：《人物春秋》（淳安历史文化丛书），西泠印社出版社，2008 年。

淳安县“三大”纪念活动编委会：《文物叙略》（淳安历史文化丛书），西泠印社出版社，2008 年。

淳安县“三大”纪念活动编委会：《淳安纪事》（淳安历史文化丛书），西泠印社出版社，2008 年。

淳安县“三大”纪念活动编委会：《民间艺术》（淳安历史文化丛书），西泠印社出版社，2008 年。

淳安县“三大”纪念活动编委会：《淳安姓氏》（淳安历史文化丛书），西泠印社出版社，2008 年。

政协建德市委员会：《严陵山水》（严州文化丛书），天津古籍出版社，2009 年。

朱睦卿：《人物春秋》（严州文化丛书），天津古籍出版社，2009 年。

罗道平、尧志刚：《建德文物》（严州文化丛书），天津古籍出版社，2011 年。

罗嘉许：《轶闻遗事》（严州文化丛书），天津古籍出版社，2011 年。

政协建德市委员会：《严州诗词（上、下）》（严州文化丛书），天津古籍出版社，2011 年。

方根发：《名人故事》（严州文化丛书），天津古籍出版社，2012 年。

章百成：《淳安进士》，浙江工商大学出版社，2013 年。

淳安县文化广电新闻出版局：《淳安民间文学卷》，浙江古籍出版社，2016 年。

王召里：《古城忆旧》（淳安新安文化系列丛书），中国文史出版社，2017 年。

方鸿鼎：《严陵旧事》（淳安新安文化系列丛书），中国文史出版社，2017年。
王兢：《品味新安》（淳安新安文化系列丛书），中国文史出版社，2017年。
严卫华：《青溪拾遗》（淳安新安文化系列丛书），中国文史出版社，2017年。

后　记

写完了《新安文学》书稿，轮到写后记了。

突然想到，到目前为止自己写过多少次后记了？屈指算来也有五六次了吧，有的是为自己的文集，有的是为自己的专著，有的是为自己主编的著作。又突然想到，写了这么多次后记，符不符合后记的写作要求呢？于是“百度”一番，很快跳出来了：“后记是指写在书籍或文章之后的文字。多用以说明写作经过，或评价内容等，又称跋，或书后。有时作者故意用后记的形式对某个问题提出引人深思的看法，让读者能够进行更深层次的思考。”看了这个“后记”介绍终于放心了，自己所写的后记基本上都是“说明写作经过，或评价内容等”的，看来大体上是符合要求的。但对于其中的“故意”一说，自己却不曾有过。是不是可以利用这次机会“故意”一回呢？考虑了半天的结果：不敢！因为自己眼下还不能做到“对某个问题提出引人深思的看法”，也就难以“让读者能够进行更深层次的思考”。还是老老实实地回到过去那种“说明写作经过，或评价内容等”的模式上去，来完成这次“后记”的写作任务，这或许是最好的选择。不过，写法上可与以往自己所写的“后记”有所不同。

地域文化研究一直是学术界关注的热点，从徽州文化研究到新安文化研究，无疑是一种视域的转换与跨越。浙江省淳安县启动编纂《新安文化》丛书这一大型学术研究工程，于地域文化研究领域开创了新局，势必在学术界和地方文化建设方面产生重要影响。本人自 2017 年 8 月承担该丛书之一的《新安文学》的撰写任务后，先后多次参加项目推进会，并参加在淳安召开的国际新安文化学术研讨会，对承担项目意义的认识经历了一个不断提高的过程。

回顾以往，笔者虽曾先后主编《徽州文化十二讲》（安徽省“十一五”省级规划教材）、《徽州古村落文化丛书》（第二辑 10 册，第三辑 10 册）、《徽州学研究》（年刊；1—5 卷）、《徽州文化研究》（季刊，22 册）等；参编《徽州学概论》《徽州文化史》《徽州文化概览》《徽州名人故事》《徽州文化 300 题》《徽州文化大辞典》《徽州诗选》《徽州文选》《新安江诗词选注》等；撰写《儒商互济的家园——昌溪》（徽州村落文化丛书之一）、《徽州文学概论》《春风时雨——黄澍传》等，视野和写作题材范围都明显集中在徽州与徽州文化层面，与这次承担撰写《新安文学》的任务有明显不同。

这种不同的最大方面在于以新安江流域为背景展开新安文化研究，出现了一个新的时空交叉地带：时间上追溯到新安郡建立乃至更早的历史时期，空间上涉及新安江全流域。这样的视野与选题，对于习惯了徽州与徽州文化研究的人来说，无疑有一种新的感知和冲动。为此，自己曾在安徽中国徽州文化博物馆召开的项目推进会上不无感慨地发言说，新安文化研究相对于徽州文化研究、新安文学研究相对于徽州文学研究来说，是一种回归“源头”与“活水”的研究。

回归“源头”与“活水”的研究，这是一种多么接地气、多么本真的文化研究！在这样的认识与感悟中，本人开始了为期三年的新安文学专题的思考与探索。

从当初接受任务的欣喜到收集资料的彷徨，到整合资料的艰难，到体系建构的焦灼，到按写作计划最终完成的释然，可以说经历了一个复杂的过程，深切体验了得与失、苦与乐、成与败等思想情绪，最终收获了凝聚着心血的这部《新安文学》书稿。

在刚开始的时候，由于对资料的掌握心中没底，于是把面铺得很广，涉及新安文学的方方面面，不断撒网收网，以“捡到篮里都是菜”的精神做着搜集资料的工作，颇费了一些时日与精力，终于网罗了较为丰富的资料，可谓应有尽有，面对如此丰富多样的资料好不喜悦与兴奋！但由于写作时间和精力的限制，不少宝贵的资料乃至半成品不得不割爱，这是深感遗憾的！只好用“甘瓜苦蒂，世上物无全美”的俗语来安慰自己。

面对文学材料，作品字数少的不过二三十字，如诗歌；字数多的不过二三千字，如散文。所以，写作中最大的困难是如何将点连成线、将线连成片、将片连成面、将面连成整体（体系）。材料关系梳理清楚了，体系建构成形了，掌握的材料才各就各位，正所谓纲举才能目张。目前所见书稿的样子就是这么一步一步来的。从实际完成的情况看，有特点也有缺点，有长处也有不足；尤其在缺点和不足方面较为明显，只能留待自己今后的研究来完善与弥补了。

淳安县以极大的学术勇气与热忱，以及强大力度，从地域文化研究的高度推出《新安文化》丛书工程，让我有机会承担《新安文学》一书的撰写工作；丛书总编翟屯建先生在项目推进过程中对撰写体例的规范要求、撰写进度的不时催促和提醒，并同意将他为《新安江诗词选注》所写的精彩序文作为论著相关部分使用；黄山学院科研处、安徽文达信息工程学院科技处对本人在岗期间承担该项工作给予了大力支持。

历时三年，说短也短，说长也长。期间的经历变成了难忘的故事，化作了真切的感悟，升华了平淡的生活。

吴兆民

2023 年 2 月 28 日于自清轩